Kasseler Schriften zur Friedenspolitik Bd. 15

D1937612

Ralph-M. Luedtke, Peter Strutynski (Hrsg.)

Die Neuvermessung der Welt

Herrschafts- und Machtverhältnisse im globalisierten Kapitalismus

Kassel 2008

Bibliografische Information Der Deutschen Bibliothek

Die Deutsche Bibliothek verzeichnet diese Publikation in der Deutschen Nationalbiografie; detaillierte bibliografische Daten sind im Internet über http://dnb.ddb.de abrufbar

Die „Kasseler Schriften zur Friedenspolitik" werden herausgegeben von der AG Friedensforschung an der Universität Kassel.

Homepage: http://www.uni-kassel.de/fb5/frieden

ISBN 978-3-934377-09-7

Umschlaggestaltung: Norbert Städele

Jenior Verlag, Lassallestr. 15, D-34119 Kassel

Inhalt

Vorwort

Tagungsprotokolle und Sammelbände haben häufig den Nachteil, dass sie in unserer schnelllebigen Zeit an Aktualität einbüßen, wenn zwischen den Vorträgen bzw. dem „Call for Papers“ und dem endgültigen Drucktermin Monate liegen. Diesem Mangel wird dann häufig dadurch begegnet, dass in einer längeren editorischen Vorbemerkung ein mehr oder weniger eleganter Bogen von den älteren Manuskripten zur neuen Situation geschlagen wird.

Obwohl im vorliegenden Fall die Dinge nicht grundsätzlich anders liegen, bedarf es dennoch keines längeren Vorworts, um die Brücke zur Aktualität zu schlagen. Das Thema, um das es beim letzten „Friedenspolitischen Ratschlag“ im Dezember 2007 ging, hieß „Die Neuvermessung der Welt“. Dieser Vorgang hat keinen datierbaren Anfang – es sei denn, man nimmt die weltpolitische Zäsur 1989/90 als Bezugspunkt, in keinem Fall dürfte 9/11, also die Attentate von New York und Washington 2001, ein solcher Beginn sein –, vor allem aber ist er noch lange nicht zu einem, wenn auch nur vorläufigen, Abschluss gekommen. Was wir beim letztjährigen Kongress „Neuvermessung“ der Welt nannten, stellt sich als ein offener Prozess dar, dessen Verlauf und Ausgang vollkommen ungewiss sind.

Dies belegen gerade die jüngsten kriegerischen Ereignisse in Georgien, in denen es mitnichten um das Schicksal von 70.000 Bewohnern in Südossetien ging, sondern mittels derer die georgische Regierung - möglicherweise mit Wissen Washingtons - austesten wollte, wo die Grenzen des Zumutbaren für den Kontrahenten Russland verlaufen und wie weit sich NATO und Europäische Union in eine antirussische Politik einbinden lassen. Dieses Konzept scheint aufgegangen zu sein: Nicht nur wird die NATO ihr Beitrittsangebot an Georgien (und die Ukraine) konkretisieren und den Beitritt selbst zu beschleunigen versuchen, was zu erheblichen Dissonanzen mit Russland im Schwarzen Meer und im Kaukasus führen dürfte, die EU hat ihrerseits einseitig Partei ergriffen für Georgien und belohnt dessen völkerrechtswidrige Aggression mit einer millionenschweren Vorzugsbehandlung. Dagegen wurde der ebenfalls völkerrechtswidrige Akt der Anerkennung der abtrünnigen Regionen Abchasien und Südossetien durch Moskau von der EU mit scharfen diplomatischen Verwarnungen geahndet.

Dabei bediente sich der Westen einer inkonsequenten Politik des zweifachen Maßes: Im Fall der zu Beginn des Jahres 2008 vollzogenen einseitigen Lostrennung des Kosovo vom serbischen Staat, ein Akt, der dem Völkerrecht (Art. 2,2 UN-Charta) im allgemeinen und der Resolution 1244 (1999) des UN-Sicherheitsrats im besonderen widerspricht, hatten die USA und die meisten EU-Staaten nichts Eiligeres zu tun, als dieses illegitime Gebilde diplomatisch anzuerkennen.

Kosovo und die beiden georgischen Gebiete sind vermutlich nur die Vorboten weiterer territorialer Aus- und Umgliederungen von Staaten, die entweder selbst

Schwierigkeiten haben, ihre Staatlichkeit (ein Staatsvolk in klar definierten Grenzen und einem anerkannten Gewaltmonopol) unterBeweis zu stellen, oder deren staatliche Souveränität von externen Akteuren in Frage gestellt wird. Die Langzeitbeispiele hierfür sind Irak und Afghanistan. Gerade die Konsequenz, mit der die USA in der Zeit der sowjetischen Besatzung Afghanistans alle Aufständischen mit Waffen und Logistik unterstützt haben und die Unerbittlichkeit, mit der die heutigen Besatzer um die Kontrolle des Landes kämpfen, weisen darauf hin, dass der Westen die Empfehlung des großen Strategen Zbigniew Brzezinski aus den 90er Jahren beherzigt: Für die „globale Vormachtstellung und das historische Vermächtnis Amerikas“ werde es „von entscheidender Bedeutung sein“, so schrieb er in seinem Buch „Die einzige Weltmacht“ (1997), „wie die Macht auf dem eurasischen Kontinent verteilt wird“. Der „eurasische Kontinent“ – also vor allem die Region vom Schwarzen Meer, dem Kaukasus und dem Kaspischen Meer bis nach Zentralasien – ist also das „Schachbrett, auf dem sich auch in Zukunft der Kampf um die globale Vorherrschaft abspielen wird“.

Es ist verschiedentlich wieder in Mode gekommen, von einem neuen „Kalten Krieg“ zu sprechen. Damit wird die vom Westen konstruierte und unter dem Slogan vom „Antiterrorkrieg“ betriebene Konfrontation mit der fundamentalistisch-islamischen Welt verstanden. Die jüngsten Ereignisse auf dem eurasischen „Schachbrett“ rufen Erinnerungen an den für erledigt gehaltenen alten Kalten Krieg wach. Die seiner Zeit von George F. Kennan erfundene Eindämmungspolitik (Containment) gegenüber der Sowjetunion wird nur von einer möglicherweise härteren Variante abgelöst, für die Bezeichnungen wie Constriction (Einschnürung) oder gar Strangulation zutreffender sein dürften. Sollte dies gelingen, könnte sich der Westen voll auf den Kontrahenten China konzentrieren. Denn Peking, das hat auch die Inszenierung der Olympischen Spiele gezeigt, möchte in der neuen Weltordnung eine eigenständige Rolle spielen. Auch darüber handelt das vorliegende Buch.

Wie immer darf an dieser Stelle der Dank an die Autoren nicht fehlen, die ihre Manuskripte für die Publikation aufbereitet haben. Der Dank geht außerdem an Mirjam Wolfstein-Lätsch von der AG Friedensforschung, für die technische Umsetzung der Texte in das gegebene Layout. Die verspätete Drucklegung sowie alle noch vorhandenen Fehler haben allein die Herausgeber zu verantworten. Wenn der Preis auch in diesem Jahr stabil gehalten werden konnte, so hat das mit dem gesellschaftspolitischen Anliegen der Herausgeber zu tun: Das Buch soll auch für Studierende und geringer Verdienende erschwinglich sein. Die Themen, die in dem Band bearbeitet werden, sind es wert, größere Verbreitung nicht nur im akademischen Raum zu finden.

Kassel, den 11. September 2008 *Ralph-M. Luedtke und Peter Strutynski*

Peter Strutynski

Der "Antiterror-Krieg" - die Grundtorheit des 21. Jahrhunderts

Neuere Analysen der postbipolaren Weltordnung entfernen sich immer mehr von den Verheißungen, die seiner Zeit der damalige US-Präsident George Bush (der Ältere) der staunenden Weltöffentlichkeit präsentierte:
"In dieser schwierigen Zeit kann unser fünftes Ziel hervorgehen. Eine neue Ära, freier von Bedrohung durch Terror, stärker in der Durchsetzung von Gerechtigkeit und sicherer in der Suche nach Frieden. Eine Ära, in der die Nationen der Welt im Osten und im Westen, Norden und Süden prosperieren und in Harmonie leben können. 100 Generationen haben nach diesem kaum auffindbaren Weg zum Frieden gesucht. Heute kämpft diese neue Welt, um geboren zu werden, eine Welt, die völlig verschieden ist von der, die wir kannten, eine Welt, in der die Herrschaft des Gesetzes das Faustrecht ersetzt, eine Welt, in der der Starke die Rechte der Schwachen respektiert."

Nichts von dem, was Bush hier am 11. September 1990 versprach, ist wahr geworden. Schon der bald darauf folgende zweite Golfkrieg, den die USA mit einer Koalition der Willigen gegen den Irak geführt haben und der nur vordergründig die Befreiung Kuwaits zum Ziel hatte, konfrontierte die politische Lyrik mit der rauen Wirklichkeit. Dieser Krieg, obwohl ihm ein Mandat des UN-Sicherheitsrats zu Grunde lag, läutete in Wahrheit eine neue Ära in den internationalen Beziehungen ein, in denen mitnichten die „Herrschaft des Gesetzes das Faustrecht ersetzte", sondern in der die Welt vielmehr zum Faustrecht zurückkehrte.

Stationen dieser Erosion des internationalen Rechts waren die Intervention der USA und anderer Staaten (darunter die Bundesrepublik Deutschland, die nach der deutschen Vereinigung eine größere „Verantwortung" in der Welt übernehmen wollte) in Somalia (1992), der Krieg der NATO gegen das damalige Rest-Jugoslawien 1999 – wozu keinerlei UN-Mandat vorlag -, der Krieg gegen Afghanistan 2001, der sich zu Unrecht auf Resolutionen des UN-Sicherheitsrats berief (es ging um die Resolutionen 1368 und 1373 vom September 2001) und dem sich Deutschland bereitwillig anschloss, und der us-amerikanisch-britische Krieg gegen Irak 2003, der alle Normen des Völkerrechts, des humanitären Kriegsvölkerrechts (Haager Landkriegsordnung und Genfer Konventionen) und z.B. der Anti-Folterkonvention unter sich begrub (und immer noch begräbt).

Doch auch unabhängig von solchen großen kriegerischen Auseinandersetzungen bewegt sich die Welt seit dem Ende der Blockkonfrontation auf Zustände zu, die mit den Friedensschalmeien von George Bush Sen. nichts, aber auch gar nichts zu tun haben. Mittlerweile gibt die Welt nach einer Berechnung des Stockholmer Friedensforschungsinstituts SIPRI wieder mindestens so viel Geld für Rüstung und Militär aus wie zu Zeiten des Kalten Kriegs: 1,3 Billionen US-Dollar. Etwa zwei Drittel davon gehen auf das Konto der NATO-Staaten, rund 45 Prozent geben allein die USA aus. Auf der anderen Seite ist die Anzahl der Menschen, die unter Hunger leiden, unbeschreiblich groß und steigt in bestimmten Weltregionen von Jahr zu Jahr. 100.000 Menschen sterben täglich an Hunger oder seinen unmittelbaren Folgen – meist in den 122 Ländern der Dritten Welt, in denen 4,8 Milliarden Menschen leben. Nach Jean Ziegler, UN-Sonderberichterstatter für das Recht auf Nahrung, ist Hunger zu einer „Massenvernichtungswaffe" geworden. Seit dem Millenniumsgipfel 2000, bei dem die Vereinten Nationen feierlich die Halbierung der Armut bis zum Jahr 2015 verkündeten, sind wir kaum einen Schritt voran gekommen. Zwar gibt es, wie der im November 2007 vorgelegte Entwicklungsbericht von Welthungerhilfe und terre des hommes zeigt, auf globaler Ebene durchaus „positive Trends", etwa bei der Reduzierung der Zahl der Menschen, die in extremer Armut leben. Sie sank von 1,247 Milliarden 1990 auf 986 Millionen 2004. „Grund dafür ist allerdings vor allem die positive wirtschaftliche Entwicklung in China, während in Afrika die Zahl der Armen selbst nach den optimistischen Prognosen der Weltbank von 298 Millionen (2004) auf 326 Millionen bis zum Jahr 2015 steigen wird. Insgesamt muss heute fast die Hälfte der Weltbevölkerung von weniger als zwei US-Dollar pro Kopf und Tag leben."

Hinzu kommt die zunehmende Verelendung der Menschen in den Mega-Cities. Im Jahr 2007 wird die Zahl der Slumbewohner zum ersten Mal die Milliardengrenze überschreiten, stellte der UN-Generalsekretär anlässlich des „Welttags des Wohn- und Siedlungswesens" am 1. Oktober 2007 fest. „In vielen Ländern", so heißt es in seiner Botschaft weiter, „hat Gewalt die Städte geteilt – in zerfallende Stadtteile, in denen Waffen, Vergewaltigung und Raub vorherrschen, und in reiche Gegenden, deren Bewohner für ihren Schutz bezahlen können."

Von „prosperierender Harmonie" also keine Spur. Stattdessen der Beginn eines groß angelegten Feldzugs der Reichen gegen die Armen, der Satten gegen die Hungernden, der Starken gegen die Schwachen, der Rechthabenden gegen die Rechtlosen und der Bewaffneten gegen die Wehrlosen. Dieser Feldzug trägt den irreführenden Namen „Krieg gegen den Terror". Seit Beginn dieses Krieges – er datiert mit dem Überfall auf Afghanistan am 7. Oktober 2001 – ist all das praktisch umgesetzt worden, was in der 90er Jahren des vergangenen Jahrhunderts schon in Ansätzen begonnen hatte und was vor allem in den einschlägigen Dokumenten der NATO, der USA, der EU und der Bundesrepublik Deutschland – um nur einige zu nennen – unmissverständlich formuliert wurde. Von der Römischen Erklärung des NATO-Gipfels 1991 über die Verteidigungspolitischen Richtlinien der Bundesregierung 1992 bis zur Nationalen Sicherheitsstrategie des US-Präsidenten von 2002 (erneuert 2006), der Neuauflage der Verteidigungspolitischen Richtlinien 2003 sowie der Europäischen Sicherheitsstrategie vom Dezember 2003 ziehen sich wie ein roter Faden die wesentlichen strategischen Ziele der imperialen Mächte: Die (militärische) Bekämpfung des internationalen Terrorismus, der Kampf gegen die Weiterverbreitung von Massenvernichtungswaffen, die Aufrechterhaltung des „freien Welthandels" und der „freie Zugang" zu den lebenswichtigen Rohstoffen der Welt (worunter die fossilen Energieressourcen eine besondere Bedeutung haben). Zu dieser Agenda des westlichen Imperiums gesellten sich noch - unter Federführung des US-Präsidenten George W. Bush - das usurpierte „Recht“ auf „Regimewechsel“ und auf den Export von Freiheit, Menschenrechten und Demokratie.

Nicht der 11. September 2001, sondern die Wende der Jahre 1989/91 hat eine neue Ära in den internationalen Beziehungen eingeläutet – mit den USA als einziger Supermacht. Nach dem Zweiten Weltkrieg, aus dem die USA ebenfalls gestärkt hervorgingen, mussten sie ihre gestiegene Macht noch mit der anderen Siegermacht der Antihitlerkoalition teilen, der Sowjetunion. Nach deren Zusammenbruch und Auflösung 1991 gab es keine Macht in der Welt, die den USA auch nur annähernd das Wasser reichen konnte, weder in ökonomischer, noch in politischer, noch in militärischer Hinsicht. Insbesondere die militärische Komponente hat die einsame Supermacht seither weiter ausgebaut, in den letzten acht Jahren mit horrenden Zuwachsraten. Es ist nicht absehbar, wann oder ob überhaupt diese Ausnahmestellung durch entsprechende Anstrengungen anderer Mächte gebrochen werden kann. Putins Pläne einer rüstungspolitischen Offensive dürften dabei ernster zu nehmen sein als die deutlichen Steigerungen des Militärhaushalts der Volksrepublik China. Aber auch beide zusammen haben nicht die ökonomische Kraft, in quantitativer Hinsicht mit der US-Rüstung Schritt zu halten. Gleichwohl hat insbesondere Russland deutlich gemacht, dass es auf dem Gebiet der Nuklearrüstung ein ausreichendes Abschreckungspotenzial aufrechterhalten und ausbauen will, und China hat nicht zuletzt mit seinen Erfolgen in der Weltraumtechnik gezeigt, dass es nicht gewillt ist, sich den Offensivwaffen der USA, die über ein Stützpunktsystem praktisch schon rings um China disloziert sind, schutzlos auszuliefern.

Wichtiger als die militärischen „Gegenmaßnahmen“ Russlands und Chinas bleiben die politischen Bemühungen des „Rests der Welt“, aus der Eindimensionalität der monopolaren Welt auszubrechen und neue Dämme gegen den imperialen Anspruch der USA zu errichten. China geht dabei mit einer Außenpolitik des langen Atems zu Werk, wohl wissend, dass die Zeit für das bevölkerungsreichste und derzeit dynamischste Land der Erde arbeitet. Russland versucht mit der innenpolitischen Brechstange jene Ressourcen zu mobilisieren, die für das Wiedererlangen seiner Weltmachtrolle notwendig erscheinen. EU-Europa, das in ökonomischer Hinsicht die USA bereits hinter sich gelassen hat, rüstet einerseits auf, um - an der Seite der USA und im Rahmen der NATO – militärische Hilfsfunktionen auszufüllen und gelegentlich auch eigenständig vorgehen zu können, emanzipiert sich andererseits aber von den USA, allerdings nur in Trippelschritten (z.B. Klimapolitik, Entwicklungspolitik, Verhältnis zu den Vereinten Nationen). Von den anderen Mächten fallen allenfalls noch Japan und Indien ins Gewicht. Japan gibt dabei seit eh und je den treuen Partner der USA, Indien wird innenpolitisch noch vor einer allzu engen Anbindung an die USA (siehe indisch-amerikanischer Atomdeal) zurückgehalten.

Daneben existieren zwei bemerkenswerte antagonistische Kräfte, die verschiedener nicht sein könnten.

Auf der einen Seite erleben wir eine Emanzipationsbewegung in Lateinamerika, im traditionellen Hinterhof der USA, die sich seit einigen Jahren erstaunlich ungehindert ausbreitet. Brasilien, Venezuela, Bolivien, Ecuador und Argentinien versuchen auf unterschiedliche Weise und mit unterschiedlicher Konsequenz ihre dependencia, ihre Abhängigkeit von der ersten Welt zu beenden und sich dem Druck des Neoliberalismus zu widersetzen. In diesem Zusammenhang kann die Bedeutung der neu gegründeten Investitionsbank Banco del Sur gar nicht hoch genug eingeschätzt werden. Damit steigen die Chancen Kubas, die unverhohlenen Kriegsdrohungen der USA auch nach dem bevorstehenden endgültigen Führungswechsel erfolgreich abzuwehren. Man mag über manche Erscheinungen in Kuba unterschiedlicher Meinung sein; in einem dürfte aber doch große Einigkeit bestehen: Kuba muss weiterhin über seinen Weg selbst bestimmen können.

Auf der anderen Seite hat seit dem 11. September 2001 eine „Bewegung" Anspruch erhoben, dem Weltimperium USA Paroli zu bieten, die viele Gesichter hat: das Gesicht des Al-Qaida-Terrorismus, des islamischen Fundamentalismus, des bewaffneten Widerstands gegen Besatzungsmächte, von Rebellenarmeen in Afrika und im sog. Krisengürtel vom Maghreb über den Mittleren Osten bis nach Zentralasien und von Privatarmeen, die keiner anderen Macht gehorchen als ihrem eigenen Profit. Nie zuvor war es so schwierig, dieses globalisierte chaotische Konglomerat an bewaffnetem Aufruhr gegen die einzige Supermacht, „den" Westen oder gegen die Staatsgewalt auseinander zu halten. Und nie war es so verhängnisvoll, dass der Westen all diese Erscheinungen im Namen des „Antiterrorkriegs" meint bekämpfen zu müssen. Der internationale Terrorismus, als Synonym für den fundamentalistischen Islamismus gebraucht, hat seit Beginn der 90er Jahre den Platz des historischen Kommunismus eingenommen. US-Präsident Bush hat das in einer programmatischen Rede am 23. Oktober 2007 vor Studierenden der National Defense University folgendermaßen auf den Punkt gebracht:

„Heute haben wir andere Gegner. Wir machen uns keine Sorgen mehr um einen Erstschlag der Sowjetunion. Wir machen uns Sorgen um Terrorstaaten und Terrornetzwerke, die sich von unseren Kernwaffen nicht abschrecken lassen. Für diese Gegner müssen wir bei der Abschreckung anders vorgehen. Dieser Ansatz verbindet den massiven Abbau offensiver Nuklearwaffen mit neuen, modernen konventionellen Fähigkeiten und Abwehrmöglichkeiten zum Schutz freier Menschen vor nuklearer Erpressung oder Angriffen."

Es gehört zu den zugleich größten und zweifelhaftesten Leistungen George W. Bushs, den Kampf gegen den Terror dem Rechtsstaat zu entwinden und dem Kriegshandwerk zu übereignen. „Terrornetzwerke" werden seit 2001 mit Krieg beantwortet. Und dieser Krieg hört nicht auf, weil er selbst immer neuen Terror gebiert. Die Nationale Sicherheitsstrategie der USA vom März 2006 beginnt mit dem Satz: „America is at war." – „Amerika befindet sich im Krieg."

Dieser Ansatz ist aus drei Gründen verheerend:

1. Er negiert, dass Terrorismus in all seinen Schattierungen zuvörderst ein Verbrechen darstellt. Verbrechen und die dazugehörigen Täter werden aber von zivilen Ermittlungsbehörden, Polizei und Justiz verfolgt, die Taten nach rechtsstaatlichen Prinzipien geahndet. Die Resolution 1373 (2001) des UN-Sicherheitsrats, die heute noch dazu herhalten muss, den Einsatz im Rahmen der „Operation Enduring Freedom" in Afghanistan zu legitimieren, hat bei genauerem Hinsehen die Staaten zur rechtstaatlichen

Behandlung des Terrorismus-Phänomens aufgerufen. So fordert die Resolution die strafrechtliche Verfolgung, gerichtliche Untersuchung und Aburteilung von Terroristen, die Zusammenarbeit bei der Beschaffung von Beweisen, effektiven Grenzkontrollen und strenger Überwachung der Ausgabe und Fälschung von Pass- und Reisedokumenten. Sie fordert die Staaten auf, ihre Zusammenarbeit bei der wechselseitigen Information über alle Fragen, die den Terrorismus betreffen, zu verstärken und durch multilaterale Abmachungen sowie durch Unterzeichnung der wichtigen Anti-Terrorismus-Konventionen und Umsetzung der Resolutionen des UN-Sicherheitsrats zu ergänzen. Außerdem sollen die Staaten darauf achten, dass der Flüchtlingsstatus nicht von Terroristen missbraucht werde, allerdings seien dabei die anerkannten Standards der Menschenrechte und des Völkerrechts zu berücksichtigen. Aus dieser Resolution ein Mandat zur Kriegführung herauszulesen, wie es die Bundesregierung heute immer noch tut, ist eine bewusste Manipulation.

2. Militärische „Antworten" auf den Terrorismus sind aber nicht nur rechtlich eine Unmöglichkeit. Sie sind auch nicht einmal effektiv im Sinne der Befürworter einer solchen Strategie. Der Antrag der Bundesregierung zur Verlängerung des OEF-Einsatzes in Afghanistan, der am 15. November 2007 im Bundestag verabschiedet wurde, formuliert als Ziel, „Führungs- und Ausbildungseinrichtungen von Terroristen auszuschalten, Terroristen zu bekämpfen, gefangen zu nehmen und vor Gericht zu stellen sowie Dritte dauerhaft von der Unterstützung terroristischer Aktivitäten abzuhalten." Wie aber sieht nach sechsjährigem „Krieg" die Bilanz aus? Wie viele „Führungs- und Ausbildungseinrichtungen von Terroristen" sind durch den OEF-Einsatz nachprüfbar „ausgeschaltet" worden. Und wenn tatsächlich welche ausgeschaltet wurden, wie viele andere sind neu entstanden? Wie viele Terroristen sind im bisherigen Verlauf des OEF-Einsatzes gefangen genommen und vor Gericht gestellt worden? Inwieweit ist es auch nur annähernd gelungen, durch den sog. Antiterrorkrieg „Dritte dauerhaft von der Unterstützung terroristischer Aktivitäten abzuhalten"? Nun, die spürbare Zunahme terroristischer Gewalt und die wie Pilze aus dem Boden wachsenden neuen terroristischen Gruppierungen (in Afghanistan, Pakistan, Usbekistan und vor allem im Irak) sprechen eine eindeutige Sprache: Der „Krieg gegen den Terror" ist auf der ganzen Linie gescheitert.

3. Militär und Krieg sind strukturell unfähig, Terrorismus von anderen Formen widerständiger Gewalt zu unterscheiden. In Irak und Afghanistan wird jeder Widerstand dem Terror zugeordnet und die anschwellenden Terrorlisten der Europäischen Union führen Hamas in Palästina genauso auf wie die Hisbullah im Libanon, die PKK in der Türkei/im Irak oder die FARC in Kolumbien. So wie die Fatah einst als Terrororganisation international (im Westen) geächtet und verfemt war und heute geradezu zum Verbündeten gegen die „terroristische" Hamas umgewidmet wurde, so mag wohl auch die Geschichte ein anderes Urteil über die heutigen „Terrororganisationen" fällen. Bis dahin aber bleibt die Politik unfähig, auf die

Gewaltverhältnisse, die hinter all diesen bewaffneten Konflikten stehen, politisch zu reagieren, d.h. heißt nicht nur die Symptome der Gewalt, sondern ihre Ursachen zu bekämpfen. Zu letzterem ist das Militär untauglich.

Wenn Politik noch einen Funken Rationalität enthält, dann muss deren Akteuren die Erfolglosigkeit der militärisch gestützten Antiterrorstrategie klar sein.

Der „Krieg gegen den Terror", für US-Präsident Bush eine lang währende Aufgabe, ist in Wahrheit zu einer Chiffre geworden zur Legitimierung von Aufrüstung, Militär, Krieg, Abbau von Freiheitsrechten im Inneren und Bekämpfung all derer, die sich in der täglichen Hysterie noch ein vernünftiges Urteil erlauben. Wenn kritische Friedensforscherinnen und –forscher oder die Friedensbewegung insgesamt wegen ihres Engagements gegen die Verlängerung des Afghanistan-Einsatzes kurzerhand zu Gehilfen der Taleban erklärt werden, dann erinnert das doch fatal an Zeiten der staatlich verordneten und medial geschürten Kommunistenhatz. Wenn der Antikommunismus, wie seiner Zeit kritische Zeitgenossen wie Thomas Mann oder George Bernhard Shaw diagnostizierten, die „Grundtorheit" des 20. Jahrhunderts war, dann werden künftige Generationen vielleicht einmal vom nicht endenden und so viel Unheil anrichtenden „Antiterrorkrieg" als der Grundtorheit des 21. Jahrhunderts sprechen.

Und sie werden noch klarer, als das heute vielen Menschen möglich ist, die Beweggründe für den „Antiterrorkrieg" und die ihm zugrunde liegenden Interessen benennen können. Es geht in Wahrheit um die Verfolgung geostrategischer Interessen, von Ölinteressen (der „Krisenbogen" ist erdölhaltig), um Herrschaftssicherung (Sicherheitsgesetze). Und es geht nicht zuletzt um die Absicherung der Privilegien der ersten Welt gegen die Ansprüche der Dritten Welt. Und da all dies nicht mehr im festgezurrten Korsett der Blockkonfrontation geschieht, sondern alte und neue Akteure auf den Plan des globalisierten Chaos getreten sind, können wir tatsächlich von einer Neuvermessung der Welt sprechen.

Ich habe den Eindruck, dass wir uns heute in einer Übergangszeit befinden, in der drei verschiedene Konstellationen nebeneinander existieren und eine höchst brisante Mischung ergeben. Dazu möchte ich gern drei Thesen aufstellen. Während erstens der Kalte Krieg aus der zweiten Hälfte des 20. Jahrhunderts nicht wirklich aufgehört hat zu existieren, befinden wir uns zweitens mitten in einem neuen Kalten Krieg und drittens deuten manche Zeichen auf eine Rückkehr in die längst vergangene Zeit vor dem historischen Kalten Krieg hin.

Was heißt das im Einzelnen?

Meine erste These lautet: Der Kalte Krieg, der in den 40 Jahren nach dem Zweiten Weltkrieg der ganzen Welt seinen Stempel aufgedrückt hatte, ist nur aus einer eurozentrierten Perspektive beendet worden. In Ostasien und im pazifischen Raum hat der Kalte Krieg in Wirklichkeit nie zu existieren aufgehört. Dies hat damit zu tun, dass in Asien der große Antipode der USA, die Volksrepublik China, von der Auflösung der Sowjetunion und des Warschauer Pakts nicht betroffen war und nicht in den Strudel des Zerfalls des Realsozialismus geriet. Unabhängig davon, wie sich die ökonomischen und gesellschaftlichen Verhältnisse in China entwickeln werden, stellt das Land für die Supermacht USA eine große Herausforderung dar – auch wenn sich Peking zur Zeit selbst weniger als Supermacht, sondern allenfalls als Regionalmacht begreift. Dennoch ist sie in eine Reihe von Konflikten involviert, die über die Region hinaus weisen und die pazifische Hegemonialmacht USA auf den Plan rufen: der Streit um Inseln im Chinesischen Meer etwa oder – vor allem – Pekings Anspruch auf Taiwan.

Noch gravierender dürften die aufkeimenden Konflikte um die knappen Energieressourcen werden. Das erhöhte militärische Engagement der USA in Afrika ist vor allem mit der erfolgreichen Handelspolitik Pekings in dieser Region zu erklären.

Zweitens: Gleichzeitig befinden wir uns in einem neuen „Kalten Krieg", den ich schon als „Antiterrorkrieg" beschrieben habe. Dabei spielt die hochgradig ideologisch ausgetragene Konfrontation zwischen der „zivilisierten" und der „nicht zivilisierten", der christlich-abendländisch-modernen Welt und der islamisch-mittelalterlichen Welt eine Rolle. Was die Situation heute von dem alten Kalten Krieg unterscheidet und so gefährlich macht, ist die Tatsache, dass die USA aufgrund ihrer militärischen Stärke diesen Antiterrorkrieg nach Belieben auch heiß führen können. Kompliziert wird die Situation noch dadurch, dass sich dem Antiterrorkrieg zum Teil auch Mächte verschrieben haben, die in anderen Zusammenhängen zu den erklärten Gegnern der USA gehören. Ich nenne hier als Beispiel die Schanghai-Organisation für Zusammenarbeit, die 1996 von China und Russland sowie den zentralasiatischen Republiken Kasachstan, Kirgistan und Tadschikistan ins Leben gerufen wurde. Die Schanghai-Organisation versteht sich nicht nur als regionaler Wirtschaftsraum, sondern sie verfolgt auch die Absicht, der zunehmend als Bedrohung empfundenen Unipolarität der USA in Zentralasien entgegenzutreten und den Anspruch auf eine „multipolare" Welt zu unterstreichen. Hinzu kommt die gemeinsame Furcht vor dem Anwachsen islamistischer Bewegungen. Im August d.J. führte die Organisation ein achttägiges Manöver mit dem bezeichnenden Titel „Friedensmission 2007" durch. Etwa 5.000 Soldaten und Offiziere mit 500 „technischen Einheiten", größtenteils aus Russland und China, haben dabei den „antiterroristischen" Kampf geübt. Um in meinem obigen Bild zu bleiben: Toren, wohin man blickt!

Meine dritte These lautet: Die westlichen Industriestaaten (einschließlich Japans), die den Kalten Krieg in relativer transatlantischer Geschlossenheit verbracht haben, gewinnen an außenpolitischer Bewegungsfreiheit zur Durchsetzung dessen, was sie selbst als nationale Interessen definieren. Die Risse, die periodisch immer wieder zwischen den USA und den EU-Staaten sichtbar werden, deuten auf langfristige strategische Widersprüche hin, die über den Weg des politischen Kompromisses nicht endlos zu kitten sein werden. Das Interessante dabei ist, dass die Hauptakteure wieder dieselben sind, die schon vor hundert Jahren den Kampf um die Vorherrschaft in der Welt ausgetragen haben. Nach dem bekannten Sozialwissenschaftler und Philosoph Immanuel Wallerstein (2002) waren dies seit 1873 Deutschland und die Vereinigten Staaten. Sie repräsentierten bis 1913 die erfolgreichsten Ökonomien und lieferten sich von 1914 bis 1945 einen „dreißigjährigen Krieg", der - in der Zwischenkriegszeit - nur von einem Waffenstillstand unterbrochen war. Deutschland hat nun im Rahmen der EU Verstärkung erhalten - die USA sind weiter auf sich gestellt und im Moment dabei, trotz weltweiten Engagements politisch in die Isolation zu geraten. Der britische Pudel Blair hat abgedankt und der französische Ersatzpudel Sarkozy wird wohl zu Hause alle Hände voll zu tun haben. Wallerstein gibt den USA nur noch wenige Jahre für den unabwendbaren Abstieg als einer entscheidenden Macht in der Weltpolitik. Schon heute sei es so, dass die USA lediglich auf militärischem Gebiet eine Weltmacht darstellen, ökonomisch seien sie es längst nicht mehr. Für Wallerstein stellt sich deshalb nicht mehr die Frage, „ob die US-Hegemonie schwindet, sondern ob die Vereinigten Staaten einen Weg finden in Würde abzudanken, mit einem Minimum an Schaden für die Welt und für sie selbst."

Wenn dieser Befund von dem explosiven Gemisch dreier sich überlagernder globaler Konfliktkonstellationen auch nur annähernd die komplexe Realität trifft, dann bleibt mir eigentlich nur der sehnliche Wunsch, dieses Pulverfass so schnell wie möglich politisch zu entschärfen. Auf die Politik selbst können wir dabei nicht vertrauen. Auf die Medien scheint auch immer weniger Verlass zu sein, zumal die Pressekonzentration und die Boulevardisierung der Medien kritischen Stimmen kaum noch Raum geben. Auch reicht es nicht, sich einfach auf die Mehrheit der Bevölkerung zu berufen. Deren Ablehnung des Afghanistan-Einsatzes z.B. wird die Abgeordneten des Bundestags so lange nicht beeindrucken, wie ihr nicht auch der Druck von der Straße folgt. Und in diesem Fall konnte der Druck nicht entstehen, weil die Ablehnungsfront in weiten Teilen noch unartikuliert war und sich aus diffusen Motiven speiste.

Alternative Ansätze in der Außen- und Sicherheitspolitik haben es immer schwer gehabt, früher in Bonn und heute in Berlin gehört zu werden. Wissenschaft muss deutlicher und für ein breites Publikum verständlicher auf die negativen Folgen von Aufrüstung und Krieg hinweisen. Was bedeutet es, wenn die Bundesregierung im nächsten Jahr 29,5 Mrd. Euro für die Verteidigung ausgeben wird, die ja längst keine Verteidigung mehr ist, sondern Intervention? Zusammen mit den in anderen Haushaltstiteln versteckten militärorientierten Geldern wird jeder zehnte Euro im Bundeshaushalt für Soldaten, Waffen, Munition und Kriegseinsätze ausgegeben. Was bedeutet es, wenn die Bundesregierung den neuen EU-Reformvertrag, den sie maßgeblich mit vorbereitet hat, nun auch abnicken wird und damit die weitere Militarisierung der EU zementiert? Was bedeutet es für den Weltfrieden, wenn Berlin beharrlich weiter an der Sanktionsschraube gegen Iran dreht und dabei wahrheitswidrig, aber ungestraft behaupten kann, sie wolle den Atomkonflikt auf diplomatischem Weg lösen? Und was heißt es, wenn die besonderen Beziehungen zu Israel dazu missbraucht werden, jede Kritik an der israelischen Besatzungspolitik unter den Generalverdacht des Antisemitismus zu stellen?

Es gibt viel mehr solcher Fragen. Kritische Friedensforschung, Friedensbewegung und oppositionelle Politiker bleiben aufgerufen, diese Fragen zu stellen und Antworten zu formulieren. Antworten, in denen die sozialen Interessen der Menschen hier zu Lande und die Überlebensinteressen der Menschheit zum Ausdruck kommen.

Die Welt ist schon häufig vermessen, gemessen, taxiert, verteilt und neu verteilt worden. Heinrich Heine hat in seiner „Romantischen Schule" 1835 sein Messergebnis vorgestellt:

„Wir haben die Lande gemessen, die Naturkräfte gewogen, die Mittel der Industrie berechnet, und siehe, wir haben ausgefunden, dass diese Erde groß genug ist; dass sie jedem hinlänglichen Raum bietet, die Hütte seines Glücks darauf zu bauen; dass diese Erde uns alle anständig genug ernähren kann, wenn wir alle arbeiten und nicht einer auf Kosten des andren leben will; und dass wir nicht nötig haben, die ärmere Klasse an den Himmel zu verweisen."

Dem ist auch heute noch uneingeschränkt zuzustimmen. Daher wollen wir auch keine Neuvermessung der Welt, sondern endlich eine bessere Welt für alle.

Erhard Crome

Von alten und neuen Kriegen
Imperiale Politik nach dem Ende des Ost-West-Konflikts

Die Welt scheint derzeit neu vermessen und aufgeteilt zu werden. Diesen Eindruck vermitteln zumindest etliche der Debatten um „Neue Kriege“ und „Imperium“, die gegenwärtig geführt werden. Da liegt es nahe, sich zunächst der alten Vermessung zu erinnern. Ende des 19./Anfang des 20. Jahrhunderts waren im Grunde alle Weltgegenden entdeckt. Die europäischen Mächte stellten sie unter ihre Herrschaft. Mit Bestechung der Häuptlinge und örtlichen Könige, Gewalt und Intrigen, Krieg und Ausrottungsterror hatten die europäischen Mächte und ihnen folgend die USA und Japan nahezu die ganze Welt erobert. Was nicht Kolonie war, befand sich in Abhängigkeit, wie China, Persien oder Lateinamerika.

Diese gewaltsame Seite war nicht zufälliges Nebenprodukt der Geschichte, etwa weil die Akteure einen besonders gewalttätigen Charakter hatten, sondern konstitutives Moment der Entstehung und Entwicklung kapitalistischer Verhältnisse. „Die Entstehung der Gold- und Silberländer in Amerika“, schrieb Karl Marx, „die Ausrottung, Versklavung und Vergrabung der eingebornen Bevölkerung in die Bergwerke, die beginnende Eroberung und Ausplünderung von Ostindien, die Verwandlung von Afrika in ein Geheg zur Handelsjagd auf Schwarzhäute bezeichnen die Morgenröte der kapitalistischen Produktionsära. Diese idyllischen Prozesse sind Hauptmomente der ursprünglichen Akkumulation. Auf dem Fuß folgt der Handelskrieg der europäischen Nationen, mit dem Erdrund als Schauplatz.“[1] Als am Anfang des 20. Jahrhunderts der Handelskrieg zum militärischen Krieg wurde, nahm er in der Tat die Gestalt eines Weltkrieges an. Der jedoch riss jene imperialistische Welt der aufgeteilten Welt in den Abgrund. Es folgten die Entstehung der Sowjetunion, die nach der Oktoberrevolution meinte, aus dem kapitalistischen Weltsystem ausgetreten zu sein, der zweite Weltkrieg, mit dem Deutschland Revanche für die Niederlage im ersten nehmen wollte und einen völligen Zusammenbruch erlitt, und schließlich der Kalte Krieg – zwischen den USA und ihren Bündnispartnern einerseits und der Sowjetunion und ihren Verbündeten andererseits, der vielfach auch als Systemauseinandersetzung zwischen Kapitalismus und Sozialismus verstanden wurde – sowie der Zerfall des Kolonialsystems der europäischen Mächte.

Das Problem militärischer Gewalt im 20. Jahrhundert

Angesichts der riesigen, bis dahin ungekannten Zahl von Opfern des ersten Weltkrieges – insgesamt kamen rund zehn Millionen Menschen ums Leben – gingen die sozialistischen Revolutionäre davon aus, dass man der Gewalt eben Gegengewalt

1 Karl Marx: Das Kapital, Bd. 1, in: Marx, Engels: Werke, Bd. 23, Berlin: Dietz Verlag 1969, S. 779.

entgegensetzen müsse; ohne diese werde es die neue Gesellschaft, die die Verbrechen und Widersprüche der alten überwindet, nicht geben. Sie konnten sich dabei auf Marx berufen, der darauf verwiesen hatte, die Gewalt sei „der Geburtshelfer jeder alten Gesellschaft, die mit einer neuen schwanger geht“.[2] Allerdings hörte die Gewalt nach der Errichtung und Verteidigung der Macht der Bolschewiki in Sowjetrussland nicht auf und mutierte unter Stalin nahezu zum Selbstzweck.

Zugleich hatte die Sowjetunion die Hauptlast des Sieges über Hitlerdeutschland getragen. Etwa 60 Millionen Menschen waren 1939 bis 1945 dem zweiten Weltkrieg zum Opfer gefallen, darunter über 20 Millionen aus der Sowjetunion (nach späteren Schätzungen sogar 26 Millionen). Angesichts der gewaltigen Zerstörungskraft der Waffen, nicht zuletzt nach dem Abwurf der US-amerikanischen Atomwaffen gegen Hiroshima und Nagasaki, war klar, dass ein dritter Weltkrieg die Existenz der Menschheit bedrohen würde. Zugleich war am Ende des Krieges mit der Errichtung der Organisation der Vereinten Nationen, der UNO-Charta und dem UNO-Sicherheitsrat versucht worden, eine mit internationaler Exekutivkompetenz ausgestattete starke Weltorganisation zu schaffen, die zur Sicherung des Weltfriedens beiträgt. Dies geschah nur zum Teil, da die beiden Hauptmächte des Kalten Krieges – die USA und die UdSSR – ihre Vetomacht im Sicherheitsrat benutzten, um sich und ihre jeweiligen Verbündeten bzw. Klienten vor einer Verurteilung zu bewahren.

Insofern war die Zeit von 1945 bis 1990, vom Ende des Zweiten Weltkrieges bis zur „Charta von Paris“, nicht eine Phase allgemeinen Friedens, sondern politischer, wirtschaftlicher, geistiger und nicht zuletzt militärischer Auseinandersetzungen, dies zunächst auch in Europa. In Polen und Griechenland gingen bewaffnete Bürgerkriege bis 1948; sie wurden in Polen zugunsten des Realsozialismus und in Griechenland zugunsten des Westens entschieden. Die Auseinandersetzungen in und um Deutschland wurden mit der Währungsreform in den westlichen Besatzungszonen, der Blockade Westberlins (Juni 1948 bis Mai 1949) durch die Sowjetunion und der Luftbrücke durch die Westalliierten, die doppelte Staatsgründung 1949 bis zum Bau der Berliner Mauer 1961 geführt. Danach war klar, dass die zwei deutschen Staaten in die beiden gesellschaftlich-politischen Systeme und Bündnisorganisationen eingeordnet sind, solange die Bedingungen des Kalten Krieges und der Systemauseinandersetzung anhalten. Durch die Verträge der Sowjetunion und Polens mit der Bundesrepublik Deutschland (1970), das Vierseitige Abkommen über Westberlin (1971), die darauf folgenden Verträge zwischen der DDR und der Bundesrepublik sowie zwischen der Tschechoslowakei und der Bundesrepublik und schließlich die Schlussakte der Konferenz über Sicherheit und Zusammenarbeit in Europa (1975) wurde die Lage in Europa entspannt und produzierte keine eigenen Kriegsgefahren mehr.

Charakteristisch für den Kalten Krieg blieben jedoch Kriege an der „Peripherie“ des Ost-West-Konflikts, d.h. Kriege in Asien, Afrika und Lateinamerika. Insbesondere waren dies der Korea-Krieg der USA und des Westens (1950-53), die Vietnam-Kriege Frankreichs (1946-54) und der USA (bis 1975), die Kriege im

2 Ebenda.

Nahen Osten seit 1956, der Afghanistan-Krieg der Sowjetunion (1979-89) sowie seit den 1960er Jahren mehrere Kriege in Afrika und der von den USA geführte Krieg gegen die Sandinisten in Nikaragua (1981-90). Hinzu kam das Wettrüsten zwischen USA und UdSSR, NATO und Warschauer Vertrag als die dritte Dimension der Ost-West-Auseinandersetzung. Insbesondere das Rüsten auf dem nuklearstrategischen Gebiet produzierte die Gefahr eines mit Atomwaffen geführten Weltkrieges, der die Vernichtung der Menschheit hätte zur Folge haben können. Die wohl deutlichste Zuspitzung war die „Kuba-Krise“ 1962, als beide Seiten plötzlich merkten, dass ihre Politik der Eskalation des Konfliktes an den Rand des Abgrundes geführt hatte. Es wurde vereinbart, dass die USA Kuba nicht militärisch angreifen und die Sowjetunion im Gegenzug keine Mittelstreckenraketen auf Kuba stationiert. Danach folgten Schritte zur Eindämmung des Wettrüstens, so die Einrichtung einer direkten Telefonverbindung zwischen dem Weißen Haus und dem Kreml, der Vertrag über Kernwaffenversuche (1963), der Vertrag über die Nichtweiterverbreitung von Kernwaffen (1968) sowie die Verträge zur Begrenzung strategischer Waffensysteme, zum Verbot biologischer Waffen und zur Beseitigung der nuklearen Mittelstreckenraketen (1970er und 80er Jahre).

In der Rückschau betrachtet war der Kalte Krieg „kalt“ in dem Sinne, dass er auf der globalen Ebene vor allem als Wettrüsten, aber nicht als großer Krieg geführt wurde; im Herzen Europas war er eine Auseinandersetzung, die vor allem mit politischen, wirtschaftlichen und ideologischen Mitteln geführt wurde, während in der Welt des Südens tatsächlich blutige Kriege „niederer Intensität“ („niedrig“ im Vergleich zu dem gedachten und geplanten atomaren Weltkrieg) geführt wurden.

Der Ost-West-Konflikt, oder, mit einem anderen Wort, die Systemauseinandersetzung zwischen dem Realsozialismus und dem Westen endete in einer heroischen Illusion. Gorbatschow, Schewardnadse, Jakowlew und andere, die in der zweiten Hälfte der 1980er Jahre in Moskau Verantwortung trugen, hatten mit der von ihnen verantworteten Friedenspolitik der Sowjetunion die USA in eine außenpolitische Defensive gebracht, den Rückzug aus Afghanistan und anderen Ländern der Welt sowie einseitige Schritte der Rüstungsbegrenzung und Abrüstung vollzogen und faktisch den Kalten Krieg beendet. Dabei waren sie davon ausgegangen, dass die systemische Differenz zwischen den beiden Gesellschaftssystemen die eigentliche Ursache der Spannungen und der Kriegsgefahr gewesen seien. Die „Charta von Paris für ein neues Europa“ als Erklärung der Staats- und Regierungschefs der Staaten der „Konferenz über Sicherheit und Zusammenarbeit in Europa“ (KSZE) vom 21. November 1990 wurde in diesem Sinne als Dokument der Beendigung des Kalten Krieges und der Blockkonfrontation angesehen. Frieden, eine auf Menschenrechten und Grundfreiheiten beruhende Demokratie sowie Marktwirtschaft sollten die gemeinsame Grundlage der weiteren Entwicklung Europas sein.[3]

Tatsächlich jedoch wurde spätestens mit dem Golfkrieg von 1991 etwas anderes deutlich: Die USA unter Bush I wollten diesen Krieg, um ihre Dominanz in der

3 Charta von Paris, in: Curt Gasteyger: Europa zwischen Spaltung und Einigung, Schriftenreihe der Bundeszentrale für politische Bildung, Band 321, Bonn 1994, S. 538ff.

angestrebten „Neuen Weltordnung“ – das heißt der internationalen Ordnung nach dem Ende des Ost-West-Konflikts – deutlich zu machen.

Wirtschaft und Gesellschaft

In bestimmtem Sinne waren die realsozialistischen Staaten, die Arbeiterbewegung und die Gewerkschaften in den Ländern des Westens, die Entkolonialisierung, die neuen demokratischen und Menschenrechtsbewegungen in der ganzen Welt begrenzende Faktoren für eine imperialistische Politik, wie sie von den entwickelten Ländern bis 1914 geführt wurde. Die aufgeteilte Welt schien der Vergangenheit anzugehören, „Imperialismus“ ein Wort aus der Rumpelkammer der Geschichte. Die sowjetischen Führer, die Ende der 1980er Jahre die Systemauseinandersetzung für die Ursache von Kriegsgefahr und Spannungen hielten, hatten sich wahrscheinlich so lange in den Floskeln ihrer eigenen Propaganda bewegt, bis sie am Ende Analyse nicht mehr von Propaganda unterscheiden konnten. 1914, als der erste Weltkrieg, das „Urereignis des 20. Jahrhunderts“, ausbrach, gab es keine Sowjetunion; sie war das Ergebnis, nicht die Ursache des ersten Weltkrieges.

Gleichzeitig hatte der Realsozialismus aber sich nicht nur an der Schaffung von Spannungen beteiligt, indem sich die Sowjetunion auf das Wettrüsten und die Konfrontation mit dem Westen einließ, sondern er hatte selbst Kriege geführt, für die der Westen nun wirklich nicht verantwortlich zu machen war: kriegerische Auseinandersetzungen hatte es zwischen der Sowjetunion und China Ende der 1960er Jahre gegeben, zwischen China und Vietnam Ende der 1970er Jahre und dann den Einmarsch der Sowjetunion in Afghanistan. Für die Länder des Realsozialismus also gilt, dass sie schon von ihrer Entstehung her Ergebnis der Bewegungen des kapitalistischen Weltsystems waren, entgegen den Erwartungen der Revolutionäre der ersten Stunde und den Behauptungen ihrer Regierungen später aber auch keine Alternative zu ihm zu bieten vermochten. Dies hatte auch die kritische Friedensforschung in der BRD nicht recht begriffen. So meinte Ekkehart Krippendorff 1985, der Sowjetunion nicht unterstellen zu sollen, „das diplomatische und militärisch-politische Spiel der sowjetischen Führung“ sei lediglich „das schlichte Spiegelbild der amerikanischen Strategie“. Sie sei aber, „auch als zweite Großmacht, immer nur *zweite* Großmacht geblieben“. Dabei sei jedoch „unbestreitbar, dass ihre Führung das Macht-Spiel wie ein gelehriger Aufsteiger-Schüler von ihrem mächtigeren Vorbild gelernt hat und ihm darin immer ähnlicher geworden ist.“[4] Die sowjetische Diplomatie und Außenpolitik hat politisch-diplomatisch nicht von den USA gelernt, sondern stand viel stärker in der Tradition Russlands vor 1917, als sie nach außen hin vorgab. Insofern hatte sie mehr mit dem Finassieren innerhalb des „Europäischen Konzerts der Mächte“, wie es mindestens seit dem Wiener Kongress 1815 bis zum Jahre 1914 bestand, zu tun als die Außenpolitik der USA. In diesem Sinne war auch das Folgen gegenüber den USA in Sachen Herstellung des atomaren Patts nach Hiroshima und Nagasaki im Kern nichts anderes, als vor 1914 die Aufrüstung Russlands mit Blick auf Deutschland und Öster-

4 Ekkehart Krippendorff: Staat und Krieg. Die historische Logik politischer Unvernunft, Frankfurt am Main: Suhrkamp Verlag 1985, S. 86.

reich-Ungarn und vor 1941 mit Blick auf Hitlerdeutschland zu betreiben. Die Tradition Russlands, Großmachtpolitik zu betreiben, ist älter als die der USA – was Russland jetzt seit Putin ja wieder unter Beweis stellt. Die Politik der Sowjetunion war, genau betrachtet, nichts anderes, als ein Kapitel jener russischen Geschichte.

Im Hintergrund der Feststellung, dass es sich um eine wirkliche politische Alternative nicht handelte, steht noch etwas anderes: Die Entstehung der beiden politischen Staatengefüge, wie wir sie im Kontext des Ost-West-Konflikts kannten, war Resultat des Sieges der russischen Revolution 1917 einerseits und der Niederlage der Revolution in Deutschland 1918 andererseits und dann des Zweiten Weltkrieges und weiterer Revolutionen nach 1945. Immanuel Wallerstein hat jedoch betont, dass diese „sozialistischen Staaten“ zwar versuchten, einer anderen Logik als der kapitalistischen zu folgen, dass sie sich faktisch aber stets „innerhalb eines Weltsystems“ befanden, „das kapitalistischer Logik folgt“. Sie haben nie ein alternatives historisches System dargestellt, sondern „stets innerhalb des Rahmens der kapitalistischen Weltwirtschaft“ operiert, gebunden an dessen Funktionsmechanismen.[5] Wallerstein sieht dieses kapitalistische Weltsystem als Ganzes nun zu einem Ende kommen; ein alternatives geht jedoch aus den konkreten Kämpfen unserer Zeit hervor. Hier sieht er die politische Frage im Zentrum: Was können wir tun, „um zu einem historischen Gesellschaftssystem zu kommen, das eine höhere ‚materielle Rationalität‘ ausweist?“[6]

Der Westen, der sich dem realsozialistischen Staaten- und Gesellschaftsgefüge vor 1989 gegenüberstellte, erschien demokratisch, wohlhabend, zivilgesellschaftlich und zivil (im Unterschied zu: militärisch im Sinne der Alltagskultur). Mit diesem Antlitz hatte er den Systemwettbewerb mit dem Realsozialismus in Europa für sich entschieden. Die Arbeitslosigkeit war marginal, die soziale Sicherheit schien groß und die Binnenkaufkraft der Währung überlegen. Diesen Westen haben die Menschen in der DDR und in Osteuropa 1989/90 gewählt. Wenn man den Menschen gesagt hätte: „Millionen von Euch werden arbeitslos werden, es wird Millionen armer Kinder, Frauen und Greise geben, und wir schicken deutsche Soldaten an den Hindukusch“, so hätte es sicher eine andere Debatte über die gesellschaftliche Zukunft gegeben. Der Kapitalismus in Europa hatte Gestalten angenommen, im Gefolge der Konvulsionen des 20. Jahrhunderts, die ihn freundlich, friedlich und ruhig erscheinen ließen. Der Manager eines großen Betriebes schien lediglich ein erfolgreicher Betriebsleiter zu sein, der nur etwas geschickter war, als die sozialistischen Betriebsdirektoren im Osten. Dass er ein höheres Salär empfing, störte nicht, weil er ja das auskömmliche Einkommen für viele Arbeiter und Angestellte organisierte. Erst anderthalb Jahrzehnte später, als die Managergehälter explodierten, Massenentlassungen trotz hoher Gewinne übliche Praxis wurden, die Löhne systematisch reduziert und die Sozialversicherungssysteme demoliert wurden, die Inflation sich beschleunigte und immer mehr Soldaten ins Ausland geschickt wurden, zeigte sich, dass der Kapitalismus sich rückverwandelte und augenscheinlich

5 Immanuel Wallerstein: Utopistik, Wien: Promedia Verlag 2002, S. 18, 80.
6 Ebenda, S. 95.

jene Züge wieder annahm, die aus der Geschichte bekannt und vielfach beschrieben worden waren.

Die Kernfrage ist nun, ob dieser Prozess veränderbar und ob er demokratischen Willensbildungsprozessen zugänglich ist, oder aber ob der von Marx mit Blick auf die „ursprüngliche Akkumulation" des Kapitals ausgemachte Zusammenhang von Kapitalismus und Gewalt für die so gearteten gesellschaftlichen Verhältnisse nicht nur konstitutiv war, sondern charakteristisch bleibt.

Ein genauerer Blick in die Geschichte zeigt, dass es nicht ein harter, gleichsam unausweichlicher Zusammenhang ist. Die USA und Deutschland waren von der Weltwirtschaftskrise besonders betroffen. In beiden Ländern hatte die Arbeitslosigkeit zuvor ungekannte Höhen erreicht, in beiden gab es 1933 eine neue Regierung. In Deutschland kam Adolf Hitler an die Macht, in den USA Franklin D. Roosevelt. Diese Differenz erklärt sich nicht mit der Arbeitslosigkeit, da muss man auf die politische Kultur sehen, die autoritär geprägte, die noch verstärkt wurde durch die deutlich empfundene ‚Verletzung' durch die Niederlage im ersten Weltkrieg und den als dauerhafte Demütigung angesehenen Frieden von Versailles in Deutschland und die starke zivilgesellschaftlich-demokratische Kultur in den USA. (Die USA von 1933 waren eine demokratische Republik, nicht das monströse Imperium von Bush II. Aber das kann sich nach einem Wahlsieg der Demokraten 2008 ja auch wieder ändern. Die Finanzkrise wird ggf. ein Übriges tun.) Beide Länder waren typologisch kapitalistisch, aber es waren zwei unterschiedliche Welten. Das Profitprinzip als solches ist blind: Die Öfen und das Gas zum Einsatz in Auschwitz wurden ebenso von kapitalistischen Firmen hergestellt wie die Zulieferungen für das Tennessee-Großprojekt, das die größte direkte staatliche Arbeitsbeschaffungsmaßnahme im Rahmen des New Deal war.

Den Unterschied macht nicht der Kapitalismus, sondern das politische Herrschaftssystem und das Gesellschaftssystem, unter dessen Rahmenbedingungen die Kapitalisten agieren. Auch heute gilt, dass unter dem Kapitalismus Atomkraftwerke gebaut werden können wie auch Windkrafträder, die Mordwaffen zum Einsatz in Irak hergestellt werden wie neue Medikamente gegen Diabetes oder Aids, die Millionen Menschen das Leben retten bzw. erleichtern. Die großen Konzerne machen ihre Planungen, und je größer die Firmen und je höher die Entwicklungskosten, desto stärker das Bestreben, langfristig zu planen, entwicklungstechnisch und wirtschaftlich. Deshalb das immer stärkere Bemühen, durch Lobbyarbeit langfristige Ertragssicherheit zu erreichen. Pharma-Unternehmen beteiligen sich an der Förderung nationaler und internationaler Programme zur Aids-Bekämpfung, während zur gleichen Zeit Rüstungskonzerne private Söldnerunternehmen fördern, die die Bürgerkriegs- und Krisenherde in der Welt anheizen und vergrößern, was zu ‚stabiler' oder gar wachsender Nachfrage nach Waffen und Rüstungsgütern führt. Die Antwort auf die Frage, was denn nun tatsächlich umgesetzt wird, richtet sich letztlich nicht nach dem vordergründigen Konzerninteresse, sondern nach der Gesamtkonstellation der wirtschaftlichen Interessen und der politischen Verhältnisse. Da Staat und Gesellschaft, Wirtschaft und Zivilgesellschaft nicht in eins fallen, sind die respektiven politischen Entscheidungen einer Veränderung zugänglich, und zwar innerhalb der gegebenen Institutionen und Verhältnisse.

Die harten Fakten der „schönen neuen Welt“

Die vielleicht folgenreichste Illusion am Ende des 20. Jahrhunderts war die, das Ausräumen des Ost-West-Konflikts würde eine lange Phase des Friedens einleiten. Auf das Ende der Organisation des Warschauer Vertrages ist nicht die Auflösung der NATO gefolgt, wie auch im Westen viele Friedensforscher Anfang der 1990er Jahre annahmen (oder hofften), sondern diese wurde mit veränderten Aufgaben versehen und zu einer weltweit einsatzfähigen Interventionsmaschinerie umgebaut.

Diese Illusion hatte einen speziellen Namen: „Friedensdividende“. Gemeint war, nach dem Ende des Ost-West-Konflikts und des damit verbundenen Wettrüstens würden Mittel frei werden, die weltweit in die Lösung sozialer, ökologischer und anderer drängender Probleme gesteckt werden könnten. Einige Zeit in den 1990er Jahren sah es so aus, als würde es in diese Richtung gehen. Jedenfalls sanken zunächst die Rüstungsausgaben. Bush II hat seit 2001 (dem „11. September“) drastisch umgesteuert. 2006 stiegen die Militärausgaben gegenüber dem Vorjahr um 3,5 Prozent und erreichten weltweit 1.204 Milliarden US-Dollar. Das ist die Größenordnung, die am Ende der Block-Konfrontation und der Reagan-Jahre, die ebenfalls Hochrüstungsjahre waren, im Jahre 1988 erreicht worden war. 528 Milliarden Dollar, das sind 46 Prozent der weltweiten Rüstungsausgaben, entfallen dabei allein auf die USA. Sie sind heute das einzige Land der Welt, das militärtechnologisch von anderen Staaten unabhängig ist. 80 Prozent ihres Umsatzes wickeln die US-amerikanischen Rüstungskonzerne mit den US-Streitkräften ab, nur 20 Prozent entfallen auf Exporte, die allerdings ebenfalls die größten der Welt sind. Damit sind die USA weder auf Importe für ihre Streitkräfte noch auf Exporte für ihre Rüstungsfirmen angewiesen – nahezu alle anderen Staaten der Welt sind auf Importe, und seien es nur einzelne Waffensysteme oder Komponenten, angewiesen, und Russland, der zweitgrößte Exporteur der Welt, auf Erlöse aus dem Export, um seine Produktion und waffentechnische Entwicklung weiter betreiben zu können. Für das Haushaltsjahr 2008 hat die Bush-Regierung eine neuerliche Erhöhung der Militärausgaben vorgesehen, nun auf 647 Milliarden Dollar. Das ist eine Verdopplung seit 2001. Weltweit sind die Militärausgaben in dieser Zeit um über 25 Prozent gestiegen.

Weitere zwanzig Prozent der weltweiten Rüstungsausgaben entfallen auf die anderen NATO-Länder (das heißt die NATO ohne die USA), was praktisch bedeutet, dass die NATO für etwa zwei Drittel dieser Ausgaben weltweit verantwortlich ist. Die Militärhaushalte Chinas und Russlands steigen ebenfalls, machen jedoch nur fünf bzw. drei Prozent der Rüstungsausgaben in der Welt aus. Russland erhöhte seine Rüstungsausgaben auf geschätzte 34 Milliarden Dollar (2008), China von 26,1 Milliarden US-Dollar im Jahre 2001 auf etwa 66 Milliarden (2008). Der durchschnittliche Anteil der Rüstungsausgaben am Bruttoinlandsprodukt (BIP) liegt im Falle der USA bei vier Prozent und im Durchschnitt der anderen NATO-Länder bei 1,7 Prozent. Die regionalen Trends sind unterschiedlich. Lateinamerika, Mittelamerika und die Karibik gehören zu den am wenigsten militarisierten Regionen der Welt. Der durchschnittliche Anteil der Militärausgaben am BIP betrug dort 2005 insgesamt 1,3 Prozent. Im Falle Brasiliens liegt er allerdings bei 3,1 Prozent und ist in den vergangenen Jahren angehoben worden. Das Land fühlt sich offenbar durch die Militär- und Rüstungspolitik der USA bedroht, wie auch andere große Staaten.

Das verstärkte Rüsten der USA hat eine zunehmende Aufrüstung anderer Länder zur Folge, auch wenn China deutlich gemacht hat, dass es sich durch die USA nicht in ein ruinöses Wettrüsten drängen lassen will, wie es die Sowjetunion im Kalten Krieg tat. Zugleich ist es aber bemüht, hinreichende militärische Kapazitäten vorzuhalten, die einen direkten militärischen Druck der USA zu kompensieren in der Lage sein sollen. Im Falle Russlands scheint es ähnlich. Zugleich sind die USA technisch uneinholbar aufgerüstet, so dass keine dieser Mächte, auch nicht die Europäische Union, sich darauf verstehen kann, mit den USA in eine militärische Konkurrenz zu treten. Das hat die Welt aber nicht sicherer gemacht. Das Bonner Zentrum für Konversion konstatiert eine „anhaltende Militarisierung", die sich in „einer raschen Zunahme von kriegerischen Auseinandersetzungen" widerspiegelt. Und weiter: „Zwischen 2005 und 2006 stieg die Anzahl an Konflikten, bei denen zumindest sporadisch physische Gewalt angewendet wurde, von 91 auf 111. Die Anzahl an Konflikten, die durch systematische Anwendung von Gewalt charakterisiert sind, kletterte von 16 auf 22. Die bei weitem gewalttätigsten Konflikte im Jahr 2006 fanden in Afghanistan, Irak, Israel/Libanon, Somalia, Sri Lanka und dem Sudan statt."[7]

Mit anderen Worten: Jene Konflikte, an denen sich die USA bzw. der Westen direkt beteiligen, sind die blutigsten. Die Hochrüstung hat nicht zu einer besseren Sicherheitslage in der Welt, sondern zu mehr Unsicherheit geführt. In diesem Sinne ähnelt die real existierende Welt von heute friedenspolitisch in keiner Weise der, auf die die meisten Menschen 1989/1990 hofften, sondern tatsächlich eher der vor 1914. – Hier sei nur an Timothy Garton Ash erinnert, der vor einiger Zeit die heutige Situation mit der am Beginn des 20. Jahrhunderts verglich. Damals handelte es sich um ein vor allem durch Großbritannien geprägtes internationales System, das von den Konkurrenten USA und Deutschland zunehmend in Frage gestellt wurde. Die beiden Weltkriege des 20. Jahrhunderts waren Folge dessen, und die USA gingen am Ende als Sieger aus diesen Kämpfen hervor. Heute dagegen sind es vor allem China und Indien, die nun das von den USA dominierte System in Frage stellen. Die daraus resultierende Staatenkonkurrenz und Rivalität weist – so Garton Ash – eine Reihe von Ähnlichkeiten mit der vor einhundert Jahren auf.[8]

Es hat auch in der länger zurückliegenden Geschichte keine Kräftekonstellation gegeben, in der ein forciertes Wettrüsten nicht zu Krieg und Elend geführt haben. Das stillschweigende Abtreten der Sowjetunion nach 1989 ist hier die Ausnahme. Übrigens hat auch auf diesem Feld das „geräuschlose" Funktionieren der derzeitigen Bundesregierung seine Ergebnisse gezeitigt: Deutschland rückte im weltweiten Rüstungsexport im Jahre 2006 auf Platz drei vor und führte Rüstungsgüter im Wert von 3,9 Milliarden US-Dollar aus. 2005 waren es „nur" 1,5 Milliarden.

7 Bonn International Center for Conversion: Jahresbericht 2006/2007, S. 16.
8 Vgl. Timothy Garton Ash: Müder Titan, in: Süddeutsche Zeitung, München, 30. August 2005, S. 11.

Neben der neuen Dimension des Wettrüstens sind die nicht gewinnbaren Kriege des Westens in Irak und Afghanistan Menetekel der Aussichtslosigkeit derzeitiger Politik. Der Vorsitzende des Rates der Evangelischen Kirche in Deutschland, Bischof Huber, hat in seiner Karfreitagspredigt 2008 darauf verwiesen, dass im April 2003, als der Krieg der USA zur Besetzung des Irak begann, noch etwa 1,5 Millionen Christen in Irak gelebt haben. Inzwischen habe etwa die Hälfte von ihnen das Land verlassen. Es sei auf beklemmende Weise grotesk, dass es ihnen unter der Herrschaft des Diktators Saddam Hussein besser gegangen ist als unter dem Protektorat der USA. „Der Irak-Krieg ist eine globale Sackgasse; eine Straße des Elends und der Hoffnungslosigkeit. Es ist zugleich die teuerste Sackgasse aller Zeiten.“[9]

Von den oben genannten 647 Milliarden Dollar für militärische Zwecke der USA sind 146,5 Milliarden für den „Krieg gegen den Terror“, also die fortgesetzte Besetzung des Irak und Afghanistans, allein im Jahre 2008 vorgesehen. Das sind 37.000 US-Dollar pro Kopf der in den beiden Ländern derzeit lebenden Menschen. Vielleicht hätte man ihnen die auszahlen und abziehen sollen. Joseph Stiglitz, Träger des Nobelpreises für Wirtschaft von 2001 und ehemals Chefökonom der Weltbank, hat ein Buch über die Kosten des Irak-Krieges geschrieben, das kürzlich auf den Markt gekommen ist.[10] Als der Krieg vor fünf Jahren begonnen wurde, behauptete der damals für das Militär zuständige Minister Rumsfeld, die Kosten der Operation würden 50 Milliarden Dollar betragen. Sie werden um das Sechzigfache höher liegen und, allein für die USA, mit allen Folgekosten etwa drei Billionen Dollar betragen; der Rest der Welt zahlt nochmals die gleiche Summe drauf. Es ist der zweitlängste Krieg der USA nach dem Vietnamkrieg und der zweitteuerste nach dem Zweiten Weltkrieg. Und die Mittel wurden der Lösung sozialer oder wirtschaftlicher Probleme entzogen. Mit den drei Billionen Dollar hätte man acht Millionen Einfamilienhäuser in den USA bauen können (in diesem Sektor brach bekanntlich die Kreditkrise in den USA aus), die Gesundheitsversorgung für weltweit 530 Millionen Kinder für ein Jahr bezahlen können oder 15 Millionen Schullehrer oder Stipendien für 43 Millionen Studenten. Das sind die gesellschaftlichen Kosten eines solchen Krieges.

Am Ende erweist sich, dass der „Peripherie-Krieg“ hinsichtlich der Opfer und der Kosten zu einem Krieg ausgeartet ist, den die ach so reichen und mächtigen USA nicht mehr zu tragen vermögen.

Wird Bilanz gezogen, so erweist sich auch im Sinne der geopolitischen Strategie der Urheber dieser Politik das Scheitern. Der indische Vizepräsident, Hamid Ansari, stellte dazu fest: „Die Vereinigten Staaten sind heute nicht mehr die alles überragende Supermacht, als die sie noch im Frühjahr 2003 erschienen. Die Politik des Unilateralismus, der ‚kreativen Zerstörung‘ und der präventiven Kriegsführung ist gescheitert. Nichtstaatliche Akteure im Irak haben die USA in Bedrängnis gebracht; ihre Politik hat dem Terrorismus Auftrieb gegeben; die innenpolitische

9 Frankfurter Allgemeine Zeitung, 22. März 2008, S. 2.

10 Vgl. Joseph E. Stiglitz, Linda J. Bilmes: The Three Trillion Dollar War. The True Cost of the Iraq Conflict, New York: W.W.Norton & Company 2008.

Unterstützung haben sie wegen ihrer Politik gegenüber dem Irak verloren; ihre Popularitätswerte in arabischen und muslimischen Ländern sind alarmierend niedrig, und ihre Absichten gelten als verdächtig. Die finanzielle Belastung durch den Krieg und der Druck auf den Dollar haben die Sorgen der Öffentlichkeit weiter anwachsen lassen."[11]

Veränderte Konstellationen

Nach dem Ende des Kalten Krieges schien es zunächst ein großes Durchatmen zu geben – wie nach allen großen Kriegen der europäischen Geschichte – angesichts der gewaltigen Kraftanstrengungen, die diese Auseinandersetzung, die unmittelbar auf den zweiten Weltkrieg gefolgt war, gekostet hatte. Bush I hatte seine kurz danach verkündete „Neue Weltordnung" in eine eher gefällige Rhetorik verpackt; sie enthielt auch kooperativ klingende Worte, aber sie war nicht so gemeint. Die US-Regierung in Gestalt des Außenministers Baker hatte der sowjetischen Führung im Februar 1990 versprochen, dass es auch für die Sowjetunion gut sei, wenn das wiedervereinigte Deutschland unter der Kontrolle der NATO (sprich: der USA) steht, „während gleichzeitig gewährleistet ist, dass die NATO ihr Territorium um keinen Zentimeter in Richtung Osten ausweitet".[12] Doch was schert das Gesagte von gestern? Nachdem umfangreiche NATO-Erweiterungen um Ostmitteleuropa und Südosteuropa längst Realität geworden sind, wird derzeit über NATO-Erweiterungen im Kaukasus und im kaspischen Raum debattiert.

Der Krieg gegen Irak 1990/91 galt einem Kriegsverbrecher und Aggressoren; dass die USA Saddam Hussein eine diplomatische Falle gestellt hatten, war im Getöse des Tagesgeschäfts untergegangen.[13] Zudem hatte Bush I davor zurückgeschreckt, den Irak tatsächlich zu besetzen. Ein geschwächter Saddam Hussein, der „die Ordnung" aufrecht erhielt, und Flugverbotszonen im Norden und Süden, die dazu dienten, den USA nach Belieben einen Vorwand für Bombardierungen im Irak zu schaffen, sowie ein Embargo, in dessen Folge zwar Tausende Kinder und Arme in Irak starben, der Westen aber seine regelmäßigen Öllieferungen erhielt, reichten ihm aus.

---

11 Hamid Ansari: Wachsende Sorgen um die Sicherheit in Vorderasien. Rede auf der internationalen Konferenz der Observer Research Foundation und der Rosa-Luxemburg-Stiftung in Neu Delhi am 21. November 2007. rls Standpunkte, Berlin, 19/2007, S. 3.

12 Michael R. Beschloss, Strobe Talbott: Auf höchster Ebene. Das Ende des Kalten Krieges und die Geheimdiplomatie der Supermächte 1989-1991, Düsseldorf u.a.: ECON Verlag 1993, S. 245.

13 Den casus belli schuf faktisch die US-amerikanische Botschafterin, als sie Saddam Hussein auf Anfrage erklärte, daß die USA bei einer Annexion Kuweits ihre Interessen nicht tangiert sähen, was dieser als Akzeptanz verstand, um anschließend die Botschafterin als desavouiert und sich im Konflikt mit der Weltgemeinschaft zu sehen. Allerdings war die völkerrechtliche Sachlage klar: Saddam Hussein hatte ein souveränes Land überfallen und der UNO-Sicherheitsrat sanktionierte den Militäreinsatz. Vgl. Pierre Salinger/Eric Laurent: Krieg am Golf. Das Geheimdossier, München/Wien: Carl Hanser Verlag 1991, S. 49ff, insbesondere S. 63; Erhard Crome: Menetekel neuer Weltenauseinandersetzungen? Noch einmal über den Golfkrieg, in: IPW-Berichte, Berlin, Heft 11-12/1991, S. 40-43.

Bis Mitte der 1990er Jahre schien die strategische Diskussion auch in den NATO-Gremien offen; dann jedoch stellten die US-Vertreter den Dialog auf scheinbar vergleichbarer Augenhöhe ein. In Washington war begonnen worden, über eine neue imperiale Politik nachzudenken, die mit den „Verbündeten" nicht geteilt werden sollte. Der Jugoslawienkrieg Ende der 1990er Jahre mutete aus dieser Perspektive schwerfällig an, waren doch die Vertreter der anderen Länder in die Entscheidungsgremien des Krieges einzubeziehen. Singuläre imperiale Entscheidungen schienen einfacher. – Hier geht es immer noch um die Entwicklungen in den 1990er Jahren, als der nette Bill Clinton Präsident war. Bush II konnte dann nahtlos daran anknüpfen.

Dennoch gab es zunächst keinen imperialen Konsensus in den USA. Die Neo-Konservativen hatten, wie berichtet wurde, Clinton mindestens dreimal einen Krieg gegen den Irak antragen wollen; er winkte dreimal ab. Henry Kissinger, einer der Vordenker US-amerikanischer Machtpolitik, meinte bereits im Jahre 1992, dass es eine unilaterale Welt nicht geben könne und die USA nach dem Ende des Kalten Krieges erstmals in der Situation seien, eine Außenpolitik machen zu müssen, „wie sie die europäischen Nationen schon jahrhundertelang führen mussten", nämlich eine interessengeleitete ‚Realpolitik' unter der Voraussetzung einer ‚Balance of Power' – also keine neue Imperialpolitik. Voller Ironie machte er geltend, die USA hätten bis zum ersten Weltkrieg überhaupt keine tatsächliche Außenpolitik gehabt, und seither eine moralisierende. Schon der Eintritt in den ersten Weltkrieg wurde nicht mit Sicherheitsargumenten begründet, sondern mit einer „moralischen Unzulänglichkeit der deutschen Führung". Auch die Auseinandersetzung mit dem Kommunismus sei unter einer derartigen moralischen Attitüde erfolgt; die amerikanische Position oszillierte „zwischen dem Glauben, der Kommunismus sei absolut böse, und der Auffassung von Kommunismus als Ziel von Konvertierung", mit der Konsequenz, nun zu glauben, „der Kommunismus sei wegen der Richtigkeit der demokratischen Idee zusammengebrochen". [14] Es gehört zu den Eigenheiten amerikanischer Politik, internationale Konflikte, die sicherheitspolitisch begründet waren oder aus Machtdivergenzen bzw. Interessenkollisionen herrührten, stets ideologisch aufgeladen zu haben und als „Gut-Böse"-Konstellationen zu verarbeiten. So wurden alle amerikanischen Kriege des 20. Jahrhunderts als „gerechte" geführt, der „guten" USA gegen die jeweilige „Welt des Bösen". Es ist dies der Kontext, in dem abwechselnd Saddam Hussein, Milosevic und Bin Laden zum Wiedergänger von Adolf Hitler stilisiert wurden. Die Politik und Kriegsführung sowie die darum gerankte Rhetorik von Bush II steht in genau dieser Kontinuität. Die von Kissinger gemeinte Umorientierung der US-amerikanischen Außenpolitik hat nicht stattgefunden, statt dessen wurde eine Volte zu imperialer Politik geschlagen.

In Deutschland war es nach der mit dem „2+4-Vertrag" zugebilligten Souveränität und der deutschen Vereinigung Anliegen vieler Analytiker der internationalen Beziehungen, die Kontinuität mit der alten BRD zu betonen. Ein Hauptstrang der

14 Henry A. Kissinger: Die künftigen Beziehungen zwischen Europa und den Vereinigten Staaten, in: Europa-Archiv, Bonn, Folge 23/1992, S. 671f.

Überlegungen und Debatten rankte sich vor allem darum. Hanns W. Maull schlug 1992 vor, Deutschland solle in der internationalen Arena als „Zivilmacht" agieren.[15] Nachdem dies zunächst vielfach verpönt wurde, galt eine solche Position doch als gegen die NATO-Räson gerichtet, hat Maull sie dann theoretisch so untersetzt, dass sie nicht mehr friedens-orientiert („nur zivile Mittel einsetzen") interpretiert werden konnte. Dazu benutzte er den Zivilisierungsbegriff des Soziologen Norbert Elias, der festgestellt hatte, „dass gewaltsame Formen der Konfliktaustragung im Verlauf der Entstehung moderner Gesellschaften durch die Herausbildung des staatlichen Gewaltmonopols, durch Institutionalisierung alternativer Formen der Konfliktaustragung und durch die Verinnerlichung des Gewaltverbots zunehmend eingehegt und zurückgedrängt wurden". Das hätte „die Entfaltung der Entwicklungspotentiale gesellschaftlicher Arbeitsteilung" erlaubt, „die auf Berechenbarkeit und Gewaltfreiheit sozialer Beziehungen angewiesen ist". In diesem Sinne meinte Maull, den Zivilisierungsbegriff über die Grenzen des Nationalstaates hinaus auf regionale und globale Zusammenhänge erstrecken zu können und – unter Bezug auch auf das von Dieter Senghaas „normativ gewendete" Elias-Konzept, das dieser als „zivilisatorisches Hexagon" präsentiert hatte – als außenpolitisches Konzept gelten zu lassen. Danach sind dann „Zivilmächte ... Staaten, die sich dem Ziel einer Zivilisierung der Politik verpflichtet fühlen", einer „Zivilisierung der Politik insgesamt und der internationalen Beziehungen im Besonderen".[16] Da der Begriff „Macht" bei Maulls „Zivilmacht" aber bereits einen „Gestaltungsanspruch" enthält, der die Bereitschaft einschließt, „die eigenen Ziele notfalls auch gegen Widerstand durchzusetzen", kommt er zu der Pointe, „die Beteiligung der Bundeswehr an den NATO-Kampfeinsätzen im Kosovo" sei „Fortführung der außenpolitischen Kontinuitätslinien unter veränderten Vorzeichen" gewesen.[17]

Michael Staack setzte den Akzent auf den „Handelsstaat Deutschland". Die hier in Ansatz gebrachte idealtypische Analysefigur geht davon aus, dass nach Jahrhunderten militärischer Stärke und territorialer Expansion nach 1945 eine neue Welt von Handelsstaaten entstanden sei. Für einen solchen „bilden wirtschaftliche Entwicklung und Wohlstandsmaximierung die herausragenden politischen Ziele. Ein solches Staatswesen verzichtet darauf, vollständige politische Autonomie oder gar ökonomische Autarkie erreichen zu wollen, weil diese Zielsetzungen in einem durch vielfältige Interdependenzen gekennzeichneten internationalen System weitgehend illusorisch geworden seien. Deshalb stelle eine funktionale Differenzierung (internationale Arbeitsteilung) der Staatenwelt im politischen wie im ökonomischen Bereich für den Handelsstaat auch keine Bedrohung, sondern eine wesentliche Bedingung der Kosten-Nutzen-Optimierung dar." Japan, die Staaten der EU

15 Hanns W. Maull: Zivilmacht Bundesrepublik Deutschland. Vierzehn Thesen für eine neue deutsche Außenpolitik, in: Europa-Archiv, Bonn, Folge 23/1992, S. 671f.

16 Hanns W. Maull: Deutschland als Zivilmacht, in: Siegmar Schmidt, Günther Hellmann, Reinhard Wolf (Hrsg): Handbuch zur deutschen Außenpolitik, Wiesbaden: Verlag für Sozialwissenschaften 2007, S. 73f. Die Bezüge sind: Norbert Elias: Über den Prozeß der Zivilisation, Frankfurt a.M.: Suhrkamp 1976, und Dieter Senghaasr (Hrsg.):Frieden machen, Frankfurt a. M.: Suhrkamp 1997.

17 Hanns W. Maull: Deutschland als Zivilmacht, a.a.O., S. 74, 80.

und insbesondere Deutschland seien gleichsam „Prototypen" des „kooperativen" oder „integrierten Handelsstaates", für den Multilateralismus und Integrationsbereitschaft charakteristisch seien. Er bemühe sich „um Übereinstimmung mit seinen Partnern, um Kooperation mit den wichtigsten transnationalen Akteuren und verfügt über ausreichend Ressourcen an ‚sanfter Macht'". Dieses Modell sah Staack ausdrücklich in einem Gegensatz zu dem der „Zivilmacht", denn letztere sei ein Akteur mit spezifischen außenpolitischen Verhaltensweisen, der die Prozesse der Zivilisierung internationaler Politik voranzutreiben bestrebt sei – der Handelsstaat dagegen nicht.[18]

Jürgen Groß mühte sich in einer von Dieter S. Lutz herausgegebenen Publikation aus Sicht der Friedensforschung um eine „Deutsche Strategie im 21. Jahrhundert". Er ging von zwei analytischen Ausgangspunkten aus: der Perspektive der Globalisierung und der politischen Situation Deutschlands. Zur Globalisierung betonte er: „Der gegenwärtige Globalisierungstrend ist ... nicht gleichzeitig auch ein Trend zur globalen Homogenisierung; vermutlich wird auch die zunehmend verflochtene Welt des 21. Jahrhunderts nach wie vor – und vielleicht sogar noch stärker als zuvor – kreuz und quer von unzähligen Linien durchzogen werden, entlang derer sich Wohlstands- und Sicherheitsgefälle erhalten, verfestigen oder gar neu bilden werden. Diese Heterogenität, zweifellos ein potentiell destabilisierender Faktor, ist innerhalb der strategischen Planungshorizonte insgesamt wohl unaufhebbar; bestenfalls kann versucht werden, die vorhandenen Gräben nicht allzu tief und offensichtlich werden zu lassen."[19] Am wichtigsten für eine deutsche außenpolitische Strategie sei der „Grundsatz der Multilateralität", und zwar aus drei Gründen: (1) wegen der Begrenztheit der zur Verfügung stehenden Mittel; (2) wegen der Sicherung einer „strukturellen Nichtangriffsfähigkeit" im militärischen Bereich innerhalb des NATO-Bündnisses und Europas bei gleichzeitiger Fähigkeit, friedenssichernd ggf. eingreifen zu können, und (3) wegen der Spezifik Deutschlands: Die zuvor angestellten „Überlegungen gelten im Grunde genommen für sämtliche Akteure des internationalen Systems, in ganz besonderem Maße aber für Deutschland. Zusätzlich zu dem Berg des Misstrauens, der sich entlang der Konfrontationslinien des Kalten Krieges aufgebaut hat und der nicht innerhalb weniger Jahre völlig abzutragen ist, existiert bei vielen europäischen Staaten immer noch ein ‚Restmisstrauen' gegen den ehemaligen Weltstörenfried Nummer Eins. Dass es überhaupt gelungen ist, diese aus den historischen Erfahrungen wohlbegründeten Vorbehalte auf einen vergleichsweise geringfügigen ‚Rest' zu reduzieren, ist nicht zuletzt der Politik der Westintegration zu verdanken, die die Bundesrepublik jahrzehntelang konsequent betrieben hat. Es wäre fahrlässig, diesen Vertrauensgewinn zu verspielen. Eine nationale deutsche Strategie muss also grundsätzlich multilateral angelegt sein."[20]

18 Michael Staack: Handelsstaat Deutschland. Deutsche Außenpolitik in einem neuen internationalen System, Paderborn u.a.: Ferdinand Schöningh 2000, S. 29-32.

19 Jürgen Groß: Stabilität im Chaos – Deutsche Strategie im 21. Jahrhundert. Ein politischer Essay, Baden-Baden: Nomos Verlagsgesellschaft 1998, S. 70.

20 Ebenda, S. 81.

Allerdings betonte Groß, dass eine Erweiterung der Europäischen Union „Deutschlands Position im internationalen System“ stärkt, und zwar in doppelter Weise: „Einmal direkt durch die Ausweitung der Stabilitätszone bis weit jenseits der deutschen Grenzen. Zum anderen eher indirekt, indem das ökonomische Machtpotential der Union – und damit auch der potentielle Einfluss Europas – durch die Verbreitung der demographischen und geographischen Basis im Weltmaßstab relativ zunimmt, wovon Deutschland, als stärkste Nation innerhalb der Union, ebenfalls erheblich profitiert.[21] Die Welt sei zwar chaotisch verfasst, doch die Einbindung in die Europäische Union ein Stabilitätsanker. Das Phänomen, dass man ein „europäisches Deutschland“ meint, aber ein maßgeblich „deutsches Europa“ entsteht (um eine Debatte aus der Zeit der deutschen Vereinigung nochmals zu erinnern), wurde durchaus als Problem erkannt. Der Grundtenor aber schien Selbstbeschränkung.

Die neue Entgrenzung

Damit war dann aber bald Schluss. Die Wandlung des Begriffs „Zivilmacht“ hatte es schon gezeigt. Drei Entwicklungen waren dafür von Bedeutung: Erstens der Jugoslawienkrieg der NATO 1999, zweitens die neo-imperialen Wandlungen in den USA und drittens die neo-imperiale Antwort aus Europa.

Bezüglich des unseligen Jugoslawienkrieges ist hier nicht der Ort, Vorgeschichte und politische Verästelungen nochmals darzustellen. Dazu gibt es ganze Bibliotheken. Festzuhalten bleibt zunächst, dass es der erste Krieg war, der unter dem Vorwand geführt wurde, dort „die Menschenrechte“ verteidigen zu müssen. Henry Kissinger hatte zu diesem Problem – Anfang der 1970er Jahre hatte Indien gegen Pakistan Krieg geführt, um das Morden der Pakistaner in Bangladesh, das um seine Unabhängigkeit kämpfte, zu beenden – bereits früher betont: „Wenn eine kurzsichtige und repressive Innenpolitik die militärische Intervention anderer Mächte rechtfertigt, werden in der internationalen Ordnung bald alle Schranken fallen.“[22] Das hat ja nun – gleichsam als Hauptlinie nach dem Kalten Krieg – stattgefunden; die „Verteidigung der Menschrechte“ gilt inzwischen als wohlfeiles Argument für Kriegsführungsszenarien. Jugoslawien wurde militärisch geschlagen und in unterschiedliche Teile zerlegt: Montenegro ist „unabhängiger“ Kleinstaat, der eng mit der EU kooperiert, der Kosovo wurde selbständig gemacht und bleibt längerfristig ein Protektorat der EU und das verbleibende Serbien wird aufgefordert, so zu wählen, dass es ebenfalls EU-kompatibel werden kann. Allerdings, und das ist der Unterschied der heutigen Wandlungen zu denen, die damals Kissinger mutmaßte, fallen nicht „alle Schranken“, sondern nur die, mittels Krieges die Staatenverhältnisse und ihre Grenzen machtpolitisch neu zu ordnen.

Der Krieg wurde jedoch nicht von heute auf morgen hoffähig. Er musste dazu gemacht werden. So gab es eine Vorgeschichte, die gleichsam hinter dem Rücken der oben erwähnten Debatten bald nach dem Ende des Ost-West-Konflikts und der deutschen Einheit begann. Der Friedensforscher Klaus Jürgen Gantzel schrieb dazu

21 Ebenda, S. 125.
22 Henry A. Kissinger: Memoiren 1968-1973, München: Bertelsmann 1979, S. 970.

im Jahre 2002: „Seit zehn Jahren erscheinen zunehmend Veröffentlichungen mit einer Tendenz, kriegerische Gewalt als unvermeidlich zu überhöhen oder ihr Positives abzugewinnen. Es begann mit eines Soziologen Lob des Krieges als Schöpfer von Wir-Gefühl und Befriediger von Abenteuerlust. Es setzte sich fort mit der Relativierung von Krieg als kulturbedingt und damit der Rechtfertigung von Gewalt bei dem Militärverehrer John Keegan; mit der undifferenzierten Kopfgeburt von Enzensberger, der schon in vandalistisch aufgeschlitzten Sitzpolstern in der U-Bahn Ausgeburten des ‚molekularen Bürgerkriegs' sah; mit der schicksalhaften Gewaltbestimmtheit des Menschen und der Anthropologisierung der Kriegsgeneigtheit bei Sofsky ... Der veränderte analytische und normative Umgang mit Krieg, kollektiver Gewalt, Barbarei, Völkermord und Grausamkeit irritiert, zumal die deutsche Gesellschaft doch im Gegensatz zu ihrer Vergangenheit erstaunlich friedfertig geworden ist. Die Irritation wird gesteigert durch die Tatsache ..., dass seit einigen Jahren zunehmend über ‚neue Kriege' publiziert wird, über einen angeblich neuen Typ von Krieg."[23] Entscheidend an dieser Stelle ist nicht, welche publizistische Reichweite die erwähnten Bücher jeweils hatten, sondern dass Schritt für Schritt eine Atmosphäre geschaffen wurde, in der über Krieg wieder gesprochen wurde wie über das Wetter oder den Dollarkurs. Galt Krieg – während des Ost-West-Konfliktes in Europa und als der thermo-nukleare Weltkrieg – als das Undenkbare, das Ende der Zeiten, die Apokalypse schlechthin, so wurde er jetzt „normalisiert": Wenn's denn sein muss, führt man ihn. Das hatte jedoch zur Voraussetzung, dem Krieg die Idee des Krieges voranzuschicken. Und das geschah, für die meisten damals unmerklich, bereits seit Anfang der 1990er Jahre. Deutschland wurde 1999 kriegsbereit gemacht, indem der Außenminister Joseph Fischer meinte, „Auschwitz" frivol als Argument zum Krieg bemühen zu können.

Danach beschleunigte sich das Geschehen – ist das zuvor Undenkbare erst einmal eingetreten, wird es veralltäglicht. Als ein Hauptmittel dafür diente das Konzept der „Neuen Kriege". Das war ein Zombie, geboren aus den Jugoslawienkriegen Ende der 1990er Jahre, und begann mit einem Buch der britischen Forscherin Mary Kaldor. Sie meinte, die Gewalt, die nach dem Ende der Sowjetunion im Kaukasus und im zerfallenden Jugoslawien entstanden war, mit der in Afrika und Südasien seit den 1980er Jahren vergleichen zu können. Diese Kriege seien im Unterschied zu früheren gleichsam typologisch etwas anderes, zwar lokal verortet, aber transnational eingebunden. Von früheren Kriegen unterschieden sie sich hinsichtlich der Ziele, der Art der Kriegsführung und der Finanzierung. „Die neuen Kriege haben, im Gegensatz zu den geopolitischen oder ideologischen Motiven früherer bewaffneter Konflikte, eine Politik der Identität zum Ziel." [24] Sie seien

---

23 Klaus Jürgen Gantzel: Neue Kriege? Neue Kämpfer? Arbeitspapier Nr. 2/2002, Universität Hamburg – IPW, Forschungsstelle Kriege, Rüstung und Entwicklung (http://www.sozialwiss.uni-hamburg.de/publish/Ipw/Akuf/publ/ap2-02.pdf), S. 1. Er bezieht sich dabei auf: Karl Otto Hondrich: Lehrmeister Krieg (1992); John Keegan: Die Kultur des Krieges (1995); Hans Magnus Enzensberger: Aussichten auf Bürgerkrieg (1996); Wolfgang Sofsky: Traktat über die Gewalt (1996).

24 Mary Kaldor: Neue und alte Kriege. Organisierte Gewalt im Zeitalter der Globalisierung, Frankfurt am Main: Suhrkamp 2000, S. 15.

zwar in die globalisierte Welt und Weltwirtschaft eingebunden und könnten nur dank dessen ausgetragen werden, hätten wegen dieses identitären Hintergrunds aber eine gegen die Globalisierung gerichtete Stoßrichtung.

Gantzel merkte dazu an, dass diese Hauptthese „eine starke ethnologistische oder psychologistische Verengung des Blickwinkels" bedeute, die einer tatsächlichen Analyse, etwa der Situation Jugoslawiens vor den Kriegen, nicht standhält.[25] Am Ende stellte er fest: „Die modische Rede von den ‚neuen' Kriegen mag daher rühren, dass die Ost-West-Konfrontation bei etlichen Wissenschaftlern zu viel Aufmerksamkeit für die sog. kleinen Krieg absorbierte, so dass sie erst seit relativ kurzer Zeit in ihr Blickfeld gerieten. Dabei hat dann wohl auch mitgewirkt, dass die Massenmedien sich den Kämpfen außerhalb der OECD-Staaten mehr zuwandten als vorher und die Greuel drastisch in die Wohnstuben transportierten. Nicht zuletzt haben die Greuel der so nahen Jugoslawienkriege aufgeschreckt. Darüber hinaus wäre aber zu untersuchen, ob die ‚Neuentdecker' – bewusst oder unbewusst, zumindest unbedacht – nicht einer tieferen Strömung zu Diensten sind. Ihre generalisierenden Darstellungen einer unmenschlichen Kriegswelt wecken diffuse Bedrohungsgefühle, die geeignet sind, einer sich bis in Privatzonen hineinfressenden Sicherheitspolitik den Weg zu ebnen, die letztlich zerstört, was zu schützen sie vorgibt: eine starke demokratische Gesellschaft. Solche Bedrohungsgefühle können aber auch dazu genutzt werden, einem bloßen Draufhauen Vorschub zu leisten, etwa auf eine erfundene ‚Achse des Bösen'."[26] Die „tiefere Strömung" ist die Normalisierung des Krieges, die Schaffung einer Atmosphäre, in der er geistig und moralisch akzeptiert wird. Mit anderen Worten: Wer Soldaten an den Hindukusch und in andere Weltgegenden schicken und die „Innere Sicherheit stärken" will, das heißt liberale Freiheits- und Persönlichkeitsrechte weiter abbauen, braucht dieses Bedrohungsgefühl – je diffuser und nicht rational begründet, desto besser – und daher das Konstrukt von den „neuen Kriegen".

Das Buch von Kaldor hatte diese Wirkung nicht. Doch nach dem 11. September 2001 stieg die Nachfrage nach einer solchen. In diese Lücke rückte dann Herfried Münkler, eigentlich Professor für Theorie der Politik an der Humboldt-Universität zu Berlin, mit einem entsprechenden Angebot ein. Zunächst veröffentlichte er ein Buch zum Thema selbst: „Die neuen Kriege". Darin räumte er ein, die Konfliktgründe und Gewaltmotive seien unübersichtlich. Seine Folgerung war jedoch nicht, sich nunmehr genauer mit diesen Unübersichtlichkeiten zu befassen, sondern eine Verkürzung: Er bevorzuge „den unscharfen, aber offenen Begriff der neuen Kriege". So neu seien diese zwar auch wieder nicht, vielmehr ließen sie sich „in gewisser Hinsicht als eine Rückkehr hinter die Anfänge der Verstaatlichung des Kriegswesens beschreiben" und wiesen Parallelen insbesondere mit dem Dreißigjährigen Krieg in Deutschland (1618-48) auf.[27] Am Ende seiner Begründung des Themas kommt er zu der apodiktischen Setzung: „Was als Krieg zu bezeichnen ist und was

25 Gantzel, a.a.O., S. 3.
26 Ebenda, S. 16.
27 Herfried Münkler: Die neuen Kriege, Reinbek bei Hamburg: Rowohlt Verlag 2004 (ursprünglich 2002), S. 9. Die folgenden Seitenangaben beziehen sich auf dieses Buch.

nicht, ist spätestens seit dem 11. September 2001 keine innerakademische Frage mehr, sondern eine Entscheidung von womöglich weltpolitischer Relevanz." (S. 12) Bei diesem Satz allerdings handelt es sich nicht um wissenschaftliche Begriffsbildung, sondern um eine politische Aussage: Krieg ist das, was wir dafür halten. Auf dieser Ebene liegt denn auch die Behauptung, „große Teile der Friedens- und Konfliktforschung" seien „angesichts der Herausforderung durch die neuen Kriege" in „Verwirrung" geraten (S. 63). Also „Helm ab zum Gebet, und nicht rumräsoniert!"

Die ideologische Rolle dieses Münkler-Buches erschließt sich nicht dadurch, dass man schaut, wie die Hintergründe, Techniken, Strategien und materielltechnischen Grundlagen unterschiedlicher Krieger in die europäische Geschichte eingeordnet und politische, soziale und geistige Querverbindungen beschrieben sind. Viele der Darstellungen sind sachgerecht und zeugen von einer breiten Auswertung entsprechender Forschungsergebnisse und Publikationen. Wesentlich ist – abgesehen von den immer wiederkehrenden, durch den Autor durchweg nicht begründeten Invektiven gegen die Friedensforschung – die Herstellung der für die „neuen Kriege" heute angeblich relevanten Begründungszusammenhänge. Das geht über mehrere Schritte. Als Besonderheiten der „neuen Kriege" werden zunächst ausgemacht: (1) die bereits erwähnte Entstaatlichung bzw. Privatisierung kriegerischer Gewalt; (2) deren „Asymmetrisierung", was meint, „dass in der Regel nicht gleichartige Gegner miteinander kämpfen. Es gibt keine Fronten mehr, und deshalb kommt es auch nur selten zu Gefechten". Stattdessen richte sich die Gewalt „gegen die Zivilbevölkerung"; (3) eine „Verselbständigung... vordem militärisch eingebundener Gewaltformen" (S. 10/11). Das deckt sich mit den Bildern, die die Leser gesehen haben.

Was aber ist mit den Ursachen? Zunächst wird, hier mit Blick auf die „Verteilungsdichte der Kriege" Ende des 20./Anfang des 21. Jahrhunderts, scheinbar ganz empirisch festgestellt: Wo eine stabile Staatsbildung stattgefunden habe, etwa in Europa und Nordamerika, hätten sich „Zonen eines dauerhaften Friedens" entwickelt. In anderen Weltgegenden gäbe es zwar ebenfalls Staaten, es sei aber „nicht zu einer ähnlich robusten Staatlichkeit gekommen, wie in Europa" (S. 16). Dies wiederum hätte seine Ursachen in einem „Mangel an integren und korruptionsresistenten politischen Eliten" sowie in Bodenschätzen, „die durch ihre weltwirtschaftliche Vermarktung zu Quellen des Reichtums für jene werden können, die sie notfalls auch mit Gewalt unter ihre Kontrolle bringen". Die Verantwortung der ehemaligen Kolonialmächte für die Abwesenheit derlei „Eliten" und die Rolle des Westens als Käufer dieser Rohstoffe werden geflissentlich ausgeblendet, um zu der Folgerung zu kommen, die Entstehung der „neuen Kriege" habe stets mehrere Ursachen, „monokausale Ansätze" würden zu kurz greifen, wozu denn auch die Imperialismustheorie gezählt wird (S. 17). Damit hat der Westen mit den Kriegsursachen nichts mehr zu tun.

Dieses war der erste Streich. Der zweite ist die Feststellung: Nach dem Ende des Ost-West-Konflikts hätten wir es mit einer „weltpolitischen Asymmetrie" zu tun. „Kein Staat der Erde, auch nicht eine Koalition von Staaten, kann heute den USA mit militärischen Mitteln Paroli bieten." Anders sähe es jedoch aus, „wenn diese asymmetrischen Konstellationen ihrerseits mit Strategien der Asymmetrisierung beantwortet werden", wozu „der Partisanenkrieg, der Terrorismus" und die Intifada gerechnet werden (S. 49). Die waffentechnische Entwicklung hat dazu geführt, dass es eine sichtliche „Ungleichverteilung von Töten und Sterben" gibt. „Der Pilot eines Kampfbombers oder die Besatzung eines Kriegsschiffs, von dem aus Tomahawk-Raketen abgefeuert werden, befinden sich außerhalb der Reichweite gegnerischer Waffen. Der Krieg hat hier alle Charakteristika der klassischen Duellsituation verloren und sich, zynisch gesagt, gewissen Formen von Schädlingsbekämpfung angenähert." (S. 234)

Der dritte Streich nun ist: Da der Schädling „keinerlei Aussicht auf eine Resymmetrisierung durch Steigerung der eigenen Anstrengungen" hat, setzt er auf eine „systematische Asymmetrisierung der Gewaltmittel" (S. 194), eine „terroristische Umkehrung der Machtasymmetrie". Der Terrorismus ziele hauptsächlich „nicht auf die unmittelbaren physischen, sondern auf die psychischen Folgen der Gewaltanwendung" (S. 177). Den eigenen Leuten und denen, für die man zu kämpfen meint, wird signalisiert, „dass Widerstand gegen eine unendlich überlegen erscheinende Macht nicht nur möglich ist, sondern auch erfolgreich sein kann" (S. 180). Der eigentliche Adressat des islamischen Terrorismus und des 11. September aber sei, „den Angegriffenen, also im Prinzip allen in der westlichen Welt Lebenden und Arbeitenden", mitzuteilen, „es werde für sie von nun an keinerlei Sicherheit mehr geben, nirgendwo und niemals. Trotz ihrer gewaltigen technischen, ökonomischen und militärischen Überlegenheit seien die USA nicht in der Lage, ihre Bürger und Einrichtungen zuverlässig und sicher zu schützen" (S. 202).

Der vierte Streich nun ist die Behauptung, bei symmetrischen Kräftekonstellationen seien „die Chancen von Lernen und Lernverweigerung tendenziell gleichmäßig verteilt; asymmetrische Konstellationen hingegen bringen Ungleichheiten bei Lernvermögen und Lernblockaden mit sich." Hier ist jetzt nicht der Ort, über das Lernvermögen etwa von Hitler im zweiten Weltkrieg zu debattieren. Auch dies wieder so ein Münkler-Satz, der gesetzt, aber nicht begründet ist, weder theoretisch noch empirisch oder historisch. Er braucht ihn aber, um den Schlusssatz des Buches zu formulieren: „Das lässt erwarten, dass wir in ausgesprochen unruhige und bewegte Zeiten hineingehen" (S. 243). Dies ist denn ja wohl das Ziel: Eine unsichere Lagebeschreibung herzuleiten, mit der die Herrschenden bzw. Regierenden dann ihre Folgerungen begründen können, die wiederum auf neuerliche Militäreinsätze, Steigerung der Rüstungsausgaben und Abbau demokratischer Rechte im Innern hinauslaufen. Das wären dann der fünfte, sechste und siebente Streich, um im Bilde zu bleiben. Die weltpolitischen und weltwirtschaftlichen, militärischen und moralischen Hintergründe und Zusammenhänge der gegenwärtigen Gewalt- und Kriegskonstellationen sollen absichtlich im Dunkel bleiben. So spricht Münkler denn auch von dem „zum Subjekt avancierte(n) Krieg", der „an den Grenzen Europas und Nordamerikas nicht Halt machen" werde (S. 62). Das bedeutet dann für die in Ansatz gebrachte Methode: „Statt abstrakter rechts- und moralphilosophischer Erörterungen, imperialismuskritischer Einwände und allgemeiner Thesen über den Wandel der Weltordnung sollten für eine politikwissenschaftliche Analyse jedoch eher die Dynamiken und Eskalationsmechanismen der innergesellschaftlichen und transnationalen Kriege als Ausgangspunkt der Überlegungen dienen" (S. 224). So begründet sich der Krieg aus sich selbst und bedarf keiner weiteren Erklärung.

Die breite Behandlung der Argumentationsfiguren von Münkler ist hier nicht deshalb erfolgt, weil seine Darstellungen theoretisch so gehaltvoll wären, sondern weil sie die Begründungszusammenhänge der derzeit von den Mächtigen des Westens gemachten Politik widerspiegeln; die derzeitige Politik und diese Art Wissenschaft liefern sich gegenseitig die Argumente. Dabei handelt es sich jedoch nicht um ein vereinzeltes Buch, sondern um eine ganze Batterie von Ausarbeitungen, die jedoch alle um das gleiche Anliegen kreisen: Den Westen in seiner neuen Kriegskonstellation geistig zu befördern.

Zeitgleich mit dem oben zitierten Buch wurde eine Auseinandersetzung Münklers mit theoretischen Debatten um den Krieg publiziert, von Thukidides und Plato über Clausewitz und Friedrich Engels bis zu Enzensberger und Huntingtons These vom „Kampf der Kulturen.[28] Die Pointe hier entspricht der oben zitierten, sie stützen sich gleichsam gegenseitig: „Was die Konfliktentwicklung der letzten Jahre, für die die Anschläge des 11. September den symbolträchtigen Höhepunkt bilden, so bedrohlich werden lässt, ist das Zusammentreffen von Asymmetrisierungsstrategie und religiöser Motivation ... Die politisch-legitimatorischen Begrenzungen der Gewalt, denen frühere Terrorismen unterlagen und die sie weithin akzeptiert haben, waren damit dahin, und es steht zu erwarten, dass sie nicht wieder errichtet werden können. Damit hat die terroristische Bedrohung völlig neue Dimensionen angenommen."[29] Auch dies wieder eine „wertfreie Tatsachenfeststellung", die völlig davon absieht, dass es der Westen war, der die Verbindung zwischen Terrorismus und islamischem Extremismus zielstrebig hergestellt und befördert hat, um der Sowjetunion ihre strategische Niederlage in Afghanistan zu bereiten.[30]

Einer der aus den Bedrohungsszenarien abgeleiteten Diskussionspunkte ist die Frage nach der Kriegsbereitschaft bzw. Kriegsfähigkeit unserer Gesellschaft. „Friedensliebe und Angreifbarkeit" werden in eins gesetzt.[31] In seiner Darstellung der Lage bezieht sich Münkler hier auf Robert Cooper, der als enger Berater des britischen Premiers Tony Blair galt und dann Mitarbeiter von Javier Solana wurde, des „Außenministers" der Europäischen Union. Die Gesellschaften Europas seien „postheroische", weil mit dem Voranschreiten gesellschaftlicher Entwicklung, mit Wohlstandsstaat und sozialer Sicherheit Heldentum nicht mehr positiv besetzt ist und Lehren aus den beiden Weltkriegen gezogen wurden. So gelte: „Die postheroischen Gesellschaften Europas sind – von wenigen Ausnahmen an ihren Rändern abgesehen – in einen Zustand des Friedens eingetreten, der durch das allmähliche Verschwinden reziproker Kriegsführungsfähigkeit gekennzeichnet ist. Aber dieser

---

28 Vgl. Herfried Münkler: Über den Krieg. Stationen der Kriegsgeschichte im Spiegel der theoretischen Reflexion, Weilerswist: Velbrück Wissenschaft 2002.

29 Ebenda, S. 264.

30 Vgl. Mahmood Mamdani: Guter Moslem, böser Moslem. Amerika und die Wurzeln des Terrors, Hamburg: Edition Nautilus 2006.

31 So eine Zwischenüberschrift in: Herfried Münkler: Der Wandel des Krieges. Von der Symmetrie zur Asymmetrie, Weilerswist: Velbrück Wissenschaft 2006, S. 338.

europäische Frieden, von Robert Cooper als der politische Aggregatzustand der postmodernen Welt bezeichnet, hat sich nicht globalisieren lassen. Cooper begreift die weltpolitischen Konstellationen infolgedessen als dreigeteilt: Neben den postmodernen Konstellationen der Europäischen Union steht die Welt der Moderne, in der die internationale Politik nach wie vor den klassischen Konkurrenz- und Konfliktszenarien der internationalen Politik folgt, ... und an den Rändern beider politischer Welten wiederum befindet sich eine vormoderne politische Welt, in der es entweder zu keiner erfolgreichen Staatenbildung gekommen ist oder die ansatzweise ausgebildeten Staaten schon bald wieder zwischen Tribalität und Globalisierung zerrieben wurden. Während die USA in der modernen Welt dafür sorgen, dass es nicht zum Ausbruch großer Kriege kommt, indem sie risikobehaftete Ungleichgewichte mit ihrer überlegenen Macht austarieren, hat sich in der prämodernen Welt ein latenter Kriegszustand entwickelt, der gelegentlich durch kleinere Interventionen aus der modernen bzw. postmodernen Welt unterbrochen, aber nicht dauerhaft beendet wird."[32] Eine machtpolitische Interpretation der heutigen Welt, in der Krieg in der Tat als sehr normale Sache gilt: Die imperiale Hegemonialmacht USA als positive Garantiemacht des Weltfriedens (und das in Zeiten der Kriegsführung unter Bush II, unter deutscher Beteiligung auch in Afghanistan und anderswo); dauerhafte Kriegsgefahr in den Ländern des Südens („weil sich die Eingeborenen nicht selber regieren können") und eine daraus abgeleitete allgemeine Berechtigung der Länder des nordatlantischen Raumes, nach Belieben im Süden zu intervenieren.

Das Denken einer „europäischen Antwort"

Diese Pointe war zuvor in Münklers Buch über Imperien entwickelt worden. Das ist sozusagen die umgekehrte Perspektive der „neuen Kriege". Den Ausgangspunkt bildet die Vorstellung, Imperien würden Ordnung verkörpern gegen Unordnung und Chaos; sie sichern nach innen und außen den Frieden. Dabei müssten die überkommenen anti-imperialistischen Vorstellungen überwunden werden. Imperiales Agieren sollte nicht von vornherein „als schlecht und verwerflich wahrgenommen" und das Imperium „als eine Form von Problembearbeitung neben der des Staates und anderer Organisationsformen des Politischen angesehen" werden.[33]

Wieder scheinbar wertfrei wird der These vom Ende des imperialen Zeitalters widersprochen und innerhalb der langen Liste des Vergleichs von Imperien – die vom alten Athen und dem Römischen Reich über das spanische, französische und britische Kolonialreich, das Osmanische Reich, das Russische Reich und die Sowjetunion bis zu den USA reicht – das nach-koloniale Weltgefüge zugunsten des Westens relativiert: „Nachdem es im Lauf des 20. Jahrhunderts zu einem erheblichen Machtzuwachs der Peripherie gekommen war, weil Imperien nicht mehr mit ‚voller Härte' gegen Insurrektionen vorgehen konnten, schien die These vom Ende

32 Ebenda.

33 Herfried Münkler: Imperien. Die Logik der Weltherrschaft – vom Alten Rom bis zu den Vereinigten Staaten, Berlin: Rowohlt Verlag 2005, S. 10. Die folgenden Seitenangaben beziehen sich auf dieses Buch.

des imperialen Zeitalters plausibel. Aber sie erwies sich sehr schnell als voreilig. Statt zu einem definitiven Ende aller Imperien kam es zu einem neuerlichen Formwandel imperialer Ordnung. Dabei hat die imperiale Ordnung zunächst die bodengestützte Kontrolle der Territorien, die sie angreifbar und verletzbar machte, aufgegeben und sich auf die Kontrolle aus der Luft beziehungsweise dem Weltraum verlegt. So kann sie partiell und selektiv eingreifen. Was dem Imperium an politischen Möglichkeiten verloren ging, hat es durch technologische Entwicklungen kompensieren können." (S. 211f). Wer vor dreißig Jahren von Neokolonialismus redete, wurde der Propaganda geziehen. Das gleiche gilt jetzt als Errungenschaft von Weltordnung.

Die USA haben, das konstatiert auch Münkler, nach dem Kalten Krieg und dem Golfkrieg von 1990 weiter am Ausbau ihres militärischen Potentials gearbeitet und auf imperiale Politik gesetzt. So war durch die Entwicklung und Politik der USA „das Imperium als politisch-ökonomisches Ordnungsmodell wieder in der Diskussion" (S. 226). Der Meinung von Dan Diner, das US-Empire sei nichts anderes als die machtpolitische Absicherung des Weltmarktes, widerspricht Münkler jedoch und betont den – aus seiner Sicht wesentlichen – Unterschied zwischen „imperialer" und „imperialistischer" Politik. Imperiale Politik stellt die Interessen des Zentrums in den Mittelpunkt und interessiert sich für die Peripherie nur insoweit, wie sie für das Zentrum von Vorteil ist; imperialistische Politik dagegen sieht die größten Herausforderungen an den Rändern und nicht im Zentrum selbst. In diesem Sinne ist Bill Clinton ein klügerer Imperiumspolitiker gewesen als Bush II. Und was Militärinterventionen anbetrifft: Zur Sicherung der Erdölversorgung sind sie „rational, aber solche zur Beendigung von Bürgerkriegen außerhalb des imperialen Zentralbereichs mit anschließendem *nation-buildung* irrational" (S. 234).

Anders, als es der Titel verspricht, zielen die Erörterungen Münklers zum Thema Imperien letztlich nicht auf die USA, sondern auf die Europäische Union. Sie müsse sich zu den „übermächtigen USA" ins Verhältnis setzen und zugleich den Herausforderungen ihrer Umgebung begegnen. „Europa muss sich gegenüber den USA als ein Subzentrum des imperialen Raumes behaupten und darauf achten, dass sich zwischen den USA und ihm kein Zentrum-Peripherie-Gefälle herausbildet. Auf der anderen Seite müssen die Europäer sich aber auch um ihre instabile Peripherie im Osten und Südosten kümmern, wo es gilt, Zusammenbrüche und Kriege zu verhindern, ohne dabei in eine Spirale der Expansion hineingezogen zu werden, die das verfasste Europa in seiner gegenwärtigen Gestalt überfordern würde." (S. 247) Der Zwang zum gemeinsamen Handeln der EU komme von außen und die innere Entwicklung müsse ihm folgen (nicht umgekehrt !). Um an der europäischen Peripherie stabilisierend zu wirken, brauche es eine gemeinsame europäische Außen- und Sicherheitspolitik. Dabei geht es nicht nur um den überschaubaren Balkan, „sondern um einen Bogen, der von Weißrussland und der Ukraine über den Kaukasus in den Nahen und Mittleren Osten reicht und sich von da über die afrikanische Mittelmeerküste bis nach Marokko erstreckt" (S. 250). Da auch die Erweiterung der EU nicht überdehnt werden dürfe, biete sich „das imperiale Ordnungsmodell" zur Stabilisierung der verschiedenen Grenzlinien an. Es gelte, „die europäischen Außengrenzen stabil und elastisch zu machen. Das schließt Einflussnahmen auf die Peripherie ein, die eher imperialen als zwischenstaatlichen Vorgaben ähneln. Europas Zukunft wird darum ohne Anleihen beim Ordnungsmodell der Imperien nicht auskommen.“ (S. 254) Damit hätte sich dann auch die EU von den Prinzipien der souveränen Gleichheit der Staaten und der Nichteinmischung in ihre inneren Angelegenheiten, von der UNO-Charta verabschiedet.

Das Imperien-Buch von Münkler und die anschließend darum gerankten Diskurse haben die Tür zur Debatte um imperiale Politik Europas auch in Deutschland geöffnet. Durch diese Tür sind inzwischen weitere Autoren getreten. Der „Spiegel“-Redakteur Gabor Steingart veröffentlichte 2006 ein Buch über den kommenden „Weltkrieg um Wohlstand“, in dem sich „Europa“ vor allem gegenüber China und Indien entsprechend positionieren müsse.[34]

Alan Posener, Kommentarchef der „Welt am Sonntag“, publizierte 2007 ein Werk zu dem Thema, dass Europa Weltmacht werden müsse und das Imperium der Zukunft sei. Der Band wurde bereits im selben Jahr von der Bundeszentrale für politische Bildung zur öffentlichen Verbreitung übernommen.[35] Dieses Buch übernimmt in mancher Hinsicht die Münkler'schen Perspektiven, insbesondere die positive Besetzung des Imperiums-Begriffs als Ordnungsmacht des 21. Jahrhunderts und die Vorstellung von konzentrischen Kreisen, die eine differenzierte Herrschaftsgestaltung vom Zentrum zur Perspektive ermöglichen. Zugleich sieht er in der imperialen Struktur stärker eine Form der Überwindung des Nationalstaates.

In dreierlei Hinsicht muss dieses Werk als politische Bekundung aus einer friedenspolitischen und kritischen Perspektive spezifische Aufmerksamkeit finden:

Erstens wird sehr offen dargestellt, dass der gesamte Prozess der Osterweiterung der EU bereits ein imperialistischer Vorgang war. Das beginnt mit der Darstellung der deutschen Vereinigung unter der Überschrift „Europas sanfter Imperialismus“. Dazu heißt es: „Westdeutschland traute sich 1989 zu, seine politische, wirtschaftliche, juristische, administrative und soziale Ordnung dem ehemaligen sozialistischen Musterland DDR überzustülpen. Mit einer nationalen Widerstandsbewegung war nicht zu rechnen, da die ‚Wessifizierung‘ Ostdeutschlands ja im Namen der Nation – der Wiederherstellung der inneren Einheit Deutschlands – erfolgte. Soziale Unruhen könnten mit massiven Transferleistungen erstickt oder gedämpft werden. So kam es auch.“ Westeuropa habe sich einen solchen Kraftakt gegenüber Osteuropa jedoch nicht zugetraut. Deshalb „fand die Wiedervereinigung des Kontinents nicht schon 1990, sondern erst 2004 statt.“ Es sei deutlich, „dass die Osterweiterung der EU ein imperiales Projekt war. Nicht die Wünsche der Beitrittsländer bestimmten das Tempo der europäischen Wiedervereinigung, sondern die Bedingungen der Mitgliedsländer“ (S. 89f). Ein Hinterfragen des gesellschaftlichen Modells war bei der Osterweiterung der EU ebenso wenig vorgesehen, wie bei der deutschen Vereinigung. „Die Illusion der Freiwilligkeit ermöglicht die imperiale Übernahme. Wo diese Illusion nicht unbedingt nötig ist, wird sie auch

34 Gabor Steingart: Weltkrieg um Wohlstand. Wie Macht und Reichtum neu verteilt werden, Müchen, Zürich: Piper Verlag 2006.

35 Alan Posener: Imperium der Zukunft. Warum Europa Weltmacht werden muß, München: Pantheon Verlag 2007; hier: Bonn: Bundeszentrale für politische Bildung 2007. Seitenangaben nach dieser Ausgabe.

nicht aufrechterhalten. Bosnien-Herzegowina etwa wird von einem ‚Hohen Repräsentanten‘ der Europäischen Union verwaltet, der ähnliche Vollmachten hat wie der Gouverneur einer britischen Kolonie“ (S. 95)

Zweitens wird die „Europäische Nachbarschaftspolitik“ als Fortsetzung dieser imperialen Politik in dem nächsten konzentrischen Kreis der abgestuften Herrschaft vom Zentrum zur Peripherie, dem „größeren Europa“ angesehen. Aufgezählt werden Algerien, Armenien, Aserbaidshan, Weißrussland, Ägypten, Georgien, Israel, Jordanien, Libanon, Libyen, Moldawien, Marokko, die Palästinensische Autonomiebehörde, Syrien, Tunesien und die Ukraine. „Damit sind die denkbaren Mitglieder des Imperiums genannt, die äußersten Grenzen Europas im 21. Jahrhundert wohlabgesteckt.“ (S. 100)

Drittens sei Europa ein Imperium, die USA aber nicht: Imperium heißt langfristige und nachhaltige Durchdringung. „Während die USA den Irakern einen Crash-Kurs in Sachen Demokratie zumuten und fieberhaft nach einer ‚Exit-Strategie‘ für ihre Truppen suchen, sind die Europäer nach über einem Jahrzehnt und der Ausgabe von zig Milliarden Euro in Bosnien noch nicht von der ‚Reife‘ des Volkes überzeugt. Amerikas Haltung ist die einer demokratischen Supermacht, die imperiale Verantwortung scheut. Die Haltung Europas ist die eines klassischen Imperiums.“ (S. 97) Weshalb es dann auch einen ganzen Abschnitt zu dem Thema gibt: „Warum Amerika kein Imperium ist“.

Die vielleicht aufschlussreichste Aussage bei Posener ist, dass die EU, „von seinen eigenen Bürgern fast unbemerkt“, bereits eine imperiale Macht ist und als solche agiert. Die gegenwärtigen Bedrohungen, die sich so für den Frieden ergeben, sind offenbar größer, als sich im öffentlichen Bewusstsein bisher widerspiegelt. Die Herrschenden haben die Welt seit 1989 in ihrem Sinne neu vermessen. Es sollte dringend nachgemessen werden.

David Salomon

Der Neue Imperialismus

Die Renaissance eines Begriffs und seine wiedergefundene Erklärungskraft

Die Rückkehr eines Begriffs

Wenn seit den Terroranschlägen in New York und Washington am 11. September 2001 und den auf sie folgenden Kriegen in Afghanistan und im Irak wieder eine Debatte über Imperialismus stattfindet, so ist dies keine Selbstverständlichkeit. Insbesondere während der neunziger Jahre – kurz nach dem Zusammenbruch des „realexistierenden Sozialismus" und dem Ende der Blockkonfrontation – galt dieser Begriff sowohl in der Politik als auch in der Politikwissenschaft als diskreditiert.

Eine Ursache hierfür war, dass sich das „westliche" Entwicklungsmodells als Sieger im Kalten Krieg fühlte. Fukuyamas Verkündigung vom „Ende der Geschichte" (1991) und das im gleichen Jahr formulierte Programm des amerikanischen Präsidenten George Bush eine „neue Weltordnung" „kreieren" zu wollen, wurden zu geflügelten Worten eines Selbstbewusstseins, das durchaus eine Selbstüberschätzung war. Die These vom „Ende der großen Konflikte" war indes nicht auf den Innenraum der Macht beschränkt, sondern fand seinen Ausdruck in zahlreichen Debatten um eine „Friedensdividende", die jenseits der Rüstungswettläufe des Kalten Krieges nun genutzt werden könnte, das zivile Zusammenwachsen der Welt zu finanzieren. Vielen galt es zudem als fraglich, ob die ökonomischen Inter- und Transnationalisierungsprozesse der Gegenwart noch adäquat als „Imperialismus" zu fassen seien[1]. Fragt man nach dem zentralen Begriff einer internationalen politischen Ökonomie der neunziger Jahre, so ist die Antwort leicht: „Globalisierung". Wenn orthodoxe Neoliberale bis heute die „Globalisierung" als gleichermaßen segensreiche und verheißungsvolle wie alternativlose Weltvereinigung feiern, so ist dennoch zu konstatieren, dass sich bereits Ende der neunziger Jahre eine globalisierungskritische Bewegung formierte, die auf die Herrschaftsförmigkeit dieses Prozesses verwies[2]. Die Forderungen nach einer anderen Globalisierung („Eine andere Welt ist möglich") sollten zum einen dem Alternativlosigkeitspara-

---

1 Eine Rolle dürfte zudem auch gespielt haben, dass der Begriff „Imperialismus" zumindest in der zweiten Hälfte des zwanzigsten Jahrhunderts ein Doppelleben geführt hat: zum einen als scharfer Begriff, der ein bestimmtes Verhältnis von Politik und Ökonomie zu fassen suchte, zum anderen als politisches Schlagwort, das jeweils die Außenpolitik, die man ablehnte, als „imperialistisch" denunzierte. Wenn Begriffe unklar werden, tut es ihnen mitunter gut, wenn sie pausieren müssen. Die gegenwärtige Imperialismusdiskussion ist tatsächlich auch der Versuch einer begrifflichen Klärung und Neubestimmung.

2 Zu den fatalen Auswirkungen der Globalisierung auf menschliche Sicherheit vgl. etwa Elmar Altvater/Birgit Mahnkopf: Die Globalisierung der Unsicherheit – Arbeit im Schatten, schmutziges Geld und informelle Politik, Münster 2002.

digma, das zunehmend als „Argument" für sinkende Löhne und Sozialstaatsabbau im Inneren diente, etwas entgegensetzen. Sie stellten jedoch zugleich die liberale These infrage, wonach ein weltweit agierender Kapitalismus einen wirklichen Internationalismus hervorbringen und die „eine Welt" schaffen könne.

Die neue Imperialismusdebatte knüpft dort an, wo der Begriff der Globalisierung unspezifisch wird oder versagt. Hierbei ist insbesondere die Frage nach der Bedeutung von Nationalstaaten in einer globalisierten Ökonomie für die Imperialismustheorien der Gegenwart von Bedeutung. Während große Teile der Globalisierungsdiskussion von einem Bedeutungsverlust des Staates oder gar dem Ende staatlicher Souveränität sprechen, haben marxistische Sozialwissenschaftler und Ökonomen wie Michael Krätke stets darauf verwiesen, dass „die Globalisierung heute [...] in einer Welt stattfindet, die von Nationalstaaten beherrscht wird."[3] Bei allen Unterschieden treffen sich die neueren imperialismustheoretischen Konzeptionen etwa von David Harvey und Leo Panitch/Sam Gindin darin, dass sie der Staatlichkeit eine nach wie vor zentrale Rolle beimessen.[4] Als kritisches Konzept tritt die Imperialismustheorie an, die Herrschaftsförmigkeit ökonomischer und politischer Prozesse der Gegenwart zu fassen und ihr Gewaltpotential zu analysieren.

Sicherlich leistete auch die Zunahme kriegerischer Aktivitäten der Staaten des kapitalistischen Zentrums einen entscheidenden Beitrag zur Renaissance des Imperialismusbegriffs. Waren die Kriege der neunziger Jahre (zweiter Golfkrieg, die Balkankriege, zahlreiche Kriege in Afrika, schließlich der völkerrechtswidrige Krieg der Nato gegen Jugoslawien) noch überschattet von Debatten über die Schaffung internationaler Rechtsverhältnisse und der Etablierung einer „Weltinnenpolitik ohne Weltregierung" (Habermas) so kehrte spätestens mit dem gegenwärtigen Irakkrieg die ökonomische Fundierung der Kriegspolitik in das Alltagsbewusstsein zurück.

Die meisten Imperialismustheorien stehen in der Tradition jener „Kritik der politischen Ökonomie", die auf Karl Marx und Friedrich Engels zurückgeht. Für alle marxistischen Imperialismustheorien gilt, dass sie den Begriff „Imperialismus" nicht zur Beschreibung von außenpolitischen Strategien allein gebrauchen, sondern ihn an eine Analyse der politischen Ökonomie des Kapitalismus zurückbinden. Der „Imperialismus" ist demnach ein Verhältnis zwischen einer bestimmten ökonomischen Verfasstheit kapitalistischer Gesellschaften und der Politik. Mit wechselnden Prioritäten waren es in der Theoriegeschichte des Imperialismus vor allem drei Ebenen, auf denen der Begriff Erklärungskraft behauptete. Erstens ging es stets um das Verhältnis zwischen den entwickelten Staaten des kapitalistischen Zentrums zueinander. Zweitens ging es um das Verhältnis zwischen diesen Staaten und der

3 Vgl. Michael Krätke: Die Mythen der Globalisierung; in: Z. Zeitschrift Marxistische Erneuerung Nr. 52, Dezember 2002, S. 19.

4 Unter den in der neuen Imperialismusdebatte zentralen Texten gehen allein Michael Hardt und Antonio Negri von einem Ende staatlicher Souveränität aus. Sie freilich sprechen auch nicht von Imperialismus, sondern von einem Empire, dass die Grenzziehung zwischen Innen und Außen überwunden habe. Vgl. Michael Hardt/Antonio Negri: Empire – Die neue Weltordnung, Frankfurt u.a. 2000.

so genannten „Peripherie“. Drittens wurde im Kontext der Imperialismustheorie stets auch über die innere Verfasstheit in den Staaten des Zentrums (und der Peripherie) diskutiert: Jede Imperialismusdebatte war bislang begleitet von einer Diskussion über Demokratie und innere Repression. Sucht man – zunächst als Annäherung – nach Gemeinsamkeiten zwischen den bisherigen „Wellen“ der Imperialismustheorie, so fallen insbesondere zwei Aspekte auf.

Erstens: Der Begriff „Imperialismus“ wird immer dann verwendet, wenn die Außenpolitik gewaltsam wird: Krieg und Imperialismus gehören untrennbar zusammen. Jede bisherige Welle von Imperialismustheorien reagierte in der einen oder anderen Weise auf kriegerische Auseinandersetzungen, in die die industrialisierten Staaten des kapitalistischen Zentrums verwickelt waren.

Zweitens: Der Begriff sollte stets das Verhältnis von (innerer und äußerer) Politik einerseits, Politik und ökonomischer Entwicklung andererseits fassen. Dabei lag der Fokus insbesondere auf der Analyse ökonomischer und politischer Krisenprozesse.

Eine zusammenfassende Definition von „Imperialismus“ könnte folglich lauten: Imperialismus ist die offene oder latente Gewaltpolitik zur externen Absicherung eines internen (politischen und ökonomischen) Regimes[5].

Da die Verhältnisse, die der Imperialismusbegriff fassen will, auf verschiedenen Ebenen gesellschaftlicher Realität auftreten, lag in der Theoriegeschichte die Versuchung nahe, ihn als Synonym für ein bestimmtes Stadium kapitalistischer Entwicklung zu gebrauchen[6]. Ein solcher Gebrauch des Begriffs steht in der Gefahr, ihn auf Kosten seiner Trennschärfe zu „überdehnen“. Entscheidend ist es daher zu betonen, dass nicht einzelne Phänomene „imperialistisch“ sind, sondern das in ihnen zum Ausdruck kommende dreistellige Verhältnis zwischen kapitalistischer Ökonomie, äußerer Gewaltpolitik und innerer Repression.

Da sich diese Verhältnisse durchaus ändern, wäre es auch verkürzt von nur einem Imperialismus zu sprechen. Insgesamt lassen sich in der Geschichte des Imperialismus bisher drei Phasen ausmachen, denen „drei Wellen von Imperialismustheorien“[7] entsprechen. Gerade dann, wenn man den Imperialismusbegriff als einen scharfen analytischen Begriff, der ein bestimmtes Verhältnis von Politik und Ökonomie fassen soll, neu etablieren will, ist es nötig auf die Geschichte des Begriffs und seines Gegenstandes einzugehen.

Drei Phasen des Imperialismus/Drei Wellen der Imperialismustheorie

Die Phase des klassischen Imperialismus („rivalisierende Imperialismen“)

5 Vgl. Frank Deppe/Stephan Heidbrink/David Salomon/Stefan Schmalz/Stefan Schoppengerd/Ingar Solty: Der neue Imperialismus, Heilbronn 2004.

6 Vgl. etwa Lenin: „Der Imperialismus als höchstes Stadium im Kapitalismus“ (1917)

7 Vgl. Jan Otto Anderson: Imperialismus – Text written for Historisch-Kritisches Wörterbuch des Marxismus (second version), July 2001. Siehe auch: ders.: Imperialismus. In: Wolfgang F. Haug (Hg.): Historisch Kritisches Wörterbuch des Marxismus, Bd. 6/I., Hamburg 2004, S. 848-864.

Die erste „Theoriewelle“ beginnt im Ausgang des 19. Jahrhunderts und schließt noch die Diskussionen der zwanziger und dreißiger Jahre des 20. Jahrhunderts ein[8]. Ausgelöst durch die Kolonialkriege dieser Zeit (etwa Boxeraufstand, Völkermord an den Hereros) und der Aufrüstungspolitik in Europa, standen im Mittelpunkt der Debatte insbesondere das Konkurrenzverhältnis der imperialistischen Staaten zueinander, das 1914 in den Ersten Weltkrieg mündete, sowie – damit verbunden – der wachsende innenpolitische Autoritarismus und die militaristische Formierung der Gesellschaft in Schule, Arbeits- und Lebenswelt, sowie die Herausbildung großer nationaler Kartelle und Trusts.

Entscheidend ist für die damalige (wie auch für Teile der heutigen) Diskussion, dass ein Zusammenhang zwischen der Krisentendenz des Kapitalismus und einer expansionistischen Politik konstatiert wurde. Imperialismus bezeichnete ökonomisch einen Kampf um Märkte und Anlagesphären, politisch eine Kolonialpolitik, die den Kapitalexport periphere Regionen begleitete und ermöglichte. Die grundlegende These (etwa von Hilferding und Lenin) bestand darin, dass der Kapitalismus in ein Stadium der Monopolisierung eingetreten sei (Finanzkapital). Diese (nationalen) Monopole kämpften nun um die Aufteilung der Welt und trieben die entwickelten kapitalistischen Staaten in Konkurrenzkampf und Krieg.
Allen marxistischen Imperialismustheoretikern schien klar, dass die wichtigste antiimperialistische Kraft die Arbeiterklasse in den Zentren sei. Mit dem ersten Weltkrieg, dem Zusammenbruch der zweiten Internationale und der Spaltung der europäischen Sozialdemokratien stellte sich die Frage des Antiimperialismus als konkrete Revolutionsfrage. Noch vor der Oktoberrevolution in Russland hatte Karl Liebknecht in Deutschland die Losung ausgegeben: „Der Hauptfeind steht im eigenen Land“ (1915). Dass die Revolution schließlich in Russland stattfand, dem am wenigsten industrialisierten Machtzentrum der europäischen Staatenwelt – „Die imperialistische Kette reißt an ihrem Schwächsten Glied“ (Lenin) – wurde später häufig zum Bezugspunkt für die Hoffnung, die Revolution entstehe zunächst in der Peripherie (China, Indochina/Vietnam, Lateinamerika), führte zeitgenössisch jedoch zu heftigen Auseinandersetzungen, insbesondere nach der Niederlage der Revolutionen von 1918/19 im Westen (vor allem in Deutschland). Als seit 1922 in Italien und seit 1933 in Deutschland faschistische Regime an die Macht kamen, stellte sich die Frage nach dem Verhältnis der kapitalistischen Zentrumsstaaten zueinander neu. Zwischenimperialistische Konflikte traten seit 1939 hinter die Notwendigkeit zurück Europa vom deutschen Faschismus – als einer besonders aggressiven Variante von Imperialismus – zu befreien[9].

8 Zu erwähnen sind insbesondere die Studien Rudolf Hilferdings („Das Finanzkapital“, 1910), Rosa Luxemburgs („Die Akkumulation des Kapitals“, 1913), Nikolai Bucharins („Imperialismus und Weltwirtschaft“, 1915) und Wladimir Iljitsch Lenins („Der Imperialismus als höchstes Stadium des Kapitalismus“, 1917) und die Artikel Karl Kautskys (1914/15) zu seiner Theorie eines möglichen „Ultraimperialismus“.

9 Dass es einer langen Zeit bedurfte, um zu einer solchen Bündnispolitik gegen den Faschismus zu gelangen, zeigt nicht allein der späte Kriegseintritt der USA, sondern auch die Versuche sich mit den Nazis zu arrangieren (Münchner Abkommen, Hitler-Stalin-Pakt).

Fragt man nach Debattensträngen aus dieser ersten Diskussion über Imperialismus, die für die gegenwärtigen imperialismustheoretischen Versuche von Bedeutung sind, so ist zunächst auf Rosa Luxemburgs These zu verweisen, dass das Kapital stets darauf angewiesen sei, (noch) nichtkapitalistische Räume zu kapitalisieren. Luxemburg bezeichnet dies als einen Stoffwechsel. Was Rosa Luxemburg dabei vor Augen hatte, war insbesondere die Eroberung und Kapitalisierung von nichtkapitalistischen Ländern als Kolonien. Sie verband dies mit der These, der Kapitalismus würde zusammenbrechen, sobald die Welt aufgeteilt sei. Später wurde – ausgehend von Luxemburgs Grundthese – als weitere Möglichkeit auch die Durchkapitalisierung von noch nicht kapitalförmigen Sektoren und Bereichen erkannt („innere Landnahme"). In der gegenwärtigen Auseinandersetzung spielt die Theorie Luxemburgs vor allem dort eine Rolle, wo die räumliche Dimension von Kapitalismus und Imperialismus betont wird (insbesondere bei David Harvey).

Interessant für die heutige Debatte ist zudem eine Kontroverse zwischen Lenin und Karl Kautsky um Kautskys Theorie eines „Ultraimperialismus". Kautsky sah die Möglichkeit, „daß aus dem Weltkrieg der imperialistischen Großmächte ein Zusammenschluß der stärksten unter ihnen hervorgehen" könnte, „der ihrem Wettrüsten ein Ende macht. Vom rein ökonomischen Standpunkt ist es also nicht ausgeschlossen, daß der Kapitalismus noch eine neue Phase erlebt, die Uebertragung der Kartellpolitik auf die äußere Politik, eine Phase des Ultraimperialismus, den wir natürlich ebenso energisch bekämpfen müßten wie den Imperialismus, dessen Gefahren aber in anderer Richtung lägen, nicht in der des Wettrüstens und der Gefährdung des Weltfriedens."[10]
Das Kautskysche Gedankenspiel, das von Lenin scharf zurückgewiesen wurde, kann heute als vielleicht fast visionäre „Langzeitprognose" beschrieben werden. Schien es auch zeitgenössisch vollständig widerlegt, so gewinnt es in einer Zeit starker Kapitalverflechtungen seit 1945 wieder an Bedeutung. An die Stelle der Aufrüstung imperialistischer Staaten gegeneinander trat allerdings nun das Wettrüsten in der Konfrontation zwischen Blöcken.

Die Phase des „Fordismus"

Die zweite Welle datiert auf jene Periode, die der britische Historiker Eric Hobsbawm das „Goldene Zeitalter des Kapitalismus" nennt. Durch eine veränderte weltpolitische Situation nach 1945, die gekennzeichnet war durch den kalten Krieg zwischen den Blöcken und die heißen Kriege im Kontext nationaler Befreiungsbewegungen (insbesondere Korea, Algerien, Indochina/Vietnam), verschoben sich die Schwerpunkte der Imperialismustheorie einerseits auf die Analyse des Verhältnisses von Zentrum und Peripherie, andererseits auf die Frage der (korporatistischen) Einbindung insbesondere der organisierten Facharbeiterschaft in das Regulationsmodell eines „fordistischen Kapitalismus", sowie der Verflechtungen von Nationalstaat und international agierenden Konzernen.

10 Karl Kautsky: Der Imperialismus, in: Neue Zeit 1914/2, S.921.

Seit 1917 existierte mit der Sowjetunion ein sozialistischer Staat. Die Zeit zwischen dem ersten Weltkrieg und 1945 war vom Widerspruch geprägt, dass auf der einen Seite sich der zwischenimperialistische Konflikt zwischen den entwickelten kapitalistischen Ländern verstärkte und auf der anderen Seite eine „gemeinsame“ Frontstellung dieser Länder gegen die Sowjetunion bestand (Entente). Nach dem Sieg über den Faschismus (und den japanischen Militarismus) trat dieser unterschwellig fortlebende Konflikt wieder hervor. Der Antikommunismus fungierte als politisch-ideologische Klammer einer „Westintegration“, die in Bündnissen wie der NATO auch einen militärischen Ausdruck fand.

Die Innenpolitik in dieser Phase war durchaus ambivalent. Einerseits setzten sich insbesondere in den westlichen Staaten Kapitalismusmodelle durch, die im Wesentlichen auf einem Klassenkompromiss beruhten: „Die fordistische Formation des amerikanischen Kapitalismus hatte sich schon seit Anfang des 20. Jahrhunderts herausgebildet. Ihre Elemente waren: die Massenproduktion hochwertiger Konsumgüter (Automobile) auf dem höchsten Niveau der Technik (Fließband) und der Arbeitsorganisation (Taylorismus). Die Steigerung der Produktivität schlug sich auch in steigenden Löhnen nieder, ohne die die Nachfrage nach der Massenproduktion nicht wirksam werden konnte.“[11] Dieses ökonomische Entwicklungsmodell ging einher mit der Anerkennung von Gewerkschaften als „Sozialpartnern“. Politisch war die Rolle der Gewerkschaften in den Sozialstaaten, die sich in diesem Kontext in Westeuropa herausbildeten sicherlich auch durch den „Druck der Systemkonkurrenz“ und die „Anerkennung einer starken Position der sozialdemokratischen Arbeiterbewegung in Wirtschaft, Gesellschaft und Politik erzwungen“.[12] Gleichzeitig diente sie jedoch auch der Integration großer Teile der Arbeiterbewegung in einen ideologischen Konsens des Antikommunismus.

Die Imperialismustheorien dieser Zeit mussten einer neuen Qualität ökonomischer Verflechtungen zwischen den Zentren Rechnung tragen. Vor allem war zu beobachten, dass kurzfristige Portfolioinvestitionen gegenüber langfristigen Direktinvestitionen an Bedeutung verloren. Wirtschaftspolitisch entsprachen der so genannten „pax americana“ (amerikanischer Frieden) internationale Institutionen und Reglements, die das System von Bretton Woods bildeten (IWF, Weltbank, System fester Wechselkurse). Die im westlichen Militärbündnis und im System von Bretton Woods institutionalisierte „ultraimperialistische“ Konstellation trug sicher dazu bei, dass ein wesentlicher Strang der imperialismustheoretischen Debatte den Akzent stärker auf das Verhältnis zwischen Zentrum und Peripherie legte. Dabei wurde insbesondere eine stärker durch ökonomische Strukturen bedingte Form des Imperialismus thematisiert: „Die alten Kolonien hatten formell die staatliche Unabhängigkeit erlangt und waren Mitglieder der UNO geworden. An die Stelle der alten, direkten politischen Herrschaft durch die Metropole traten jetzt neue Formen der indirekten und informellen Herrschaft, ein ‚Neoimperialismus‘ bzw. ein ‚ökonomischer‘ Imperialismus.“[13]

11 Frank Deppe u.a.: a.a.O, S. 42
12 Ebd. 43
13 Ebd. 49

Die Analyse ökonomischer Strukturen verschob auch die Diskussion über den Charakter der Gewaltpolitik. Neben direkter kriegerischer Gewalt wurden zunehmend auch Formen von „struktureller Gewalt“[14] in den Blick genommen und strukturelle Abhängigkeitsverhältnisse (dependencia) analysiert. Die Betonung ökonomischer Strukturen und Abhängigkeitsverhältnisse darf freilich nicht verdecken, dass es auch im Nachkriegssystem zahlreiche heiße Kriege gab. Auch wenn sie oft als Stellvertreterkriege im Kontext der Blockkonfrontation bezeichnet werden, hatten sie lokale und regionale Ursachen. Vor allem war die Zeit nach 1945 auch eine Periode von Entkolonialisierung und „nationaler Befreiung“ (politische Konstituierung ehemaliger Kolonien zu Nationen). Im Zuge dieser Prozesse, die mit den Erhebungen in China und Indien begannen, gab es zahlreiche Kriege, die kapitalistische Zentrumsmächte an der Peripherie führten.

In direkter Anknüpfung vor allem an die Imperialismustheorien Hilferdings und Lenins stand ein Strang der Debatte, der die ökonomischen und politischen Veränderung in den kapitalistischen Zentrumsstaaten selbst in den Mittelpunkt seiner Analyse stellte. Die Theorie des Monopolkapitals wurde in diesem Zusammenhang zu einer Theorie des Staatsmonopolistischen Kapitalismus (SMK) weiterentwickelt, die insbesondere die Bedeutung staatlicher Interventionspolitik bei der Akkumulation von Kapital analysierte[15].

Der neue Imperialismus

Waren insbesondere die strukturalen Imperialismustheorien eingegangen in eine Analyse internationaler politischer Ökonomie, die in erster Linie ökonomische Abhängigkeitsverhältnisse im Blick hatte, betonen die neueren Imperialismustheorien der letzten Jahre verstärkt wieder den Zusammenhang von ökonomischer Krise und kriegerischer Gewalt. Gleichzeitig tragen sie den neuen Rahmenbedingungen internationaler Politik und Ökonomie nach dem Ende der Systemkonkurrenz Rechnung.

Vormachtstellung der USA und transatlantisches Verhältnis

Eine zentrale Frage der Debatte betrifft das transatlantische Verhältnis zwischen Europa und den USA. Im Unterschied zur klassischen Phase des Imperialismus und der Imperialismustheorie ist der heutige Imperialismus nicht von einer verstärkten zwischenimperialistischen Konkurrenz geprägt, zumindest nicht in einer Weise, die große zwischenimperialistische Kriege wie den ersten Weltkrieg wahrscheinlich machen würden. Von der „ultraimperialistischen Konstellation“ des

14 Vgl. Dieter Senghaas (Hrsg.), Imperialismus und strukturelle Gewalt. Analysen über abhängige Reproduktion, Frankfurt/Main, 1976.

15 Zur Bedeutung der SMK-Theorie und zu Aspekten der Kritik an ihr vgl. Deppe u.a.: a.a.O., S. 58ff. Zur Vertiefung vgl. Heinz Jung / Josef Schleifstein (1979): Die Theorie des staatsmonopolistischen Kapitalismus und ihre Kritiker in der Bundesrepublik Deutschland – Eine allgemeinverständliche Antwort, Frankfurt/Main

Nachkriegssystems unterscheidet er sich hingegen dadurch, dass etwaige Bündnisse und Konflikte zwischen den kapitalistischen Zentrumsstaaten nicht mehr durch ein mächtiges „Außen" kanalisiert und strukturiert werden.

Eine zentrale Frage der neueren Imperialismustheorien betrifft die Frage nach dem Staat und nach den Veränderungen von Staatlichkeit im Globalisierungsprozess. Nicht nur neoliberale Befürworter einer kapitalistischen Globalisierung, sondern durchaus auch kritische Stimmen gehen von einem Souveränitätsverlust des Nationalstaats aus. Die Argumentation ist zusammengefasst etwa folgende: Im Zeitalter weltweiter ökonomischer Vernetzung werden die Spielräume des Nationalstaats zur Regulation immer geringer. Während harte Marktliberale daraus die Schlussfolgerung ziehen, der Staat müsse sich dem Globalisierungsprozess anpassen, um als Standort attraktiv zu bleiben (real bedeutet dies Sozialabbau), fordern andere – wie etwa Jürgen Habermas – eine weltweite Sozialpolitik, die die kapitalistische Logik global einhegen soll. In beiden Fällen freilich erscheint die Ökonomie als ein selbstständiger und losgelöster Prozess. Verkannt wird dabei, welche Rolle die Staaten des kapitalistischen Zentrums bei „Liberalisierungsschüben" spielen.

In der Debatte seit 2000 waren es insbesondere die beiden kanadischen Sozialwissenschaftler Sam Gindin und Leo Panitch, die auf die zentrale Rolle des Staates im Prozess der Globalisierung hingewiesen haben. Sie schreiben dem Staat eine entscheidende Doppelrolle zu: als Urheber der Globalisierung und als Manager des globalen Kapitalismus. Insbesondere kritisieren sie die Vorstellung, der Staat sei ein neutrales Instrument, ein bloßes Mittel von Interessenpolitik. Wenn Panitch und Gindin vom Staat sprechen, so sprechen sie in erster Linie vom US-amerikanischen Staat. Die Macht des amerikanischen Imperiums sehen sie darin begründet, dass mit der Internationalisierung des Kapitals eine Internationalisierung des (amerikanischen) Staates einhergegangen sei. Der amerikanische Staat erfülle inzwischen die Funktion eines hegemonialen Globalstaats, der sich sowohl die verschiedenen nationalen Bourgeoisien assimiliert habe, wie er gleichzeitig die übrigen Staaten in ein gemeinsames Projekt eingebunden habe. Diese Konstellation bezeichnen sie als einen „asymmetrischen Ultraimperialismus". Die unangefochtene Hegemonialstellung der USA sehen Panitch und Gindin vor allem darin bestätigt, dass Konflikte – wie um den Irakkrieg – stärker dahin tendierten, wie die Rolle des eigenen Staates sich innerhalb der amerikanischen Matrix gestalte. [16]

Vor allem zwei entscheidende Einsichten von Panitch und Gindin sind festzuhalten:

Erstens: Staatlichkeit ist nach wie vor eine entscheidende Größe im internationalen System: Ohne Staaten gäbe es auch keine Globalisierung

Zweitens: An die Stelle der alten zwischenimperialistischen Konkurrenz ist ein komplexes ultraimperialistisches System getreten, in dem die USA eine Führungsrolle einnehmen (auch dann, wenn es durchaus zu weit greift, zu sagen, die USA sei das einzige „Subjekt" ultraimperialistischer Weltordnungspolitik).

---

16 Vgl. Leo Panitch / Sam Gindin: Globaler Kapitalismus und amerikanisches Imperium, Hamburg 2004.

Auch der in New York lehrende Sozialwissenschaftler David Harvey, dessen Imperialismustheorie neben derjenigen von Panitch und Gindin wohl der wichtigste Beitrag zur Debatte ist, spricht von einer eher ultraimperialistischen Konstellation. Harvey sieht im Wechsel von der Regierung Clinton zur Regierung Bush jr. eine Verschiebung, die gleichzeitig zwei Möglichkeiten offenbart: Er unterscheidet eine eher neoliberale, multilaterale, ultraimperialistische, konsensorientierte von einer neokonservativen Variante, die stärker zu „Alleingängen" neigt. Hier besteht zugleich der entscheidende Dissens zwischen Harvey und Panitch/Gindin: Denn Harvey sieht „Abenteuer" wie den Irak-Krieg eher als ein Symptom der Schwäche denn der Stärke. Er gehört zu denjenigen, die die Hegemonie der USA im Verfall sehen.

Akkumulation durch Enteignung

In der neuen Imperialismusdebatte ist David Harvey insbesondere durch eine Theorie hervorgetreten, die – in Anknüpfung an Rosa Luxemburg und das Kapitel über die ursprüngliche Akkumulation im Kapital von Marx – das gegenwärtige ökonomische Regime durch das geprägt sieht, was er eine „Akkumulation durch Enteignung" nennt.[17]

Im Kapitel über die ursprüngliche Akkumulation hatte Marx jene räuberischen Praxen beschrieben, die durch Raub, Eroberung, Piraterie und die Enteignung von Klöstern etc. ... das Startkapital des Kapitalismus organisiert hatte. Durch die ursprüngliche Akkumulation ist jenes Kapital angehäuft worden, das dann investiert werden konnte, damit im Produktionsprozess durch Ausbeutung von Arbeitskraft ein Mehrwert erzeugt werden konnte, der dann auf dem Warenmarkt realisiert zu Profit wurde. Dieses Prinzip wachsender kapitalistischer Produktion ist das für den Kapitalismus übliche Prinzip erweiterter Reproduktion.

Schon Rosa Luxemburg hatte im Kontext ihrer oben bereits angesprochenen Stoffwechseltheorie die These formuliert, dass es sich bei diesem Prozess „ursprünglicher" Akkumulation nicht um ein einmaliges historisches Ereignis handelt, sondern vielmehr um eine Form der Akkumulation, die insbesondere in den Kolonien ständiger Begleiter kapitalistischer Expansion sei und so selbst zum Bestandteil der Kapitallogik werde.

In Anknüpfung an Luxemburg geht auch Harvey davon aus, dass der Kapitalismus darauf angewiesen sei, einen permanenten Stoffwechsel mit nichtkapitalistischen Sektoren, Bereichen und Regionen zu betreiben. Dies leitet er aus regelmäßigen strukturellen Überakkumulationskrisen ab. Überschüssiges Kapital sucht neue Anlagesphären und muss entweder in nichtkapitalisierte Regionen oder nichtkapitalisierte Bereiche „exportiert" oder „verschoben" werden.

Harvey weist in diesem Kontext auf die „Spur der Verwüstung" hin, die das Kapital hinterlässt, wenn es abgezogen wird: „Zu einem bestimmten Zeitpunkt erzeugt das Kapital notwendigerweise eine physische Landschaft nach seinem Ebenbild, nur um sie zu einem späteren Zeitpunkt wieder zerstören zu müssen, da

17 Vgl. David Harvey: Der neue Imperialismus, Hamburg 2005.

es räumliche Expansion und temporäre Verschiebung zur Lösung der Überakkumulationskrisen verfolgt, zu denen es regelmäßig neigt. Dies ist die Geschichte der ‚schöpferischen Zerstörung' (mit all ihren zerstörerischen Konsequenzen im Sozial- und Umweltbereich), die in die Entwicklung der physischen und sozialen Landschaft des Kapitalismus eingeschrieben ist."[18] Ungleichheiten der Entwicklung gehören demnach ebenso zu einer kapitalistischen Weltökonomie wie die Konkurrenz. Das Ringen um Anlagesphären ebenso wie das Ringen um Anlagen prägen folglich die internationalen Konkurrenzverhältnisse. Eine kapitalistische Weltökonomie, die nicht Zentrum und Peripherie hervorbringt ist demnach schlechterdings nicht denkbar.

Die „Akkumulation durch Enteignung" ist Harvey zufolge ein zentrales Element des neuen Imperialismus: Als Phänomene der Akkumulation durch Enteignung beschreibt Harvey vielfältige Formen privater Aneignung vormals gesellschaftlichen Eigentums an Verfügungsrechten, Dienstleistungen und Gütern: „[E]benso wie der Krieg im Verhältnis zur Diplomatie kann eine staatlich gestützte Intervention des Finanzkapitals sich häufig in eine Akkumulation mit anderen Mitteln verwandeln. Eine unheilige Allianz zwischen staatlichen Mächten und raubtierartigen Aspekten des Finanzkapitals bildet die Speerspitze eines ‚Butsaugerkapitalismus', der sich mehr durch die Aneignung von Vermögensmassen von anderswo als durch eine harmonische, weltweite Entwicklung auszeichnet."[19]

Hier verlässt das Kapital das Wachstumsprinzip einer Akkumulation durch erweiterte Reproduktion. Zu einer Akkumulation im kapitalistischen Sinn wird die Akkumulation durch Enteignung erst dadurch, dass auch sie letztlich auf erweiterte Reproduktion zielt[20]. Akkumulation durch Enteignung als Prinzip verbindet folglich so verschiedene Vorgänge wie die Privatisierung von Wohnungen in Dresden oder der deutschen Bundesbahn, Patente auf Heilpflanzen oder öffentlich finanzierte Forschungen, Rohstoffkriege (wie gegen den Irak) und nackten Raub. Sie umfasst somit ein ganzes Bündel legaler und illegaler Praxen, wobei die legalen oder legalisierten Varianten die interessanteren sind. Denn hier, wo Enteignete Ressourcen als Eigentum rechtlich garantiert werden, wird deutlich, dass es auch im neuen Imperialismus in erster Linie um die Eigentumsfrage geht: Über welches Eigentum wird gesellschaftlich verfügt, und welches Eigentum wird der Verfügungsweise kapitalistischer Produktion überantwortet.

Der neue Imperialismus und die demokratische Frage

Man kann nicht über die Imperialismusdebatte der vergangenen Jahre reden, ohne auf eine andere Diskussion zu verweisen, die gerade erst beginnt: Spätestens seit dem Band „Eine kurze Geschichte der Demokratie" von Luciano Canfora gibt es eine theoretische Diskussion um die Demokratiefrage. Nicht nur Guantanamo,

18 David Harvey: Die Geographie des „neuen" Imperialismus: Akkumulation durch Enteignung; in: Christian Zeller (Hg.): Die globale Enteignungsökonomie, Münster, S. 186.

19 Ebd.: S. 194

20 Vgl. Christoph Görg: Enteignung oder Inwertsetzung? Zur Aktualität der „ursprünglichen Akkumulation"; in: Das Argument Nr. 257. (2004)

Foltergefängnisse und CIA-Flüge, sondern auch die Vehemenz der Polizeieinsätze in Heiligendamm und die immer neuen Vorstöße des Innenministers Wolfgang Schäuble haben die Diskussion über den Zustand der Demokratie auch in der Bundesrepublik auf die Tagesordnung gesetzt.

Dass es einen Zusammenhang zwischen Diskussionen über Imperialismus und Diskussionen über die demokratische Frage gibt, zeigt ein Blick in die Geschichte der Imperialismustheorien. Besonders augenfällig ist dieser Zusammenhang fraglos während der ersten Phase des Imperialismus: Während der russische Zarismus und das deutsche Kaiserreich explizit antidemokratische Formen der Regierung waren, fällt auf, dass selbst in Frankreich die nationale Euphorie während des ersten Weltkriegs Wasser auf die Mühlen klerikal-monarchistischer Kräfte wie der action française unter Charles Maurras war. Seit 1916 antizipierte die Diktatur der OHL unter General Erich Ludendorff in Deutschland eine moderne Form von Kriegsherrschaft, die in der Ideologie des „totalen Kriegs", dem alle gesellschaftliche Anstrengung und alle Politik „zu dienen habe", wesentliche Elemente späterer faschistischer Herrschaft enthielt. Die faschistischen Regime in Italien, Deutschland, Spanien und Portugal (aber auch das Kollaborationsregime unter Marschall Pétain in Vichy) markierten einen Höhepunkt moderner antidemokratischer Herrschaft.

Insbesondere vor dem Hintergrund faschistischer Vernichtungs- und Kriegspolitik wirkt die Infragestellung demokratischer Rechtsformen in den Staaten des kapitalistischen Zentrums nach 1945 zwar beinahe harmlos. Dennoch sollte man nicht vergessen, dass nicht nur die Installation diktatorischer Militärregime in Lateinamerika maßgeblich von Politikern in den USA (mit Unterstützung westeuropäischer Kräfte) betrieben wurde, sondern dass auch in den Staaten des Zentrums selbst demokratische Grundrechte in Frage gestellt wurden. Die Mc-Carthy-Prozesse in den USA, die Berufsverbote in Westdeutschland und der teilweise offene Polizeiterror gegen algerische Aktivisten in Frankreich wurden zu Recht als beunruhigende Tendenz gewertet. Insbesondere in den Bewegungen der sechziger Jahre spielte die Angst vor einem innenpolitischen Autoritarismus („Notstandsgesetze") eine ähnliche Rolle wie der Protest gegen den Vietnamkrieg.

Vor dem Hintergrund der oben ausgeführten Definition des Imperialismus als offene oder latente Gewaltpolitik zur externen Absicherung eines internen (politischen und ökonomischen) Regimes, lässt sich bezogen auf die Gegenwart die These formulieren, dass der neue Imperialismus auch den Demokratieabbau im Inneren flankiert. Ausgehend von Harveys Formulierung des Prinzips einer „Akkumulation durch Enteignung" lässt sich sagen, dass es auch hier um eine Enteignung der Gesellschaft geht: Politische Souveränität und subjektive Autonomie sollen an einen abstrakten Verwertungsmechanismus delegiert werden. Damit ist der neue Antidemokratismus in seiner Begründungsstruktur viel offener ökonomisch, als es seine Vorgänger waren.

Bereits in der ersten Phase war umstritten, ob der Umschlag in imperialistische Eroberungspolitik innerhalb des Kapitalismus notwendig erfolgen muss. Damals wurde nicht nur auf die Alternativlosigkeit des Kapitalismus verwiesen, sondern zugleich auch auf die innerkapitalistische Notwendigkeit des Imperialismus. Der reaktionärste Flügel erklärte Eroberung, Krieg und Gewalt zum menschlichen Existential. Auch heute findet man den Verweis auf die Alternativlosigkeit imperialistischer Politik – sowohl in politischer wie in ökonomischer Hinsicht.

Die Exterritorialisierung von Gewalt

Gleichgültig welche Maßnahme zum Abbau von Grund- und Freiheitsrechten gefordert wird (juristisch geregeltes Recht der Exekutive, Passagierflugzeuge abzuschießen; Biometrische Pässe; zentrale Datenbaken der Fingerabdrücke jedes Bundesbürgers; Online-Durchsuchungen), stets wird es mit dem Verweis auf eine neue Bedrohung getan, die durch den internationalen Terrorismus repräsentiert werde. Argumentativ geschieht damit ein zweifaches: Erstens wird ein äußerer und innerer Feind konstruiert, gegen den sich der „Rechtsstaat“ zu wappnen habe; zweitens wird die gesellschaftliche Verankerung von Gewalt in den kapitalistischen Gesellschaften, ihren Konkurrenzmechanismen etwa – geleugnet. Der Demokratieabbau wird also mit dem Schutz einer wehrhaften Demokratie verteidigt, die als „offene Gesellschaft“ von ihren äußeren Feinden auch im Inneren (Terrorismus) heimgesucht werden kann[21].

Faktisch geht es um die Aushebelung von Privatsphäre, und öffentlicher Kontrolle, begrifflich um die Revitalisierung klassischer autoritärer Politikmodelle im Sinne Carl Schmitts. Kennzeichnend ist, dass diese Offensive als defensive Reaktion ausgegeben wird, zu der keine Alternative bestünde, da ein gefährlicher Feind (Terrorismus) „uns“ solche Mittel aufzwinge. Ihm gegenüber müsse der Staat seine Souveränität beweisen.

Ein „neuer Konstitutionalismus“ als internes Herrschaftsmittel

Ganz ähnlich ist auch das ökonomische Alternativlosigkeitsparadigma gestrickt. Hier ist es freilich kein Feind, der „uns“ zwingt, sondern die Globalisierung. In diesem Zeitalter, so wird gesagt, könnten Nationalstaaten unmöglich länger „Wohltaten“ verteilen, sondern müssten sich auf die beinharten Bedingungen der Behauptung als Standort einstellen. Somit bestünde, wenn man nicht wolle, das Deutschland zum Schaden aller in ihm lebenden, hinter „den Durchschnitt“ zurückfalle, ein objektiver Sachzwang, zum Sozialabbau.

Hier also ist die Souveränität, die der Staat im repressiven Sinn den Terroristen gegenüber beweisen müsse, plötzlich gar nicht mehr existent. Sozialpolitisch gibt es keine Spielräume für „Gestaltung“. Auch die Akkumulation durch Enteignung braucht rechtliche Formen. Eigentumsverhältnisse – wobei zu betonen ist, dass Eigentum selbst ein juristischer Begriff ist – sind auf Regulierungen angewiesen, die den Eigentümern Rechte einräumen. Zudem benötigen kapitalistische Eigentümer Rechtssicherheit bei ihren Operationen. So besteht der Globalisierungsprozess, was seine rechtliche Seite betrifft, aus einer Vielzahl verbindlicher Reglements, die – teils formalisiert und institutionalisiert in internationalen Wirtschaftsverträgen

21 Vgl. etwa: Otto Depenheuer: Die Selbstbehauptung des Rechtsstaats, Paderborn 2007.

und Institutionen wie der WTO oder diversen Freihandelsabkommen – verbindliche Rechtskraft haben.[22] Der kanadische Sozialwissenschaftler Stephen Gill nennt solche Reglements, die man als „liberale Weltwirtschaftsverfassung" bezeichnen kann, einen „neuen Konstitutionalismus"[23]. Entscheidend ist nun, dass dieser „neue Konstitutionalismus" unter tätiger Führung der USA und EU-Europas bei Einbeziehung privatwirtschaftlicher Akteure fortgeschrieben wird. Die Souveränität, die hier verschwindet, ist also nicht die des Staates schlechthin, sondern lediglich die des Volkes, von dem angeblich alle Staatsgewalt ausgehen soll. Die Verteidigung einer klassischen repressiven Souveränität – etwa im Sinne Carl Schmitts – und die Leugnung jedweden souveränen Einflusses auf die Wirtschaftspolitik haben einen gemeinsamen Gegner: Das Prinzip der Volkssouveränität.

Das neue Menschenbild

Der Angriff auf die Volkssouveränität geht einher mit dem Verschwinden der Kategorie „Gesellschaft". In marxistischer Tradition meint Gesellschaft ein Konfliktfeld widerstreitender Interessen, Programme und Optionen. Die Eindimensionalität (Marcuse), mit der die Alternativlosigkeit kapitalistischer Verwertung behauptet wird, widerspricht diesem Verständnis von Gesellschaft grundlegend.

Im Gedanken der Volkssouveränität steckte stets, wie unvollkommen es auch in politischen Institutionen und Praxen verankert gewesen sein mag, eine radikale Idee von Partizipation und Mitbestimmung. Seine Wurzel hat er im antiken Begriff des zoon politicon. Diese von Aristoteles herkommende Bezeichnung eines gesellschaftlichen, politischen Lebewesens, implizierte bereits einen anderen Gedanken, der sich nicht so sehr durch anthropologische Setzung, sondern aus Reflexion begründete und zum prägenden Begriff der Aufklärung werden sollte: Autonomie, verstanden als Selbstgesetzgebung des Subjekts.

Im Kontext der weiteren Ideengeschichte wurde dieser Begriff des Subjekts zunehmend stärker auf die Gesellschaft selbst übertragen. Der individuelle Mensch erschien nun als ein gesellschaftliches Wesen, als „Ensemble gesellschaftlicher Verhältnisse" (Marx). Der Demokratisierungsgrad einer Gesellschaft ließ sich nun daran ablesen, inwieweit die dieser Gesellschaft entsprechende Politik die volonté générale, also den allgemeinen Willen, verkörperte. Zunehmend entstand daraus die Forderung nach gesellschaftlicher Kontrolle über alle wichtigen Bereiche gesellschaftlicher Reproduktion.

Die Verallgemeinerung dieses Demokratieprinzips stieß stets auf Widerstand: zuerst – als bürgerliche Forderung – auf den Widerstand feudalabsolutistischer

22 Peter Römer verdanke ich den Hinweis darauf, dass ein großer Teil verbindlicher Rechtsnormen auf privatrechtliche Urteile in Zivilrechtsprozessen (vor allem in den USA) zurückgeht. Römer wies in der Diskussion des Vortrags beim Friedensratschlag aber auch darauf hin, dass hier der Staat insofern eine Rolle spielt, als er das „Richterrecht" exekutiert.

23 Vgl. Stephen Gill: Theoretische Grundlagen einer neogramscianischen Analyse der europäischen Integration; in: Hans Jürgen Bieling/Jochen Steinhilber: Die Konfiguration Europas, Münster 2000.

Privilegien, später – als sozialistische Weiterführung – auf den Widerstand der kapitalistischen Verwertung.

Der neoliberale Kapitalismus zeichnet sich dadurch aus, dass die Verwertung inzwischen als allgemeines Effizienzkriterium in allen Lebensbereichen mehr oder weniger offen propagiert wird. „Ich kenne keine Gesellschaft, ich kenne nur Individuen" erklärte seinerzeit Margaret Thatcher. Dieser Begriff von Individualität will also den Einzelnen ideologisch aus dem Ensemble gesellschaftlicher Verhältnisse lösen und kapitalistischen Verwertungskriterien gemäß zurichten:

- An die Stelle autonomer Subjektivität tritt die Aufspaltung des Individuums in verwertbare und auszubildende Kompetenzbereiche.
- An die Stelle des allgemeinen Willens, das Prinzip der Verwertung selbst.
- An die Stelle sozialer Sicherheit und gesellschaftlicher Solidarität tritt (mehr oder weniger offen) die Angst vor prekären Lebensverhältnissen.

Zusammengefasst: An die Stelle des gesellschaftlichen Menschen, tritt ein abstraktes Individuum, das sich in der Konkurrenz behaupten muss und mit dem Standort identifizieren soll.

Dieser neue Autoritarismus benötigt – anders als etwa der historische Faschismus – weder blutigen Terror nach Innen (er verfügt über subtilere, strukturelle Gewaltformen) noch kollektive Masseninszenierungen (er verfügt über eine kontrollierende und disziplinierende Individualitätskonzeption). Der ökonomische Zugriff auf die Einzelnen erfolgt durch das Angstregime der Prekarisierung, die Enteignung der Gesellschaft durch die Privatisierung von öffentlichen Gütern und Dienstleistungen, sowie durch Einstellungstests, Drogenscreenings, und quantifizierbare Parameter für Intelligenz, Emotionalität und einen neuen Terror der Vergleichbarkeit. Der politische Zugriff erfolgt durch Datenbanken, digitale und genetische Fingerabdrücke, fälschungssichere Pässe und mithilfe von Karten und Handys anzufertigende Bewegungsprofile. Dieses interne politische und ökonomische Regime, das der neue Imperialismus extern absichert, kann man vielleicht am treffendsten als Humankapitalisierung bezeichnen.

Bilanz und einige Vorschläge für einen zeitgemäßen Antiimperialismus

Bezieht man die – im vorangegangenen – freilich nur schlaglichtartig behandelten Dimensionen des neuen Imperialismus auf den eingangs formulierten Anspruch zurück, mit dem Imperialismusbegriff das spezifische Verhältnis zwischen innerer und äußerer Politik einerseits, Politik und ökonomischer Entwicklung andererseits zu fassen, so lässt sich das Verhältnis folgendermaßen bestimmen: Die Gewaltpolitik des heutigen Imperialismus tritt teils offen (Krieg), teils latent (ökonomische Strukturzwänge in der Rechtsform eines „neuen Konstitutionalismus") auf. Die auf eine liberale Weltordnung gerichteten äußeren politischen Praxen unterstützen eine Unterhöhlung des Gedankens der Volkssouveränität im Inneren. Der liberalen Weltwirtschaftsverfassung im globalen Maßstab entsprechen dabei Strategien zur Humankapitalisierung, die einen profitablen Zugriff auf verwertbare Segmente menschlicher Existenz versprechen. Bei allen Widersprüchen, Konflikten und Aporien dieses Prozesses ist die angestrebte Stimmigkeit dieser unterschiedlichen Praxen darin garantiert, dass die extensive, weltweite, makrokosmische Durchsetzung kapitalistischer Verwertungslogiken mit einer intensiven, mikrokosmischen, das Individuum betreffenden Durchsetzung dieser Logiken korreliert. Dabei soll eine führende Rolle der USA im weltweiten Kapitalismus behauptet werden.

Sucht man nach Sollbruchstellen in diesem System, so muss man zunächst jedoch feststellen, dass es sich hierbei nicht um einen krisenfreien Prozess handelt. Das Scheitern der Doha-Verhandlungsrunde der WTO hat gezeigt, dass insbesondere die aufstrebenden Schwellenländer keineswegs gewillt sind, sich alles gefallen zu lassen. Vor allem die so genannten BRIC-Staaten[24] (Brasilien, Russland, Indien und China) treten als neue Akteure der Weltpolitik auf. Damit freilich ist noch nichts über eine Weltordnung jenseits des Imperialismus oder gar über etwaige Alternativen zum Kapitalismus ausgesagt.

Dennoch sind insbesondere in Lateinamerika Versuche zu beobachten, einen neuen Entwicklungsweg einzuschlagen. Insbesondere in Venezuela und Bolivien haben sich linke Regierungsprojekte gebildet, die einen Bruch mit der Abhängigkeit von den Vereinigten Staaten suchen und gesellschaftliche Transformationsprozesse in Richtung auf einen „Sozialismus des 21. Jahrhunderts" fördern und beschleunigen wollen. Bei aller Euphorie sollte man jedoch nicht die Augen vor Widersprüchen und Schwierigkeiten verschließen, die diese Projekte begleiten – etwa die Abhängigkeit vom (kapitalistischen) Ölmarkt[25]. Antiimperialistische Kräfte, die an einer anderen Weltwirtschaftsordnung interessiert sind, dürfen nicht darauf verzichten, in den Zentren selbst zu wirken. Dies setzt die Frage nach transitorischen Elementen in Europa und den USA voraus.

Bezogen auf die Rechtsformen des neuen Imperialismus gilt es insbesondere die Bedeutung des Privatrechts zur Strukturierung kapitalistischer Eigentumsverhältnisse zu betonen. Ein schwerwiegendes Versäumnis progressiver Theorien im zwanzigsten Jahrhundert war sicherlich, Rechtsfragen als „bloße" Überbauphänomene für sekundär zu halten und soziale Rechte bloß formalen entgegenzusetzen. Entscheidend wird es künftig sein, zu zeigen, dass soziale Rechte selbst ein konstituierender Bestandteil von Freiheits- und Menschenrechten sind. Bezogen auf die demokratische Frage gilt es daher, einen Demokratiebegriff zu verteidigen, der von antagonistischen Gesellschaften ausgeht, die ein Kampffeld sozialer Interessen sind. Der Demokratisierungsgrad einer Gesellschaft zeigt sich nicht zuletzt darin, ob es subalternen gesellschaftlichen Gruppen möglich ist, an der politischen Willensbildung aktiv zu partizipieren.

Politisch bedeutet das, die Sachzwanglogik als eine Herrschaftsideologie zu enttarnen. Unterschiedliche soziale Interessen müssen benannt und emanzipatorische Auswege aufgezeigt werden. Gegen Sozialabbau beispielsweise muss das Recht auf kollektive Abwehr gefordert werden. Das Verbot politischer Streiks in der Bundesrepublik etwa ist ein eklatantes Demokratiehindernis.

---

24 Vgl. Stefan Schmalz: Die Bedeutung der Zah: Gedankenexperimente zur Rolle der BRIC-Staaten in der Weltwirtschaft; in: Z. Zeitschrift Marxistische Erneuerung Nr. 67 (2006).

25 Vgl. Bea Müller: Die „bolivarische Revolution" auf der Suche nach einem kohärenten Projekt; in: Dieter Boris, Stefan Schmalz, Anne Tittor (Hrsg.): Lateinamerika: Verfall neoliberaler Hegemonie?, Hamburg 2005.

Ein emanzipatorischer Antiimperialismus hat demnach stets eine politische Ordnung im Blick, die auf Volkssouveränität gründet. Dies verhindert auch ein Bündnis mit Regimen, denen die gesellschaftliche Selbstorganisation nichts gilt. Mitunter gerät man so auch zwischen die Fronten.

Joachim H. Spangenerg

Globalisierung, Klima, Konflikte

> *„Die Auswirkungen des Klimawandels auf die internationale Sicherheit sind kein künftiges Problem, sondern eines, das sich bereits jetzt stellt und uns dauerhaft beschäftigen wird. Auch dann, wenn bei der Verringerung von Treibhausgasemissionen Fortschritte erzielt werden, werden sich die Wettermuster bereits geändert haben, werden die globalen Temperaturen bereits gestiegen sein und wird vor allem der Klimawandel bereits in allen Teilen der Welt zu spüren sein"*
>
> (Papier des Hohen Vertreters und der Europäischen Kommission für den Europäischen Rat S113/08, 14.3.2008)

Die Ausgangslage

Auch wenn es heute kaum noch jemand weiß: Das Thema Globalisierung haben in den späten 1970er Jahren die Umweltverbände auf die politische Tagesordnung gebracht, weil immer unübersehbarer wurde, wie Wälder, Wasser und Wild weltweit bedroht waren. Inzwischen haben diese Bedrohungen mit dem Ozonloch, der globalen Desertifikation und dem Verlust an biologischer Vielfalt noch weiter zugenommen – und alle diese Probleme werden durch den menschengemachten Klimawandel noch verstärkt. „Klimawandel ist ein Bedrohungsmultiplikator, der bestehende Tendenzen, Spannungen und Instabilitäten noch verschlimmert" (Hoher Vertreter 2008, S. 2). Es gibt also gute Gründe, sich unter dem Stichwort „Globalisierung" mit Umwelt und Energie zu beschäftigen (Spangenberg 1991).

Der Klimawandel und die zunehmende Knappheit natürlicher Ressourcen gehören zu den zentralen politischen Herausforderungen dieses Jahrhunderts, nicht nur ökologisch sondern auch sozial. Denn zuallererst sind es die Armen, die unter den Folgen der Erderwärmung und den Preisexplosionen auf den Rohstoffmärkten leiden. Wird nicht umgesteuert, werden viele Millionen Menschen in den Entwicklungsländern, aber auch Geringverdiener/innen in Industriestaaten für den Raubbau zahlen müssen. Nicht nur die Verpflichtung zum Schutz der natürlichen Umwelt, sondern auch das Streben nach sozialer Gerechtigkeit und internationaler Solidarität zwingen daher zum ökologischen Umbau der Gesellschaft.

Wie aus den Analysen des Weltklimarates IPCC (Friedensnobelpreisträger 2007), der Stern-Studie im Auftrag der englischen Regierung und den neuen Prognosen der Internationalen Energie-Agentur IEA bekannt, steht die Menschheit vor immensen Herausforderungen in den Bereichen Energie und Klima (IPCC 2007a; Stern 2006). Der Energieverbrauch wird drastisch sinken, entweder vorsorgend zum Schutz des Klimas oder ungeplant durch Knappheit (Jefferson 2007). Entsprechend warnte am 9. Juli 2007 die IEA davor, dass ab dem Jahr 2010 die reelle Gefahr einer Ölknappheit bestehe.

Die Reichweite der fossilen Ressourcen ist begrenzt, der Höhepunkt der Ölförderung (‚Peak Oil', d.h. der Zeitpunkt, zu dem die Hälfte allen Öls gefördert ist) rückt näher oder ist nach einigen Studien bereits überschritten, der für Gas absehbar – die Zeit zunehmend knapperer Reserven und steigender Kosten und Preise hat begonnen (Schindler, Zittel 2006). Ohne die klimapolitisch ohnehin notwendige Flucht aus dem Öl bzw. allgemeiner der Entfossilisierung von Wirtschaft und Gesellschaft besteht ein hohes Risiko einer ökonomisch wie sozial nicht-nachhaltigen Entwicklung. Deshalb tut Vorsorge Not, insbesondere können wir es uns nicht leisten, umwelttechnischen Fata Morganas wie sauberer Kohle oder sicherer Atomenergie (nicht zuletzt das Proliferationsrisiko ist unvermeidbar) nachzulaufen. Zwar sind rund ¾ des weltweiten Energieverbrauchs einsparbar, also letztlich Verschwendung, aber diese lange bekannten Einsparpotenziale zu realisieren hat bisher die Industriestaaten überfordert. Vielleicht ist die Öl- und Gasknappheit die einzige Chance für das Klima – aber die ökonomischen wie sozialen Kosten einer Zwangsanpassung wären erheblich.

Der Kampf um den Zugang zu schwindenden Ressourcen gerät zudem immer mehr zu einer Bedrohung für den Weltfrieden. Darüber hinaus können die Folgen des Klimawandels in vielen Ländern zu Auseinandersetzungen führen, beispielsweise um Wasser oder fruchtbare Böden. Klima- und Ressourcenschutz sind daher auch aktive Friedenspolitik und Konfliktprävention (WBGU 2007). Ein Umsteuern auf ressourcensparendes Wirtschaften, erneuerbare Energien und regionale Wirtschaftskreisläufe birgt Chancen für nachhaltige Beschäftigung, dezentrale Demokratie, stabile Außenbeziehungen und friedliche Konfliktlösungen (Bimboes, Spangenberg 2004). Der dafür notwendige Strukturwandel erfordert harte Brüche, aber wer interne politische Konflikte scheut, droht sich damit internationale bewaffnete Konflikte einzuhandeln. Auch wenn alle Optimisten recht hätten, was die Möglichkeiten der Technik angeht, und wenn alle technischen Optionen genutzt werden, um das Sparen kommen wir nicht herum. Unser alter Kompass führt uns unwiderruflich ins Treibhaus. Das heißt, statt größer, schneller, weiter, mehr brauchen wir eine neue Orientierung, eine Marschroute aus der Katastrophe, und dazu sowohl eine Vorstellung von dem lebens- und mühewerten Ziel, als auch Landkarten für den Weg (Eckersley 2006). Da die Klimakatastrophe nur noch gemildert, aber nicht mehr verhindert werden kann, und da diese bereits heute erhebliche Konfliktrisiken mit sich bringt, sind Friedenspolitik und Konfliktforschung ein unverzichtbarer Bestandteil von Nachhaltigkeitspolitik und -forschung.

Alte Konflikte - neue Konstellationen

Auch in der Vergangenheit gab es unzählige Umweltkonflikte um Wasser, fruchtbaren Boden und Landbesitz, um Fisch und um Biodiversität. Allerdings war dabei in den meisten Fällen – von der Steinzeit bis George W. Bush – der Zugang zu Ressourcen nur ein Faktor von vielen (WBGU 2007). Jetzt schafft der Klimawandel neuartige Konfliktpotenziale: jetzt, und nicht erst in einer fernen Zukunft. „Immer häufiger treten extreme Wetterereignisse auf, die an Intensität zunehmen"

(Wirbelstürme etc.); „ein Rückgang der landwirtschaftlichen Nutzflächen, eine sich ausbreitende Wasserknappheit, abnehmende Nahrungsmittel- und Fischbestände, häufigere Überschwemmungen und verlängerte Dürreperioden sind bereits in vielen Teilen der Welt Realität“ (Hoher Vertreter 2008). Der weltweite Rückzug der Gletscher führt zu früheren und stärkeren Frühjahrshochwassern, gefährdet die Trinkwasserversorgung und verstärkt die Küstenerosion. Tauender Permafrostboden zerstört Infrastrukturen in Sibirien und Kanada. Höhere Temperaturen vertreiben Tier- und Pflanzenarten aus ihren angestammten Gebieten in Richtung der Pole und im Gebirge in höhere Regionen, was zusammen mit der früher einsetzenden Blühperiode und dem vorverlegten Vogelzug biologische Netze zerreißt und die Ernährung gerade derjenigen gefährdet, die direkt von der Natur leben (müssen). Fischschwärme (soweit noch nicht durch Überfischung vernichtet) verlassen ihre traditionellen Standplätze und Routen: 95% der beobachteten Änderungen in den physikalischen und 90% in den biologischen Systemen der Erde sind heute auf die bereits manifeste Klimaänderung zurückzuführen (Rosenzweig et al. 2008). Die beträgt erst unter 1°C, aber 1,8°C bis Ende des Jahrhunderts sind bereits fest programmiert, sind unvermeidliche zukünftige Folge unserer vergangenen Taten. Der volle Umfang dessen, was bereits jetzt veranlasst ist, wird erst in 500 bis 1.000 Jahren voll realisiert, nach der einmaligen Umwälzung der Ozeane, die heute als CO_2- und Wärmepuffer dienen (Grassl 2007), dabei warm und sauer werden ($CO_2 + H_2O \rightarrow H_2CO_3$: Kohlensäure!) und so auch die marinen Nahrungsnetze (zerstören (WBGU 2006).

Soziale Konflikte als Folge zunehmender Ressourcenverknappung sieht man heute noch nicht in den Wohlstandsstaaten (Australien lebt mit jahrelanger Dürre besser als Afrika), wohl aber in Zentral- und Südamerika (verstärkt durch die Privatisierung natürlicher Ressourcen durch neoliberale Regierungen), in Südostasien, oder im Nahen Osten. Nach Auskunft der Vereinten Nationen hatte von all ihren Dringlichkeitsappellen zu humanitären Hilfeleistungen 2007 nur ein einziger keinen Bezug zum Klima (Hoher Vertreter 2008).

Palästina ist z.B. ein Brennpunkt von Konflikten um die Ressource Wasser: der Hauptgrundwasserleiter, den Israel für wasserintensive Kulturen wie Bananen, Zitrusfrüchte und Datteln ausbeutet, liegt unter dem palästinensischen Westjordanland; dort werden die Palästinenser an der Grundwasserentnahme gehindert (während gleichzeitig illegale israelische Abfallablagerungen – Folge des strenger gewordenen Abfallgesetzes in Israel – das Grundwasser vergiften. Die Regenmenge in der Region ist zwar gleich geblieben, aber die Niederschläge sind heftiger und kürzer geworden, laufen deshalb oberflächlich ab und füllen die Grundwasserleiter weniger auf. Der See von Galiläa, aus dem Israel 30% seines Trinkwassers bezieht, ist bis zur Grenze der Erschöpfung ausgebeutet und hat sich auch im letzten Winter, der Regensaison, nicht erholt. Die Verteilung des knapper werdenden Jordan-Wassers ist einer der Streitpunkte zwischen Syrien, Israel, Jordanien und Palästina, und der Jordan selbst – ein Schatten seiner früheren Größe – füllt das Tote Meer nicht mehr: der Wasserspiegel sinkt um ein Meter pro Jahr. Die langfristigen Aussichten sind trübe: Experten erwarten bei steigendem Meeresspiegel eine Versalzung des Küstengrundwasserleiters, der Trinkwasserquelle für den Gaza-Streifen und Teile Israels, einen Rückgang der Regenmengen um ein Drittel bis Ende des Jahrhunderts und erwärmungsbedingte stärkere Verschmutzung des Sees von Galiläa. Meerwasserentsalzungsanlagen, der einzige zur Zeit diskutierte Ausweg aus dem Dilemma, sind Energiefresser und heizen das Klima weiter an. Zudem sind sie teuer: Wasser bleibt auch mit ihnen nur für eine wohlhabende Minderheit reichlich verfügbar. Es ist offensichtlich, dass jede Friedenslösung schwer wird, wenn Israel weiter syrisches, jordanisches und palästinensisches Grund- und Oberflächenwasser nutzen will oder – nach eigener Interpretation – nutzen muss (The Economist 2008). So bleibt bei der Nahostkonferenz, die alle Themen behandeln soll, Wasser der wunde Punkt (Steinmeier 2007).

Ressourcenkonflikte haben in der Vergangenheit oft nicht die Form zwischenstaatlicher Kriege angenommen, sondern z.B. in Westafrika oder im Kongo die Form von Bürgerkriegen, durch die einzelnen Interessengruppen der exklusive Zugang zu bestimmten Ressourcen gesichert werden sollte – so dem jetzt in Den Haag angeklagten ehemaligen Staatschef Liberias den zu Diamanten („Blutdiamanten“). Ihre Lösung erfolgte meist in Form regionaler Vereinbarung, manchmal unter Beteiligung extra-regionaler Vermittler wie Kofi Annan Anfang 2008 in Kenia.

Von einer anderen Qualität werden dagegen die Folgen des Klimawandels sein: Er kann nicht durch regionale Verhandlungen unter Gleichen beigelegt werden, denn er wurde und wird von den reichsten Nationen verursacht, trifft aber die Ärmsten am heftigsten und hat, einmal gestartet, einen „Bremsweg“ von Jahrhunderten. Die betroffenen Güter sind nicht lokal, sondern global („global commons“ wie Atmosphäre, Klima oder Meere). Damit fehlen wichtige Voraussetzungen für eine Konfliktregulierung auf dem Vereinbarungswege: Die Schäden sind nach menschlichen Maßstäben irreversibel, die Betroffenheit ist unterschiedlich, denn gerade die Wohlstandsländer profitieren anfangs vom Klimawandel (später können sie sich die erforderlichen Maßnahmen leisten) und die räumliche Nähe, die auf einen Ausgleich drängt, ist nicht gegeben, denn die Opfer liegen einen halben Erdball entfernt. „Die Auswirkungen des Klimawandels werden einer Politik Vorschub leisten, die von Ressentiments zwischen denjenigen, die für den Klimawandel am meisten verantwortlich sind, und denen, die am meisten davon betroffen sind, bestimmt ist“ (Hoher Vertreter 2008, S. 5). Einfache Auswege gibt es nicht (mehr) – die Zeit wird zu knapp, um Zielkonflikte zwischen Wirtschaftswachstum und Umwelt langfristig auszubalancieren, so Vizekanzler Frank-Walter Steinmeier. Er schließt daraus, dass die Konflikte zunehmen und sich verschärfen werden und Ressourcen die Inhalte der Außen- und Sicherheitspolitik bestimmen werden (Steinmeier 2007). Es wird also ernst.

Deshalb bereiten sich die Wohlstandsstaaten auf Sicherheitsrisiken vor, die weniger durch die heimischen Klimawirkungen bedingt sind, als vielmehr durch die Wirkungen der Klimakatastrophe. Ein besonderes Problem bilden dabei die bereits jetzt verletzlichsten Staaten, deren Kollaps wiederum – in Zeiten der Globalisierung unvermeidlich – auch Folgen für die Wohlhabenden nach sich ziehen könnte. So betont der Hohe Vertreter der EU die Tatsache, dass „in der Europäischen Sicherheitsstrategie anerkannt [wird], dass die globale Erwärmung und der Kampf um natürliche Ressourcen miteinander verknüpft sind“ und schließt daraus die Notwendigkeit, das gesamte Spektrum der EU-Instrumente, einschließlich Gemeinschaftsmaßnahmen und Außen-, Sicherheits- und Verteidigungspolitik einzusetzen „um das Problem der Sicherheitsrisiken anzugehen“ (Hoher Vertreter 2008, S. 2). Der Bundesaußenminister betont die Bedeutung kreativer Lösungen, nicht nur technisch sondern auch konzeptionell, und die Notwendigkeit, dafür neue Bündnispartner zu suchen, auch in bisherigen Tabuzonen: Keiner dürfe a priori ausgeschlossen werden (Steinmeier 2007).

Eins, zwei, drei, ganz viele °C Erwärmung...

Wirtschaftskrisen, Armut, Migration, Umweltkatastrophen und Kriege: Das also steht auf dem Spiel. Auch das heute aktuelle Thema der Klimaänderung und ihrer Folgen steht seit einem Vierteljahrhundert auf der Tagesordnung der Politik (bekannt ist es seit 1½ , quantifiziert seit fast einem Jahrhundert) aber die Antwort war bisher eine globale Strategie des Nicht-Handelns der Wohlstandsstaaten. Das gilt ebenso für die Schwellenländer, deren Anteil an der Problemverursachung jedoch erst im 21. Jahrhundert in relevante Größenordnungen angestiegen ist. Die ärmsten Länder, deren Politik im wesentlichen vom Washington Consensus der Geberländer bestimmt wurde (eine Phase, die insbesondere in Südamerika aber auch in Russland ausgelaufen ist) (vgl. Weisbrot 2006), verfolgten auch aufgrund dieser Vorgaben keine nachhaltige Politik, waren aber in den Auswirkungen ihrer Handlungen vergleichsweise marginal. Was also hat die dreifaltige Konzentration auf Wachstum statt auf Ressourcenschonung und Effizienz bisher bewirkt?

Als die erste Enquete-Kommission des Deutschen Bundestags ihre Forderungen zur Bekämpfung des Klimawandels dem Bundestag vorlegte, war die Begrenzung der Erderwärmung auf 1 – 2° C noch ein mögliches Ziel (Deutscher Bundestag 1988).

Die Berichte des IPCC wie des WBGU und die Beschlusslage von Bundesregierung und EU gehen nach wie vor von dem Ziel einer Erwärmung um nicht mehr als 2° C aus (IPCC 2007a), aber die Verlautbarung von Zielen ersetzt kein zielstrebiges Handeln. Bis heute zeigt die Politik keinerlei Zeichen, dass ihr die Dringlichkeit des Umsteuerns, weit über marginale Korrekturen hinaus, wirklich bewusst geworden wäre. Eine solche Begrenzung der Erderwärmung auf 2°C erfordert eine Stabilisierung der atmosphärischen CO_2-Konzentrationen bei 450 ppm (parts per million, siehe Abb. 1) – 380 ppm haben wir heute schon erreicht, ein Drittel mehr als die Konzentration im vorindustriellen Zeitalter (IPCC 2007b). Für die Trendwende bleibt uns gerade noch ein Jahrzehnt.

Der viel diskutierte Stern Report hält eine Erwärmung um 3° C für ein realistisches und unter Aufbietung aller Kräfte mögliches Ziel (Stern 2006). Was aber bedeuten diese Zahlen für die Betroffenen, welche Folgen hatten 20 Jahre Politikversagen? Das Deutsche Institut für Entwicklungspolitik (DIE) hat auf der Basis der Daten von IPCC und WBGU eine Übersicht gegeben.

Dabei ist zu berücksichtigen, dass sich die Szenarien des IPCC in der Vergangenheit immer als sehr konservativ erwiesen haben; mit jedem neuen Assessment wurden die Bilder bedrohlicher. So reicht nach dem aktuellen Bericht (IPCC

2007b) nicht mehr wie bisher angenommen eine Reduzierung der Treibhausgasemissionen bis Mitte des Jahrhunderts um 50% aus, um das Klima bei einer Erderwärmung von 2°C zu stabilisieren, sondern es sind mindestens 60% erforderlich (Luhmann, Sterk 2008), und die erwartete Erwärmung liegt nicht mehr bei 2 bis 5°C, sondern kann bis zu 7°C erreichen. Andere Studien gehen noch sehr viel weiter und erwarten Erderwärmungen von 2 bis zu 11°C (Stainforth et al. 2005). Die verbleibenden Unsicherheiten sind kein Grund zur Entwarnung, im Gegenteil: Die Variabilitäten der Prognosen sind keine Modellartefakte, und es gibt keine Entwarnung nach unten, aber mehr Risiken nach oben (Knight et al. 2008).

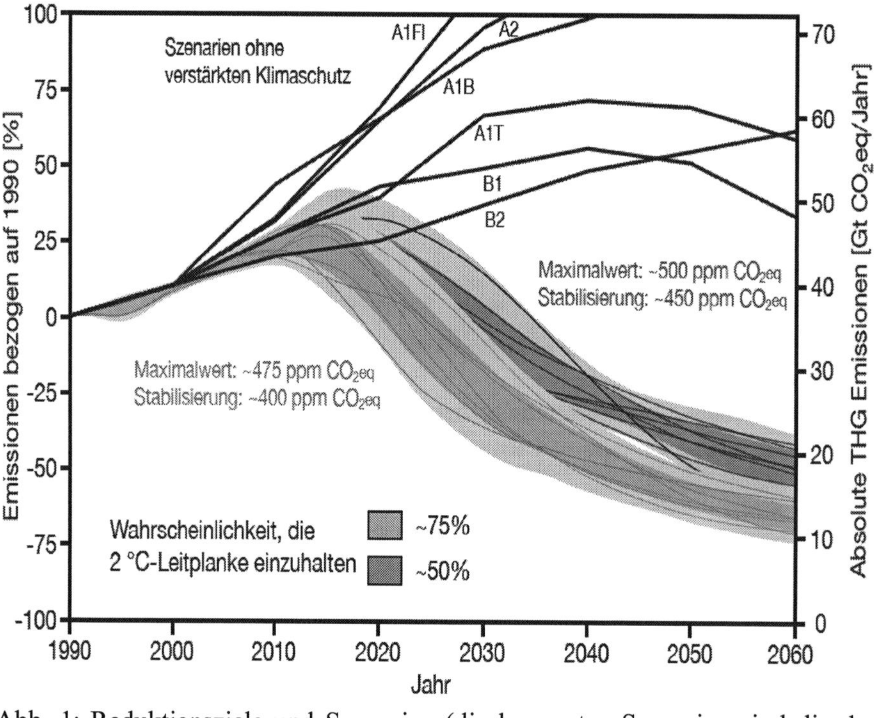

Abb. 1: Reduktionsziele und Szenarien (die benannten Szenarien sind die des IPCC)

Die Modellierungen berücksichtigen zudem nicht, welche sozio-ökonomischen Folgen der Verlust der biologischen Vielfalt infolge geänderter Landnutzungsmuster, Niederschlagsverteilungen, ausgeweiteter Überschwemmungs- und Dürreperioden und nicht zuletzt durch „biologische Verschmutzung“ (Freisetzung von invasiven Arten und genetisch veränderten Organismen) global haben wird. Noch stabilisiert die biologische Vielfalt ökologische Systeme gegen die Auswirkungen des Klimawandels, aber dieser Puffer ist – zusätzlich zur Aufheizung der Erde – durch menschliche Eingriffe gefährdet (MEA 2005). Wir zerschlagen in Seenot die Rettungsboote.

Schließlich sind die ökonomischen Folgen der Knappheit zu nennen: Erst machen die explodierenden Rohstoff-, Energie- und Nahrungsmittelpreise die Ergebnisse eines Jahrzehnts ökonomischer Entwicklung auf einen Schlag zunichte und berauben die betroffenen Staaten – insbesondere die Nicht-Rohstoffländer des Südens – der finanziellen Ressourcen, die sie zum Schutz ihrer Bürger/innen vor den Folgen der Klimakatastrophe dringend brauchen würden. Dann kommt die wirtschaftliche Katastrophe, wenn bei absoluten Knappheiten die Kaufkraft über die Ressourcenverteilung entscheidet: für die Armen bleibt dann nichts mehr, außer vielleicht ein paar Almosen. Der Zusammenbruch der nicht mehr funktionalen staatlichen Strukturen wird damit wahrscheinlich, was Hunger und Elend weiter verschärft und lokale Konflikte anheizt.

Noch einmal Wasser

Die Angaben des DIE sprechen für sich, insbesondere wenn man sich vor Augen hält, dass beim ersten Szenario (Erwärmung um 1°C) das beschrieben wird, was die Industriestaaten trotz 150 Jahren Warnung vor dem Treibhauseffekt schlicht ignoriert haben. Die Differenz zwischen dem Szenario 1 und 2 (2°C gegenüber 1°C Erwärmung) entspricht in etwas dem, was Bush, Clinton und Bush, was Kohl, Schröder und Merkel zu verantworten haben: die Folgen des Nichthandelns trotz besseren Wissens, die Folgen vergangenen Politikversagens. Zu rechnen ist mit dem Rückgang der Wasserverfügbarkeit in einigen verletzlichen Regionen (z.B. Mittelmeerraum, südliches Afrika) um 20 bis 30 Prozent. Die übrigen Szenarien geben dann die Folgen gegenwärtigen (Erwärmung um 3°C) und zukünftigen Politikversagens (4-5°C) an, soweit diese heute vorhersehbar sind. Diese Folgen sind jedoch mit Modellrechnungen nur sehr begrenzt zu erfassen: Modelle folgen einem linearen Verlauf (siehe z.B. Abb. 1) und können abrupte Veränderungen des Gesamtsystems als Folge des Überschreitens von Schwellwerten kaum abbilden. Solche Sprungstellen oder Kipppunkte (engl. „tipping points“) drohen wenn die Erderwärmung die 2°C Grenze überschreitet (Grassl 2007). Dazu zählt z.B. ein Kollaps des Amazonas (u.a. wg. Störungen des Wassersystems) mit globalen Auswirkungen auf das Klimasystem, der Zusammenbruch des Monsuns, durch den 3-4 Mrd. Menschen von Hunger bedroht wären, oder der Kollaps der marinen Zirkulation (Humboldt-Strom, Golfstrom, El Nino) mit unabsehbaren Folgen für Klima und menschliche Ernährung. Kipppunkte ergeben sich ebenfalls, wenn positive Rückkoppelungsmechanismen in Gang gesetzt und damit die Erhitzung der Atmosphäre irreversibel beschleunigt wird. Ein solcher Mechanismus wäre ein großflächiges und tiefgründiges Tauen der Permafrostgebiete, was gigantische Mengen an CH_4 Emissionen freisetzen und in der Folge einen Temperatursprung erzeugen würde. Dann wird es auch wahrscheinlicher, dass es schon in absehbarer Zeit zu einem Kollaps der Kryosphäre kommt, nicht nur der Gletscher, sondern auch der polaren Eismengen. Ein Abrutschen des gesamten Grönlandeises (so unwahrscheinlich dies auch heute sein mag) würde den Meeresspiegel um 7 m ansteigen lassen, ein vollständiger Zerfall des (inzwischen in Teilen fragiler gewordenen) westantarktischen Eisschilds um mehr als 20 m.

Am Beispiel Trinkwasser soll nochmals gesondert erläutert werden, wie diese Entwicklungen bestehende Konflikt-Konstellationen (Katastrophen und Flüchtlinge, Armut und Migration, Wasser- und Nahrungsmangel) noch weiter verschärfen und zur gesellschaftlichen Destabilisierung mit der Folge inner- und zwischenstaatlicher Konflikte führen können. Nahrungsmangel durch Klimawandel und Biodiversitätsverlust hätte ähnliche Folgen, ebenso die Zerstörung der Infrastruktur durch zunehmend heftigere Hurrikane, seit 2004 erstmals auch im Südatlantik, nahe Europas und solche, die Mesoamerika vom Atlantik zum Pazifik überqueren. Landverlust durch Überschwemmung und die Versalzung des Grundwassers in küstennahen Bereichen bei ansteigendem Meeresspiegel wären ähnlich dramatisch.

Die globale Verteilung der Niederschlagsentwicklung lässt sich kurz zusammenfassen als „wer hat, dem wird gegeben, wer nicht hat, dem wird genommen" (Grassl 2007). Welche Folgen das im Nahen Osten schon hat und auch in Zukunft haben wird, wurde bereits oben kurz skizziert. Auch in Darfur sind Entstehung und Ablauf des Konflikts ohne einen Blick auf die Wassersituation nicht zu verstehen. Anhaltende Wasserknappheit im Nomadenland des Nordens war einer der Gründe, warum arabische Stämme (wie seit Jahrhunderten) in das Bauernland des Südens vorgedrungen sind. Dort störten sie die inzwischen intensivere Landwirtschaft und die dichter gewordene Besiedlung, was zu ersten Auseinandersetzungen führte. Auslöser der massiven Kampfhandlungen war dann die gezielte Aufrüstung der Nomaden durch die Regierung, die damit auch alte Rechnungen begleichen wollte und den Wasserkonflikt für ihre Zwecke instrumentalisierte.

Nicht nur im nördlichen, auch im südlichen Afrika wird die Zukunft von regionalem Wassermangel geprägt sein, ebenso wie im Osten Australiens, im Norden Mexikos und im Westen der USA. Wenn die Wasserversorgung nicht nur aus den Alpen und Anden (die 10 Millionen Menschen im Raum Lima sind zu 80% von Gletscherwasser abhängig), sondern auch aus dem Himalaja beendet oder minimiert wird, dann sind auch Indien, Pakistan, Bangladesh, Indochina, China (insbesondere der Norden) und Zentralasien betroffen. Hier waren Wasserkonflikte schon in der Vergangenheit beinahe die Ursache für kriegerische Auseinandersetzungen, denn die Staaten des Aralsee-Beckens benötigen das selbe Wasser zu verschiedenen Zeiten an verschiedenen Orten: während die Bergnationen Kirgisistan und Tadschikistan das Wasser für den Winter in ihren Stauseen sammeln wollen, um mit dem Wasserkraftstrom die elektrischen Hausheizungen zu speisen (eine Erblast aus sowjetischer Zeit), benötigen Usbekistan und Kasachstan das Wasser im Sommer für ihre Bewässerungskulturen. Bisher wurde ein Ausgleich durch Stromlieferungen im Winter geschaffen, doch das Gleichgewicht ist labil, und der Kompromiss geht zu Lasten des Aralsees und seiner Anwohner/innen (Spangenberg 2003).

Andernorts wird zuviel Wasser zum Problem: schon bei einer Erwärmung um gut 2°C schmelzen wahrscheinlich rund ⅔ des Grönlandeises ab, was zu einem Anstieg des Meeresspiegels um 4 bis 6 m führen würde. Geschieht dies als allmählicher Schmelzprozess, so dauert es rund 500 Jahre, in denen der Meeresspiegel kontinuierlich steigt (Grassl 2007). Würde der Eispanzer dagegen aufgrund von Schmelzprozessen an seiner Unterseite, wie sie in den letzten Jahren beobachtet wurden, ganz oder teilweise, noch ungeschmolzen, ins Meer abrutschen, ergäbe sich ein erheblicher Teil des selben Meeresspiegelanstiegs in kürzester Frist. Küstenstädte, Häfen, Industrieanlagen, fruchtbares Land wären für immer verloren; die sozialen Folgen einer solchen Entwicklung sind kaum auszumalen.

Fazit

Die Folgen des Klimawandels wie Fluten, Stürme, Dürre, Wasser- und Nahrungsmangel, Entwaldung und die Ausbreitung von bisher regional begrenzten Krankheiten treffen die ärmsten Länder überproportional. Dies verschärft eine Situation, die durch besondere Verletzlichkeit (vulnerability) gekennzeichnet ist, die einerseits bio-geographisch und wirtschaftsstrukturell bedingt ist, zum zweiten auf mangelnden Ressourcen für effektive Vorsorge- und Anpassungsmaßnahmen zurückgeht und zum dritten durch die häufig anzutreffenden schwachen Institutionensysteme verstärkt wird (IPCC 2007a).

Schwellenländer verfügen über bessere Anpassungspotentiale, stehen aber aufgrund knapper Ressourcen, teilweise ihrer Größe und (für die äquatornahen) ihrer besonderen Belastung sowie durch die Größe der Armutsbevölkerung vor immensen Herausforderungen. Für beide Gruppen gilt, dass die Ziele der sozialen Nachhaltigkeit (fixiert z.B. in den UN Millennium Development Goals oder dem beim Weltgipfel für nachhaltige Entwicklung 2002 in Johannesburg beschlossenen „Plan of Implementation“, vgl. WSSD 2002) nur erreicht werden können, wenn die internationalen „Strategien“ ihnen Raum für wirtschaftliche und soziale Entwicklung lassen. Ob sie das tun werden, hängt in besonderem Maße von der Orientierung der alten Industriestaaten ab.

Diese sind als Wohlstandsstaaten doppelt privilegiert: sie können sich Vorsorge- und Anpassungsprogramme leisten, auch weil die Folgen des Klimawandels sie in weit geringerem Ausmaß treffen werden und in einigen Fällen sogar zeitweise positiv sind (IPCC 2007b). Kommen zu der Kombination von Belastung und Verletzlichkeit noch eine mangelnde vorsorgende Anpassung (auch mangels Ressourcen) sowie weitere Konfliktfaktoren hinzu, so werden Konfrontationen, Bürgerkriege und Kriege wahrscheinlich (Global Risks Network 2007). International Alert identifiziert 61 Staaten, die durch hohe inhärente Verletzlichkeit plus starke Exposition zu Klimaereignissen besonders gefährdet sind (Smith 2007). Dazu gehören Länder wie Indien, Russland und Südafrika, bevölkerungsreiche Staaten wie Indonesien, und „traditionelle“ Konfliktregionen wie Israel und die arabische Welt sowie ein Großteil des subsaharischen Afrika. Nach den sozialen werden so auch die bürgerlichen Menschenrechte vom Klimawandel „unterspült“.

Ausblick

Insbesondere die Wirtschaftsführer, aber auch die Politiker aller Parteien haben bisher die Radikalität und Dringlichkeit der notwendigen Wende nicht realisiert, immer noch dominieren ökonomische Kurzfristargumente wie Wettbewerbsfähigkeit längerfristige Überlebensinteressen.

Dabei macht eine massive Reduzierung des Ressourcenkonsums nicht nur friedens- und umweltpolitisch Sinn, sondern auch ökonomisch: zwar haben viele wesentliche Ressourcen inzwischen ihren Förderhöhepunkt überschritten und tragen immer weniger zum Produktionswert bei (siehe Tabelle), aber Öl, Gas und Metalle wie Niob oder Molybdän sind knapp, und Substitute nicht erkennbar. So droht eine zumindest zeitweilig absolute Knappheit, und darauf sind ökonomische Theorien und Modelle ebenso wenig vorbereitet wie die Wirtschaft oder die Öffentlichkeit (Kerschner, Hubacek 2006). Dann drohen ökonomische und soziale Schocks sowie Verteilungskonflikte mit unvorhersehbaren Auswirkungen nicht nur im Süden, sondern auch in und zwischen den Industriestaaten.

Tabelle: Materialeinsatz und Materialintensitäten

Material	Jahr des höchsten Einsatzes (Peak Year)	Maximalwert der Ressourcen-Intensität (kg/1000 US-$ des 1987 BIP)
Kohle	1948	385
Kupfer	1960	0,83
Öl	1973	254
Stahl	1973	63
Aluminium	1980	1,5
Plastik	1988	5,5

Nicht länger langfristig, sondern hier und jetzt geht es darum, dass die Bürger/innen der Industriestaaten nicht weiterhin das Privileg für sich beanspruchen, so viel vom globalen Kuchen an Ressourcen zu verzehren, dass der Mehrheit der Menschheit nur die Brosamen bleiben, die von der Reichen Tische fallen. Wir müssen wieder das Teilen lernen und Technik kann nicht mehr dazu dienen, den Ressourcenkonsum in immer neue Höhen zu treiben, sondern muss es uns ermöglichen, mit dem, was beim gerechten Teilen der Weltressourcen als gemeinsames Erbe der Menschheit unser Anteil ist, ein gutes Leben zu bewahren. Die Herausforderung ist mindestens ebenso eine ethische wie eine technisch-ökonomische: die Bürger/innen des Nordens verfügen über die Kaufkraft, den Mitmenschen des Südens den Zugang zu allen wesentlichen Ressourcen zu verwehren (wenn z.B. auf den Feldern statt Hirse für die Menschen Futtermittel für unsere Kühe und Biospritpflanzen für unsere Autos wachsen, weil wir uns das „leisten können") – und wenn die Kaufkraft nicht reicht, dann auch die Feuerkraft. Macht und Märkte kennen keine Moral, Bürger/innen schon – wollen wir uns leisten, das Miteinander der Menschen weltweit so zu gestalten, oder wollen wir allen die Chance geben, die wir in der Vergangenheit hatten? Wenn ja, dann ist die Politik auf allen Ebenen gefordert sofort die Weichen herumzuwerfen, sie für ein postfossiles Jahrhundert des Humanismus zu stellen, aber auch jede/r Einzelne, seine/ihre Zukunft als Teil der Zukunft aller zu denken, und sie mit allen zusammen lebenswert zu gestalten.

Quellen

Bimboes, D., Spangenberg, J. H. (2004). Klimapolitik ist Friedenspolitik. Wissenschaft & Frieden 22(3): 35-38.

Deutscher Bundestag, Ed. (1988). Schutz der Erdatmosphäre, Zwischenbericht der Enquete-Kommision Vorsorge zum Schutz der Erdatmosphäre des 11. Deutschen Bundestages. Zur Sache. Deutscher Bundestag, Bonn.

Eckersley, R. (2006). From the liberal to the green democratic state: upholding autonomy and sustainability. Int. J. Innovation and Sustainable Development 1(4): 266-283.

Economist, The (2008). Israel: Don't make the desert bloom. Milk and honey is all very well. But what about the water? The Economist, 7. Juni 2008: 45-46.

Global Risks Network (2007). Global Risks 2007. Citygroup, MMC, Swiss Re, Wharton School Risk Center, London.

Grassl, H. (2007). Einstieg in das solare Zeitalter durch Klimaschutz. Vortrag bei den Toblacher Gesprächen 2007.

Hoher Vertreter und Europäische Kommission (2008). Klimawandel und internationale Sicherheit. Papier für den Europäischen Rat S113/08. Europäische Kommission, Brüssel.

IPCC Intergovernmental Panel on Climate Change (2007a). Climate Change 2007: Impacts, Adaptation and Vulnerability. Working Group II Contribution to the IPCC Fourth Assessment Report. IPCC, Genf.

IPCC Intergovernmental Panel on Climate Change (2007b). Climate Change 2007: The Physical Science Basis. Summary for Policy Makers. Contribution of Working Group I to the IPCC Fourth Assessment Report. IPCC, Genf.

Jefferson, M. (2007). Linking Strategies for handling Peal Oil and Natural Gas with Expanding Renewable Energy Use and Energy Efficiency. Paper presented at the NATO Science Programme Advanced Research Workshop on Modelling of Sustainable Consumption of Energy and Environmental Costing, Naples, 4-7 June, 2007.

Kerschner, C., Hubacek, K. (2006). Assessment and application of input-output tools for analysing the potential impacts of resource supply shocks: the phenomenon of peak oil. Paper presented at the 9th Biannual Conference of the International Society for Ecological Economics "Ecological Sustainability and Well-Being", New Delhi, India, December 16-18, 2006.

Knight, C. G., Knight, S. H. E., Massey, N., Aina, T., Christensen, C., Frame, D. J., Kettleborough, J. A., Martin, A., Pascoe, S., Sanderson, B., Stainforth, D. A., Allen, M. R. (2007). Association of parameter, software and hardware variation with large scale behavior across 57,000 climate models. PNAS Proceedings of the National Academy of Sciences 104(30, 24. Juli): 12259–12264.

Luhmann, H.-J., Sterk, W. (2008). Klimaziele zu Hause erreichen oder wo es am billigsten ist? IPG Internationale Politik und Gesellschaft 2008(2): 107-125.

MEA Millennium Ecosystem Assessment (2005). Ecosystems and Human Well-being: Biodiversity Synthesis.World Resources Institute, Washington DC.

Rosenzweig, C., Karoly, D., Vicarelli, M., Neofotis, P., Wu, Q., Casassa, G., Menzel, A., Root, T. L., Estrella, N., Seguin, B., Tryjanowski, P., Liu, C., Rawlins, S., Imeson, A. (2008). Attributing physical and biological impact sto anthropogenic climate change. Nature 453 (15. Mai): 353-357.

Schindler, J., Zittel, W. (2006). Peak oil: Der Strukturbruch konventioneller Energieerzeugung. Natur & Kultur 7(1): 23-41.

Smith, D. (2007). The double-headed risk: Climate change and armed conflict. Geladen am 22. April 2007, von http://www.international-alert.org/press/article/.php?id=128.

Spangenberg, J.H. (1991). Umwelt und Entwicklung. Schüren Presseverlag, Marburg.

Spangenberg, J.H. (2003). Report of the International Consultant for the UNDP Kazakhstan project Kaz/03/004: Strengthening of the Environmental Management for Sustainable Development. Cologne/Alma Ata.

Spangenberg, J. H. (2007). Das Überlebensspiel – ökologische und soziale Folgen von Wirtschaftswachstum und Effizienzstrategien für Schwellen- und Entwicklungsländer. S. Rudolph (Hg.), Wachstum, Wachstum über alles? Metropolis, Marburg: 145-176.

Stainforth, D. A., Aina, T., Christensen, C., Collins, M., Faull, N., Frame, D. J., Kettleborough, J. A., Knight, S., Martin, A., Murphy, J. M., Piani, C., Sexton, D., Smith, L. A., Spicer, R. A., Thorpe, A. J., Allen, M. R. (2005). Uncertainty in the predictions of the climate response to rising levels of greenhouse gases, Nature, 433(27. Jan): 403-406.

Steinmeier, F.-W. (2007). Internationale Politik für das anstehende solare Zeitalter. Vortrag bei den Toblacher Gesprächen 2007. verfügbar unter http://www.auswaertiges-amt.de/diplo/de/Infoservice/Presse/Reden/2007/071019-BM-Toblach-Rede.html

Stern, N. (Hg.) (2006). Stern Review Report: The Economics of Climate Change. UK Government, London.

WBGU Wissenschaftlicher Beirat der Bundesregierung Globale Umweltveränderungen (2006). Sondergutachten: Die Zukunft der Meere – zu warm, zu hoch, zu sauer. WBGU, Berlin.

WBGU Wissenschaftlicher Beirat der Bundesregierung Globale Umweltveränderungen (2007). Welt im Wandel: Sicherheitsrisiko Klimawandel. Springer Verlag, Berlin.

Weisbrot, M. (2006). Latin America: The end of an area. Post-autistic economics review (39): 8-25.

WSSD (2002). World Summit on Sustainable Development Plan of Implementation. World Summit on Sustainable Development, Johannesburg, South Africa. United Nations, New York.

Jürgen Wagner

Neoliberaler Kolonialismus

Die USA und die militärische Ausweitung und Absicherung der Globalisierung

Spätestens mit der 1960 von der UNO-Generalversammlung verabschiedeten Resolution 1514 und ihrer Forderung, „den Kolonialismus in allen Erscheinungsformen schnell und bedingungslos zu beenden“, schien dieser endgültig auf dem Scheiterhaufen der Geschichte gelandet zu sein. Die Resolution sicherte allen Mitgliedern des internationalen Systems - zumindest auf dem Papier - die volle und uneingeschränkte Souveränität zu, jegliche *formelle* Einschränkung staatlicher Selbstbestimmung und Unabhängigkeit war seit dem lange Zeit undenkbar geworden. Hiermit ging jedoch keineswegs ein Ende von Armut und Unterdrückung einher, wie so viele gehofft hatten. Denn es gelang den reichen Industrienationen, allen voran den Vereinigten Staaten, die bestehenden Hierarchie- und Ausbeutungsverhältnisse fortan auf indirektem Weg über das Weltwirtschaftssystem und die von ihnen kontrollierten Internationalen Organisationen nicht nur zu erhalten, sondern sogar noch weiter auszubauen. So besehen bestand auch kaum eine Notwendigkeit - gelegentliche militärische Strafaktionen natürlich nicht ausgeschlossen - weiterhin in großem Umfang auf direkte Herrschaftsmechanismen zurückzugreifen.

Diese Phase des informellen „Imperialismus ohne Kolonien“ (Harry Magdoff) neigt sich jedoch dem Ende zu. Da die Vereinigten Staaten mittlerweile wieder verstärkt auf direkte Kontrollmechanismen zurückgreifen, deutet dies darauf hin, dass sich in den letzten Jahren eine grundlegend neue Qualität US-amerikanischer Außen- und Militärpolitik herauskristallisiert hat. Dieses neue Paradigma, das hier als Neoliberaler Kolonialismus bezeichnet wird, weist drei zentrale Merkmale auf. Erstens die zunehmende Bereitschaft, zur Absicherung der Weltordnung auf militärische Gewalt zurückzugreifen; zweitens die Renaissance direkter Herrschaftsformen, die sich darin äußert, dass im Anschluss an eine Militärintervention inzwischen üblicherweise zeitlich unbefristete Besatzungsregime etabliert werden, die sich von klassischen Kolonialverwaltungen allenfalls noch dem Namen nach unterscheiden; und schließlich drittens die Tatsache, dass im Rahmen dieser Re-Kolonisierung unter den Deckmänteln von „Stabilitätsexport“ und „Nation Building“ die Wirtschaftsordnungen peripherer Staaten in einer Art militärischem Strukturanpassungsprogramm neoliberal umstrukturiert werden. „Protektorate sind in“, erläutert Carlo Masala (2007: S. 49) vom *NATO Defense College*. „Von Bosnien über Kosovo, nach Afghanistan bis in den Irak, das Muster westlicher Interventionspolitik ist immer dasselbe. Nach erfolgreicher militärischer Intervention werden die ‚eroberten' Gebiete in Protektorate umgewandelt und die westliche

Staatengemeinschaft ist darum bemüht, liberale politische Systeme, Rechtsstaatlichkeit und freie Marktwirtschaft in diesen Gebieten einzuführen."[1]

Dieser Beitrag geht zunächst auf die Ursachen für die Renaissance direkter Herrschaftsformen ein und beschreibt anschließend, wie sich dieser Neoliberale Kolonialismus mittlerweile auf sämtlichen relevanten Ebenen, von der US-Strategie- und Streitkräfteplanung bis hinunter zur operativen Ebene, zum dominierenden Leitbild entwickelt hat.

1. Triebfedern des neoliberalen Kolonialismus

„Etwas Seltsames ist in den Jahren seit Anfang der 1990er passiert. Aufgrund komplexer Ursachen greifen viele der mächtigen westlichen Staaten, die sich wenige Jahrzehnte zuvor reumütig vom Imperialismus verabschiedet haben, für Interventionen im Gebiet anderer Staaten vermehrt auf militärische Gewalt zurück. Und in vielen Fällen bleiben sie als De-facto-Regierungen lange Jahre nach dem Ende der Kampfhandlungen." (Stromseth u.a. 2006, S. 2) So seltsam ist diese Entwicklung allerdings nicht. Es sind vor allem zwei Gründe, die den immer häufigeren Rückgriff auf direkte Kontrollmechanismen antreiben. Auf der einen Seite versuchen die Vereinigten Staaten angesichts ihrer offensichtlichen wirtschaftlichen Schwierigkeiten, ihre Vormachtstellung zu bewahren und das Aufkommen eines Rivalen zu verhindern, indem sie die Kontrolle der schwindenden Weltölvorkommen anstreben. (Wagner 2006)

Daneben kristallisiert sich aber eine weitere Motivation für die Rückkehr des Kolonialismus heraus, die direkt damit zusammenhängt, dass die neoliberale Weltwirtschaftsordnung, deren Ausweitung und (militärische) Absicherung ein, wenn nicht das Kernziel der US-Außenpolitik darstellt, zu einer massiven Verarmung weiter Teile der Weltbevölkerung geführt hat. Denn die Tatsache, dass trotzdem keine Bereitschaft existiert, an den ungerechten Spielregeln dieser Weltwirtschaftsordnung irgendetwas zu verändern, hat erhebliche Auswirkungen auf die Frage von Krieg und Frieden in der Welt. Entgegen der im politikwissenschaftlichen Diskurs weitgehend unhinterfragten Annahme, Bürgerkriege und der Zusammenbruch staatlicher Ordnung (failed states) in der Dritten Welt seien auf Binnenfaktoren (Habgier, religiöser Fundamentalismus, aggressive Warlords, etc.) zurückzuführen, ist gerade die durch das Weltwirtschaftssystem verursachte Verarmung die wichtigste Ursache für die gewaltsame Eskalation von Konflikten in der Peripherie, wie selbst die Weltbank in einer bemerkenswerten Studie einräumt: „Empirisch ist das auffälligste Muster, dass sich Bürgerkriege besonders auf arme Staaten konzentrieren. Krieg verursacht Armut, aber wichtiger noch für diese Konzentration ist, dass Armut die Wahrscheinlichkeit von Bürgerkriegen erhöht. Somit kann unser zentrales Argument bündig zusammengefasst werden: die zentrale Konfliktursache (central root cause of conflict) ist das Scheitern ökonomi-

1 Während ein Protektorat formal souverän ist, trifft dabei dennoch ebenso wie bei einer Kolonie die Besatzungsmacht sämtliche relevanten Entscheidungen, weshalb beide Begriffe hier nicht weiter differenziert verwendet werden.

scher Entwicklung." (Collier 2003: S. 53) Dieses Ergebnis deckt sich mit der überwiegenden Mehrheit der wissenschaftlichen Befunde: „[Es] ist in der Kriegsursachenforschung unumstritten, dass Armut der wichtigste Faktor für Kriege ist. Armut steht als Indikator für wirtschaftliche als auch für soziale Benachteiligung, bis hin zum Mangel an Möglichkeiten, das eigene Leben in Würde zu gestalten.

Die Kriege der Zukunft werden immer häufiger Kriege um Wohlstand und Würde sein – und zumindest jenen, die sie betreiben, rational erscheinen." (Brzoska 2006) Da sich aber diese Konflikte negativ auf die Fähigkeit zu Kapitalinvestitionen und die daraus resultierenden Profitmöglichkeiten auswirken, die im Rahmen des Globalisierungsprozesses massiv angewachsen sind, ist westlichen Großkonzernen (meist) an deren Vermeidung bzw. „Befriedung" gelegen: „Die unter der Führung der internationalen Wirtschaftsinstitutionen vorangetriebene ‚Globalisierung' hat dem Finanzkapital neue Horizonte eröffnet, doch macht sie auch den *Schutz* und die *Sicherheit* der ‚Eigentumsrechte' auf natürliche Ressourcen, auf Land, aber auch der Finanztitel (Aktien, Obligationen, Schuldtitel) notwendig." (Serfati 2004: S. 39) Darüber hinaus geht es aber auch ganz grundsätzlich darum, militärisch den Bestand der gegenwärtigen Hierarchie- und Ausbeutungsverhältnisse zu garantieren und diese gegen jede Form von Bedrohung - gegen die „Verdammten dieser Erde" - zu „verteidigen": Die katastrophalen Auswirkungen der neoliberalen Weltwirtschaftsordnung haben zu einer breiten Legitimationskrise geführt, denn „die allgemein übliche Annahme, die Entfesselung des Marktes steigere den Wohlstand der Bevölkerungsmehrheit, [hat sich] nicht nur als falsch erwiesen, sondern diese Politik hat auch zu einem Mangel an öffentlicher Unterstützung für neoliberale Prinzipien geführt." (Söderberg 2004: S. 303) Dies äußert sich innerhalb der Metropolen in einer wachsenden globalisierungskritischen Bewegung, gegen die immer repressiver vorgegangen wird. Insbesondere aber in der Peripherie sieht sich die herrschende Ordnung mannigfaltigen „Angriffen" ausgesetzt, sei es von Seiten der sich emanzipierenden lateinamerikanischen Länder, von sog. Schurkenstaaten oder terroristischen Organisationen, insbesondere aber durch die systembedingt permanent auftretenden Armutskonflikte. Diese Bündelung von Krisentendenzen macht den Rückgriff auf direktere Herrschaftsformen zwingend erforderlich, da eine grundsätzliche Veränderung der diesen Krisen zugrunde liegenden Hierarchie- und Ausbeutungsverhältnisse nicht zur Debatte steht. Denn es steht einiges auf dem Spiel: Gelingt es nicht, den Dampfkessel der Globalisierungskonflikte halbwegs unter Kontrolle zu halten, steht die Weltwirtschaftsordnung selbst mehr und mehr zur Disposition.

2. Die militärische Absicherung und Ausweitung der Globalisierung

Das einflussreichste Konzept zur Legitimation einer militärischen Absicherung der neoliberalen Globalisierung stammt von dem US-Strategen Thomas P. Barnett. Er argumentiert, dass die größten Bedrohungen für die Vereinigten Staaten - die Verbreitung von Massenvernichtungsmitteln, das Scheitern staatlicher Systeme und die Zunahme des Terrorismus - ausschließlich in der, wie er es nennt, sich „nicht-integrierenden Lücke" auftreten. Hierbei handelt es sich - und das ist der entscheidende Trick - um Länder und Regionen, die „weitgehend abgekoppelt von der globalen Ökonomie“ und deren „Spielregeln“ seien. „Es ist diese Isolierung, die eine Gefährdung definiert. [...] Somit ist die Ausmerzung dieser Abkoppelung die zentrale sicherheitspolitische Aufgabe unserer Zeit.“ (Barnett 2004: S. 8)

Hieraus leitet Barnett schließlich die empirisch nicht haltbare - ein Kausalzusammenhang zwischen gescheiterten Staaten und Terrorismus ist nicht belegbar (Hehir 2007) - sicherheitspolitische Notwendigkeit ab, Staaten in der sich „nicht-integrierenden Lücke“, die sich nicht in das Schema neoliberaler Globalisierung einpassen (lassen), militärisch einzugliedern: „Wo also soll die nächste Runde von Auswärtsspielen des US-Militärs stattfinden? Das Muster, das sich nach dem Ende des Kalten Krieges herausgeschält hat, legt eine einfache Antwort nahe: in der Lücke. [...] Wenn wir die militärischen Reaktionen der Vereinigten Staaten seit dem Ende des Kalten Krieges auf einer Karte einzeichnen, dann konzentrieren sie sich ganz überwiegend auf Weltgegenden, die nicht zum wachsenden Globalisierungs-Kern zählen. [...] Ziehen wir eine Linie um die Mehrzahl dieser militärischen Einsatzorte, haben wir im Grunde genommen die nicht-integrierte Lücke kartographiert. [...] In Anbetracht der Daten lässt sich allerdings kaum die grundlegende Logik des Bildes leugnen: Verliert ein Land gegen die Globalisierung oder weist es viele der Globalisierungsfortschritte zurück, besteht eine ungleich größere Chance, dass die Vereinigten Staaten irgendwann Truppen dorthin entsenden werden. Umgekehrt gilt: Funktioniert ein Land halbwegs im Rahmen der Globalisierung, dann sehen wir in der Regel keine Veranlassung, unsere Truppen zu schicken, um für Ordnung zu sorgen oder eine Bedrohung zu beseitigen.“ (Barnett 2003)

Der Einfluss, den Barnett mit seinem Konzept auf den US-amerikanischen Sicherheitsdiskurs bis hin zur konkreten Streitkräfteplanung ausübt, ist schwerlich zu überschätzen. Er hatte lange seinen wichtigsten Förderer in dem im November 2005 verstorbenen Arthur K. Cebrowski, der 2001 vom damaligen Verteidigungsminister Donald Rumsfeld zum Chef des *Office of Force Transformation* ernannt und damit mit der Umstrukturierung des US-Militärs für die „Aufgaben des 21. Jahrhunderts“ betraut wurde. Da Cebrowski selbst angab, die gegenwärtige Transformation des US-Militärs beziehe sich primär auf Barnetts Analysen, überrascht es nicht weiter, dass sich ihre Ausführungen wie ein Ei dem anderen gleichen: „Es gibt viele Nationen, die innerhalb der Globalisierung funktionieren. Das sind die Staaten, die die Regeln akzeptieren“, so Cebrowski. „Wer die Globalisierung bekämpft, wer die Regeln zurückweist [...] wird möglicherweise das Interesse des amerikanischen Verteidigungsministeriums auf sich ziehen.“ Für ihn muss das US-Militär folgerichtig künftig als „Systemadministrator“ der Globalisierung fungieren. (Cebrowski 2003: S. 4) Hiermit ist der Argumentationsteppich für die unverhohlenen Forderungen zur Rekolonisierung peripherer Staaten ausgebreitet, der inzwischen den US-amerikanischen Diskurs dominiert und auch Eingang in die Nationale Sicherheitsstrategie (NSS) vom März 2006 fand.

3. "Nation Building" und die Rekolonisierung der Peripherie

Mittlerweile wurden zahlreiche Studien erstellt, die unisono zu dem Schluss gelangen, dass von gescheiterten Staaten die mit Abstand größte Bedrohung für die Vereinigten Staaten ausgehe und deshalb deren „Stabilisierung“ - nebst der Integration in das Weltwirtschaftssystem mittels „Nation Building“ - die vorrangige Aufgabe der US-Außen- und Sicherheitspolitik darstelle. Beispielhaft hierfür kam u.a. das wichtigste wissenschaftliche Beratungsgremium des Pentagon, das *Defense Science Board*, zu folgendem Ergebnis: „Gescheiterte und scheiternde Staaten sind ideale Brutstätten und Trainingsorte für Terroristen. [...] Somit haben die USA ein großes Interesse - moralisch wie sicherheitspolitisch -, sich um scheiternde und gescheiterte Staaten zu kümmern.“ (Defense Science Board 2004: S. 83)

Auch die Nationale Sicherheitsstrategie aus dem Jahr 2006 sieht in „regionalen Konflikten“ die größte Bedrohung, die wiederum ausschließlich auf Binnenfaktoren zurückgeführt werden: „Schlechte Regierungsführung [...], interne Revolten, Stammesrivalitäten sowie ethnischer und religiöser Hass. [...] Diese verschiedenen Ursachen können zu denselben Ergebnissen führen: gescheiterte Staaten, humanitäre Katastrophen und unregierte Gebiete, die sichere Häfen für Terroristen werden könnten.“ (NSS 2006: S. 20) Deshalb bestehe das Ziel nicht allein in der kurzfristigen Befriedung dieser Konfliktregionen, sondern im „Stabilitätsexport“, der langfristigen Besatzung, bis die ordnungspolitischen Vorstellungen der USA zur vollsten Zufriedenheit implementiert wurden: „Ist der Frieden erst einmal wiederhergestellt, muss die harte Arbeit der Stabilisierung und des Wiederaufbaus im Anschluss an einen Konflikt beginnen. Militärische Einmischung mag notwendig sein, um einen bewaffneten Konflikt zu stoppen, Frieden und Stabilität werden jedoch nur nachhaltig sein, wenn anschließende Anstrengungen erfolgreich sind, die Ordnung wiederherzustellen. [Hierfür] ist es zentral, Rechtsstaatlichkeit und eine freie Marktwirtschaft aufzubauen, die langfristige Stabilität und Prosperität garantieren.“ (NSS 2006: S. 16)

Mit dieser Bedrohungsanalyse wird nicht nur die Verantwortung der Vereinigten Staaten für die Eskalation gewaltsamer Konflikte bewusst ausgeblendet, sondern auch noch eine moralisch-sicherheitspolische Legitimation für koloniale „Stabilisierungseinsätze“ abgeleitet. So betont etwa Francis Fukuyama: „Angesichts der Tatsache, dass es in vielen gescheiterten Ländern nur ein niedriges Niveau oder gar keine Staatlichkeit gibt, ist nicht klar, ob es eine wirkliche Alternative für ein quasi permanentes, quasi-koloniales Verhältnis zwischen der internationalen Gemeinschaft und den ‚begünstigten’ Ländern gibt.“ (Fukuyama 2006: S. 147) Am deutlichsten und politikrelevantesten sind diesbezüglich die Aussagen des US-Professors Stephen Krasner (2004: S. 44ff.): „Das Prinzip der Nichteinmischung in innere Angelegenheiten funktioniert nicht mehr. [...] Mächtige Staaten können das Phänomen prekärer Staaten nicht ignorieren, denn deren Sicherheits- und wirtschaftliche Interessen sind durch diese Staaten gefährdet. [Weshalb] die beste Lösung in der Einrichtung einer De-facto-Treuhandschaft oder eines Protektorats besteht.“ Hiermit fordert Krasner, der im Jahr 2005 zum Leiter der wichtigen Politischen Planungsabteilung im US-Außenministerium ernannt wurde und als einer der Hauptarchitekten der gegenwärtigen US-Außen- und Sicherheitspolitik gilt[2],völlig unverfroren, Ländern und ihrer Bevölkerung das Recht auf Selbstbestimmung abzuerkennen und das im Souveränitätsrecht verankerte staatliche Gleichheitsprinzip endgültig ad acta zu legen. Über die Frage, wer als vollwertiges Mitglied der „internationalen Gemeinschaft" gilt und wer sich mit dem Platz am Katzentisch zufrieden geben muss, soll künftig ausschließlich in Washington entschieden werden: „Was die Wiederbelebung des Treuhandkonzeptes bedeutet, ist die Rückkehr zu einer hierarchischen Weltordnung." (Bain 2003: S. 74)

4. Die zivil-militärischen Streitkräfte des Neoliberalen Kolonialismus

Tatsächlich werden derzeit nahezu sämtliche Kapazitäten auf die Re-Kolonisierung der Peripherie ausgerichtet. Federführend ist dabei die Erkenntnis, dass künftig nicht nur schneller und häufiger eingegriffen werden soll, sondern dabei der dauerhaften „Stabilisierung" (Kontrolle) eine ebenso große Bedeutung zukommt, wie dem eigentlichen militärischen Sieg. So gelangt Max Boot (2005) zu folgendem Ergebnis: „Das US-Militär ist hervorragend, wenn es um den Sieg über konventionelle Truppen geht - wie der dreiwöchige Blitzkrieg von Kuwait nach Bagdad im Sommer 2003 gezeigt hat - aber es ist nicht annähernd so gut hinsichtlich der Bekämpfung von Guerillatruppen. [...] Die Bekämpfung des Terrorismus, wie Washington aus den Erfahrungen in Afghanistan gelernt hat, erfordert Bodentruppen und das Engagement für Nation Building." Das *Defense Science Board* (2004: S. VI) stellte deshalb konsequenterweise im Einklang mit zahlreichen weiteren Studien folgende Forderung auf: „Stabilisierungs- und Wiederaufbaumissionen müssen zu einer Kernkompetenz, sowohl des Verteidigungs- als auch des Außenministeriums werden."[3] Dies erfordert jedoch grundlegend neue Kapazitäten, insbesondere eine enge zivil-militärische Verzahnung, denn man benötigt hierfür Juristen, Ingenieure, Militärpolizei bzw. Polizeisoldaten, die in Aufstandsbekämpfung geschult sind, etc., eben alles, was schon für eine klassische Kolonialverwaltung erforderlich war. Thomas Barnett (zit. bei Barone 2005) schlägt hierfür eine Zweiteilung der US-Truppen vor: „Der Leviathan (Flugzeuge, intelligente Bomben) wird Angst und Entsetzen verbreiten, wie er es in Afghanistan und im Irak getan hat. Darauf wird die Systemadministrationstruppe (Militärpolizei, humanitäre Hilfe etc.) folgen, die das tun wird, worin wir im Irak versagt haben."

---

2 Krasner trat im März 2007 zurück und war kurzzeitig als Nachfolger von Paul Wolfowitz als Chef der Weltbank im Gespräch.

3 Vgl. auch Council on Foreign Relations: In the Wake of War: Improving US Post-Conflict Capabilities, Independent Task Force Report 55, July 2005; Hans Binnendijk/Stuart Johnson (eds.): Transforming for Stabilization and Reconstruction Operations, National Defense University Center for Technology and National Security Policy, April 2004; Brent Scowcroft/Samuel R. Berger: In the Wake of War. Getting Serious about Nation-Building, in: The National Interest, No. 81, Fall 2005, S. 49-53; Commission on Post Conflict Reconstruction, Playing to Win, Center for Strategic and International Studies/Association of the U.S. Army Report, January 2003; Center for Global Development: States on the Brink: the Commission on Weak States and National Security, Summer 2004; und ausführlich Logan, Justin/Preble, Christopher: Failed States and Flawed Logic, CATO Policy Analysis No. 560, January 11, 2006.

Diese Überlegung wurde vom Pentagon mit der Direktive 3000.05 vom 28. November 2005 offiziell übernommen, die auf eine enge zivil-militärische Verzahnung setzt und die bisherige Aufgabenhierarchie radikal verändert: „Stabilisierungsoperationen sind ein Kernbestandteil der amerikanischen militärischen Aufgaben. [...] Ihnen sollte eine vergleichbare Priorität wie Kampfoperationen eingeräumt werden." (Department of Defense 2005: S. 2) Die Reichweite dieser Direktive wird deutlich, wenn man sich vergegenwärtigt, dass dies eine vollständige Reorganisation des Pentagon, seiner Trainingsmethoden, Ausbildungslehrgänge und nicht zu vergessen der Karriereleitern erfordert. Dass es sich hierbei nicht nur um Lippenbekenntnisse handelt, zeigen die zahlreichen Maßnahmen, die mittlerweile in Gang gesetzt wurden, um die Direktive 3000.05 zu implementieren. (Report to Congress 2007) Innerhalb des Militärs ist man sich jedenfalls über die Tragweite der Direktive völlig im Klaren: „Das US-Militär hat in seiner Geschichte immer versucht Stabilisierungsoperationen zu vermeiden, teilweise basierend auf der Argumentation, dass hierdurch die Fähigkeiten für Kampfoperationen verringert werden. [...] Stabilisierungsoperationen auf dieselbe Stufe wie Kampfoperationen zu stellen [...] stellt möglicherweise die wichtigste Veränderung in der Mission des US-Militärs seit vielen Jahren dar." (Leatherman 2006: S. 5f.) Kein Wunder, dass Thomas Barnett (2005) das Dokument begeistert als die „neue Pentagon-Systemadministrationsrichtlinie" bezeichnet.

Im Dezember 2005 untermauerte George W. Bush mit der „National Security Presidential Directive (NSPD) 44" diese Neuausrichtung. Analog zur Pentagon-Richtlinie 3000.05 werden auch dort Stabilisierungsmissionen zu einer Kernaufgabe der US-Politik erhoben und Außenministerin Condoleezza Rice die Verantwortung für deren institutionsübergreifende Koordinierung überantwortet. Versehen mit diesem Auftrag und maßgeblich von den Arbeiten Stephen Krasners inspiriert, verkündete US-Außenministerin Condoleezza Rice den großen Wurf in einer Grundsatzrede Anfang 2006, die den bezeichnenden Titel „umgestaltende Diplomatie" (transformational diplomacy) trug. Im Kern besagt das Konzept, dass künftig sämtliche außenpolitischen Mittel für die neoliberale Umstrukturierung der Gesellschafts- und Wirtschaftssysteme gescheiterter Staaten nutzbar gemacht werden sollen.

Ein wesentlicher Bereich stellt dabei die Neu-Ausrichtung der US-Entwicklungshilfe dar. Hierfür richtete Rice den Posten eines Director for Foreign Assistance (DFA) ein, der im Außenministerium ansässig ist. Da der DFA aber gleichzeitig auch Direktor von USAID ist, wurde hierdurch die bislang wenigstens formal unabhängige US-Entwicklungshilfebehörde de facto endgültig dem Außenministerium unterstellt. Schon zuvor prägte USAID in seiner „Strategie zum Umgang mit gescheiterten Staaten" auch gleich den Begriff der „umgestaltenden Entwicklungshilfe" (transformational development), der bereits anzeigt, dass es nicht mehr um direkte Armutsbekämpfung, sondern um tief gehende Eingriffe in die Strukturen und Institutionen der jeweiligen Gesellschaften geht. „Die Restrukturierung [von USAID] ist Teil der Initiative zur umgestaltenden Diplomatie von Außenministerin Rice, die bestrebt ist, Auslandshilfe zur Transformation der Empfängerländer zu nutzen." (Nowels, Larry/Veillette 2006: S. 2)

Darüber hinaus wurde im Außenministerium eigens ein „Büro für Wiederaufbau und Stabilisierung“ eingerichtet, das laut Rice die Aufgabe hat, „einem gescheiterten Staat dabei zu helfen, *verantwortungsvolle Souveränität* auszuüben.“ (Rice 2006; Hervorhebung JW) Dazu gehört nach Selbstbeschreibung der von Befürwortern bereits treffend als „Kolonialbüro“ titulierten Einrichtung, „Gesellschaften beim Übergang von Konflikten und Bürgerkriegen zu helfen, damit sie den nachhaltigen Weg hin zu Frieden, Demokratie und Marktwirtschaft einschlagen.“ (Department of State 2006) Staaten, die sich allerdings nicht im Sinne Washingtons verantwortungsvoll verhalten, sollen jedoch im Umkehrschluss solange besetzt werden, bis sie sich eines besseren besinnen. Im Rahmen der Transformational Diplomacy wurde zudem eine „Global Repositioning Initiative“ angekündigt, mit der die US-Diplomaten vor den Karren des Stabilitätsexports gespannt werden: „In der heutigen Welt werden unsere Diplomaten nicht nur an unterschiedlichen Orten, sondern in verschiedenen Gemeinden und unter verschiedenen Bedingungen arbeiten, wie etwa in Wiederaufbau- und Stabilisierungsmissionen, bei denen sie enger mit dem Militär zusammenarbeiten müssen.“ (Rice 2006)

5. Neoliberales Nation Building: Das Pilotprojekt Irak

- Zahlreiche Beobachter haben mittlerweile darauf hingewiesen, dass innerhalb der Nation-Building-Community die neoliberale Umstrukturierung eines gescheiterten Staates als zentrale Bedingung für dessen erfolgreiche Stabilisierung erachtet wird. (Pugh 2005) Deshalb ist es nicht weiter verwunderlich, dass im Rahmen der derzeitigen Besatzungsregime nach immer demselben neoliberalen Schema verfahren wird: Verschleuderung des Staatseigentums durch umfassende Privatisierungen, Öffnung für ausländische Investitionen und Handelsgüter, Steuersenkungen und Gewinntransfer etc. Hierbei handelt es sich um „umgestaltende Besatzungen“ (Scheffer 2003), die auf die vollständige neoliberale Zurichtung der jeweiligen Kolonien hinauslaufen. Trotz aller Versuche, solche Eingriffe als völkerrechtskonform hinzustellen, sind sie es nicht. (Oeter 2005)

Gerade die Besatzung des Irak ist prototypisch für den Neoliberalen Kolonialismus und die mit ihm verfolgten Interessen. Denn obwohl dem Land mit UN-Resolution 1546 formal die Souveränität zurückgegeben wurde, wird es de facto weiterhin von der US-Besatzungsmacht vollständig kontrolliert. Hierdurch sichern sich die Vereinigten Staaten den direkten Zugriff auf eines der wichtigsten Ölförderländer der Welt und etablieren sich - dauerhaft wie immer klarer wird - auch als Kontrollmacht am Persischen Golf. Darüber hinaus soll mit dem kurz vor der Verabschiedung stehenden irakischen Ölgesetz eine der größten Enteignungsaktionen der jüngeren Geschichte vollzogen werden, da es gewährleistet, dass ein Großteil der irakischen Ölreichtümer künftig in die Taschen von US-Konzernen wandert.

Dass es im Irak aber nicht allein um Öl geht, zeigen die tief greifenden „Wirtschaftsreformen“, die bereits im September 2003 vom damaligen US-Statthalter Paul Bremer mit „Order 39“ dekretiert wurden. Sie erlaubt es ausländischen Konzernen, einen 100%igen Anteil an irakischen Betrieben zu übernehmen und die aus ihren Geschäften resultierenden Gewinne zu ebenfalls 100% aus dem Land zu transferieren. Parallel dazu wurden die Einfuhrzölle herabgesetzt und staatliche Subventionen gestrichen, womit der Schutz der irakischen Wirtschaft vor - häufig hochsubventionierten - westlichen Produkten praktisch wegfiel. Mit Order 49 wurden die Steuern auf lediglich 15% begrenzt (von ursprünglich 40%) und schließlich die Einfuhrzölle gänzlich abgeschafft (Order 54). Darüber hinaus eröffnete Order 40 erstmals die Möglichkeit, das Bankenwesen zu übernehmen. Richtigerweise urteilte der Economist nach Verabschiedung dieser ganzen Dekrete, der Irak sei nunmehr zu einem „kapitalistischen Traum" geworden. (Kiechle 2006)

Der Irak stellt dabei sicher den krassesten Fall von „Akkumulation durch Enteignung" (David Harvey) dar, der aber nichtsdestotrotz für eine neue Qualität der Ausbeutungspolitik steht: „Krieg ist zweifellos die brutalste Form, um Enteignungsprozesse durchzusetzen. Und es ist denkbar, dass die anhaltende Besetzung des Irak den Durchbruch zu einer neuen Phase imperialistischer Herrschaft und neokolonialer Unterwerfungsbestrebungen darstellt. Die Privatisierung und Aneignung öffentlicher Dienste durch transnationale Konzerne, die Auseinandersetzungen über intellektuelle Eigentumsrechte und natürliche Ressourcen sowie vor allem die US-Strategie des ‚Krieges ohne Grenzen' und des Präventivkrieges und die kriegerische Aneignung der irakischen Ressourcen durch die USA werfen grundsätzliche Fragen über das Funktionieren des Kapitalismus [auf]. Insbesondere stellt sich die Frage, inwiefern als Antwort auf und Ergänzung zur krisengeschüttelten erweiterten Reproduktion Akkumulationsprozesse durch Enteignung die aktuelle Phase des Kapitalismus kennzeichnen." (Zeller 2004) So gehen nicht wenige Beobachter davon aus, dass es sich hierbei um ein prägendes Element US-amerikanischer (und europäischer) „Sicherheitspolitik" im 21. Jahrhundert handelt: „Großangelegte internationale Interventionen, um gescheiterte Staaten aufzupäppeln und wieder aufzubauen, sind keine kurzfristige Abweichung im Rahmen der internationalen Politik. Viel eher spiegeln sie ein dauerhafteres und sogar strukturelles Charakteristikum des heutigen internationalen Systems wieder." (Faeron, James D./Laitin 2005: S. 8)

6. Neoliberaler Kolonialismus und globaler Kriegszustand

Auch wenn hier um den Irak als wohl krassestem Beispiel des Neoliberalen Kolonialismus geht, sollte nicht übersehen werden, dass es sich hier um einen grundsätzlichen Ansatz handelt, der auch in Bosnien, im Kosovo und in Afghanistan zum Tragen kam: intervenieren, kolonisieren und neoliberal umstrukturieren. Wer aber Hunderte von Milliarden in die Rüstung pumpt, um „Sicherheit" und „Staatlichkeit" herbeizubomben, nur um Länder anschließend so lange unter die Schirmherrschaft westlicher Protektorate zu stellen, bis sie neoliberalen Spielregeln gehorchen, perpetuiert damit lediglich den Teufelskreis aus Armut und Gewalt. Exakt dies ist aber die traurige Praxis, die sich hinter dem beschönigenden Begriff des „Stabilitätsexports" verbirgt. Hierdurch wird gleichzeitig systematisch die Sicht auf die primäre Ursache so genannter Globalisierungskonflikte verstellt, die sozioökonomische Desintegration als Folge neoliberaler Politik. Da keine Bereitschaft existiert, hieran etwas zu verändern, verwundert es nicht weiter, dass zunehmend militärische Mittel benötigt werden, um die Folgen dieser Entscheidung in Form eskalierender Konflikte zu bekämpfen.

Die USA haben sich offensichtlich dazu entschlossen, das neoliberale System mit Klauen und Zähnen zu verteidigen, was insbesondere in den neu errichteten Kolonien auf zunehmenden Widerstand stößt: „Das naive, rein technokratische Überstülpen westlicher ‚Blaupausen' von Rechtsstaat und Demokratie wird in den meisten dieser Gesellschaften zu erheblichen Verwerfungen und Abstoßungsreaktionen führen und letztlich zum Scheitern verurteilt sein." (Oeter 2005: S. 42) Dies trifft umso mehr zu, wenn diese Besatzungen derart offensichtlich als Lizenz zum Plündern benutzt werden, wie es gegenwärtig der Fall ist. In der Tat wird mehr und mehr Menschen in der Dritten Welt bewusst, dass sie es mit Okkupanten, nicht mit Wohltätern zu tun haben, weshalb sie die Besatzer lieber heute als morgen aus ihrem Land jagen wollen. Dabei steigt auch der Anteil derjenigen, die bereit sind, sich gewaltsam gegen den zunehmend als ausbeuterisch wahrgenommenen Westen zur Wehr zu setzen.

Zynischerweise sind es außerdem gerade die im Namen der Terrorismusbekämpfung errichteten Besatzungsregime, die sich als Wasser auf die Mühlen des Terrorismus erweisen, wie von Robert Pape (2003), einem bekannten US-Politikwissenschaftler, bestätigt wird. Er fand in einer breit angelegten Studie heraus, dass praktisch sämtliche Selbstmordattentate „nicht einfach ein Ergebnis irrationaler Individuen oder fanatischen Hasses sind. Das vorrangige Ziel von Selbstmordattentaten ist es, [...] die Demokratien dazu zu zwingen, ihre Truppen aus dem Land, das die Terroristen als ihre Heimat betrachten, abzuziehen." Hieraus erklärt sich auch der dramatische Anstieg solcher Attentate in den letzten Jahren, weshalb seine Schlussfolgerung eindeutig ist: „Am wichtigsten ist, dass die enge Verbindung zwischen ausländischer Besatzung und dem Anstieg von Selbstmordattentaten denjenigen zu denken geben sollte, die Lösungen favorisieren, die die Eroberung von Ländern einschließt, um deren politische Systeme zu transformieren. Die Eroberung von Ländern mag terroristische Operationen kurzfristig behindern, aber es ist wichtig zu erkennen, dass die Besetzung von mehr Ländern sehr wohl zu einem Anstieg der Zahl der Terroristen führen könnte, die sich gegen uns richten."

Statt grundlegend umzusteuern, begeben sich die USA jedoch auf Kollisionskurs mit einem großen Teil der Welt. Da es sich hierbei um eine langfristige Konfrontation handelt, wurde der „Krieg gegen den Terror" nicht nur räumlich, sondern auch zeitlich entgrenzt („long war"). Der „lange Krieg" um den Bestand dieser Weltwirtschaftsordnung wird zur zentralen und so ziemlich einzigen Aufgabe, zur „ontologischen Begründung des Staates" (Philip S. Golub). Gleichzeitig rückt die Aufstandsbekämpfung im Rahmen der kolonialen Besatzungsregime ins Zentrum der Militärplanung. Nichts symbolisiert dies besser, als die Anfang 2007 verkündete Auswechslung des für den Irak zuständigen Generals George Casey durch Generalleutnant David Petraeus. Er ist der Verfasser des US-Handbuchs zur Aufstandsbekämpfung (Field Manual 3-24), das die „Geschichte von Aufständen gegen große Armeen untersucht, Erhebungen in früheren Kolonien der Europäer etwa, Vietnam, der Balkan, schließlich Irak." (Heine 2007) Die Schlussfolgerung aus dieser Untersuchung liegt voll im Trend: „Detailliert wird im Handbuch das Zusammenspiel von militärischen, politischen und sozialen Eingriffen untersucht. Dabei müsse es Ziel der Militärs sein, mit Polizeikräften, UNO-Organisationen, staatlichen Hilfsorganisationen, privaten Unternehmen, aber auch nichtstaatlichen Organisationen (NGOs) zusammenzuarbeiten. Alle Anstrengungen sollen dem Ziel der Aufstandsbekämpfung dienen." (Stern 2006)

7. Neuer Ultra-Kolonialismus?

Während sämtliche Maßnahmen im Rahmen des Neoliberalen Kolonialismus eine deutliche Ähnlichkeit mit der Politik der „strukturellen Anpassungsprogramme" aufweisen, die vielen Ländern von IWF und Weltbank aufgezwungen werden, so gibt es doch einen entscheidenden Unterschied: früher wurden diese „Wirtschaftsreformen" indirekt über diese internationalen Organisationen erzwungen. Heute jedoch beobachten wir eine „neue Entwicklung in den Mustern staatsgelenkter Liberalisierung. Die ökonomischen Axiome der Strukturanpassung, der finanzpolitischen Austerität und des Freihandels sind jetzt, so scheint es, um die direkte Anwendung militärischer Gewalt ergänzt worden." (Roberts u.a. 2003: S. 887)

Die Bereitschaft der Vereinigten Staaten, wieder vermehrt auf direkte, koloniale Herrschaftspraktiken zurückzugreifen, steht jedenfalls außer Frage. Allerdings zeigen interne Pentagon-Einschätzungen, dass die umfassende „Stabilisierung" gescheiterter Staaten einen exorbitanten Personalbedarf erfordern würde, wie das *Defence Science Board* (2004: S. 27) belegt. Es kommt zu dem Ergebnis, dass für eine nachhaltige Stabilisierung gescheiterter Staaten 20 Soldaten pro 1.000 Einwohner für 5-8 Jahre stationiert werden müssen. Auf dieser Grundlage würden für den Kongo bspws. mehr als 1.2 Mio. Soldaten benötigt, allein der Gesamtbedarf einer Systemadministrationstruppe zur „Stabilisierung" der 20 kritischsten Staaten beliefe sich auf ziemlich genau 10 Millionen Besatzungstruppen. Man kann sich sicher sein, dass die hierfür erforderlichen personellen wie materiellen Ressourcen niemals bereitgestellt werden. Damit wird der so vollmundig geforderte „Stabilitätsexport" zwangsläufig nur selektiv geschehen, und zwar ausschließlich dort, wo erhebliche ökonomische und strategische Interessen betroffen sind oder Armutskonflikte ein systemdestabilisierendes Ausmaß annehmen. In bemerkenswerter Klarheit schreibt das *Defence Science Board* hierzu: „Bezüglich Ländern in denen sehr wichtige US-Interessen betroffen sind und bei denen die Wahrscheinlichkeit einer US-Intervention hoch ist (hier als ‚reif und wichtig' bezeichnet), leitet der Präsident oder der Nationale Sicherheitsrat die Initiierung eines robusten Planungsprozesses ein, um die Streitfragen ohne Gewaltanwendung zu lösen, oder, falls die USA intervenieren sollten, für die Stabilisierungs- und Wideraufbauphase."

Es zeichnet sich jedoch bereits ab, dass die USA bei der angestrebten Re-Kolonisierung von Teilen der Peripherie scheitern werden. Sie sind weder in der Lage, den Irak (aber auch Afghanistan) zu kontrollieren, ganz zu schweigen von den restlichen „Problemfällen", die allerorten auftauchen. Die zentrale Frage lautet deshalb, ob die US-Eliten bar jeder Realität fortfahren werden, unilateral ihren Dominanzanspruch zementieren zu wollen und sich dabei wortwörtlich eine blutige Nase holen, oder, ob es zu einer Art Interessensausgleich zwischen den Führungsmächten des globalisierten Systems, den USA und der Europäischen Union kommt. Ein solcher Ultra-Kolonialismus würde es erfordern, dass Washington bei künftigen Interessenskonflikten nicht mehr in dem Maße wie bislang üblich dazu tendiert, diese einseitig zu seinen Gunsten zu verregeln. Dies wäre die Grundlage für die vielbeschworene Partnerschaft auf gleicher Augenhöhe, die von Brüssel so vehement eingefordert wird. Genau dies ist die Agenda führender EU-Sicherheitspolitiker, die mit der Aufrüstung der Europäischen Union genau jenen Sinneswandel in Washington beschleunigen wollen und gleichzeitig die eigene Machtposition ausbauen möchten, sollten die Vereinigten Staaten sich hierzu als unwillig erweisen. In den USA wiederum vertreten auch große Teile der „Realisten" in der Republikanischen Partei, aber auch unter den Demokraten, diesen Ansatz. Beispielhaft seien hierfür abschließend die Ausführungen zweier führender US-Demokraten, Michael O'Hanlon und Peter Singer (2004: S. 77f.), zitiert: „In einer Welt, die im Wesentlichen von den Industriedemokratien am Laufen gehalten und dominiert wird, wird ein anhaltendes Versagen, solchen Konflikten zu begegnen, nicht nur ihre moralische Integrität schwächen, sondern ihre internationale Legitimität als globale Führer untergraben." Da die USA nicht allein in der Lage seien, diese Konflikte zu beherrschen, plädieren sie folgerichtig für den Aufbau einer amerikanisch-europäischen „Stabilisierungstruppe" im Umfang von 600.000 Soldaten, eine Idee, die auch in der Europäischen Union großen Anklang findet und im NATO-Rahmen in ersten Grundzügen bereits umgesetzt wird. Dass innerhalb der Europäischen Union derzeit ebenfalls in großem Umfang Systemadministrationstruppen aufgebaut werden, sollte deshalb in diesem Zusammenhang äußerst bedenklich stimmen. (Wagner 2006b) Umso mehr, da in diesem Konzept kein Platz ist für andere Mächte, etwa für die aufstrebenden Schwellenländer Brasilien, Indien und vor allem China und noch weniger für die Menschen, die hierdurch dauerhaft jeglicher Entwicklungsperspektiven beraubt werden sollen.

Literatur

Bain, William: The Political Theory of Trusteeship and the Twilight of International Equality, in: International Relations, Vol 17, No. 1 (2003), S. 59–77

Barnett, Thomas: The new DOD SysAdmin directive, 14.12.2005, URL: http://www.thomas pmbarnett.com/weblog/archives2/002754.html (eingesehen 10.04.2006)

Barnett, Thomas: The Pentagon's New Map, New York 2004

Barnett, Thomas: Die neue Weltkarte des Pentagon, URL: http://www.uni-kassel.de/fb5/frieden/regionen/USA/barnett.html

Barone, Michael: Thomas Barnett's Blueprint for Action, USNEWS, 15.11.2005

Boot, Max: The Struggle to Transform the Military, in: Foreign Affairs, March/April 2005, S. 103-118

Brzoska, Michael: Wie werden wir die nächsten hundert Jahre überleben?, Zeit Online, 17.08.2006

Cebrowski, Arthur, Speech to the Heritage Foundation, 13.5.2003, http://www.defensedaily.com/reports/cebrowski.pdf (eingesehen 07.03.2005)

Collier, Paul: Breaking the conflict trap (World Bank Policy Research Report), 2003

Defense Science Board 2004 Summer Study on Transition To and From Hostilities, Supporting Papers, January 2005

Department of Defense: Military Support for Stability, Security, Transition, and Reconstruction (SSTR) Operations, DIRECTIVE NUMBER 3000.05, November 28, 2005

Department of State: About S/CRS, 18.05.2006, URL: http: //www.state.gov/s/crs/c12936.htm

Faeron, James D./Laitin, David D.: Neotrusteeship and the Problem of Weak States, in: International Security, Vol. 28, No. 4 (Spring 2004), S. 5–43

Fukuyama, Francis: Staaten Bauen: Die neue Herausforderung der Internationalen Politik, Berlin 2006

Hehir, Aidan: The Myth of the Failed State and the War on Terror: A Challenge to the Conventional Wisdom, in: Journal of Intervention and State Building, Vol. 1, No. 3 (November 2007), S. 307-332

Heine, Roland: Irak: Krieg mit menschlichem Antlitz, Berliner Zeitung, 17.01.2007

Kiechle, Brigitte: Das Kriegsunternehmen Irak. Eine Zwischenbilanz, Stuttgart 2006

Krasner, Stephen D.: Alternativen zur Souveränität, in: Internationale Politik (September 2005), S. 44-53

Leatherman, Daniel B.: Making Peacekeepers: The Evolution of United States Policy on Stability Operations, Strategic Studies Institute, 15.03.2006

Masala, Carlo: Managing Protectorates: Die vergessene Dimension, in: Politische Studien, Januar/Februar 2007, S. 49-55

Nationale Sicherheitsstrategie (NSS), März 2006

Nowels, Larry/Veillette, Connie: Restructuring U.S. Foreign Aid, CRS Report for Congress, Updated September 8, 2006

O'Hanlon, Michael/Singer, Peter: The Humanitarian Transformation, in: Survival, Vol. 46, Issue 1, (Spring 2004)

Oeter, Stefan: Post-Conflict Peacebuilding, in: Friedenswarte, Nr. 1-2/2005, S. 41-60

Pape, Robert: The Strategic Logic of Suicide Terrorism, American Political Science Review, Vol. 97, No. 3 (August 2003), S. 343-361

Pugh, Michael: The political economy of peacebuilding: a critical theory perspective, in: International Journal of Peace Studies, vol. 10, no. 2 (autumn/winter 2005), S. 23-42

Rice, Condoleezza: Transformational Diplomacy, Washington, DC, January 18, 2006

Report to Congress on the Implementation of DoD Directive 3000.05, April 2007

Roberts, Susan/Secor, Anna/Sparke, Matthew: Neoliberal Geopolitics, in: Antipode, Vol. 35, No. 5 (2003), S. 886-897
Scheffer, David J.: Beyond Occupational Law, The American Journal of International Law, Vol. 97, No. 4 (October 2003), S. 842-860
Serfati, Claude: Militarismus: der bewaffnete Arm der Globalisierung, in: Zeller, Christian (Hrsg.): Die globale Enteignungsökonomie, Münster 2004, 21-59
Söderberg, Susanne: Das amerikanische Empire und die "ausgeschlossenen Staaten", in: Prokla, Jg. 34, Heft 135 (2004), S. 299-319
Stern, Daniel: US-Militär: Bewaffnete Sozialarbeit, WoZ, 17.7.2006
Stromseth, Jane u.a.: Can Might make Rights? Building the Rule of Law after Military Interventions, New York 2006
Wagner, Jürgen: Neoliberale Geopolitik, in: Tobias Pflüger/Jürgen Wagner (Hrsg.): Welt-Macht EUropa, Hamburg 2006, S. S. 56-80 (zit. als Wagner 2006b)
Wagner, Jürgen: USA - Erlassjahr 2015, IMI-Studie 2006/05
Zeller, Christian: Die Eigentumsfrage ernst nehmen! Die Aktualität von Enteignung und Aneignung, in: Sand im Getriebe Nr. 31, März 2004

Johannes M. Becker

Die Europäische Union militarisiert sich - Thesen

Ein seltsames Gespenst geistert durch Talk-Shows, ja auch durch die Überlegungen vieler nüchterner Zeitgenossinnen und Zeitgenossen: Eine stark gerüstete Europäische Union könne der unverhohlenen Kriegstreiberei der dominierenden Kraft der neuen Weltordnung, den USA, bei ihrer Politik der „permanenten Intervention" gegen den „internationalen Terrorismus" Einhalt gebieten. Unter Verweis auf die Situation der Zeit vor der Auflösung der Warschauer-Vertrags-Organisation (WVO) wird das Manko eines starken sicherheitspolitischen Faktors Europäische Union in der krisenreichen Lage zu Beginn des neuen Jahrtausends beklagt.

Ich halte diese Annahme für irrig, volkswirtschaftlich unsinnig, nicht im mindesten den Herausforderungen der aktuellen Lage angemessen, nicht zukunftsträchtig.

a) Die Fakten: Die EU ist ein politisch und ökonomisch einflussreiches Konstrukt. Sie hat als Reaktion auf die Unilateralität der USA (im Jugoslawienkrieg von 1999) ihre jahrzehntelangen sicherheitspolitischen Dissonanzen überwunden. Heute baut die EU eigene militärische Strukturen auf. Der EU-Reformvertrag von 2007 macht die Militarisierungstendenzen deutlich. Deutschland ist tragender Bestandteil dieses Prozesses.

b) Die Lage der EU, Deutschlands und der Erde, auch politische Klugheit verlangen eine andere Politik. Armut, Hunger, ökologische und Bildungs-Miseren in den Entwicklungsländern verstärken sich. Auch in den sogenannten „entwickelten", d.h. den Industrie-Ländern greift ein rascher Segregations-Prozess um sich.

c) Sieht so eine kluge EU-Politik aus? Wie könnten Alternativen aussehen? Welche sind möglich?

d) Grundsätzliche Überlegungen zum Spannungsfeld von Militär, Gesellschaft, Politik.

Die Prämissen meiner Sicht auf Konflikte lassen sich folgendermaßen zusammenfassen:

1. Mit Militär können keine politischen oder sozialen Probleme gelöst werden; Militär schafft in aller Regel nur neue. Wo der Einsatz von Militär letztlich unumgänglich notwendig war (bspw. II. Weltkrieg), schaue man in die Vorgeschichte des Konflikts: Wäre er vermeidbar gewesen?
2. Es ist eine Illusion, gerade mit waffenstarrendem Militär Frieden „stiften" zu wollen oder Frieden zu „erhalten". Der gegenteilige Effekt wird erreicht. Auch hat militärische Ausbildung andere Ziele. Die viel gerühmte „Zivil-militärische Zusammenarbeit" (CIMIC) dient letztlich nur der Legitimierung der neuen Interventionen.
3. Deutschland, die EU wie auch alle hoch industrialisierten Staaten sind militärisch nicht zu verteidigen, nicht gegen „Terror" (siehe „9/11"), nicht gegen

militärische Angriffe (diese Staaten sind wegen ihrer AKW, wegen der gesamten Computer- und Transistoren-Infrastruktur u.v.m. hoch verwundbar). In den USA ist SDI gescheitert und scheitert derzeit NMD. Vor ihrem Scheitern ruinieren sie indes noch die eigenen Volkswirtschaften und die anderer Länder.

4. Die hoch industrialisierten Staaten sind nur gewaltfrei und sozial zu verteidigen; dies im weitesten Sinne des Wortes: Die EU-Länder müssen auch innerhalb ihrer eigenen Grenzen sozialen Ausgleich schaffen – derzeit läuft der Trend in die entgegen gesetzte Richtung.
5. Auch Angriffskriege scheinen heute nicht mehr gewinnbar zu sein - die letzten drei sind kläglich gescheitert: Jugoslawien 1999, Afghanistan 2001, Irak 2003ff. Zudem haben die genannten Kriege zu enormen volkswirtschaftlichen, physischen wie psychischen Schäden geführt.
6. Das Gewaltmonopol muss auf die UNO konzentriert, d.h. nationalen oder Bündnis-Interessen entzogen werden. Freilich muss die UNO demokratisiert werden – sie wird heute dominiert von den Atomwaffenstaaten, die zudem ökonomisch mächtig und die größten Rüstungs- und Rüstungsexportmächte sind. Anstatt jedoch der Bundesrepublik Deutschland und/oder Japan einen Ständigen Sitz im Sicherheitsrat zu übertragen, sind unbedingt die Länder Afrikas, Lateinamerikas, Asiens, ja auch Vertreter der islamischen Staaten zu repräsentieren.
7. Zum Argument der angeblich erhaltenswerten Arbeitsplätze in der Rüstungsindustrie: Ein Arbeitsplatz in der Rüstungsindustrie kostet den Steuerzahler ca. 130.000 € im Jahr, von denen etwa ein Drittel als Bruttolohnsumme in den Konsum geht; ein Arbeitsplatz einer Lehrerin hingegen kostet 57.000 €, von denen ca. 90 % in den Konsum gehen.

Aus dem hier Genannten ergeben sich für die ökonomisch und politisch ungemein einflussreiche EU der 500 Millionen ProduzentInnen und KonsumentInnen besondere Chancen, auch besondere Verantwortungen.

Stefan Schmalz

Die politischen Veränderungen in Lateinamerika
Ein Subkontinent zwischen Reform und Revolution?

Im Juni vergangenen Jahres stach das US-amerikanische Lazarettschiff USNS Comfort in See. Das Ziel der Reise war Mittelamerika. Anders als die US-Kanonenboote, die im frühen 20. Jahrhundert regelmäßig die Küsten Mittelamerikas und der Karibik frequentierten, hatte das Schiff Ärzte an Bord. Deren Aufgabe bestand darin, rund 380.000 Patienten zu behandeln und 1.100 medizinische Operationen in Mittelamerika und Kolumbien durchzuführen. Dass die USNS Comfort im direkten Vorfeld einer Reise des US-amerikanischen Präsidenten Bush nach Lateinamerika den Hafen von Baltimore verließ, ist kein Zufall, sondern Ausdruck einer Veränderung kontinentalen Ausmaßes.

Die Seefahrt steht im direkten Zusammenhang mit einem doppelten Hegemonieverfall. Zum einen ist es zu einer Krise des neoliberalen Wirtschafts- und Gesellschaftsmodells in der Region gekommen. Diese äußert sich in den Aktivitäten von sozialen Bewegungen und der Wahl einer Fülle von Mitte-Links-Regierungen, die den wirtschaftspolitischen Kurs der Vorgängerregierungen hinterfragen (Boris 2007, Robinson 2007). Zum anderen ist die US-amerikanische Hegemonie in Lateinamerika im Verfall. Dieser Prozess äußert sich am deutlichsten darin, dass sich die Vereinigten Staaten in der Wahrnehmung der Bevölkerung in verschiedenen Ländern Lateinamerikas – insbesondere durch den Irakkrieg – diskreditiert haben (University of Miami School of Business 2003). Die USA hat zudem auf der Ebene von Außenhandelsverflechtungen und Direktinvestitionen in Südamerika auch an materiellem Einfluss verloren (Schmalz 2008: 157f).[1] Am radikalsten fiel der Bruch bisher im chavistischen Venezuela aus, wo die kapitalistische Wirtschaftsordnung durch Reformen wie der Stärkung des Kollektiveigentums und durch einzelne Verstaatlichungen mittelfristig in Frage gestellt werden könnte. Auch setzt die Regierung Chávez auf eine aktive Außenpolitik. Die venezolanische Erdöldiplomatie umfasst Tauschgeschäfte mit anderen Ländern, insbesondere mit Kuba. Rund 18.000 kubanische Ärzte und Mediziner sind mittlerweile im Rahmen der Misión Barrio Adentro in Venezuela aktiv und haben dazu beigetragen, das Gesundheitssystem auf fast die gesamte Bevölkerung auszudehnen. Die Mission von USNS Comfort wirkt im Vergleich wie eine billige Imitation.

1 Die EU verfolgt mit verschiedenen Freihandelsabkommen wie dem EU-Mercosur-Assoziierungsabkommen eine eigenständige aggressive Außenwirtschaftspolitik gegen-über Lateinamerika, die inhaltlich wenig von den Plänen der USA abweicht (vgl. Fritz 2004, ila Nr. 314/2008).

Die 1990er Jahre als Ausgangspunkt

Mitte der 1990er Jahre war es um Lateinamerika freilich noch anders bestellt. Der Neoliberalismus hatte sich seit der Schuldenkrise 1982 in beinahe allen Mitgliedsstaaten als wirtschaftspolitische Orientierung durchgesetzt. Die Transformation ging mit einer Demokratisierungswelle einher, die den gesamten Subkontinent betraf und mit den Wahlen in Mexiko im Jahr 2000 ihren vorläufigen Höhepunkt fand (Nohlen 2004). Gleichzeitig sollte das von US-amerikanischen Kapitalinteressen angeleitete Projekt einer panamerikanischen Freihandelszone ALCA bis zum Jahr 2005 umgesetzt werden. Inhaltlich hätte sie über die Liberalisierung des Kapitalverkehrs, der weiteren Öffnung für den Handel mit Waren und Dienstleistungen und der Durchsetzung einer marktwirtschaftlichen Wettbewerbsordnung die Festschreibung einer kontinentalen Marktverfassung bedeutet (Nogueira Batista jr. 2005: 75-116). Dies hätte die Möglichkeiten für alternative wirtschaftspolitische Projekte massiv eingeschränkt. Die Einführung des NAFTA-Abkommens im Jahr 1994, in dem Kanada und Mexiko inkorporiert wurden, war der Ausgangspunkt für dieses Projekt.

Der Neoliberalismus wurde in der Defensivsituation der 1990er Jahren kaum in Frage gestellt. Drei bedeutende Ausnahmen lassen sich ausmachen: Der Aufstand der mexikanischen Zapatisten im mexikanischen Bundesstaat Chiapas zum Jahreswechsel 1994 hatte eine Signalwirkung über den Kontinent hinaus (vgl. Das Argument Nr. 253). Auf lokaler Ebene brachten regionale soziale Bewegungen einzelne linke Regierungen ins Amt. Den beachtlichsten Erfolg erzielte dabei die von der Arbeiterpartei PT geführte Stadtregierung in Porto Alegre mit ihrem Projekt eines Beteiligungshaushalts (vgl. Genro/Souza 1997, Leubolt 2006: 93ff). Erst im Jahr 1998 wählte die venezolanische Bevölkerung – kaum von der internationalen Öffentlichkeit wahrgenommen – mit Hugo Chávez den ersten linksorientierten Staatschef.

Dennoch wurden in dieser Phase die Ausgangsbedingungen für die heutige Situation geschaffen. Denn das Ziel, durch Exporterfolge und Direktinvestitionen eine dynamische Wirtschaftsentwicklung zu erreichen, wurde verfehlt. Mit Ausnahme der frühen 1990er Jahre wiesen die lateinamerikanischen Staaten eine träge Wachstumsdynamik auf. Im Zeitraum von 1981 bis 2002 belief sich die BIP-Entwicklung pro Kopf auf -0,6% in Argentinien, 0,1% in Brasilien, 0,6% in Mexiko und -1,3% in Venezuela (Schmalz/Tittor 2005: 33ff). Es folgten eine weitere Verschuldung und verschiedene Finanz- und Währungskrisen, von denen u.a. Mexiko im Jahr 1994/95, Brasilien 1998/99 und Argentinien 2001/02 getroffen wurden. Die soziale Bilanz war ebenfalls wenig überzeugend. Bis zur Jahrtausendwende verlor das ärmste Fünftel der Bevölkerung nach der Schuldenkrise noch einmal 20% ihres Einkommens. Die Anzahl der Haushalte, die in Armut lebt, stieg von 1981 bis 2002 von 30% auf 43% der Bevölkerung an (Burchardt 2004: 128; Schmalz/Tittor 2005: 35) Durch die „doppelte Transformation" von Wirtschaftspolitik und Herrschaftsmodus wurde die schlechte ökonomische Performance den gewählten Regierungen und indirekt auch der Demokratie als Staatsform zugeschrieben. Die subalternen Klassen hatten wenig Einfluss auf das Regierungsgeschäft. So sank die Zustimmung zur repräsentativen Demokratie im Krisenjahr 2001 mit 48% auf einen Tiefpunkt (Corporación Latinobarómetro 2007).

Die Veränderung des politischen Kontextes

Der Verfall der neoliberalen Hegemonie wurde durch die Aktivitäten verschiedener sozialer Bewegungen hervorgerufen, die sich in den einzelnen Staaten Lateinamerikas aus sehr unterschiedlichen sozialen Gruppen rekrutierten. In Brasilien hatte die Arbeiterbewegung und auch die Landlosenbewegung MST dazu beige-tragen, die gesellschaftlichen Kräfteverhältnisse zu verschieben. In Argentinien wurde nach der Finanz- und Währungskrise 2001/2002 die Bewegung der Piqueteros aktiv, die sich in den neunziger Jahren bereits langsam herausgebildet hatte. Die indigenen Bewegungen in Ecuador und Bolivien vertrieben nach der Jahrtausendwende mehrfach ihnen unliebsame Präsidenten aus dem Amt. Verschiedene Stadtteilbewegungen, z.B. in den Armutsvierteln von Caracas oder El Alto, der verarmten Zwillingsmetropole von La Paz, agierten in diese Richtung. Einen kontinentalen Zusammenhalt ermöglichte die Anti-Alca-Bewegung, da diese zeitgleich im gesamten Kontinent gegen eine gemeinsame Bedrohung mobilisierte und die nationalen Bewegungen miteinander vernetzte (Zibechi 2006: 222ff).

In diesem Kontext gelang es, schrittweise – in vielen Fällen neu gebildeten Bewegungsparteien wie dem MAS in Bolivien – die Machtfrage zu stellen. Verschiedene Mitte-Links gerichtete Präsidenten wurden ins Amt gehievt. Die Liste ist mittlerweile lang und umfasst derzeit 10 Mitte-Links-Regierungen (vgl. Tab. 1). Diese vertreten – hier könnte jedoch die Regierung Michelle Bachelet ausgeklammert werden – einige gemeinsame Politikvorstellungen (Boris 2007: 12ff). Die meisten dieser Regierungen leiteten eine außen(wirtschafts)politische Reorientierung ein. Sie äußert sich beispielsweise in der regionalen Zusammenarbeit – etwa dem ALBA-Abkommen – oder auch verschiedenen Abkommen mit wichtigen Schwellenländern außerhalb Lateinamerikas. Die Krise der repräsentativen Demokratie zog außerdem die Suche nach neuen Formen demokratischer Partizipation nach sich. Gerade in Venezuela, Bolivien und auch in Ecuador wurden durch die Wahl von verfassungsgebenden Versammlungen Elemente direkter Demokratie in die Verfassung aufgenommen. Einen Umschwung gab es auch in der Wirtschafts- und Sozialpolitik. In beinahe allen Ländern wurden Sozialprogramme aufgelegt, die große Teile der Bevölkerung mit Transfer- und Basisdienstleistungen versorgen. Zuletzt lässt sich eine Re-Regulierung privatisierter Unternehmen beobachten. Diese reicht vom bloßen Privatisierungsstopp in Brasilien über einzelne Re-Verstaatlichungen in Argentinien bis zu heftigen Auseinandersetzungen um die Kontrolle von Staatsunternehmen wie im Fall der Erdölgesellschaft PDVSA in Venezuela.

Tabelle 1: Mitte-Links-Regierungen in Lateinamerika

Land	*Regierung*
Venezuela	Hugo Chávez (1998)
Brasilien	Luiz Inácio „Lula" da Silva (2002)
Argentinien	Néstor Kirchner (2003)
Uruguay	Tabaré Vázquez (2004)
Bolivien	Evo Morales (2005)
Chile	Michelle Bachelet (2006)
Haiti	René Préval (2006)
Nicaragua	Daniel Ortega (2006)
Ecuador	Rafael Correa (2007)
Paraguay	Fernando Lugo (2008)

Das neue externe Umfeld

Die externen Bedingungen begünstigen die Veränderungen. Die militärischen Kapazitäten der Vereinigten Staaten sind durch die Konflikte im Nahen Osten und in Afghanistan gebunden. Dies verhinderte bisher eine allzu offene Intervention. Außerdem stecken die USA in ökonomischen Strukturproblemen (Joshua 2007: 74ff).

a) Das hohe Leistungsbilanzdefizit hatte im Jahr 2006 den Rekordwert von 856,7 Mrd. US$ erreicht, der Kurs des US-Dollars war im April 2008 auf einen Wert von 0,63 Euro gesunken. Um den US-Dollar zu stützen, halten chinesische Investoren mittlerweile US-amerikanische Staatspapiere im Wert von 405 Mrd. $, japanische Anleger kommen sogar auf 571,2 Mrd. US$.
b) Gleichzeitig haben verschiedene Schwellenländer – vor allem China und Indien – in der Weltwirtschaft an Bedeutung gewonnen. Deren Aufstieg hat tief greifende Auswirkungen auf Lateinamerika. Nicht zuletzt China wird zu einem Absatzmarkt für Produkte wie chilenischem Kupfer, argentinischem Rindfleisch oder brasilianischen Sojaerzeugnissen. Der Rohstoffboom trug zum relativ robusten Wirtschaftswachstum von jeweils 5,6% in den Jahren 2006 und 2007 in Lateinamerika bei (Sangmeister 2008). Diese Konjunktur begünstigt die alternativen Regierungsprojekte.
c) Gleichzeitig ist auf den internationalen Finanzmärkten eine sehr hohe Liquidität vorhanden. Eine Fülle von lateinamerikanischen Staaten wie Mexiko, Uruguay, Venezuela, Brasilien, Kolumbien oder Argentinien beglichen ihre Schulden bei öffentlichen ausländischen Finanzinstitutionen (Millet/Toussaint 2007). Gerade der IWF – der die neoliberale Politik in den lateinamerikanischen Ländern durch Strukturanpassungsprogramme stützte – hat an Bedeutung verloren. Dieser verfügte im April 2007 nur noch über ein Kreditvolumen von 11,1 Mrd. US$. Kurz: in dieser Konstellation waren die Vereinigten Staaten und die EU weder fähig, attraktive materielle Angebote an die lateinamerikanischen Staaten zu formulieren, noch deren abweichende politische

Orientierung zu sanktionieren. Kein Wunder, dass Projekte wie die ALCA oder das EU-MERCOSUR-Assoziierungsabkommen zum Scheitern verurteilt waren (Schmalz 2008: 154-173).

Drei Entwicklungspfade

Das Zusammenspiel der unterschiedlichen externen und internen Machtkonstellationen und Kräfteverhältnisse produzierte äußerst verschiedene Entwicklungspfade in der Region. So ist es in der hiesigen Lateinamerikaforschung mittlerweile gang und gäbe, die Linksregierungen in zwei Lager zu unterteilen: Eine radikale Strömung, der u.a. Venezuela und Bolivien angehören, und eine gemäßigte Strömung, der z.B. Brasilien und Chile angehören. Die Bewertungen dieser Modelle klaffen indes weit auseinander. Konservative und liberale Vordenker in der Lateinamerikaforschung wie Carlos Castañeda (2006) sprechen von einer geläuterten, gemäßigt sozialdemokratischen und einer radikalen, populistischen Linken. Kritische Wissenschaftler schließen sich oftmals dieser Argumentation an, aber kehren sie um: „The fact is that there are two lefts – a reformist one that dominates the ‚pink tide' and seeks to introduce a mild redistributive component into the global capitalist program in the region, and a more radical one that seeks a more substantial transformation of social structures, class relations, and international power dynamics." (Robinson 2007: 148) Im Kern werden in dieser Diskussion jedoch zwei Faktoren ausgeblendet. Die Länder, die wie Mexiko oder Kolumbien weiterhin konservativ oder liberal regiert werden, sollten als eigenes Lager wahrgenommen werden. Außerdem werden selten die spezifischen nationalen Ausgangsbedingungen der Regierungsexperimente reflektiert.

Hier sollen drei verschiedene Entwicklungswege unterschieden werden. Zunächst existiert eine Staatengruppe, bei der von der Kontinuität des Neoliberalismus ausgegangen werden kann. Diese umfasst weite Teile Mittelamerikas, Mexiko, Kolumbien und eventuell auch Peru. Des Weiteren existiert mit dem „Sozialliberalismus" bzw. der „Sozialdemokratie" ein dritter Transformationspfad. Diesem sind vor allem die Staaten des Mercosur zuzurechnen, etwa Brasilien, Argentinien und auch Uruguay. Der dritte Block umfasst Staaten, in denen radikale Strukturreformen durchgesetzt werden. Dieser Transformationsprozess könnte als „Rohstoffsozialismus" bezeichnet werden. Zu den rohstoffsozialistischen Ländern zählen unter anderem Venezuela, Bolivien und auch Ecuador. Welches sind jedoch die zentralen Faktoren, die die einzelnen Entwicklungspfade bestimmen?

a) Neoliberale Kontinuität

In den Ländern der neoliberalen Kontinuität lässt sich zunächst eine große Nähe zu den USA ausmachen. Diese Staaten reichen von Mexiko über weite Teile Mittelamerikas bis nach Kolumbien, Peru und evt. auch Chile. Die Länder sind oftmals in „Alquitas", kleine Alcas, wie der mittelamerikanischen CAFTA-DR, eingebunden. Diese Abkommen sichern genau wie das ALCA-Vorhaben durch die Liberalisierung des Kapitalverkehrs, der weiteren Öffnung für den Handel mit Waren und Dienstleistungen, die Vorherrschaft des Neoliberalismus ab. Die monetaristische

Finanzpolitik wird fortgeführt, sodass wenig Spielraum für Sozialprogramme bleibt. Zusätzlich setzen die nationalen Regierungen auf weitere Marktöffnungen und Privatisierungen. Während z.B. in vielen anderen Ländern des Subkontinents die Verstaatlichung der Erdölunternehmen und Rohstoffvorkommen auf der Tagesordnung steht, wurden in Mexiko im März 2008 erste Schritte zur Privatisierung des staatlichen Erdölunternehmens PEMEX eingeleitet (La Jornada, 18.03.2008). Die Herrschaft der traditionell herrschenden Klassen bleibt unangetastet. Flankiert wird der Kurs von einem Ausbau der repressiven Staatsapparate, um den bröckelnden Konsens zum Neoliberalismus mit Zwang zu panzern. Viele der linksorientierten sozialen Bewegungen bewegten sich lange Zeit im außerparlamentarischen Raum. Diese Militarisierung der Innenpolitik wendet sich meist gegen die lokalen und regionalen Aufstandsbewegungen. Es kommt zu einer Militarisierung der Innenpolitik, wie sie sich auch am Wiederaufleben verschiedener Aufstandsbewegungen wie dem EPR (Ejército Popular Revolucionario) oder an der Fortsetzung des blutigen Bürgerkriegs in Kolumbien studieren lässt (Sterr 2008). Im Kern handelt es sich dabei jedoch um soziale Konflikte.

b) Sozialliberalismus

Ein zweites Modell lässt sich in einer graduellen sozialdemokratischen Reorientierung („Sozialliberalismus“) im Cono Sur – Argentinien, Brasilien, Uruguay – vorfinden. Hier lässt sich eine Reorientierung der Außen(handels)politik erkennen, die von einem Wachstum der Handelsverknüpfungen mit bedeutenden Schwellenländern[2] – vor allem China und Indien – getragen wird. Allein in Brasilien nahm der Außenhandel im Zeitraum von 2001 bis 2006 mit den traditionellen Zentren (USA, EU, Japan) von 53% auf 43% ab (Schmalz 2008: 254). Dennoch wurde ein offener Konflikt mit den USA um die regionale Vorherrschaft vermieden. Das zentrale Integrationsprojekt bildet der Mercosur (vgl. Tab 2). Dieser soll von einem eher offenen Regionalismus ohne starke supranationale Institutionen – z.B. mit der Hilfe der FOCEM-Strukturfonds – zu einem eher sozial orientierten Integrationsmodell umgebaut werden. Dieses Vorhaben wurde jedoch durch interne Konflikte der Mitgliedstaaten immer wieder gebremst und blockiert. Innenpolitisch herrscht eine weitgehende institutionelle Kontinuität vor. Die neuen Regierungen treiben einen langsamen Umbau der staatlichen Institutionen voran. Auch die Wirtschaftspolitik wird lediglich graduell verändert. Der Stopp der Privatisierungen und die teilweise Re-Verstaatlichung privatisierter Betriebe werden von einem eingeengten Spielraum in der Finanzpolitik begleitet.

2 Zu dem CAFTA-DR-Abkommen und dem Fall Costa Rica vgl. Ebenau 2007.

Tabelle 2: Mercosur-Mitgliedstaaten (Stand April 2008)

Vollmitglieder:	
Argentinien	1991
Brasilien	1991
Paraguay	1991
Uruguay	1991
Venezuela	2006 (Beschluss, formale Aufnahme steht noch aus)
Assoziierte Mitglieder:	
Bolivien	1997
Chile	1996
Peru	2003
Ecuador	2004
Kolumbien	2004
Venezuela	2004
Im Prozess der Assoziation:	
Mexiko	Gespräche seit 2004

Quelle: www.mercosul.org.uy; Eigene Zusammenstellung

Deshalb bleiben die Sozialprogramme, etwa das Bolsa Família Programm in Brasilien, in dessen Rahmen Transferleistungen von monatlich ca. 61 R$ (= 23 €) an 11,2 Mio. Familien ausgezahlt wird, in ihrer Reichweite beschränkt. Um die graduellen Reformen durchzusetzen, bauen die sozialliberalen Regierungen auf einen Pakt mit den alten Eliten. Diese oftmals widersprüchliche Klassenallianz führt dazu, dass ein Teil der sozialen Bewegungen in das Regierungsprojekt eingebunden wird und andere Teile sich enttäuscht von diesem abwenden.

c) Rohstoffsozialismus

Der dritte Transformationspfad setzt auf den radikalen Bruch. Der „Rohstoffsozialismus" basiert im Kern auf der Re-Verstaatlichungen und Re-Regulierungen im Energiesektor und der hohen Erdöl- und Erdgaspreise sowie neuen Dynamiken regionaler Integration (Gabbert 2007, Müller 2007, Sohr 2006). In Bolivien, Venezuela und Ecuador greifen die Regierungen auf die Petrorente zu und nutzen sie, um umfangreiche Sozialprogramme zu finanzieren. Diese Politik geht mit einer „Neugründung des Staates" einher. Die verfassunggebenden Versammlungen legen die Grundlage für ein verändertes institutionelles Gerüst. Alte Institutionen werden oftmals durch Elemente partizipativer Demokratie oder sozialpolitischer Provisorien überbrückt. Edgardo Lander spricht deshalb auch im venezolanischen Fall bei den unterschiedlichen sozialpolitischen Initiativen – den misiones – von einem „Bypass des Staates" (zit. nach Müller 2007: 123). Der Umstrukturierungsprozess geht freilich nicht ohne soziale Konflikte einher. Die traditionellen Sektoren antworten auf diese Situation mit einem „Klassenkampf von oben", in dem die Medien, die Unternehmer und die Mittelschichten mit ausländischer Unterstützung auf den Straßen mobilisieren (z.B. Harnecker 2007: 189ff). Die zugespitzte Situation führt meist zu einer Gegenmobilisierung derjenigen sozialen Bewegungen, die die Regierung ins Amt brachten, obwohl diese oftmals selbst Kritik am Regierungsprojekt äußerten. Außenpolitisch herrscht ein Paradoxon aus raschem Wandel und Kontinuitäten vor. Zwar wurde der US-amerikanische Präsident Bush jr. bereits vor der versammelten UN-Vollversammlung im September 2006 von Hugo Chávez bisweilen als „der Teufel“ bezeichnet. Mit der ALBA wurde sogar ein viel versprechendes Integrationsprojekt eingeleitet, dem mittlerweile Bolivien, Kuba, Nicaragua und die Inselrepublik Dominica beigetreten sind, das im Kern auf den solidarischen Tauschhandel von Dienstleistungen gegen Energieträger beruht. Insbesondere die kubanische Wirtschaft profitiert von diesem Abkommen und erzielte in den vergangenen drei Jahren Wachstumsraten von 7-11%. Auch traten Venezuela und Ecuador am 1.5.2007 aus dem IWF aus. Doch die Absage an das „US-Imperium“ konnte auf der Ebene der Außen(handels)verknüpfungen bisher keine wegweisenden Veränderungen erzeugen: Gerade die venezolanischen Exporte beruhen zu rund 70% auf Erdölausfuhren, wovon rund zwei Drittel in die Vereinigten Staaten gehen.

Die Zuordnung der Einzelstaaten zu den drei Modellen ist dabei nicht immer eindeutig möglich. So ist das von den Sandinisten regierte Nicaragua sowohl Mitglied der ALBA als auch der CAFTA. Die argentinische Regierung Kirchner konnte hingegen nach der Finanz- und Währungskrise 2001/02 den finanzpolitischen Spielraum durch einen unkonventionellen Umschuldungsplan ausweiten (Boris/Tittor 2006: 53ff). Die Außenschulden Argentiniens sanken auf diese Weise von 180 Mrd. US$ auf etwa 125 Mrd. US$ um rund ein Drittel. Gleichzeitig wurden die sozialen Bewegungen jedoch weitgehend in das Regierungsprojekt integriert und ihrer Autonomie beraubt. Die ecuadorianische Regierung hat zudem vermieden, sich zu einseitig an die übrigen rohstoffsozialistischen Länder anzukoppeln, und versucht sich vorsichtig zwischen Brasilien und Venezuela zu platzieren.

Lateinamerika zwischen „Reform“ und „Revolution“?

Die wichtigsten Träger der beiden verschiedenen alternativen Entwicklungsmodelle, der Sozialdemokratie und des Rohstoffsozialismus, sind Brasilien und Venezuela. Das Brasilien der Regierung Luiz Inácio „Lula“ da Silva mit rund 190 Mio. Einwohnern und einem BIP, das ca. ein Drittel Lateinamerikas ausmacht, galt lange Zeit als unbestrittene regionale Führungsmacht. Diese Stellung begann jedoch zu erodieren, da das venezolanische Modell aufgrund der strukturellen Reformen und der umfassenden Sozialprogramme – etwa der Schaffung eines kostenlosen Basisgesundheitssystems – vielen Menschen in der Hemisphäre als erfolgreicher erschien. Das erste Anzeichen hierfür war das Weltsozialforum 2005, als Lula von einem Teil des Publikums ausgebuht wurde, während Chávez nur wenige Stunden später unter tosendem Beifall außerhalb des offiziellen Forums redete. Ausgangspunkt für eine weitergehende Polarisierung bildete die Verstaatlichung der bolivianischen Erdgasvorkommen am 1. Mai 2006. Hier existierten divergierende Positionen: Während das brasilianische Staatsunternehmen Petrobrás als Hauptförderer in Bolivien agiert und 18% zum bolivianischen BIP beiträgt, unterstützte die venezolanische Regierung offen diesen Prozess.[3] Ein weiterer Konflikt findet sich im Rahmen des venezolanischen Mercosur-Beitritts vor, der vom brasilianischen Parlament mit dem Hinweis auf die Nichtvergabe einer Lizenz an den venezolanischen Fernsehsender RCTV blockiert wurde. Zuletzt kam es zu einer offenen Konkurrenz im Rahmen des Energieexports in der Region (Nolte/Stolte 2007). Brasilien versuchte sich im vergangenen Jahr vermehrt als Exporteur von Agrotreibstoffen zu etablieren und vergab zudem die Technologie kostenlos an verschiedene lateinamerikanische Staaten. Die venezolanische Regierung wies hingegen auf die sozialen Folgen der Agrotreibstoffproduktion hin und setzte auf eine aktive Erdöl- und Kreditvergabediplomatie. Diese stützte sich vor allem auf günstige Erdöllieferungen an die karibischen Staaten im Rahmen von Petrocaribe, aber auch den Aufkauf von argentinischen Staatsanleihen im Wert von 5 Mrd. US$, um die Unabhängigkeit des Landes vom IWF zu ermöglichen. Die beiden konkurrierenden Modelle variieren an verschiedenen Eckpunkten. Die Unterschiede reichen von der sozialen Basis und dem Handlungsspielraum über die wirtschaftspolitische Ausrichtung bis zur Staatsorganisation (vgl. Tab 3).

Die beiden Modelle entstehen dabei aus unterschiedlichen Abläufen der Transformation. Früh wurden durch einzelne Entscheidungen die Parameter für den Entwicklungspfad gesetzt. In Brasilien hatten die „Carta ao Povo Brasileiro“, mit der die Regierung im Vorfeld der Wahlen 2002 eine Fortsetzung der Schuldenzahlung ankündigte, und der von der Vorgängerregierung aufgenommene IWF-Kredit über 30 Mrd. US$ bereits die Finanzpolitik für die Folgejahre vorbestimmt (Morais/Saad-Filho 2005: 10). Umgekehrt bewegten sich die rohstoffsozialistischen Reformversuche in einer selbst verstärkenden Logik, die durch einzelne Ereignisse angetrieben wurde. Der Putschversuch gegen die Regierung Chávez im April 2002 und das gescheitere Referendum im Jahr 2004, um Neuwahlen durchzusetzen, brachten eine wachsende Polarisierung mit sich, die die Regierung dazu anspornte, immer tiefere Reformschritte zu wagen (Harnecker 2007: 182ff). Die verbesserten weltwirtschaftlichen Rahmenbedingungen seit dem Jahr 2004 – insbesondere die Rohstoffhausse – führten schließlich dazu, dass sich beide Modelle stabilisieren konnten.

Die Festsetzung eines Korridors für die Entwicklungspfade zog deren Vertiefung nach sich: Lulas Brasilien nahm dauerhaft Abschied von der revolutionären Option, konnte aber durch die langsamen Transformationsschritte und die Allianz mit der herrschenden Klasse eine relativ hohe Stabilität aufweisen. Gleichwohl blieb die Ausstrahlungskraft des Modells sehr gering.

3 Hierbei sind die unterschiedlichen Interessen der brasilianischen Regierung und der Firma Petrobrás durchaus von Bedeutung. Denn Petrobrás wird nach dem Ende des staatlichen Monopols im Erdölsektor heute nur noch zu 32,2% vom brasilianischen Staat kontrolliert (Amador 2008: 31).

Tabelle 3: Brasilien und Venezuela: Zwei Modelle im Vergleich

	Brasilien unter Lula	*Venezuela unter Chávez*
Handlungsspielraum	*Niedrig*	*Groß*
Soziale Basis	Organisierte Arbeiterschaft, Mittelschichten, später informeller Sektor	Militär, informeller Sektor, Mittelschichten, später Arbeiterklasse
Staatsorganisation	Staatliche Reorganisation	„Neugründung des Staates“
Institutionell	Krise des Systems, weiterhin handlungsfähige Akteure	Altes politisches System abgestürzt
Wirtschaftspolitische Konzeption	(Halber) Keynesianismus	Gemischte Ökonomie
Demokratiekonzept	Repräsentation	Partizipative Demokratie
Haltung zur „Dritten Welt“	Dritte-Welt-Kooperation	Dritte-Welt-Solidarität
Haltung der herrschenden Klasse	Intern Gespalten	Feindlich
Haltung zur herrschenden Klasse	„Klassenallianz“	„Klassenkampf“
Slogan	„Hoffnung besiegt die Angst“	Sozialismus des 21. Jahrhunderts

Umgekehrt öffnete die Zuspitzung in Venezuela die Möglichkeit einer Systemtransformation. Gleichzeitig entfaltete sich jedoch eine verhängnisvolle Dialektik zwischen Affirmation und Kritik: Die Kritik an den bestehenden Verhältnissen geht zwangsläufig mit der Affirmation des Projekts einer real existierenden Alternative einher und führt zur Zuspitzung. Das hauchdünn gescheiterte Referendum zur Verfassungsreform im November 2007 in Venezuela zeugt von der Gefahr der Fragilität eines Modells, das dieser Dynamik ausgesetzt ist.[4] Dennoch weist das

4 Das Referendum zur Verfassungsreform enthielt eine Fülle von progressiven Regelungen. Diese reichten von der Festschreibung der Wochenarbeitszeit auf 36 Stunden und der Abschaffung der Unabhängigkeit der Zentralbank über die Einführung neuer Formen kollektiven und sozialen Besitzes und einem Sozialversicherungsschutz für Beschäftigte im informellen Sektor bis zum Verbot von Latifundien und Monopolen und dem Verbot von Diskriminierung auf Grund sexueller Orientierung (Lambert/Stock 2007). Umgekehrt jedoch sollten Paragraphen festgeschrieben werden, die aus den direkten Konflikten mit der Opposition und damit der unmittelbaren Tagespolitik stammen. Sie sind vom Inhalt höchst fragwürdig und in einer Verfassung fehl am Platz. Dazu zählen Maßnahmen wie die Möglichkeit der Absetzung der Obersten Richter durch einfachen Mehrheitsentscheid des Parlaments, die Aufhebung der Wiederwahlbeschränkung und Verlängerung der Amtsperiode des Präsidenten auf sieben Jahre sowie die Möglichkeit des Präsidenten zur territorialen Neugliederung

chavistische Venezuela eine hohe Ausstrahlungskraft als Modell für andere Staaten auf.

Kurz: für die weitere Zukunft Lateinamerikas wird das Verhältnis zwischen Brasilien und Venezuela zentral sein. Werden die beiden Regierungen sich verstärkt auf gemeinsame Projekte, wie energiepolitische Projekte oder einen „sozialen" Mercosur, einigen können? Oder könnten die Konflikte doch einen Keil zwischen die beiden Staaten treiben? Viele dieser Fragen werden nicht alleine durch die sozialen Kämpfe in den einzelnen Staaten, sondern auch durch Weichenstellungen außerhalb des lateinamerikanischen Kontinents entschieden. Denn die externen Weltmarktbedingungen, d.h. die hohen Rohstoffpreise und die überschießende Liquidität auf den Finanzmärkten, die durch das Wachstum Chinas, Indiens und anderer ostasiatischer Schwellenländer angetrieben werden, setzen die Parameter für die wirtschaftlichen Aussichten des Kontinents. Sie bestimmen vor allem die Entwicklungsdynamik im rohstoffsozialistischen Block. Bleibt die Weltkonjunktur günstig und bleibt eine heftige Gegenreaktion der Vereinigten Staaten weiterhin aus, könnte die Trendwende in Lateinamerika sich mittelfristig verfestigen und die Frage nach Revolution oder Reform an Praxisrelevanz gewinnen. Die USNS Comfort ist jedenfalls im Oktober 2007 nach Baltimore zurückgekehrt und wartet auf den nächsten Einsatz.

und die Einschränkung der Informationsfreiheit bei Ausrufung eines nationalen Notstands. Der Entwurf für das Referendum wurde zudem ohne eine größere öffentliche Diskussion ausgearbeitet.

Literatur

Amador, Roberto González (2008): Tres experiencias latinoaméricanas. Petrobrás –PDVSA

Repsol-YPF, in: México entre el acoso y la resistencia, Suplemento Especial de La Jornada vom 18.03.08, 30-39.

Boris, Dieter/Tittor, Anne (2006): Der Fall Argentinien. Krise, soziale Bewegungen und Alternativen, Hamburg.

Boris, Dieter, „Linkstendenzen in Lateinamerika", Supplement der Zeitschrift Sozialismus (2007) 31:7-8.

Burchardt, Hans-Jürgen, Zeitenwende – Politik nach dem Neoliberalismus, Stuttgart 2004.

Castañeda, Jorge G. (2006): Latin America's Left Turn, in: Foreign Affairs 85:3, 28-43.

Corporación Latinobarómetro (2007): Informe Latinobarómetro 2007. Banco de Datos en Línea, in:
http://www.elecciones.net/novedades/archivos/Informe_Latinobarometro_2007.pdf

Das Argument Nr. 253, 45:6, 2003.

Ebenau, Matthias (2007): Ausnahme Costa Rica: Soziale Bewegungen gegen CAFTA, in: Z. Zeitschrift Marxistische Erneuerung 19:1, 164-176.

Gabbert, Karin (2007): Editorial. Rohstoffboom mit Risiken, in: Lateinamerika Jahrbuch 31, Rohstoffboom mit Risiken, 7-21.

Genro, Tarso/ De Souza, Ubiratan (1997): Orçamento Participativo. A Experiência de Porto Alegre, Porto Alegre/ São Paulo.

Harnecker, Marta (2007): Blows and counterblows in Venezuela, in: Socialist Register 2008, 181-192.

ila, Nr. 314, 33:4, 2008.

Joshua, Isaac (2007): Die USA oder die Flucht nach vorne!, in: Kurswechsel 23: 4, 50-60.

Lambert, Tobias/ Stock, Robin (2007): Reform ohne Debatte, in: Lateinamerika Nachrichten 36:10

Leubolt, Bernhard (2006), Staat als Gemeinwesen. Das Partizipative Budget in Rio Grande do Sul und Porto Alegre, Wien.

Millet, Damien/Toussaint, Eric (2007): Sechs gegen die Weltbank. Die Bank des Südens als Alternative für Lateinamerika, in: Le Monde Diplomatique vom 8.6.2007.

Müller, Bea (2007): Der venezolanische Rentensozialismus, in: Z. Zeitschrift Marxistische Erneuerung 18:3, 113-127.

Morais, Lecio/ Saad-Filho, Alfredo (2005): Lula and the Continuity of Neoliberalism in Brazil: Strategic Choice, Economic Imperative or Political Schizophrenia?, in: Historical Materialism 13:1, 3-32

Nogueira Batista jr., Paulo (2005b): O Brasil e a Economia Internacional. Recuperação e Defesa da Autonomia Nacional, Rio de Janeiro.

Nohlen, Dieter (Hg.) (2004): Macht, Markt, Meinungen: Demokratie, Wirtschaft und Gesellschaft in Lateinamerika, Wiesbaden.

Nolte, Detlef/, Stolte, Christina (2007): Machtressource Bioenergie: Eine neue strategische Partnerschaft zwischen Brasilien und den USA, GIGA Focus Lateinamerika (2007), Hamburg 2007.

Robinson, William I. (2007): Transformative possibilities in Latin America, in: Socialist Register 2008, 140-159.

Sangmeister, Hartmut (2008): Lateinamerikas Wirtschaftswachstum verliert 2008 an Dynamik, GIGA-Focus Lateinamerika 1/ 2008.

Schmalz, Stefan (2008): Brasilien in der Weltwirtschaft. Die Regierung und die neue Süd-Süd-Kooperation, Münster.

Schmalz, Stefan/ Tittor, Anne (2005): Hegemoniezyklen in Lateinamerika – Einführung und Kontext", in: Boris, Dieter/ Schmalz, Stefan/ Tittor, Anne (Hg.): Lateinamerika: Verfall neoliberaler Hegemonie, Hamburg, 7-39.

Sohr, Raúl (2006): Energía y seguridad en Sudamérica: más allá de las materias primas, in: Nueva Sociedad 35:4, 150-158.

Sterr, Albert (2008): Modellwechsel mit Hindernissen – Autoritärer Neoliberalismus und Aufschwung alternativer Bewegungen in Mexiko, in: Schmalz, Stefan/ Tittor, Anne (Hg.): Jenseits von Subcomandante Marcos und Hugo Chávez, 89-101

University of Miami School of Business/Zogby International Poll (2003): A Poll of Opinion Leaders in Latin America, in: http://www.zogby.com.

Zibechi, Raúl (2006): Movimientos sociales: nuevos escenarios y desafíos inéditos, in: Observatorio Social de América Latina, 221-230.

John P. Neelsen

Weltmacht Indien?
Die Rolle Indiens in einer multipolaren Weltordnung

1 Geopolitischer Paradigmenwechsel - Vom Atlantik nach Asien

Eine inzwischen berühmte Studie von Goldmann-Sachs von 2003[1] prognostiziert für die Mitte des Jahrhunderts eine Verlagerung des Schwerpunkts der Weltökonomie vom Atlantik nach Asien. Mit Ausnahme Brasiliens liegen dort drei der vier aufstrebenden Wirtschaftsmächte, die so genannten BRICs, nämlich Russland, Indien, und China. Dank weit überdurchschnittlicher jährlicher Wachstumsraten ist es nur eine Frage der Zeit, wann sie die meisten der G7 Staaten, das sind die USA, Japan, Deutschland, England, Frankreich, Italien und Kanada, Symbol jener ‚alten okzidental dominierten Weltordnung', überholen werden. Stellen schon heute China und Indien mit ihrem Bruttosozialprodukt auf Basis der Kaufkraftparitäten direkt hinter den USA die stärksten Wirtschaftsmächte dar, wird dies in wenigen Jahrzehnten auch auf Basis der Wechselkurse, wo sie aktuell den 4. bzw. ex aequo mit rund 950 Mrd. $ den 10. Rang einnehmen, der Fall sein.[2] Die neoliberale Weltordnung macht es möglich, dass diese Länder wegen ihrer Bevölkerungsgröße trotz niedrigen Pro-Kopf-Einkommens ein neues Modell nachholender Entwicklung exemplifizieren. So wird Indien gerade wegen seiner jugendlichen Alterspyramide mit längerfristig 1,6 Milliarden Menschen alle anderen Länder hinsichtlich Einwohnerzahl und Wachstumsraten hinter sich lassen.

Die Wirtschaftsprognose von Goldmann-Sachs, der weltweit bedeutendsten Investment Bank, geht konform mit ganz ähnlichen Einschätzungen der US-amerikanischen Intelligence Services[3]. Danach müssen die USA in Zukunft verstärkt mit den beiden asiatischen Großmächten rechnen, während Europa zum einen aufgrund seiner alternden Bevölkerung, zum anderen wegen seiner Unfähigkeit, sein ökonomisches auch in ein äquivalentes politisches Gewicht auf der internationalen Bühne umzumünzen, zurückfallen wird.[4]

---

1 Wilson, D, Purushothaman, R., Dreaming with BRICs : The Path to 2050, Goldmann-Sachs, Global Economics Paper 99, Oktober 2003.

2 Auf der Basis von Kaufkraftparitäten errechnet die Weltbank für 2006 folgende Bruttoinlandsprodukte: USA 13.233 Billionen $, China 10.153 Bill. $, Indien 4.217 Bill.$, Japan 4.229 Bill.$, D 2.623 Bill. $, UK 2.425 Bill.$. Auf Dollarbasis belief sich 2006 das jeweilige Bruttoinlandsprodukt auf (in Mrd): USA 13.202, Japan 4.340, D 2.907, China 2.686, UK 2.345, F 2.231, Italien 1.845, Kanada 1.251, Brasilien 1.068, gefolgt von Russland 987, Indien 906, Südkorea 888. Vgl. World Bank, World Development Report 2008, pp 334f.

3 National Intelligence Council, Mapping the Global Future, Report of the National Intelligence Council's 2020 Project, US Government NIC 2004-13, Washington DC 2004.

4 Bezogen auf die Bevölkerung übertrifft die EU mit rd. 500 Mio. Menschen bei weitem die USA mit 300 Mio.; und allein die Euro-Zone erwirtschaftet mit über 13.000 Mrd. $ ein BIP so groß wie das der USA. IHT 10.3.08

Bleibt festzuhalten, dass wir uns angesichts der Verschiebung des geopolitischen Zentrums nach Asien an einer Zeitenwende befinden. Weltgeschichtlich betrachtet würde sich die Phase der 200-jährigen europäisch-amerikanischen, auf Industriekapitalismus und Kolonialismus/Imperialismus gegründeten Vorherrschaft als Zwischenspiel erweisen. Im Gegenzug würden die alten Hochkulturen China und Indien ihren traditionellen Platz als Großmächte, die gemeinsam über die Hälfte der Weltbevölkerung und des Weltsozialprodukts repräsentierten, wieder einnehmen.[5]

Relative, sogar absolute Auf- und Abstiegsprozesse sind im internationalen System keine Rarität, doch werden solche Machtverlagerungen ähnlich Erdbeben bei ‚tektonischen Verschiebungen' typischerweise von vermehrten Konflikten begleitet.[6] Welche Rolle wird Indien, mit 3,3 Millionen qkm siebtgrößtes Land der Erde[7] und gegenwärtig 1,1 Milliarden Menschen auf dem Hintergrund seiner geopolitischen Position in der Region Südasien, der Definition seiner eigenen Machtinteressen sowie im Wechselverhältnis zu den anderen Großmächten im sich neu konstituierenden globalen Kräftegleichgewicht spielen?

Im Folgenden wird eine erste Antwort zu geben versucht.

2 Parameter Indischer Politik

2.1 Indien als Sprachrohr der Dritten Welt

Die sich abzeichnende Verschiebung des geopolitischen Schwerpunkts zu den bevölkerungsreichen Staaten Asiens ist zugleich eine von Nord nach Süd, von den frühen Industrienationen in die Entwicklungsländer. Als Kolonien oder Halbkolonien waren im Zuge oft Jahrhunderte währender europäischer Fremdherrschaft ihre traditionellen Institutionen zerstört, privateigentümliche Verhältnisse eingeführt, ihre Wirtschaften auf die Bedürfnisse einer überseeischen Gesellschaft zugerichtet worden. Indien war eine der ersten Mächte, die sich nach dem 2. Weltkrieg erfolgreich des Kolonialjochs entledigte. Obwohl seine staatliche Unabhängigkeit erst 1947 erfolgte, war es Gründungsmitglied der UN.[8] Ganz natürlich wuchs es in die Rolle eines Protagonisten der Entkolonialisierung und Sprechers der Dritten Welt

5 Angus Maddison, The World Economy: A Millenial Perspective, OECD, Paris 2003. 2006 dagegen stellten China und Indien zusammen 37 % der Bevölkerung und 7.5 % des Sozialprodukts der Welt. (Weltbank s. Anm.2)

6 Globale Trends 2007, pp 45. Zu denken ist beispielhaft an den 1. Weltkrieg, in dem Deutschland versuchte, als industriell rasch aufholende ‚verspätete Nation' die etablierte Aufteilung der Welt zu seinen Gunsten neu zu ordnen. Ähnliches gilt für den Aufstieg Frankreichs unter Ludwig XIV gegenüber Spanien und dem Habsburger Reich im 17. Jh., gefolgt von dem Englands bis zu dessen Etablierung als weltweiter Hegemonialmacht ein Jahrhundert später (gegen Frankreich und Holland). Vgl. The Times of the World, London 1978, pp 192-195. Attali, J., Une brèf histoire de l'avenir, Fayard, Paris 2007, Kap.2.

7 Flächenmäßig noch größer sind nur die Länder (in Mio.qkm): Russland 17,1, Kanada 10,0, USA und China je 9,6, Brasilien 8,5, Australien 7,7.

8 Es wurde am 30.Oktober 1945 das 31. Mitglied der UN.

hinein. Pandit Nehru, Weggefährte Gandhis und erster Premier (1947-64), war einer der Protagonisten der späteren Blockfreien Bewegung, die sich 1955 in Bandung bzw. 1961 in Belgrad konstituierte und eine Weltordnung jenseits von Kaltem Krieg und Systemkonkurrenz anvisierte. Man artikulierte eigene politische und weltwirtschaftliche Forderungen, zielte auf eine staatszentrierte, am Binnenmarkt orientierte Entwicklungsstrategie und wollte die UN in ein Forum ihrer Interessen verwandeln.[9] Hatte Präsident Truman 1949 die ‚Unterentwicklung' als politökonomisches Programm amerikanischer Außenpolitik entdeckt,[10] wurde im Gegenzug der Nord-Süd-Gegensatz begründet. Mit der Auflösung des sozialistischen Lagers und der weltweiten Durchsetzung des Neoliberalismus haben die Blockfreien Bewegung und die Dritte Welt als Interessenbündnis eigener Art zwar viel von der alten Stoßkraft, wie sie in der Vielzahl von UN Sonderorganisationen, in den Menschenrechtskonventionen der zweiten und dritten Generation, in den Forderungen nach einer Neuen Weltwirtschaftsordnung oder der Neuen Internationalen Informations- und Kommunikationsordnung gipfelten, eingebüßt. Doch sehen inzwischen einige Autoren in der sich formierenden Opposition von G77 und G20 in der WTO sowie den verstärkten wirtschaftlichen Süd-Süd-Beziehungen eine Renaissance aufdämmern.[11] Die Implosion des realsozialistischen Lagers hat die Problematik internationaler ungleicher und abhängiger Entwicklung nicht beseitigt. Indien versteht sich weiterhin als Land der Dritten Welt. Darin nimmt es eine Führungsrolle ein, dessen Spezifik angesichts gewandelter Bedingungen heute zu detaillieren ist.

2. Kaschmir - Kristallisationspunkt interner und internationaler Konflikte

Die Kaschmir-Frage ist der traditionelle Fluchtpunkt indischer Politik. Mehr als nur ein Problem der territorialen Integrität der Nation kristallisiert sich in ihr das Drama des Endes von British India, das ursprünglich ganz Südasien, inklusive Pakistan und Bangladesh, Indien, Burma und Ceylon, umfasste. Anders als die staatliche Loslösung der beiden letzteren, war die Abspaltung Pakistans als Heimstatt der indischen Muslime ein traumatischer Prozess, der von einem ‚Bevölkerungsaustausch' in Form von schätzungsweise 12 Millionen vertriebenen oder geflüchteten Muslimen bzw. Hindus[12] und der Ermordung von bis zu 2 Millionen

9 Zu denken ist hier einerseits an die Vielzahl wirtschaftlich orientierter UN Organisationen, wie UNIDO, UNCTAD, und andererseits an Resolutionen der General Assem-bly wie die Charta der wirtschaftlichen Rechte und Pflichten der Staaten oder die Forderungen nach einer Neuen Weltwirtschaftsordnung oder einer Neuen Internationalen Informations- und Kommunikationsordnung, die alle auf eine Einschränkung der Übermacht des Westens und seiner Konzerne hinauslief, die Souveränität und Eigen-ständigkeit der Entwicklung der 3. Welt zum Ziel hatte.

10 Esteva, G., Entwicklung, pp 89ff. In: Sachs, W. (Hg), Wie im Westen so auf Erden, Rowohlt, Hamburg 1993

11 Vgl. CETRI 2007.

12 Quid 2004, p 1151

Menschen begleitet war. Mit dem Abzug der Briten sollten die 624 Feudalfürstentümer sich einem der beiden neuen Staaten anschließen. Dabei kam es in drei Fällen, nämlich Kaschmir, Hyderabad und Junagadh, zu bewaffneten Auseinandersetzungen. Angesichts seiner überwiegend muslimischen Bevölkerung (77 %) hätte Kaschmir der Logik der Teilung zufolge Pakistan zugehört, doch sein hinduistischer Herrscher entschied sich nach militärischer Intervention beider Seiten für Indien. Ein erster Krieg führte 1947/8 zur Teilung der Provinz entlang einer hoch militarisierten Waffenstillstandslinie, der bis heute bestehenden faktischen Grenze. Auch die folgenden beiden Kriege von 1965 und 1971 brachten keine Lösung; schwächten aber Pakistan insofern, als sich mit indischer Hilfe der Osten als unabhängiger Staat Bangladesh abspaltete. Und ein vom UN Sicherheitsrat angeordnetes Referendum wurde von Indien nie abgehalten, Autonomiebewegungen mit Forderungen nach Selbstbestimmung unter Verletzung elementarer Menschenrechte massiv unterdrückt.

Der regionale Konflikt erhielt durch die Mitgliedschaft der beiden Kriegsparteien zu unterschiedlichen Bündnissen schon früh eine internationale Dimension. So wurde Pakistan durch den SEATO-, dann den CENTO-Pakt und heute als ‚Frontstaat' im weltweiten Antiterrorkampf in ein enges Bündnis mit den USA eingebunden; zugleich wurde es seit den 1960er Jahren von China militärisch und diplomatisch verlässlich unterstützt. Indien dagegen profilierte sich als blockfreies Land und arbeitete seit den 1970er Jahren eng mit der Sowjetunion zusammen. Der Erwerb von Atomwaffen durch beide Kontrahenten verstärkte zwar das Gefahrenpotential des Konflikts für die internationale Sicherheit, doch lange ohne fühlbare Auswirkungen. So hat auch die seit 1947 im kaschmirischen Grenzgebiet stationierte UN Beobachtermission weder die von pakistanischer Seite erfolgende Unterstützung von Aufständischen oder die grenzüberschreitende Infiltration von Bewaffneten in die Region noch die schwerwiegenden Krisen mit Gefechten zwischen den beiden hoch gerüsteten Gegnern 1999 und 2001 verhindern können.[13] Für zusätzliche Brisanz sorgten jüngste terroristische Anschläge auch in anderen Teilen Indiens (Mumbay, Parlament in New Delhi), die direkt pakistanischen Organisationen oder anderen muslimischen Gruppen, die Kaschmir als Testfall für die Befreiung islamischer Gebiete von Fremdherrschaft sehen, zugeschrieben werden.

Einen zentralen Stellenwert nimmt Kaschmir auch aus innenpolitischen Gründen ein. Denn trotz der seinerzeitigen Abspaltung Pakistans als explizit muslimisches Gemeinwesen leben heute noch 140 Millionen Menschen islamischen Glaubens in Indien. Mit 13 % größte Minderheit im Land stellen sie zugleich nach Indonesien und Pakistan die drittgrößte Konzentration von Muslimen überhaupt dar. Aus historischen Gründen nicht spannungslos, hatten doch seit dem 11. Jahrhundert muslimische Einwanderer (Groß-)Reiche auf dem Subkontinent errichtet, sich selbst als kulturell und politisch herrschende Minderheit über die Hindu-Mehrheit etab-

13 Vgl. Müller, H., Weltmacht Indien, Fischer, Berlin 2006, pp 104-111 und 205-217. Le Monde diplomatique, Atlas der Globalisierung, Berlin 2006, pp 128f und 172f.

liert,[14] haben seit den 1980er Jahren die ethnischen Konflikte besonders durch die von der Indischen Volkspartei (Bharatiya Janata Party (BJP)) favorisierte Hindutva Bewegung mit ihrer explizit anti-muslimischen Ausrichtung neue Nahrung gewonnen.[15] Bewusst wurden dabei aus machtpolitischen Erwägungen die ethnische Polarisierung und die gesellschaftlichen Auseinandersetzungen verschärft. So wurde die Zerstörung der Babri Moschee in Ayodhya 1992 durch einen aufgewiegelten Hindu Mob oder das Anti-Muslim Pogrom in Gujarat von 2002 mit Duldung bzw. aktiver Unterstützung der von der BJP angeführten Staatsregierung durchgeführt.[16]

Festzuhalten bleibt, dass sich hinter dem Kaschmir Konflikt das allgemeine Verhältnis zwischen Hindus und Muslims auf nationaler, regionaler und internationaler Ebene verbirgt. Mag sich auch das politische Koordinatensystem seit der Unabhängigkeit gewandelt haben, es symbolisiert weiterhin einen entscheidenden Bezugspunkt indischer Außenpolitik. Neu Delhi können weder die Allianzen Pakistans mit anderen Großmächten, noch die mögliche Bildung eines islamisch-fundamentalistischen Blocks in Westasien, dem u.a. Afghanistan, Pakistan und Iran angehören würden, gleichgültig sein; im Gegenteil.

3 Vom regionalen Hegemon zur Weltmacht

3.1 Indien und seine Nachbarn – Südasien als (potentielles) Hinterland

Mitte der 1980er Jahre haben sich die sieben Staaten Südasiens auf Initiative Bangdeshs in der South Asian Association for Regional Cooperation (SAARC) mit Sitz in Katmandu zusammengefunden.[17] Angesichts der Vielzahl bilateraler politi-

---

14 Beginnend mit Mahmud von Ghazni (997) wurde das Moghul Empire (1526-1764) das größte und berühmteste (Taj Mahal). In der Folge herrschte typischer Weise eine muslimische, von Persien und Zentralasien kulturell stark beeinflusste Oberschicht über eine Mehrheit von Hindus.

15 Zwischen 1998 und 2004 bildete eine Koalition unter der Führung der BJP mit dem Premier Vajpayee die Zentralregierung. Die Hindutva (oder ‚Hindutum') Bewegung muss als Äquivalent des islamischen, zionistischen oder christlichen Fundamentalismus betrachtet werden. Als politische Bewegung im religiösen Gewande findet sie besondere Unterstützung unter den urbanen Mittel- und Oberschichten. Strikt gegen die religiösen Minoritäten von Christen und Muslimen eingestellt, denen sie potentiell mangelnde nationale Identität vorwerfen (wg. ihrer extraterritorialen Bezugsorte, Rom und Mekka) versucht man im Gegenzug alle Hindus, inklusive Unberührbare und Stammesangehörige oder auch die Sikhs unter dem einigenden Band des Hindutums einzuschwören.

16 Vgl. dazu die Beiträge von Dipak Malik und Muralidhar in John P. Neelsen, Dipak Malik (eds), Crisis of Nation and State – South Asia between National Integration and Fragmentation, Manohar, New Delhi 2007.

17 Zur Orientierung einige Grunddaten für 2006 zur Bevölkerung und zum BSP der Teilnehmerstaaten in der Reihenfolge ihrer Größe: (1) Pakistan: 159 Mio. Einw.; BSP 122 Mrd. $, 770 $ p.c.. (2) Bangladesh: 144 Mio. Einw., BSP 70 Mrd. $, 440 $ p.c. (3) Nepal 28 Mio. Einw., BSP 7 Mrd. $, 290 $ p.c. (4) Sri Lanka: 20 Mio. Einw., BSP 26 Mrd. $, 1.300 $ p.c. (5) Bhutan: 647.000 Einw.; BSP 915 Mio. $, 1.410 $ p.c.; (6) Malediven: 337.000 Einw., BSP 902 Mio $; 2.680 $ p.c. Vgl. World Bank, World Development Report 2008, pp 334f, 344.

scher Konflikte zwischen Indien und allen seinen Nachbarstaaten wurde a priori jede politische Kooperation ausgeschlossen. Gleichwohl markiert SAARC einen auf Kooperation setzenden Neuanfang in den Beziehungen Indiens mit seinen unmittelbaren Nachbarn, von denen es bis dahin, gegebenenfalls gewaltsam durchgesetzte, Folgebereitschaft erwartete. So ist es 1987 auf den Malediven einmarschiert; intervenierte 1987-90 unter großen eigenen Verlusten im Bürgerkrieg in Sri Lanka. Es hat die Abhängigkeit Nepals und Bhutans, zwei schwer zugängliche Binnenstaaten im Himalaja, zu seinen Gunsten ausgebeutet. Und selbst mit Bangladesh gibt es nach der Euphorie der Gründungszeit wegen der Teilung des Brahmaputra-Wassers, der Unterstützung indigener sezessionistischer Rebellen und (illegaler) Einwanderer in die nordöstlichen Bundesstaaten gespannte Beziehungen. Inzwischen hat man in Neu Delhi jedoch gelernt, eher auf Instrumente der soft power[18] zurückzugreifen, Lösungen trotz der Machtasymmetrie eher über Verhandlungen anzustreben. Wer Weltmachtaspirationen hegt, für den sind nachbarschaftliche offene Konflikte ein Hindernis, sie binden Kräfte, verhindern Entwicklungen zum gemeinsamen Vorteil, privilegieren die Nahsicht anstatt alle Kräfte auf die globale Perspektive zu fokussieren. Gleichwohl, noch bleibt die intendierte Verstärkung der wirtschaftlichen Zusammenarbeit gering. Zu groß ist die Divergenz zwischen den einzelnen Mitgliedern, zu groß das Zentralgestirn Indien, das drei Viertel der Bevölkerung und einen ähnlich großen Anteil am regionalen Bruttosozialprodukt repräsentiert. Trotz Ankündigungen intensivierter Wirtschaftsbeziehungen im Rahmen einer South Asian Free Trade Association (SAAFTA) gehen nur 5 % des subkontinentalen Außenhandels in den regionalen Austausch (gegenüber der EU mit 67 %). Gleichwohl, ein Anfang ist gemacht, denn von jeder wechselseitigen Marktzugangserleichterung profitiert vor allem das technologisch fortgeschrittenere, zudem viel mächtigere indische Kapital. Größere Integration der Wirtschaften Südasiens bedeutet langfristig ganz unabhängig von politischen Divergenzen faktisch deren Unterwerfung unter das indische Kapital. Viel dürfte an Indien selbst liegen, um das Potential Südasiens als sein ureigenes politisch-ökonomisches Hinterland zu entwickeln, es in internationales politisches Gewicht umzumünzen. Aus außenpolitischer Sicht wird schon jetzt von niemandem Indien die Rolle der regionalen Ordnungsmacht streitig gemacht. Im Gegenteil, Südasien gilt als anerkannte chasse gardée New Delhis.

3.2 Statussymbole einer Weltmacht

Dass Indien wegen seiner Größe und alten Kultur eine Weltmachtstellung gebühre, davon war die Elite des Landes, einschließlich Jawaharlal Nehru, immer überzeugt. International wurde in den ersten Jahrzehnten nach der Unabhängigkeit der Stimme Indiens als moralischer Autorität Gehör geschenkt, machtpolitisch galt es dagegen wenig. Es dominierte die Vorstellung vom unterentwickelten Land, massenhaftem Elend und unkontrolliertem Bevölkerungswachstum. Die jüngsten weltweiten Erfolge seiner Pharmaindustrie, der Firmen im Informations- und Kommunikations-

18 Vgl. Wagner, Ch., From Hard Power to Soft Power? Lund 2004.

sektor haben dieses Bild grundlegend gewandelt. Die Verlagerung von Forschungslabors führender Transnationaler Konzerne nach Indien, der Ruf Bangalores als indisches Silicon Valley, die zunehmende Zahl westlicher Studierender an den Indian Institutes of Technology bzw. den Firmen eigenen Hochschulen oder die wachsende Visibilität indischer Multis auf okzidentalen Märkten als Konkurrenten oder gar Aufkäufer von Unternehmen (Stahl durch Mittal, Jaguar durch Tata) haben das Fremd- und Selbstbild Indiens qualitativ verändert. Von einer Regionalmacht strebt es nunmehr ökonomisch und politisch die Rolle einer Weltmacht an. Dies bedeutet aus Sicht New Delhis vor allem:
- Atomwaffenbesitz und ständiger Sitz im Sicherheitsrat der UN
- Ausdehnung des indischen Machtbereichs auf den ganzen Indischen Ozean
- Aufbau einer modernen Armee, inkl. einer eigenen Rüstungsindustrie
- Globale Ausweitung und Diversifizierung der Außenhandelsbeziehungen

3.3 Keine Weltmacht ohne Kernwaffen

Indien hat den Beitritt zum Atomwaffensperrvertrag (NPT) ebenso wie den zum Teststoppabkommen (CTBT) mit der Begründung verweigert, eine Unterzeichnung bedeute Zustimmung zu einem Waffenoligopol seitens der anerkannten Atommächte und deren Machtkartell, da sie als einzige ständige Mitglieder des UN-Sicherheitsrats auch mit Entscheidungsgewalt über Krieg und Frieden ausgestattet seien. Anfangs kein Befürworter von Atomwaffen, wohl aber von Kernenergie, wollte Indien sich nie mit dieser ‚nuklearen Apartheid' und damit der impliziten Rückstufung auf den Status einer Sekundärmacht abfinden. Seine erste friedliche Atombombe wurde 1974 gezündet, weitere Versuche 1998 auch gegen internationalen Widerstand unternommen. Aktuell verfügt Indien über 22 Kernanlagen, davon 8 zu militärischen Zwecken. Ähnlich verhält es sich mit dem UN Sicherheitsrat: Hier ist New Delhi ein Vorreiter bei der Forderung nach einer Reform, da weder dessen Zusammensetzung noch das Vetorecht der ‚großen Fünf' den globalen demographischen oder machtspezifischen Aktualitäten mehr entspricht.

3.4 Kontrollmacht im Indischen Ozean

Geopolitisch liegt Indien in einer neuralgischen und zugleich strategisch zentralen Region, dem ölreichen Nahen und Mittleren Osten. Es beherrscht die Seewege nach Südost- und Ostasien, über die die gesamte maritime Versorgung mit fossilen Energieträgern der weltwirtschaftlichen Kernregion Japan, Südkorea und China erfolgt. Die USA, Russland und China zeigen deshalb ein strategisches Interesse an diesem Raum. Mit Ausnahme der USA, die die 36 qkm große Chagosinsel Diego Garcia von Großbritannien gepachtet und zur Militärbasis für ihre dort stationierte 5. Flotte[19] ausgebaut haben, verfügt keiner über einen direkten Zugang. Anders

19 Auf dieser, von Mauritius beanspruchten, 1.800 km von den Seychellen und 725 km südlich der Malediven gelegenen Insel, sind rd. 500 GIs stationiert. Die Zugehörigkeit der Chagosinseln zu Mauritius wurde 1965 von GB aufgehoben und in ein eigenes britisch-amerikanisches Militärgebiet, die „British Indian Ocean Territory" umgewandelt. Vgl. Frémy, D.& M. (eds), Quid 2007, Editions Laffont, Malhèrbes 2006, pp 1333f. Zu Zeiten der Sowjetunion kreuzten 24 sowjetische Kriegsschiffe dauerhaft im Indischen Ozean.

Indien. Mit einer Küstenlänge von 7.000 km teilt es den Ozean in Arabisches Meer und den Golf von Bengalen; außerdem gehören ihm die Inselgruppen der Lakkadiven im Westen sowie der Andamanen und Nikobaren im Osten. Gerade die letzteren sind von besonderem Gewicht. Nur 90 km von der indonesischen Küste und der Meerenge zwischen Malaysia und Indonesien entfernt, schieben sie sich wie ein Schleusentor vor die Einfahrt zur Strasse von Malakka, der einzigen Verbindung zwischen dem Indischen und Pazifischen Ozean. Diese Seerouten effektiv zu kontrollieren und zu sichern, hat Indien zwischenzeitlich in Port Blair den Eastern Command seiner Kriegsmarine installiert.[20] Mit seinem Anspruch auf Herrschaft über den Indischen Ozean knüpft es bewusst an historische Vorgänge an. Kulturell, wirtschaftlich und machtpolitisch hatten südindische Dynastien zwischen dem 8. Und 12. Jahrhundert ganz Südostasien von Burma bis Bali kolonisiert, neben Waren auch ihre Schrift sowie den Hinduismus, Buddhismus und eine spezifische höfische Kultur exportiert.[21]

3.5 Aufbau einer modernen Armee

Der Wille zur Projektion von Macht, gegebenenfalls auch jenseits der eigenen Grenzen, ist unglaubwürdig ohne moderne Streitkräfte. Der Modernisierung der Armee, insbesondere der Marine, gilt deshalb das besondere Augenmerk New Delhis, dessen jährliches Verteidigungsbudget sich auf rd. 2,5 % des BSP beläuft. Mit zuletzt 3,3 Mrd. $ p.a. ist Indien zudem einer der größten Waffenimporteure überhaupt. Mit 1,3 Millionen Soldaten, unterstützt von einer gleich großen Zahl von Reservisten und noch einmal so vielen paramilitärischen Verbänden, unterhält Indien eine der weltweit größten Armeen.[22] Hatte die Forschung auf dem Gebiet der Kernphysik[23] schon vor der Unabhängigkeit eine Rolle gespielt, kamen später deren militärische Anwendung als Atomwaffen sowie die Entwicklung von Trägerraketen als Aufgabe für die eigene Rüstungsindustrie hinzu. Indien verfügt heute über ein ganzes Arsenal einsatzfähiger Raketen kurzer und mittlerer Reichweite.[24] Umgekehrt wurde (mit israelischer Unterstützung) ein luftgestütztes Raketenabwehrsystem installiert. Daneben hat Indien über 30 Satelliten erfolgreich in eine Erdumlaufbahn geschickt und sein Weltraumprogramm sieht in der näheren Zukunft eine bemannte Raumfahrt, in fernerer auch eine Landung auf dem Mond vor.

---

20 Die indische Kriegsflotte umfasst über 100 Schiffe; aktuell wird ein 2. Flugzeugträger angeschafft.

21 Vgl. Kulke, H., Rothermund, D, Geschichte Indiens, Beck, München 1998, pp 195ff.

22 Danach dienen 1,1. Mio. bei der Armee, 170.000 bei der Luftwaffe und 55.000 bei der Marine.

23 Vgl. Bieber, H.J., Zur Frühgeschichte der indischen Nuklearpolitik, pp 373-414, in: Geschichte und Gesellschaft, Jg. 31, Heft 3, Juli-September 2005 ‚Südasien in der Welt'.

24 Die ‚Prithvi' mit einer Reichweite von 150-200 km; die ‚Agni 1' mit einer Reichweite von 700 km; ‚Agni 2' mit einer Reichweite von 2.000 km und die ‚Agni 3' mit einer Reichweite von 3.000 km. Daneben gibt es die ‚Brahmo', eine Anti-See-Rakete mit einer Reichweite von 300 km. Vgl. Saint-Mézard, I., Les forces armées indiennes, pp 248-263, in: Jaffrelot, Ch. (ed), L'Inde Contemporaine, Fayard, Paris 2006 (nouvelle édition)

3.6 Perspektive Weltwirtschaft

Nach 40 Jahren staatszentrierter, am Binnenmarkt orientierter nachgeholter Industrialisierungs- und Entwicklungspolitik hat sich das Land nach 1990 der Weltmarktintegration nach neoliberalen Rezepten verschrieben. Zwar ist die Außenhandelsquote mit rd. 30 % noch vergleichsweise gering (China weist einen doppelt so hohen Quotienten auf), doch konnte die Exportstruktur im Bereich des Warensortiments von den traditionellen Schwerpunkten Primärprodukte, Textilien, etc. zu höherwertigen Dienstleistungen verschoben wie auch die Außenhandelspartner diversifiziert werden. Im Gegensatz zu China als der ‚Werkstatt der Welt' träumt Indien davon, ‚Büro und Labor der Welt' zu werden. Auf die Erfolge seiner Software und Generika Unternehmen wie seiner Unterhaltungsindustrie (Film) wurde bereits verwiesen. Daneben gibt es Ansätze, so bei Textilien und der Auto(teile)herstellung, im Sekundärsektor neue Märkte zu erschließen, den modernen Arbeitsmarkt zu stärken und so neben dem Dienstleistungssektor ein zweites Standbein für wirtschaftliche Entwicklung zu etablieren.[25] Bezüglich der Wirtschaftsbeziehungen bleiben die USA und EU wichtige Akteure, inzwischen aber steigen Südost- und Ostasien zu Haupthandelspartnern auf. Neben dem besonderen Interesse an China sind es die ASEAN Staaten, von Myanmar bis Vietnam, auf die sich das Hauptaugenmerk der indischen Ökonomen richtet. Hier decken sich die machtpolitischen Interessen Neu Delhis als Ordnungsmacht des Indischen Ozeans mit den außenwirtschaftlichen im Rahmen der offiziellen „Look East"-Politik.

4 Im Spiel der großen Mächte

Als aufstrebende Macht sind die Positionierung Indiens im internationalen System und die langfristige Realisierung seiner Großmachtpläne naturgemäß entscheidend von der globalen Kräftekonstellation geprägt. Der doppelte Umbruch der 1990er Jahre mit der Auflösung der Sowjetunion und des Sozialistischen Lagers in Kombination mit dem Ende des realen Sozialismus als Produktionsweise hatte tief greifende Auswirkungen auf Indien. Das Ende von Systemkonkurrenz und Kaltem Krieg sowie die Universalisierung der privatkapitalistischen Marktwirtschaft stellten die Fundamente indischer Außenpolitik, das enge Verhältnis zur Sowjetunion bzw. zu Russland und der Nord-Süd-Gegensatz, zur Disposition. Die Neukonfigurierung des internationalen Systems im Verein mit der nunmehrigen Priorität des

25 So haben fast alle großen Autofirmen nicht nur Niederlassungen in Indien, sondern MAN wie Daimler, Suzuki und Toyota haben joint venture Abkommen mit indischen Autoherstellen (TATA, Mahindra, Maruti, etc.) für die Produktion von PKW wie LKW abgeschlossen, die nicht nur den riesigen internen Markt bedienen (die Zahl von 500.000 abgesetzten PKW im Jahre 2003/4 soll 2006/7 bereits verdoppelt worden sein), sondern zukünftig auch exportiert werden sollen. Dass nach internationalen Standards produziert wird, belegen Zahlen für Maruti, wo auf Basis von ‚just in time' Produktion alle 21 Sekunden ein PKW vom Band läuft. Vgl. Müller, O., „Wenn Sie Gewinne machen wollen, kommen Sie zu uns", Bundeszentrale für politische Bildung, www.bpb.de/themen/3VP706.html (eingesehen 16.9.07) Gey, P. et al., Indien, Herausforderungen auf dem Weg zur Weltmacht, Kompass 2020, Friedrich Ebert Stiftung, Bonn/Berlin September 2007.

Weltmarkts und der Wandel der internen Klassendominanz erforderten eine grundlegende Neuorientierung der Politik, einschließlich des Verhältnisses zu den einzelnen Großmächten.

4.1 Angriff auf die wirtschaftspolitische Dominanz des Westens

Mit dem weltweiten Übergang zur neoliberalen Ordnung und der damit verbundenen Privatisierung, Deregulierung und Weltmarktorientierung löste sich die Front der Dritten Welt auf. An die Stelle des früheren gemeinsamen Kampfes gegen Freihandel und die Übermacht westlicher Multinationaler Konzerne, für Technologietransfer und staatliche Außenhandels- und Devisenkontrollen treten jetzt allseitige Konkurrenz um Ausländische Direktinvestitionen, um die Ansiedlung von Multis durch Kapital- und Marktöffnung, Freihandelszonen, etc. Die neoliberale, auf international komparative Kostenvorteile setzende Strategie impliziert eine Kehrtwendung in der Außenhandelsdoktrin: nicht mehr Schutz vor Freihandel, sondern dessen allseitige Durchsetzung ist nunmehr die sich gegen die Metropolen richtende Hauptforderung. Zuerst in einer breiten Koalition in Seattle, dann während der folgenden Doha Runden kristallisierte sich unter Führung einer kleinen Gruppe von Staaten, unter ihnen Indien, Brasilien, China und Südafrika, eine neue Front der Entwicklungsländer heraus. Sie sind nicht länger bereit, den Freihandel als Hebel zur Marktöffnung ihrer Länder zu dulden, während die reichen Industriestaaten des Nordens Konkurrenzprodukte aus der Dritten Welt, wie besonders deutlich bei Nahrungsmitteln, Textil und Bekleidung, aus den Handelsvereinbarungen seinerzeit des GATT, heute seines sanktionsbewehrten Nachfolgeregimes, der Welthandelsorganisation (WTO), ausklammern oder unterlaufen. Sie insistieren auf der allgemeinen Öffnung der metropolitanen Märkte, ein Ende der Agrarsubventionen und der Sonderbehandlung einzelner Staaten. Sie haben ihre Verhandlungsmacht als G77 bewiesen und die Gespräche über weitere Handelsliberalisierungen scheitern lassen. Auch in anderer Hinsicht wird sich die Verschiebung im wirtschaftlichen Kräfteverhältnis bemerkbar machen: Weltbank und Internationaler Währungsfond werden weder in der Personalbesetzung noch bei der Zuteilung der Stimmrechte eine Prärogative von USA und EU bleiben. Ähnlich werden sich vor allem die großen Schwellenländer bei der Normsetzung und Auslegung internationaler Handelsverträge wie bei der Liberalisierung des Dienstleistungssektors oder beim Geistigen Eigentum[26] auch gegen die Interessen der Triade in Zukunft stärker durchsetzen. Bei all dem ist jedoch anzumerken, dass die Früchte neoliberaler Globalisierung nur einer selektiven Gruppe von Ländern des Südens und hier wiederum nur spezifischen Schichten zu Gute kommen, während die internationalen und internen Ungleichheiten verstärkt werden.[27]

26 Dies gilt vor allem im medizinischen Bereich bei Heilpflanzen oder im Nahrungsmittelbereich beim Saatgut. Im Gegensatz zur in den Industrieländern konzentrierten Forschungsinfrastruktur, inkl. Gen-Banken, sind die natürlichen Lebensräume für Biodiversität in ihrer überwältigenden Mehrheit im Trikont angesiedelt.

27 Zu denken ist dabei (a) an die große Zahl gerade der ärmsten Dritte-Welt Länder, die Nahrungsmitteldefizite aufweisen und unter höheren Weltmarktpreisen leiden werden gegenüber

4.2 Das Verhältnis zur Sowjetunion bzw. Russland

Die russische Revolution und die nachgeholte Entwicklung unter Bedingungen staatlicher Planung in der Sowjetunion war für viele Führer im Trikont ein Vorbild. Der gemeinsame Kampf gegen jede Form des (Neo-)Kolonialismus und der Apartheid untermauerte das von der Sowjetunion (SU) vertretene Konzept von der ‚natürlichen Allianz' zwischen der Dritten Welt und dem sozialistischen Lager. So auch für Indien. Hier kommt hinzu, dass die SU - anders als China und die USA - Indien im Konflikt über Kaschmir unterstützte. Sie war es auch, die Düsenjäger nach Indien lieferte, als die USA aus entsprechenden Verträgen ausstiegen. Den Schulterschluss zwischen Neu Delhi und Moskau verstärkte noch die wachsende Annäherung zwischen China und den USA, die einer Entfremdung zwischen China und der SU parallel lief. 1971 wurde ein weit reichender Friedens- und Freundschaftsvertrag geschlossen, der auch Konsultationen bei externer Aggression umfasste. Die SU wurde zum wichtigsten Wirtschaftspartner und Rüstungslieferanten Indiens; Technologietransfer, umfangreiche Lizenzvereinbarungen und die Beschaffung sensitiver Güter, so im Nuklearbereich, wurden beschlossen.

Mit dem Ende des Kalten Krieges und dem Zusammenbruch der SU entstand zunächst ein sicherheitspolitisches und wirtschaftliches Vakuum für Indien. Zeitgleiche innenpolitische Entwicklungen drängten zu einer grundlegenden außenpolitischen Neupositionierung. Der Wiederaufstieg Russlands seit Beginn des 21. Jahrhunderts ermöglichte dann, an die alten Beziehungen anzuknüpfen. Mit einem Anteil von fast 80 % bleibt Russland Indiens größter Rüstungslieferant, inklusive Flugzeugträger, Atom-U-Boote, Backfire-Bomber.[28] In Zukunft werden in Indien SU-30 Kampfflugzeuge in Lizenz gebaut; joint ventures für die Entwicklung eines modernen Kampfflugzeugs und eines Langstreckentransporters sind geplant. Auch im Energiebereich ist enge Kooperation angesagt: so helfen russische Firmen beim Bau von Atomkraftwerken in Indien und bei der Erschließung von Erdgasfeldern im Golf von Bengalen und umgekehrt sind indische Firmen an der Erschließung von Ölvorkommen in Sibirien beteiligt. 2006 war Indien mit 1,4 Mrd. $ der größte

---

Indien, Brasilien, Argentinien u.a. Ländern der Cairnsgruppe mit großen Nahrungsmittleüberschüssen ; (b) in Indien wie Brasilien sind es die großen Agrarunternehmen/Plantagen, die von einer Unterwerfung der Nahrungsmittel unter die WTO Regeln profitieren; nicht aber die Bewegung der Landlosen (MST) oder die 300.000 indischen Bauern, die gegen einen WTO Beitritt in Delhi 1995 demonstrierten. Schließlich ist daran zu erinnern, dass die Beendigung des Multi-Fiber Agreement 2005 für viele Entwicklungsländer den Weg der Industrialisierung über den 'Textilweg' (wie vor ihnen England im 18/19. Jahrhundert) verbaut haben. Viele, nicht nur die Südländer der EU, sahen in Bangladesh, Madagaskar, Mexiko oder Mauritius ihre Arbeitsplätze in der aufkeimenden Textilindustrie nach Indien oder China wg. noch geringerer Arbeitskosten abwandern.

28 Die Bedeutung ist wechselseitig, insofern Indien zwischen 2000-2004 rd. ein Viertel der gesamten russischen Militärexporte absorbierte.

ausländische Investor im Energiesektor in Russland und baut darauf, einen Teil seines steigenden Bedarfs aus Russland decken zu können.[29]

4.3 Das Verhältnis zur Volksrepublik China

Schwankend zwischen Gegnerschaft, Konkurrenz und Kooperation ist das Verhältnis zu China im Vergleich zu anderen Weltmächten aus indischer Sicht das schwierigste. Dabei hatte alles so gut begonnen. Indien hatte sich gegen die Isolation der Volksrepublik nach dem Sieg Maos und der Kommunisten stark gemacht. In Bandung hatte es das traditionelle ‚brüderliche Verhältnis' zwischen den beiden Völkern und ihre gemeinsamen Interessen als Entwicklungsländer gefeiert. Trennende Aspekte gibt es seitdem zuhauf, ohne deshalb unlösbar antagonistisch zu sein.

a) Mit den aus der Kolonialzeit ererbten Grenzkonflikten, die 1962 in einen von China gewonnenen Krieg mündeten, schlug die Stimmung in Indien in ihr Gegenteil um. Bis heute fordert Indien die Rückgabe des von China im Grenzgebiet zu Pakistan besetzten Aksai Chin, während China Ansprüche auf das Territorium von ‚Arunachal Pradesh' im Nordosten erhebt. Weiteren Konfliktstoff stellte das jeweilige Verhältnis zu Tibet bzw. zu Sikkim und deren jeweiligen Status dar.
b) Das Verhältnis zu Pakistan generell, zur Kaschmirfrage speziell, ist aus indischer Sicht der Lackmustest seiner zwischenstaatlichen Beziehungen. Die seit dem 2. indisch-pakistanischen Krieg von 1965 bestehende vertragliche diplomatisch-politische, wirtschaftliche und militärische Unterstützung Pakistans durch China,[30] akzentuiert noch durch dessen Hilfe beim pakistanischen Atomprogramm, wird als feindlicher Akt gesehen. Dies sowie die erfolgreichen Versuche Beijings, über seine intensiven wirtschaftlichen Verbindungen zu Myanmar[31] und Pakistan hinaus sich über diese Länder auch direkten Zugang zum Persischen Golf bzw. Golf von Bengalen zu verschaffen, werden in Indien als militärische Einkreisung interpretiert.
c) Mit der allseitigen Übernahme des privatkapitalistischen Entwicklungswegs zudem unter dem Vorzeichen neoliberaler Globalisierung verschärft sich die Konkurrenz um Einflusszonen, Märkte und Ressourcen zwischen den Nationen. Dies gilt für die beiden asiatischen Giganten einmal regional vor allem für Südostasien, inkl. Vietnam. Auf dem Gebiet der Energiesicherung schließlich finden sich beide Staaten weltweit häufig als Konkurrenten wieder. Dies begünstigt zunächst vor allem die Anbieter. Am Ende hat Indien beim Zuschlag des Öfteren den Kürzeren gezogen, da chinesische Unternehmen mit staatlicher Rückendeckung viel bessere Konditionen anbieten konnten. Ähnliches gilt für

---

29 Vgl. dazu auch Müller, H., Weltmacht Indien, Fischer, Frankfurt 2006, pp 260-264. Siehe auch W. Gerns, Die indisch-russischen Beziehungen nach dem Ende der Sowjetunion, pp 55-60, in: Marxistische Blätter, 4/2006

30 Höhepunkt dürfte die chinesische (nukleare) Warnung vor einem indischen Angriff auf Ostpakistan, das spätere Bangladesh, 1965 im Zuge des indisch-pakistanischen Krieges gewesen sein.

31 Marinestützpunkt Hianggyi (Myanmar) und Radarstation auf den Coco-Inseln. (Müller 2006, 273.)

die internationale Politik. So hat China weder Unterstützung des indischen Bestrebens nach einem permanenten Sitz im UN Sicherheitsrat zu erkennen gegeben, noch hat es die Nuklearprogramme des großen Nachbarn als rechtmäßig gewürdigt. Zwar hat die chinesische Regierung beim Besuch des indischen Premiers Anfang Januar 2008 die indischen Atomenergiepläne angesprochen, aber gleichzeitig Zurückhaltung gegenüber den indischen Atomwaffen geäußert und auf die Einhaltung des Nichtverbreitungsvertrages abgehoben. Dabei ist daran zu erinnern, dass der indische Atomwaffentest von 1998 als Verteidigungsmaßnahme gegenüber China und dessen Nukleararsenal begründet wurde.

d) Insofern die USA China als langfristig größte Herausforderung ihrer Hegemonie ansehen, kann Beijing die Werbung der USA um Indien nicht gleichgültig sein. Im Gegenteil, es liegt in seinem besonderen Interesse, Konflikte mit Indien einzuhegen, wenn nicht beizulegen, gleichzeitig die Kooperation auf dem Hintergrund gemeinsamer Interessen zu verstärken. Schritte in dieser Richtung waren die wechselseitige Anerkennung der Zugehörigkeit Tibets zu China (mit entsprechenden Auswirkungen auf die politische Unterstützung der tibetischen Flüchtlinge um den Dalai Lama in Indien) bzw. Sikkims als 22. Bundesstaat der indischen Union im Jahre 2005 sowie die Wiedereröffnung einer Handelsroute (Nathu-La-Pass). Auch eine Regelung in den Grenzfragen (Aksai Chin bzw. Arunal Pradesh, 1986 als eigener Bundesstaat in das indische Staatsgebiet integriert) auf Basis der beiderseitigen Akzeptanz der ‚Line of Control' scheint sich abzuzeichnen. Daneben wurden eine Intensivierung der offiziellen Kontakte (jährliche Außenministertreffen) und eine gemeinsame Interessenvertretung in internationalen Organisationen (UN, Menschenrechtsrat) abgesprochen.

Schließlich kommt der Verdichtung des wirtschaftlichen Austauschs besonderes Gewicht zu. So belief sich der in den 1990er Jahren noch völlig unbedeutende Handel im Jahr 2000 auf bereits 2 Mrd. $, verzehnfachte sich bis 2007 auf 20 Mrd. $ (2007) und soll bis 2010 auf 30 Mrd. anwachsen. (Gnesotto/Grevi 2007, 189.) Damit ist die Volksrepublik schon heute der zweitwichtigste Handelspartner Indiens. In einer Reihe von Branchen sind die Länder einander komplementär. So betreiben indische Softwareunternehmen Trainingszentren und Tochtergesellschaften in China und profitieren von der Kombination aus chinesischer Kompetenz bei der hardware und indischer bei der software. Darüber hinaus wurden ein Informationstechnologieabkommen (2000) und Vereinbarungen über die gemeinsame Ölförderung und Erdgasexploration im Sudan, in Indonesien, in Australien oder auch in Sibirien getroffen. Es sind gerade diese Wirtschaftsbeziehungen, die als Gegengewicht gegen die politischen Spannungen dienen könnten.

4.4 Das Verhältnis zu den USA

Unter dem Eindruck der Umwälzungen Anfang der 1990er Jahre hat sich das wechselseitige Verhältnis Indiens und des Westens grundlegend gewandelt. Die Nachwirkungen des 11. September 2001 haben diese Entwicklung noch akzentuiert. Dies betrifft insbesondere das Verhältnis zu den USA und wird beispielhaft beleuchtet in der Haltung Neu Delhis zum Nahen Osten. Hatte Indien seinerzeit die PLO als erstes nicht-arabisches Land offiziell anerkannt und mit Israel diplomatische Beziehungen erst 1991 aufgenommen, ist Israel heute nach Russland zum wichtigsten Waffenlieferanten aufgestiegen. Nach Jahrzehnten des wechselseitigen Misstrauens und der politischen Distanz stehen die USA und Indien im Kampf gegen den internationalen (islamischen) Terrorismus heute Seite an Seite. Die seinerzeitige BJP geführte Regierung war bereit, Soldaten nach Irak zu entsenden, und unterstützte die amerikanischen Pläne eines Schutzschilds im Weltall. Die ‚natürliche Allianz' der beiden größten Demokratien wird beschworen. Dahinter aber stehen handfeste Interessen. Indien erblickt in den USA die unumgängliche Supermacht und zugleich den entscheidenden gate-keeper zur Realisierung der eigenen Großmachtambitionen.

Der Schlüssel dazu ist energiewirtschaftlich und militär-politisch der Zugang zur Nukleartechnologie. So soll die Atomenergie zunehmend zur Sicherung des in den nächsten 25 Jahren um das Fünffache ansteigenden Energiebedarfs beitragen. Denn allein um das Wirtschaftswachstums aufrecht zu erhalten, wird sich der Konsum an fossilen Energieträgern mehr als verdoppeln. Allerdings ist Indien mit Ausnahme von Kohle schon jetzt bei Erdgas zu 40 %, bei Erdöl zu 75 % von Importen abhängig. Jedoch gibt es keine eigenen Uranvorkommen und die Einfuhr wird durch ein nach der Kernexplosion 1974 verhängtes Embargo durch die Nu-clear Suppliers' Group (NSG) verhindert. Dessen offizielle Aufhebung und damit Sicherheit bei den Uranbrennstoffimporten verbunden mit Zugang zu modernster Nukleartechnologie ist daher prioritäres Ziel Neu Delhis. Dabei gilt es, und darin sind sich alle, einschließlich Hindunationalisten und Kommunisten, einig, die eigene Atomstreitmacht als militärischen Schutz und Statussymbol zu wahren. Dies zu erreichen, hängt aus Sicht Neu Delhis entscheidend von den USA ab. Und die Rechnung scheint aufzugehen. Die im Gefolge der Atomtests von 1998 verhängten Sanktionen wurden schon bald aufgehoben; die unter Clinton begonnene Annäherung weiter gepflegt, eine umfassende Zusammenarbeit auf wirtschaftlichem, technologischem und militärischem Gebiet vereinbart. Gemeinsame Manöver, Absprachen bei der Rüstungsbeschaffung und Terrorismusbekämpfung wurden beschlossen. Kernstück ist der ‚Atomdeal' von 2006. Demzufolge wird Indien eine Trennung seiner zivilen und militärischen Atomanlagen vornehmen und nur die ersteren, nicht jedoch die militärischen, dem Inspektionsregime der IAEA unterstellen. Die US Regierung hat zugesagt, diesen Deal bei der IAEA, Voraussetzung für die Aufhebung des NSG Embargos, durchzusetzen. Sollte die Implementierung am Widerstand des US-Kongress scheitern (Hyde Act), soll für anderweitige Ersatzlieferung gesorgt werden. Faktisch wird damit Indien der Weg zur offiziellen Aufnahme in den Kreis der anerkannten Atommächte geebnet, obwohl damit der Nichtverbreitungsvertrag (NPT) und die Glaubwürdigkeit der amerikanischen Politik gegenüber anderen potentiellen Atommächten (Iran, Nordkorea, etc.) ausgehöhlt wird. Trotz Widerstandes rechtsnationalistischer und kommunistischer Kreise, die eine Beschneidung der nationalen Souveränität bzw. eine Unterwerfung unter den US-amerikanischen Imperialismus fürchten, erscheint der Deal längerfristig gesichert. Geschäftliche Interessen (Waffenmodernisierung und Verkauf ziviler Atomanlagen) und das politische Ziel, Indien in ein US-geführtes weltumspannendes Netz von Vereinbarungen und formellen Bündnissen als ‚strategischen

Partner' einzubinden, sind Triebfedern der amerikanischen Strategie. Und seitens Neu Delhis ist man sich bewusst, dass nur über die USA politisch und technologisch die eigenen Weltmachtaspirationen verwirklicht werden können.

5 Vom Unipolaren zum Multipolaren Weltsystem – Indien als Pendelstaat

5.1 Wandel der geopolitischen Rahmenbedingungen

Die USA hatten nach dem Zusammenbruch des realen Sozialismus, der Auflösung des Warschauer Pakts und der Sowjetunion auf eine unipolare Weltordnung unter ihrer uneingeschränkten Hegemonie, andere auf eine Friedensdividende und gemeinsame Anstrengungen zur Lösung der globalen Probleme von Umwelt und Entwicklung gesetzt. Beide Erwartungen wurden enttäuscht. Die internationalen Beziehungen wurden militarisiert, UNO und Völkerrecht zu Gunsten des Rechts des Stärkeren unterminiert. Die weltweiten Rüstungsausgaben stiegen auf das höchste Niveau,[32] und im Gegensatz zu zwischenstaatlichen hat die Zahl der Bürgerkriege zugenommen. Mit der Frage der Energiesicherheit, d.h. der ungehinderten Verfügbarkeit über fossile Brennstoffe zu akzeptablen Preisen als eines zentralen Faktors von Wirtschaftswachstum, Macht und Ohnmacht, ist ein immer wichtigerer Fokus der internationalen Beziehungen bezeichnet. Geographie und Ausmaß der Vorkommen im Verein mit der Endlichkeit der fossilen Energieträger bei gleichzeitig ungleicher politischer und finanzieller Zugangschance erhöhen zwangsläufig Konkurrenz und Konflikte zwischen Unternehmen und Staaten.

Die Globalisierung hat die Volkswirtschaften einerseits stärker vernetzt, andererseits die Regierungen zu Gunsten weltweit agierender privatwirtschaftlicher Interessen geschwächt, die Ungleichheit innerhalb und zwischen den Staaten verschärft. ‚Failed states' stehen neben ‚emerging economies' und Transformationsländern und den superreichen Ölexportländern im Nahen Osten. Wirtschaftliche und politische Gewichte verschieben sich. Dies betrifft vor allem die USA, deren Vormachtstellung durch ‚imperial overstretch', durch den Krieg im Irak, gefolgt von der aktuellen Finanz- und Wirtschaftskrise, angeschlagen ist. Der Dollar büßt an Gewicht als wichtigster Leit- und Reservewährung ein; Öl- und Gasexporte sollen nicht länger allein in Dollar fakturiert werden (Iran, Russland); Dritte versuchen sich gegen den Verfall des Dollar, der ihre Wirtschaften und Exporte gefährdet, zu immunisieren. Trotzdem stellen die USA mit einem Anteil von 28 % am Weltsozialprodukt die mit Abstand größte Volkswirtschaft (Japan, die zweitgrößte ist um 2/3 kleiner); sie bleiben auf absehbare Zeit technologisch und militärisch die unumgängliche Supermacht. Ist ihr Abstieg insofern nur relativ, haben zugleich andere Mächte proportional an wirtschaftlichem Gewicht und politischem Einfluss gewonnen. Insgesamt erscheint der Trend zu einer multipolaren Welt trotz allen Widerstands unumkehrbar. Die geopolitische Karte wird neu vermessen, Einflusszonen neu abgesteckt, neue Allianzen und Bündnisse geformt, neue Fronten aufgebaut. Die Erweiterung von EU und NATO nach Osten bis an die unmittelbaren Grenzen Russlands, die militärische Präsenz der USA im ölreichen Vorderen

32 Nach 745 Mrd. 1998 auf 1.112 Mrd. 2005 , Vgl.Quid 2007, 1333f. (s. Anm. 19)

Orient bis nach Zentralasien in unmittelbarer Nachbarschaft zu Indien, Russland und China, die Gründung der Shanghaier Organisation für Zusammenarbeit (SchOS) von 2001 oder auch die ‚neue Linke' unter der Führung Venezuelas in Lateinamerika sind Beispiele dieser Rekonfiguration. Die entscheidenden Parameter des sich abzeichnenden multipolaren, wenn auch ungleichgewichtigen internationalen Machtgefüges mit den Polen USA, EU, Russland, Indien, China, Japan, Brasilien sind damit vorgegeben.

5.2 Positionierung Indiens im multipolaren System

Diese Parameter des internationalen System aus indischer Sicht sind deutlich: Umworben von allen, hat es strategische Partnerschaften mit den USA wie der EU und China abgeschlossen und auch die traditionell engen Beziehungen zu Russland gehen weiter. Wenn heute nicht länger von einer ‚natürlichen Allianz' mit Russland, dafür aber mit den USA die Rede ist, wird damit ein grundlegender Paradigmenwechsel berührt. Die USA nehmen angesichts ihrer polit-ökonomischen und technologisch-militärischen Überlegenheit eine unumgängliche Schlüsselposition für alle aufstrebenden Länder ein. Darüber hinaus stehen, unterstützt von den 2 Millionen in den USA lebenden Indern – einer ökonomisch höchst erfolgreichen Minderheit und mächtigen politischen Lobby - die im Zuge der neoliberalen Öffnung erstarkten herrschenden Klassenfraktionen in Indien voll hinter der engen Bindung an die USA. Sie manifestiert sich auch in der indischen Annäherung, inkl. gemeinsamer Manöver, an dessen enge asiatische Verbündete, Japan, Südkorea und Australien. Sie zeigt sich schließlich daran, dass Indien trotz Verträgen zur langfristigen Energielieferung und zum Bau von Pipelines in der Internationalen Atomenergie Agentur im Sinne der USA gegen den Iran (und dessen putatives Kernwaffenprogramm) gestimmt hat. Zugleich wäre es voreilig, Indien im Lager der USA zu verankern; womöglich es in deren containment-Strategie gegenüber China eingebunden zu sehen. Bei aller Problematik der indisch-chinesischen Beziehungen sind die Bestrebungen, Konflikte auszuräumen, Zusammenarbeit zu stärken, unverkennbar. Darüber hinaus hat Indien seit 2005 zwar Beobachterstatus bei der neben Russland und China die zentralasiatischen Staaten umfassenden Shanghaier Organisation für Zusammenarbeit, einem potentiellen Gegengewicht gegen die USA, aber eine Vollmitgliedschaft wird nicht in Betracht gezogen.

Umworben von allen, mit niemandem in antagonistischen Widersprüchen verfangen, ist es in Indiens ureigenem Interesse, den Status eines Pendelstaates auf Dauer zu stellen. Trotz Schlagseite zu Gunsten der USA kann es doch nicht deren Bestrebungen nach Hegemonie unterstützen. Im Gegenteil! Premier Man Mohan Singh brachte das Ziel indischer Politik nicht zufällig in Beijing auf den Punkt: „to give us strategic autonomy in the world". (International Herald Tribune 19.Janaur 2008.)

Ausgewählte Bibliographie

Amin, S., India : A Great Power?, pp 1-13, in: Monthly Review, Vol. 56, No.9, New York, February 2005

Bieber, H.J., Zur Frühgeschichte der indischen Nuklearpolitik, pp 373-414, in: Geschichte und Gesellschaft, Jg. 31, Heft 3, Juli-September 2005 ‚Südasien in der Welt'.

Centre Tricontinental (ed), Coalitions d'États du Sud – Retour de l'esprit de Bandung?, alternatives sud, vol. 14, No. 3, CETRI, Louvain-le-Neuve 2007

Delamotte, G., Godement, F., Géopolitique de l'Asie, Éditions Sedes, Paris 2007

Jaffrelot, Ch. (ed), L'Inde Contemporaine, nouvelle édition, Fayard, Paris 2007

Gey, P. et al., Indien, Herausforderungen auf dem Weg zur Weltmacht, Kompass 2020, Friedrich Ebert Stiftung, Bonn/Berlin September 2007

Gnesotto, N., Grevi, G., Le Monde en 2025, Robert Laffont, Paris 2007

Kulke, H., Rothermund, D., Geschichte Indiens, Beck, München 1998

Le Monde diplomatique, Réveil de l'Inde, Manière de voir, No.94, Août-Sept.2007

Marxistische Blätter, Indien – neue Weltmacht? Heft 4/2006, Essen 2006

Müller, H., Weltmacht Indien, Fischer Verlag, Frankfurt 2006

Müller, H. , Rauch, C., Der Atomdeal, Hessische Friedens- und Konfliktforschung, HSKF-Report 6/2007, Frankfurt 2007 [www.hfsk.de].

Neelsen, J. P., Malik, D., (eds), Crisis of Nation and State – South Asia between National Integration and Fragmentation, Manohar, New Delhi 2007

National Intelligence Council, Mapping the Global Future, Report of the National Intelligence Council's 2020 Project, US Government NIC 2004-13, Washington DC 2004.

RUPE (Research Unit for Political Economy), Why the US promotes India's Great Power Ambitions, Monthly Review, New York, vol. 57, No. 10, March 2006, pp 16-33.

Stiftung Entwicklung und Frieden (ed), Globale Trends 2007, Fischer, Frankfurt 2006

Wagner, Ch., From Hard Power to Soft Power? Ideas, Interaction, Institutions, and Images in India's South Asia Policy, paper, 18th Conference on Modern South Asian Studies, Lund University 2004

Wilson, D, Purushothaman, R., Dreaming with BRICs : The Path to 2050, Goldmann-Sachs, Global Economics Paper 99, Oktober 2003

World Bank, World Development Report 2008, Washington 2007

World Watch Institute (ed), Zur Lage der Welt 2006, China, Indien und unsere gemeinsame Zukunft, Westfälisches Dampfboot, Münster 2006

Kai Ehlers

Russland – Weltmacht im Wartestand

Eine Bestandaufnahme jenseits von Putin

Zwanzig Jahre nach Gorbatschow, zehn Jahre nach Boris Jelzin und kurz vor dem Ausscheiden Wladimir Putins als Präsident der russischen Föderation lautet die herrschende Frage des Westens wieder, ob die Welt Angst vor Russland haben müsse. Die Anlässe für diese Frage sind beliebig. Man ist versucht zu sagen: Gleich, was oben reingegeben wird – unten kommt immer die Angst vor Russland heraus. Ob Putin ankündigt keine dritte Amtszeit anstreben zu wollen, ob bei den letzten deutsch-russischen Konsultationen offene Fragen anstehen, ob neue Bedingungen im Luftverkehr ausgehandelt werden müssen - der Tenor ist immer der gleiche: Putin zeige Muskeln, er könne nicht von der Macht lassen, eine neue Eiszeit nahe, ein neuer Kalter Krieg stehe bevor, gar der „Dritte Weltkrieg", wie G.W. Bush sich nicht scheute zu ‚warnen' usw. usf.

Zum wiederholten Male kann man damit beginnen diese Verdrehungen zu widerlegen, kann erklären, dass Putin kein Diktator ist, sondern sich mit der von ihm eingeleiteten restaurativen Modernisierung im Strom der Zustimmung seiner Landsleute bewegt, dass Putins Auftritt auf der Münchner NATO-Konferenz 2006 keine Drohung, sondern eine berechtigte Zurückweisung der Omnipotenz der USA war; dass Russland im Kosovo nicht blockiert, sondern auf Einhaltung völkerrechtlicher Vereinbarungen zum Status eines Landes besteht; dass nicht Russland die USA, sondern die USA Russland mit der Aufstellung von Raketen in Ost-Europa provoziert; dass Russland nicht mit der Auflösung von Rüstungskontrollverträgen droht, sondern deren Einhaltung und darüber hinaus Neuregulierung fordert; dass Russland schließlich weder dem Irak, noch dem Iran, noch sonst einem Land mit Krieg droht, sondern für Verhandlungslösungen im Rahmen einer friedlichen Völkerordnung eintritt, dass Russland, um auch das nicht auszulassen, die Öl- und Gaspreise nicht deshalb erhöht, um die Ukraine, Weißrussland oder wen immer von sich abhängig zu machen oder westlichen Autofahrern in die Tasche zu greifen, sondern weil es von der WTO aufgefordert wird, Weltmarktpreise zu verlangen, um bestehende Abhängigkeiten in Weltmarktbeziehungen umzuwandeln. So könnte man fortfahren. Jeden Tag kommt Neues dazu. Ebenso könnte man an die Strategien des verdeckten Krieges erinnern, mit denen die westliche Welt Russland begegnet: die Afghanistan-Falle, in die die Sowjetunion gelockt zu haben, Sbigniew Brzezinski sich rühmte, das Buch, in dem er diese Strategien unter dem Titel „Die einzige Weltmacht" fixierte, die Behauptung Putin wolle einen russischen Energiefaschismus entwickeln, die er seit 2004 verbreitet. Kern all dessen sind die Versuche der USA, die volle Kontrolle über Eurasien zu übernehmen und Russland als möglichen Konkurrenten niederzuhalten. Zu sprechen wäre in diesem Zusammenhang dann auch über die EU-Erweiterung, die NATO-Einkreisung, den weiteren Druck der WTO.

All diesen Fragen muss selbstverständlich nachgegangen werden, um zu verstehen, was sich in unserer Welt abspielt. Auch mit Putins Autoritarismus müssen wir uns auseinandersetzen. Hier soll jedoch zunächst die Frage aufgeworfen werden, die sich hinter all diesem erhebt: Woher diese Angst? Wovor fürchten sich die USA – obwohl doch „einzige Weltmacht“? Wovor fürchtet sich die EU – obwohl doch im Besitz der höchsten zivilisatorischen Werte? Wovor fürchtet sich sogar China – obwohl doch in einem scheinbar unaufhaltsamen Aufstieg?

Woher die Angst vor Russland?

Die Antwort ist umwerfend einfach, dabei jedoch, wie es scheint, ebenso schwer zu verstehen, wie sie einfach ist: Sie liegt – wenn man sich nicht nur an der Person Wladimir Putins aufhalten will - in Russlands Möglichkeit zur Autarkie. Die russische Autarkie ist doppelt begründet und leitet sich aus zwei Quellen her. Das sind zum Einen die natürlichen Ressourcen der eurasischen Weite: Gas, Öl, Erze, Wald, Tiere usw.; es sind zum Zweiten die sozioökonomischen Ressourcen, die aus der Fähigkeit der russischen Bevölkerung zur Eigenversorgung und den damit verbundenen ins Land eingewachsenen kulturgeografischen Strukturen folgen. Im Westen versucht man solche Strukturen heute mit dem Begriff des Humankapitals zu erfassen.

Zu sprechen ist von einem außerordentlichen natürlichen und menschlichen Reichtum, einer strukturell begründeten potentiellen Autarkie, die keine andere Gesellschaft auf der Erde in dieser konzentrierten Art und Weise ihr Eigen nennen kann. Sie gibt Russland die Möglichkeit, wenn es denn sein muss, unabhängig von globaler Fremdversorgung oder – in feindlichen Kategorien gedacht - von Sanktionen zu existieren, zumindest wesentlich länger zu überleben als andere Länder. Dreimal versetzte diese strukturelle Autarkie Russland im Lauf der neueren Geschichte bereits in die Lage, europäischen Eroberungsversuchen zu trotzen, sie zumindest zu überstehen und gestärkt aus ihnen hervorzugehen: denen Napoleons 1812, denen der Deutschen Wehrmacht 1917, denen Hitlers 1941. Heute ist es wieder so: Trotz Krise, trotz technischer Rückständigkeiten, trotz Dauer-Transformation seit Ende der 70er, Anfang der 80er Jahre des 20. Jahrhunderts bis heute schaffte es Russland zum Erstaunen der Welt nicht nur zu überleben, sondern auch dieses Mal wieder stärker aus der Krise hervorzugehen. Wladimir Putins Wirken und seine Auftritte spiegeln diese Tatsachen: Nach innen ist das die Konsolidierung einer neuen herrschenden Schicht; Stichworte dazu sind: Eine bürokratische Zentralisierung, eine Ausrichtung der Medien am nationalen Interesse und eine Disziplinierung der Oligarchen. Dazu kommt eine – wenn auch durch den Ölpreis gestützte – soziale Befriedungspolitk gegenüber der werktätigen Bevölkerung. Nach außen ist es der Widerstand gegen den hegemonialen Anspruch der USA. Die Stichworte dazu sind: Beschluss einer neuen Militärdoktrin seit 2002, Auftritt gegen die USA bei der Münchner NATO-Tagung 2006 und eine, so möchte ich es in Erinnerung an vordergründige westliche Kritiken nennen, die dem nachsowjetischen Russland Unentschiedenheit vorwarfen, konsequent opportunistische Politik Russlands zwischen Ost und West, zwischen EU im Westen und Shanghaier Bündnis im Osten. Das hat Ausstrahlung auf die Länder des antiimperialistischen Spektrums. Russland wird zum potentiellen Führer einer aus den ehemaligen Kolonien hervorgehenden neuen Welt, während die frühere Neue Welt, die USA, sich im Versuch, ihren überhöhten Energiebedarf zu decken und ihre Weltherrschaft zu behaupten, in Kriege verstrickt und an moralischer wie auch politischer Autorität krankt. In dieser sich abzeichnenden Wende liegt die Ursache für die Angst des Westens, dessen herrschende politische Schichten glaubten, Russland im Kalten Krieg geschlagen zu haben und nun erkennen müssen, dass die Geschichte keineswegs beendet ist, sondern auf ganz neue, von ihnen nicht erwartete und nicht erwünschte Weise neu angestoßen werden könnte.

Was ist die Basis für Russlands Autarkie?

Die russische Autarkie entsteht aus der außergewöhnlichen Kombination von extremem natürlichem Reichtum – Weite, Größe, Vielfalt - und ebenso extremen Härten, die aus denselben Bedingungen resultieren: 11 Klimazonen von extremer Hitze bis zu extremer Kälte, Weglosigkeit, Völkergemisch, Bedingungen, die nur im engen Zusammenwirken von Gemeinschaften bewältigt werden können. Diese Kombination von Reichtum und extremer Härte hat eine Kultur gemeineigentümlich wirtschaftender Dörfer unter einheitlicher zentralistischer Führung hervorgebracht. In dieser Kultur hat sich im Unterschied zur westlichen Entwicklung, in welcher die frühere Gemeinwirtschaft durch eine private Eigentumsordnung abgelöst wurde, kein Privateigentum an Produktionsmitteln herausgebildet. Sofern doch Privateigentum an Produktionsmitteln entstand, dann als lokale Ausnahme (z.B. Sibirien) und vorübergehende Erscheinung von kurzer Dauer gegen Ende des 18. und im Verlauf des 19. Jahrhunderts, als aus den dörflichen Strukturen private Industrie entstand, deren private Rechtsformen jedoch mit der Revolution von 1917 schon wieder beseitigt wurden.

Das heißt vor Ort, in den Weiten des russischen Landes, im Volk war Eigentum gemeinschaftlich organisiert. In der westlichen Geschichtswahrnehmung sind diese Verhältnisse als russische Dorfgemeinschaft, als Dorfdemokratie (MIR), im Russischen als Òbschtschina bekannt; in Sibirien und im Süden Russlands waren es Genossenschaften freier Bauern, aber auch diese waren aufeinander angewiesene Gemeinschaften. Die russischen Dörfer waren in ihrer Mehrheit ihrerseits Gemeineigentum des Zaren, der herrschenden Schicht, das heißt des Hofes, der Kirche, des dem Zaren hörigen Dienstadels, alles zusammengefasst unter der Führung der zaristischen Selbstherrschaft, zu der Kirche und Staat sich verbunden hatten. Autarkie und Autokratie sind in dieser Geschichte untrennbar miteinander verbunden. Man hat es im Ergebnis im traditionellen Russland mit einer Wirtschafts- und Lebensweise zu tun, die Karl Marx und Friedrich Engels seinerzeit als asiatische Produktionsweise charakterisierten. Damit waren Verhältnisse gemeint, wie sie auch aus dem alten Mesopotamien, aus Ägypten, von den Inkas, aus China, Indien usw. bekannt waren.

Asiatische Produktionsweise

Marx und Engels kategorisierten die Entwicklung der menschlichen Gesellschaft entlang zweier von ihnen angenommener Linien. Auf der Hauptlinie sahen sie, noch ganz einem ungebrochenen eurozentristischen Verständnis verhaftet, die Entstehung der abendländisch-europäischen Produktionsweise: Urgesellschaft – Sklavenhaltergesellschaft – Feudalismus – Kapitalismus – Sozialismus – Kommunismus, die sich, basierend auf der Entwicklung des Privateigentums an Produktionsmitteln, dynamisch, unaufhaltsam, eskalierend von Revolution zu Revolution aus einer Formation in die nächst höhere bewege. Für Marx/Engels war Europa das Zentrum dieser Bewegung, heute sind es von Europa ausgehend die USA, allgemeiner der euro-amerikanische Westen. Auf der Nebenlinie verorteten sie die asiatische Produktionsweise, in anderer Bezeichnung von Marx auch als gemeineigentümlicher Despotismus bezeichnet, die aus dem Zusammenwirken von dörflicher Selbstversorgung und einer ihr übergeordneten Bürokratie entsteht und von den Dörfern lebt (Priesterkaste, Gelehrtenhierarchie, Beamtenapparat etc.).

Prinzipiell formuliert: Die europäische Produktionsweise entwickelte Privateigentum als Motor der Selbstverwertung des Geldes, aus welcher der privatwirtschaftliche Kapitalismus hervorging. In ihm sind Staat, Kirche und Kapital getrennt und müssen sich immer wieder neu verbinden. Seine Krisen tragen dynamischen Charakter. Die asiatische Produktionsweise entwickelt Gemeineigentum als Basis einer stabilen individuellen und allgemeinen Selbstversorgung unter der Herrschaft einer verwaltenden Klasse. Die Krisen entstehen periodisch aus der Schwäche der Bürokratie, nicht aus der Dynamik des Kapitals.

Marx bezeichnete diese asiatischen Formen der Wirtschaft im Gegensatz zur griechisch/römischen Sklavenhaltergesellschaft, in welcher einzelne Menschen zum Privatbesitz einzelner Menschen wurden, als eine „allgemeine Sklaverei“, weil in Ihnen der Einzelne zwar frei, aber als Kollektiv dem Staat unterworfen oder gar hörig sei. Einen wesentlichen Unterschied der asiatischen Produktionsweise zur europäischen sahen Marx und Engels auch darin, dass die asiatische Produktionsweise keine innere Dynamik aufweise, die zum Kapitalismus dränge, sondern eine im Wesen stagnierende Gesellschaftsordnung sei, die zwar auch periodisch zusammenbreche, aber sich immer auf demselben Niveau wiederherstelle.

Marx und Engels entwickelten ihre Analyse am Beispiel der indischen Gesellschaft, bezogen auch die alten Hochkulturen usw. mit ein. In Russland erkannten sie eine besondere Form der asiatischen Produktionsweise, die sich aus einer immer wieder erfolgten Mischung mit europäischen Elementen ergeben habe; eine Entwicklung billigten sie Russland jedoch nur im Kontext mit dem Kapitalismus und der Revolution im Westen zu.

Aber Marx und Engels irrten. Ausgelastet mit der Aufarbeitung der Entwicklung des europäischen Kapitalismus konnten sie die Analyse der asiatischen Produktionsweise nicht zu Ende führen. So konnten sie nicht erkennen, dass auch diese Gesellschaftsform, insbesondere in ihrer russischen Variante, periodische Modernisierungskrisen erlebten, die nach Zeiten des Zerfalls regelmäßig in eine Effektivierung des Systems übergingen, nur dass die Ursachen ihrer Krisen nicht in wirtschaftlicher Dynamik, sondern in bürokratischer Stagnation lagen. Kurz, sie erkannten nicht, dass euro-amerikanische und asiatische Produktionsweise zwei Wege der Entwicklung sind, die nicht nacheinander folgen, sondern in Wechselwirkung neben- und miteinander existieren und sich gegenseitig beeinflussen, sodass auch immer wieder neue Zwischenformen entstanden. So insbesondere im Verlaufe der russischen Geschichte, einschließlich ihrer sowjetischen Periode.

Russlands Besonderheiten

Schauen wir deshalb noch ein wenig genauer auf die russische Entwicklung: Russland entstand im ungeschützten Niemandsland zwischen mongolischen Chanaten und westlichen Städten, in reicher Natur, aber der Weite und der Wildnis ausgesetzt. Ergebnis war die Selbstherrschaft der Moskauer Zaren als Beschützer und Ausbeuter der sich selbst versorgenden Dörfer, deren Selbstverwaltung zugleich Basis der Verwaltung des Zaren wurde. Es entstand die Struktur: Zar – Dorf, Schatzbildung in Moskau, autonome Versorgung im Lande. Es entstand kein Lehen, sondern ein jederzeit kündbarer Dienstadel, kein individuelles Eigentum, sondern Kollektivbesitz, keine vermögende, handlungsfähige Mittelschicht, keine Urbanität, kurz, was nicht oft genug wiederholt werden kann: keine Dynamik eines sich selbst verwertenden Kapitals. Die Modernisierungswellen gingen über das Land, ohne die Grundstruktur von Zentrum und Dorf in Frage zu stellen; Veränderungen vollzogen sich letztlich als Revolutionen von oben, als Teilimport westlicher Elemente, aber immer nur mit dem Ergebnis der Auswechslung von Personen. Selbst wo versucht wurde die Grundstruktur der kollektiven Selbstversorgung anzutasten, wie unter Nikolaus II. Anfang des 20. Jahrhunderts, kam das Gegenteil zustande. Sein Ministerpräsident Stolypin provozierte als Reformer den bäuerlichen Widerstand; auch die Bolschewiki, die das Land danach gewaltsam industrialisierten, machten doch die Selbstversorgung zugleich zur Grundeinheit des Staates, überwacht von einem wiederhergestellten Zentralismus.

In den Umwälzungen am Ende des 19. und Anfang des 20. Jahrhunderts prallten asiatische und europäische Produktionsweise in Gestalt des von Europa ausgehenden Imperialismus und der bäuerlichen Realität Russlands besonders hart aufeinander. Die Revolution von 1905, ebenso wie die von 1917 waren Ausdruck dieser Entwicklung. In seinem Feldzug gegen die Selbstgenügsamkeit der Obschtschina wollte Stolypin die Fortsetzung der von Peter I. begonnenen Industrialisierung erzwingen. Die Dorfgemeinschaften sollten in Wirtschaften privater Großbauern überführt werden, die „überflüssigen" Mitglieder der Dorfgemeinschaft sollten als Arbeiter in die Städte gehen. Am „Stolypinschen Kragen", wie der Strick des Galgens von der Bevölkerung damals getauft wurde, endeten tausende von Bauern, die dieser Politik nicht folgen wollten – aber ihr Opfer dokumentierte auch das Scheitern der Stolypinschen Politik.

Die Bolschewistische Revolution wiederholte den Stolypinschen Versuch im größeren Maßstab. Lenins Sieg über den Zarismus lebte einerseits von seinem Versprechen, jedem Bauern ein Stück Land zu geben. Gleichzeitig leitete er die Industrialisierung der Landwirtschaft ein; Stalin setzte sie gewaltsam fort und verwandelte die kollektive Tradition des Landes zugleich in einen allgemeinen Zwangskollektivismus auf dem Lande wie in der Industrie. Wer sich weigerte oder angeblich im Wege stand, wurde deportiert und liquidiert. Aus dem agrarischen Despotismus des Zarentums wurde so ein planmäßiger industrieller Despotismus.

Was zwischen 1905 und 1930 geschah, war aber dennoch kein Aufschließen zum Kapitalismus nach dem Etappenmodell von Marx und Engels. Die sowjetische Gesellschaft übersprang nicht etwa nur einfach den Kapitalismus, um gleich zum Sozialismus überzugehen, sie entwickelte vielmehr eine andere Art der Kapitalisierung, nämlich eine Kapitalisierung des Gemeineigentums unter Führung der bolschewistisch erneuerten Bürokratie. Das geschah als Kollektivierung der Landwirtschaft, als Organisation kollektiven Lebens rund um die Betriebe und Institute, als Erneuerung der Einheit von Selbstherrschaft und Dorf in der Form von Parteiführer und Volk, indem Gemeineigentums als Staatseigentum definiert wurde. Im Kern stellten sich die Strukturen der Zarenzeit auf neuem Niveau wieder her: keine Selbstverwertungsdynamik privaten Kapitals, Herrschaft nicht durch Geld, sondern durch zentral vorgegebene Ziele. Diese Konstellation - wie schon frühere Konstellationen der russischen Lebensweise - wäre auf langfristige Stabilität, in westlicher Diktion „Stagnation" - angelegt gewesen, wenn sie nicht – dies allerdings stärker als früher – mit dem europäischen Kapitalismus in seiner imperialistischen Phase zusammengestoßen wäre. So ergab sich eine Konfrontation von prinzipiellen Charakter und historischen Ausmaßen: Selbstversorgung gegen Selbstverwertung des Kapitals und Selbstgenügsamkeit gegen konsumistische Expansion.

Für den Ablauf russischer Modernisierungsschübe heißt dies alles, es gelten offensichtlich Regeln, die sich aus der unterschiedlichen Natur von asiatischer und europäischer Produktionsweise erklären. Sie lassen sich nach drei Phasen gliedern: Phase eins: Zusammenbruch nach langer Stabilität bzw. Stagnation. Phase zwei: Eintritt einer verwirrten Zeit, russisch: Smuta, Zerfall der herrschenden bürokratischen Schicht. Phase drei: Wiederherstellung des Konsenses dieser Schicht unter Hinzunahme von einzelnen Elementen der europäischen/westlichen Wirtschafts- und Lebensweise auf neuem technisch-zivilisatorischen Niveau. Die Grundstruktur: Zentrum – Peripherie bleibt jedoch erhalten. So war es bei und nach Peter I., so während des 1. Weltkriegs und danach, so ist es heute.

Heute

Vor dem Hintergrund dieser Regeln werden die heutigen Abläufe erkennbar: Unter der Decke der gemeinwirtschaftlichen Ordnung der Sowjetunion waren im Laufe der 70er Jahre seit 1917 – gegliedert in mehrere Etappen, versteht sich, die hier nicht im Detail auszuführen sind - individuelle und regionale Qualifikationen herangewachsen, die nach Verwirklichung drängten. Gorbatschows Perestroika „Neues Denken" und „Glasnost" waren nicht die Ursache für neue Initiativen, sie waren der Ausdruck, das grüne Licht für eine schon lange befahrene Straße, auf der sich der Verkehr bereits gefährlich staute. Nach dem 17. Juli 1953 in der DDR, dem Aufstand in Ungarn 1956, dem Bau der Mauer 1961 war der Prager Frühling 1968 schließlich ein unübersehbares Zeichen; er zeigte aber auch, dass die sowjetische Staatsbürokratie noch nicht reif für die SMUTA war. Einen theoretischen Reflex auf diese Entwicklung konnte man 1977 in Rudolf Bahros „Alternative" nachlesen; einen zweiten in der Sowjetunion selbst am Ende der 70er in den Untersuchungen der Nowosibirsker Schule unter ihrer Leiterin Tatjana Saslawskaja.

Das Auftreten Michail Gorbatschows Anfang der 80er Jahre signalisierte die Bereitschaft der Führung der KPdSU zu einer der für die russisch-sowjetische Geschichte üblichen Reformen von oben: Perestroika zielte auf eine gelenkte Befreiung der herangewachsenen Potentiale privaten Interesses im Rahmen der gemeinwirtschaftlichen Ordnung, ohne diese insgesamt aufheben zu wollen. Es ging um eine Effektivierung dieser Ordnung der kapitalisierten Gemeinwirtschaft, nicht um deren Abschaffung, nicht um die Einführung einer privatwirtschaftlichen Ordnung, auch nicht um die Verwandlung des asiatischen Typs der Produktion in den europäisch-westlichen.

Die herrschende Bürokratie der Sowjetunion hatte jedoch das Ausmaß der bereits erreichten Individualisierung und Privatisierung des Denkens und Wollens, sowie die Dynamik der regionalen Entwicklungen unterschätzt, so dass die Lockerung der staatlichen Vorgaben zu einem sich beschleunigenden allgemeinen Zerfall führte. Der Druck der Anpassung an die umgebende Welt war einfach zu groß, um ihn kanalisieren zu können, die technische Revolution der neu entstehenden globalen Kommunikationsstruktur als Einwirkung von außen nicht - von heute aus gesehen: noch nicht - wieder beherrschbar. Mittel der Abschottung und Kontrolle der neuen Medien waren noch nicht zur Hand. Man könnte sagen, die Moskauer Bürokratie wurde von der Computerisierung überrannt. Boris Jelzin und seine ganz an den äußeren Einflüssen orientierten Reformer waren der Ausdruck dieser Dynamik, die sich dann im Schockprogramm Luft machte, das die Umwälzung innerhalb von zwei Jahren schaffen wollte.

Die Restauration des Staates unter Putin ist der konsequente nächste Schritt, dessen Inhalt darin besteht, die nach-sowjetische gemeinwirtschaftliche Produktions- und Lebensweise unter Einbeziehung westlicher Impulse und nach dem Abstoßen ineffektiver Ballaste im Lande wie an seinen Außenbereichen auf einem neuen Niveau wieder funktionsfähig zu machen. Nicht Nachvollzug, nicht Übernahme der europäisch-westlichen Produktions- und Lebensweise ist der Inhalt der nach sowjetischen und heutigen russischen Transformation, sondern die Effektivierung des nicht-privatkapitalistischen Weges mit Mitteln des Privatkapitalismus. Was dabei herauskommen wird, ist selbstverständlich offen – auf keinen Fall aber eine einfache Übernahme des uns bekannten Kapitalismus mit der ihm immanenten Selbstverwertungslogik des Kapitals, auf keinen Fall nur ein Nachvollzug westlicher Muster, auf keinen Fall nur eine Einordnung in das neo-liberale Fortschritts- und Wachstumsschema der Globalisierung, sondern die Entstehung einer anderen als der auf Privateigentum basierenden Kultur, die westliche und traditionell russische Elemente zusammenführt, eine Entwicklung also, die Elemente der zentralistischen gemeineigentümlichen Ordnung mit privateigentümlichen Freiheiten zu verbinden sucht. Ihre widersprüchlichen Elemente sind: Öffnung für internationale Investitionen, Beitrittsabsichten zur WTO und Angleichung an deren Standards und Front mit den USA gegen internationalen Terror auf der einen Seite; dem steht die Beibehaltung von Staatskapital und staatlichem Zugriff auf Ressourcen, die erklärte Absicht, Subventionen für die eigene Landwirtschaft beibehalten zu wollen, und der Anspruch auf eine Integrationsrolle Russlands für die Völker der russischen Föderation und Eurasiens mit Auswirkung auf die globale Ordnung gegenüber. Klar gesprochen: Russland wird sich nicht in eine von den USA und der EU beherrschte Globalisierung eingliedern, es wird seine „Sonderrolle“ nach wie vor wahrnehmen, was nichts anderes bedeutet, als für die Länder, die wie es selbst von der asiatischen Produktionsweise herkommen, eine Impuls- und Führungsrolle gegen den unipolaren Herrschaftsanspruch der USA für eine multipolare kooperative Weltordnung einzunehmen.

Entscheidend ist, daran sei hier noch einmal erinnert: Russland kann sich diese Rolle leisten, weil es aus seiner Geschichte die doppelte Autarkie mitbringt: die Unabhängigkeit in den natürlichen Ressourcen und die Tradition der Eigen- und Selbstversorgung in der Bevölkerung.

Russland wird dann stark sein, wenn es seinen staatlichen Griff auf die Ressourcen behält, statt den Markt „freizugeben“; wenn es seine Tradition der Selbst- und Eigenversorgung, das heißt, die nicht „monetäre“ Sphäre trotz Privatisierung weiterhin schützt und entwickelt. Jede „Liberalisierung“ des Welt-Ressourcenmarktes dagegen wie auch jede Verdrängung und Zerstörung der traditionellen Selbst- und Eigenversorgungsstrukturen durch forcierte „Monetarisierung“ wird Russlands Sonderrolle schwächen und seine Identität tendenziell zerstören. Erfolg oder Misserfolg russischer Politik, innen- wie außenpolitisch, misst sich an diesen Vorgaben.

Internationale Kraftlinien

Diese Kräftelage macht deutlich, worum es bei internationalen Auseinandersetzungen auf dem Feld der WTO, des neuaufgelegten „Great Game“ wie auch in der Militärpolitik geht: Es geht zunächst darum, Russland von der Verfügungsgewalt über seine natürlichen Ressourcen zu trennen. Hieran sind vor allem die USA, die EU, Japan, aber auch China und weitere ressourcenabhängige Staaten interessiert. Das trifft sogar dann noch zu, wenn wir nicht nur über Gas und Öl, sondern auch über erneuerbare Energien oder Energien aus Naturkräften wie Wind, Wasser, Sonne sprechen. Selbst neue Verfahren der Energiegewinnung, wie OPV (Organische Photovoltaik), die jetzt am Horizont auftauchen, sind in diese Perspektive mit eingeschlossen, solange auch dafür eine Kunststoffbasis beruhend auf Öl gebraucht wird.

Es geht des Weiteren um politische Interventionen, die Russland daran hindern sollen, auf Grund offener Bündnispolitik Führer oder Impulsgeber einer neuen multipolaren Ordnung zu werden. Nicht zuletzt geht es darum, Russlands traditionelle Kultur und konkrete wirtschaftliche Struktur der Selbst- und Eigenversorgung zugunsten einer globalisierten Fremdversorgung zu zerstören, Abhängigkeiten vom „internationalen Markt“ herzustellen, Russland in den globalen Freihandel „einzubeziehen“, wie es von der EU strategisch formuliert wird. Hierhin gehören auch innenpolitische Interventionen, die eine Sozial- und Kulturpolitik fordern, die den Markt im Lande unausweichlich und die Menschen vom Konsum abhängig macht.

Zukünftige Konfliktfelder sind daher der Kampf um Öl, Gas, erneuerbare Energien usw., sind Auseinandersetzungen in der WTO und um sie herum. Da geht es um Zulässigkeit, Umfang von Subventionen, Protektionismus. Neuerdings beginnt die EU allen Freihandelsanforderungen gegenüber anderen Länder, vor allem gegenüber Russland zum Trotz, sich selbst vor der Anlage russischer Gelder in Europa zu „schützen“. Innenpolitisch stehen forcierte Monetarisierung gegen Selbstversorgung, „Selbstgenügsamkeit“ und traditionelle Tauschgewohnheiten auf der Agenda.

Wird Putins Politik unter diesen Gesichtspunkten sachlich überprüft, dann lässt sich erkennen, dass er der richtige Mann zur richtigen Zeit am richtigen Ort war. Die Ergebnisse seiner Politik bringen selbst radikale Kritiker der russischen Neu-Linken wie Boris Kagarlitzki zu der Aussage, Putin dürfe sich als erfolgreichster Herrscher Russlands betrachten, dessen Politik nur den einen Fehler habe, dass das Erreichte nicht gerecht verteilt werde. Auch außenpolitisch sei das erfolgreiche internationale Come back unübersehbar. Dem ist zuzustimmen, wenn man nicht in bloße Kritikasterei á la Kasparow, Nemzow und anderer russischer Ultraliberaler verfallen will, die zum Liberalismus der Jelzinära zurückkehren wollen. Die Frage ist allein: wie weiter? Kann Putin selbst oder können seine Nachfolger die Geister bannen, die sie riefen? Wird die WTO, das heißt, die in ihrem Rahmen geforderte Internationalisierung des Energiemarktes und die Monetarisierung des Landes zum Tod der russischen Autarkie, sowohl was die Verfügung über die natürlichen Ressourcen als auch die eigenproduktive Selbstbestimmung betrifft, führen, oder wachsen unter dem Schutz des neuen autokratischen Zentralismus neue, modernisierte Formen eigener russischer Produktions- und Lebensstrukturen, die den Freihandels-Rahmen der WTO sprengen? Signale in diese Richtung gibt es, wenn Putin erklärt, dass Russland zwar in die WTO wolle, aber „zu unseren Bedingungen“. Das hieße heute zu den Bedingungen der gelenkten Wirtschaft und der gelenkten Demokratie. Eines von beidem oder beides miteinander muss sich jedoch verändern.

Anmerkungen zur westlichen Wahrnehmung

Ein paar abschließende Worte noch zur Wahrnehmung der russischen Entwicklung durch die westlichen Medien: Die Mehrheit westlicher Analytiker/innen und Medien bis hinein in das sich als links und progressiv verstehende Lager kommt bisher nicht über die Stadien-Theorien von Marx und Engels hinaus – in der Regel drolligerweise ohne sich dabei des Ursprungs dieser Theorien bei den heute geschmähten Vätern des Sozialismus bewusst zu sein. Russland wird nur unter dem Gesichtspunkt des Nachholens, der Einordnung, des Noch-nicht-Erreichten begriffen und nach diesem, dem eigenen westlichen Maßstab, be- und mit wachsendem neuen russischen Selbstbewusstsein zunehmend verurteilt.

So konstatieren Soziologen der diversen Ost-Institute, es gebe „noch keine Dynamik“ in Russland, ohne zu begreifen, dass die in Russland heute sich entwickelnde Dynamik ganz anderer Natur ist als die des bloßen Nachvollzugs marktwirtschaftlicher Defizite – nämlich die Einbindung privatwirtschaftlicher Impulse in eine kollektive Privatisierung, die Entwicklung eines Gemeineigentums, das private Verfügungsgewalt und viele Mischformen zulässt. Das ist zwar ein sehr widersprüchlicher, aber durchaus sehr dynamischer, wenn auch ganz und gar den

Verhältnissen einer Modernisierung der asiatischen Produktionsweise entsprechender Prozess.

So wird richtig konstatiert, es gebe „noch keine“ Zivilgesellschaft in Russland ohne zu bedenken, dass die nachsowjetisch-russische Gesellschaft von anderen Werten ausgeht, die zwar mit dem westlichen Individualismus auf gute Weise zu verbinden, dabei aber zu erhalten, zu entwickeln und sogar wiederherzustellen sind, eben die russischen Gemeinschaftstraditionen, insonderheit die Strukturen der gemeinschaftlichen Eigen- und Selbstversorgung. Auch dies ist ein sehr komplizierter Prozess, der andere Formen der Selbstbestimmung und Demokratie hervorbringen wird als eine Formaldemokratie nach westlichen Vorgaben.

So wird vom Neo-Imperialismus Russlands gesprochen, ohne zu berücksichtigen, dass das zaristische Russland, selbst noch die Sowjetunion keine Imperialismen westlichen Typs waren, Russlands vorsowjetische Expansion, ebenso die der Sowjetunion war vorrangig politisch motiviert, erst in zweiter Linie ökonomisch, war im Wesen integrativ, adaptiv, statt überseeisch kolonial. Es wird nicht verstanden, dass auch das heutige Russland nicht von dem Selbstverwertungsdruck des Kapitals zu imperialer Expansion getrieben, selbst aus Gründen der Ressourcensicherung nicht zu imperialen Aktivitäten gedrängt wird, dass es vielmehr aus politischer Motivation der Selbstberuhigung und des Selbstschutzes danach strebt, Impulsgeber einer multipolaren Ordnung zu sein, in der es seine Art weiter pflegen kann. Selbst ein schwerwiegender Öl- oder Gas-Knick könnte Russland nicht von sich aus in Abenteuer treiben; eine zukünftige Öl- oder Gas-Krise würde seine Autarkie nicht brechen, sondern sie erst recht zur Wirkung bringen.

Unter all diesen Bedingungen haben die Westmächte, wenn sie Russland fürchten und klein halten wollen, statt ein starkes Russland als Chance für einen zukünftigen Weltfrieden zu begreifen, nur wenige Optionen: Sie könnten versuchen, Russland in die Anhängigkeit vom Weltmarkt und so in die innenpolitische Krise zu treiben, um Russlands Kraft auf diese Weise von innen zu brechen. Sie könnten versuchen, Russland in einen Rüstungswettlauf zu treiben und so zu ruinieren und in Kleinkriege an seinen Grenzen zu verwickeln (Stichwort: Tschetschenien, Kaukasus usw.) Sie könnten schließlich Russland direkt mit Krieg überziehen.

Letztlich ist keine dieser Optionen realistisch, solange politische Vernunft das strategische Handeln bestimmt: Eine erneute Destabilisierung Russlands auf dem jetzigen Niveau wäre gleichbedeutend mit einer Destabilisierung des Weltmarktes und der internationalen Beziehungen. Eine direkte militärische Zerstörung Russlands, die mehr bewirken sollte als nur eine vorübergehende Lähmung des Landes auf dem Niveau der Selbstversorgung wäre angesichts atomarer Bewaffnung der möglichen Kontrahenten gleichbedeutend mit einer Zerstörung der Welt. Daran können selbst größenwahnsinnige Noch-Hegemonisten kein Interesse haben. Was außerhalb rationaler Interessen geschieht, ist eine andere Frage, über die zu spekulieren keinen Sinn macht.

Renate Kreile

Krieg, Bürgerkrieg und Gender im Irak

1 Einleitung

Seit dem 11. September 2001 spielt die „Frauenfrage“ in der außen- und sicherheitspolitischen Rhetorik der US-Regierung eine prominente Rolle. Insbesondere die Kriege in Afghanistan und im Irak wurden nicht zuletzt mit der erklärten Absicht legitimiert, die Rechte von Frauen zu befördern und damit einen Beitrag zur Demokratisierung des Vorderen Orients zu leisten. So erklärte Paula Dobriansky, Staatssekretärin im US-Außenministerium: „Unser Engagement für die Frauen des Irak ist Teil einer breiteren Anstrengung, mit der das Empowerment von Frauen im Vorderen Orient unterstützt werden soll.“ (Dobriansky 2003a)

Indem die US-Administration ihre militärisch verfochtene Hegemonialpolitik ‚frauenfreundlich‘ einkleidet, folgt sie den ideologischen Spuren der Kolonialmächte, die bereits vor über hundert Jahren ihre Unterwerfungspolitik als „zivilisatorische Mission“ zu rechtfertigen suchten, die angeblich „die orientalische Frau“ aus ihrem düsteren Gefängnis von Unterdrückung und Rückständigkeit befreien sollte.

Im Rahmen der Neu-Auflage des genderpolitischen Kolonialdiskurses kommt den Frauen im Vorderen Orient - in Afghanistan wie im Irak - die Rolle von quasi natürlichen Verbündeten im Kampf für eine demokratische Umgestaltung der Region nach US-amerikanischem Bilde zu. Der einschlägige Diskurs imaginierte die einmarschierenden US-Soldaten als „ritterliche männliche Beschützer“ (Ferguson 2005, 23), die die afghanischen und irakischen Frauen vor ihren eigenen Vätern, Brüdern, Ehemännern und Söhnen retten sollten.

Die Frauenfrage spielt nicht nur als ideologischer Eckpfeiler der weltordnungspolitischen Strategie der US-Administration eine wichtige Rolle. Auch im Post-Saddam-Irak finden in und hinter dem Albtraum von alltäglicher Gewalt und Zerstörung heftige politische und gesellschaftliche Auseinandersetzungen um die Rechte und die Stellung der Frauen statt, in die verschiedene Akteure mit je unterschiedlichen Interessenlagen verwickelt sind. Nicht zuletzt Frauen selbst sind mit höchst uneinheitlichen Strategien und Perspektiven an diesen Auseinandersetzungen beteiligt.

Im Folgenden soll die extern und intern bestimmte Interdependenz von sozialer, politischer und genderpolitische Dynamik im Irak nach dem Sturz Saddam Husseins untersucht werden. Vorab werden einige Erkenntnis leitende theoretische Ausgangsüberlegungen dargelegt. Daran anschließend wird in historisch-struktureller Perspektive die Bedeutung der Frauenfrage für den Aufbau des modernen irakischen Staates und den Machterhalt des Baath-Regimes beleuchtet. Es folgen Überlegungen zur Dynamik von Gender und Politik im ‚neuen‘ Irak im Spannungsfeld von Besatzungspolitik, innerirakischen Machtkämpfen und drohendem Staatszerfall.

2 Theoretische Überlegungen: Die Frauenfrage im Spannungsfeld von Staat und Gemeinschaften

Die strukturelle politische Entwicklungsdynamik in Geschichte und Gegenwart des Vorderen Orients ist weithin von einem spannungsvollen und konflikthaften Verhältnis von zentralisierendem Staat einerseits und den primären familiären, tribalen und religiösen Gemeinschaften andererseits geprägt. Die primären, vertikalen Solidareinheiten agieren oftmals als soziopolitische Konkurrenzorganisationen bzw. als Schutz- und Widerstandsbastionen gegenüber einem als ‚fremd' und repressiv wahrgenommenen Staat; bisweilen ersetzen sie funktional einen als ‚abwesend' erlebten Staat. Ihre besondere Bedeutung wird durch die verbreitete Schwäche unabhängiger zivilgesellschaftlicher Institutionen und horizontaler Solidargemeinschaften verstärkt.

In den machtpolitischen Auseinandersetzungen zwischen Staat und primären Gemeinschaften spielt das Geschlechterverhältnis eine zentrale Rolle.

Die Gemeinschaften begreifen das Verhältnis der Geschlechter als zentrales Element der jeweiligen inneren Ordnung, das im kollektiven Bewusstsein die spezifische Identität der eigenen Gemeinschaft ausmacht und diese gegenüber „den anderen" abgrenzt. Der Prozess der kollektiven Selbstdefinition beinhaltet immer auch eine Klärung der Platz- und Rollenanweisung für Frauen, die in vielen Kulturen als Verkörperung kollektiver Identitätskonzepte gelten. Er vermittelt sich im Rahmen der symbolischen Ordnung und schließt einen Werte- und Moralkodex, eine Kleiderordnung, eine Körpersprache und eine Ordnung der Handlungs- und Bewegungsräume ein. (vgl. Wichterich 1992, 47f)

Die Nationalstaaten, die sich nach dem Zerfall des Osmanischen Reiches und dem Ende des Kolonialismus im Vorderen Orient herausgebildet haben, versuchten mittels unterschiedlicher Strategien, die primären Gemeinschaften im Interesse von Modernisierung und Staatsaufbau zu schwächen, einzubinden oder zu funktionalisieren. Der „Kampf um die Frauen" stellte dabei ein wichtiges Instrument dar. In unterschiedlichen Ausprägungen engagierten sich auch die Frauen selbst als Akteurinnen in diesen Auseinandersetzungen und Aushandlungsprozessen.

Mit der einheitlichen Reglementierung der Geschlechterverhältnisse und der Stellung der Frau suchte der Staat in Bereiche einzugreifen, die zuvor der ausschließlichen Kontrolle durch die Gemeinschaften unterworfen waren, und deren Autonomie zu brechen. Für die Gemeinschaften hingegen vermochte die Kontrolle über ‚ihre' Frauen, die Identität und Integrität der Gemeinschaften symbolisierten, zum zentralen Ausdruck des Widerstandes und der Selbstbehauptung gegenüber der Zentralmacht zu werden. Nicht immer erfolgte die staatliche Reglementierung der Geschlechterverhältnisse in Konkurrenz zum Kontrollanspruch der Gemeinschaften; bisweilen kooperierten staatliche und gemeinschaftliche Patriarchen bei der Kontrolle über die Frauen.

Die Form und Reichweite der jeweiligen staatlichen Strategie spiegelte die uneinheitlichen sozialen und ökonomischen Ausgangsbedingungen wieder und die von Land zu Land unterschiedlichen Kräfteverhältnisse zwischen dem Staat und den partikularen Solidareinheiten und Machtpolen.

Im Zeitalter der Globalisierung haben der Rückbezug auf ‚imagined communities' (Anderson) und die Politisierung ethnischer und religiöser Zugehörigkeiten im Vorderen Orient und weltweit enorm an Boden gewonnen. Die revitalisierten vorgefundenen bzw. neu erfundenen religiösen und ethnischen Gemeinschaften werden angesichts der Zumutungen der Globalisierung sowie der Erosion staatlicher Ordnungen als Refugien und Gegenmodelle konstruiert und erlebt. Sie werden genderpolitisch abgegrenzt und gesichert. Identitätspolitik mit ihrer Logik von Abgrenzung und Ausschluss wird dabei nicht selten zum bevorzugten Instrument in innergesellschaftlichen Verteilungskämpfen um knappe Ressourcen.

Nicht nur im Hinblick auf die wechselvolle Dynamik zwischen Zentralmacht und Gemeinschaften, sondern auch im Kontext der Einbindung des Orients in die internationale und transnationale Politik spielt der Gender-Faktor eine herausragende Rolle. Ausländische Interventionen haben immer wieder in historisch spezifischen, aber strukturell analogen Dynamiken antikolonialen Widerstand und identitätspolitische Selbstbehauptungsbestrebungen hervorgerufen. Dabei bildete die Geschlechterfrage ein Schlüsselelement.

So ruft heute - ähnlich wie zu Zeiten des Kolonialismus - die US-geführte „Globalisierung von oben" (Herring/Rangwala 2006, 258) identitätspolitisch motivierten Widerstand hervor, der die ‚eigenen' Frauen gegen den Angriff durch „die Ungläubigen" zu schützen beansprucht.

Die heftigen identitätspolitisch konnotierten Auseinandersetzungen um Stellung und Rechte der Frau im ‚neuen' Irak finden in einer Gesellschaft statt, in der Frauen jahrzehntelang über mehr Rechte und Freiheiten verfügten als ihre Geschlechtsgenossinnen in den Nachbarstaaten. Die irakischen Frauen gehörten zu den am meisten gebildeten in der Region, waren in allen Bereichen des Arbeitsmarktes präsent und spielten im öffentlichen Leben eine wichtige Rolle.

Heute sind unzählige irakische Frauen vom täglichen Kampf ums nackte Überleben absorbiert. Wie alle Iraker leiden Frauen nicht nur unter der allgegenwärtigen Gewalt und Bedrohung durch Besatzungstruppen, terrorisierende Milizen, Selbstmordattentäter und kriminelle Gangs, die Entführungen zum alltäglichen und einträglichen geschäftlichen Unternehmen gemacht haben. Sie leiden nicht nur unter dem verheerenden Zustand von Wasser- und Elektrizitätsversorgung, mangelhafter Gesundheitsversorgung und fehlenden Verdienstmöglichkeiten. Darüber hinaus sind sie gender-spezifischer Gewalt ausgesetzt und durch die rigiden patriarchalischen Geschlechterideologien der islamistischen Parteien und Bewegungen in ihren Handlungsspielräumen und ihrem rechtlichen Status bedroht.

Zentrale Bestimmungsfaktoren für die skizzierte soziopolitische Dynamik werden im Folgenden in historisch-struktureller gender-fokussierter Perspektive analysiert.

3 Die Frauenfrage im historischen Staatsbildungsprozess und in der Krise

3.1 Nation-Building und Frauenrechte

In dem in der Folge des Ersten Weltkrieges von den europäischen Mächten künstlich geschaffenen Irak standen große Teile der Bevölkerung dem neuen Staat zunächst fremd gegenüber. Die Menschen identifizierten sich weithin mit ihren unmittelbaren sozialen Einheiten, wie den verschiedenen familiären, tribalen, ethnischen und religiösen Gemeinschaften bzw. dem Dorf, der Stadt oder dem Viertel. (vgl. Sluglett/Farouk-Sluglett 1992, 259) Gleichwohl entfaltete sich insbesondere seit den 1920er Jahren eine moderne, gebildete Mittelschicht. Deren Angehörige waren sich zwar ihrer kommunalistischen Zugehörigkeiten bewusst, begannen diese aber zugleich durch die Herausbildung eines „nationalen" Bewusstseins zu transzendieren. Moderne politische Parteien und Interessenverbände entstanden als Ausdruck und Keimzellen einer aufblühenden, politisch pluralistischen Zivilgesellschaft. (vgl. Zubaida 2005, 9 MERIP 237) Auch Frauenvereinigungen wurden aktiv. (vgl. Ismael/Ismael 2000, 188f)

Im Zuge einer „Revolution von oben" unter General Qassem (1958-1963) (vgl. Pawelka 1993, 83f) wurde mit Unterstützung der neuen modernen Mittelschichten und insbesondere der kommunistischen Frauenliga (vgl. Kamp 2005, 297) ein einheitliches, teilweise säkularisiertes Personenstandsrecht durchgesetzt. Dies schwächte die religiösen und tribalen Kräfte und rief heftigen Widerspruch seitens der sunnitischen wie schiitischen religiösen Autoritäten hervor. Mit dem im regionalen Vergleich ausgesprochen fortschrittlichen Personenstandsrecht von 1959 erhielten die irakischen Frauen weit reichende Rechte; so wurde bspw. die Polygamie eingeschränkt, den Frauen die Möglichkeit zur Scheidung gegeben und gleiches Erbrecht festgelegt. Besonders bedeutsam war die Abschaffung des traditionellen Stammesrechts, das es erlaubte, eine Frau zu töten, „um Schande zu tilgen". (Ismael/Ismael 2000, 193)

Mit ihrer Machtübernahme 1968 leitete die Baath-Partei, die eine von der DDR und der Sowjetunion inspirierte Modernisierungsideologie vertrat, eine Strategie des nation-building in die Wege, in der den Frauen eine Schlüsselrolle in entwicklungs- und machtpolitischer Hinsicht zugedacht war. Dem entsprechend erhielten sie bis in die 1980er Jahre weit reichende Bildungs- und Beschäftigungsmöglichkeiten und profitierten von Reformen im Arbeits-, Steuer- und Familienrecht sowie von umfangreichen Sozialprogrammen.

Um die staatliche Kontrolle über die Gesellschaft auszuweiten und die Macht der Gemeinschaften zu unterminieren, sollte die Autorität der männlichen Oberhäupter von Familie, Clan und Stamm über die Frauen eingeschränkt und der Autorität des Staates untergeordnet werden.[1] So wurde etwa die richterliche Gewalt durch Reformen des Familienrechts über die des männlichen Vormundes gesetzt. (vgl. Kamp 2005, 299)[2] Zahllosen Frauen eröffneten sich neue Handlungsspiel-

1 Kritisch hierzu: Farouk-Sluglett in: Hopwood, 63

2 Eine vollständige Säkularisierung des Personenstandsrechts blieb allerdings aus, vermutlich um die konservativen religiösen Kräfte nicht zu sehr zu brüskieren. (vgl. Joseph 1991, 184)

räume, die jedoch durch absolute Loyalität und Unterwerfung unter den despotischen „Neo-Patriarchen“ bezahlt werden mussten. (vgl. Omar 1994, 65) Das extrem repressive Klima in der „Republik der Furcht“ (al Khalil 1989) konterkarierte zunehmend die Bemühungen des Staates, die traditionellen Gemeinschaften zu schwächen und die Loyalitäten der Menschen auf Staat und Partei umzulenken. Immer mehr Menschen wandten sich von der Politik ab und zogen sich in die relative Sicherheit der Familienverbände als Orte des Vertrauens zurück. (vgl. Farouk-Sluglett/ Sluglett 1991, 196f)

3.2 Re-Traditionalisierung[3] und genderpolitische Re-Orientierung in der Krise

Während in der ersten Phase der Baath-Herrschaft die gesellschaftliche und rechtliche Stellung der Frauen deutlich gestärkt wurde, leitete das Regime während der 1980er und verstärkt in den 90er Jahren unter dem Druck der Erfordernisse und Folgen des ersten[4] und zweiten Golfkrieges[5] und der Sanktionen eine geschlechterpolitische Re-Orientierung ein. Der Wandel in der Haltung des Regimes zu Frauen und Familie war Teil einer umfassenderen Strategie der Re-Traditionalisierung und Re-Tribalisierung. Damit sollte angesichts der ökonomischen Krisenentwicklung und schwindender Legitimation die soziale Basis des Regimes verbreitert und der Machterhalt gesichert werden. (vgl. Zubaida 2004, 4) Um die Unterstützung der patriarchalischen Autoritäten der tribalen und religiösen Gemeinschaften zu gewinnen, wurden frauenrechtliche Fortschritte der vorigen Phase rückgängig gemacht. So wurde 1990 traditionelles Stammesrecht wieder eingeführt und per staatlichem Gesetz Männern die Freiheit zugestanden, weibliche Familienangehörige zu töten, denen eine „Verletzung der Ehre“, sprich unerlaubte sexuelle Beziehungen, angelastet wurden. Im Einklang mit den patrilinearen Stammestraditionen erhielten die männlichen Blutsverwandten der beschuldigten Frau dieses Recht, nicht der Ehemann. (vgl. Omar 1994, 64) Traditionelle tribale Werte wie männliche Tapferkeit, Rache und Ehre wurden verstärkt propagiert. (vgl. Jabar 2003, 201)

Neben die Re-Tribalisierung von oben im Interesse der Herrschaftssicherung des Regimes (vgl. Jabar 2003, 195ff) trat eine Re-Tribalisierung von unten. Die verwandtschaftlichen Netzwerke fungierten zunehmend als existenziell unverzichtbare „Schutzschilde, Sicherheitsgarantien und Einkommensquellen“ (Jabar 2003, 201). Ihre Notwendigkeit wuchs, je mehr der Staat sich angesichts verminderter Erdöleinkünfte unter dem Druck von Krieg und Sanktionen von sozialen Leistungen zurückzog. (vgl. ebd.)

3 Damit ist nicht einfach die Wiederherstellung der Tradition gemeint, sondern der Rückgriff und die Bezugnahme auf tatsächliche oder erfundene traditionelle Codes, Symbole oder Strukturen, um „moderne“ politische Interessen durchzusetzen. (vgl. Roy 1994, 274) in: Democracy without Democrats

4 Zur geschlechtsspezifisch konnotierten Kriegspropaganda und –mobilisierung in den 1980er Jahren, die mit einer Betonung „männlicher“ Werte einher ging vgl. Rohde 2006, 191ff

5 Zu Frauenpolitik und –diskurs während des Krieges gegen den Iran und der Fokussierung auf die reproduktive Rolle der Frau vgl. Kamp 2005, 300-302

Ergänzt wurde die staatlich induzierte Re-Tribalisierung durch eine ‚Glaubenskampagne', die eine klare Abkehr vom Säkularismus früherer Jahre bedeutete. Sie zielte darauf ab, die fundamentale Legitimationskrise des Regimes abzuschwächen, ging aber zugleich einher mit einer verstärkten religiösen Orientierung von unten. Diese wurde nicht zuletzt durch die Verschlechterung der Lebensbedingungen im Zuge der UN-Sanktionen befördert. Die verarmten und verzweifelten Massen der Bevölkerung suchten zunehmend Trost und Halt in der Religion. Über die desolate soziale Situation am Vorabend des Sturzes des Baath-Regimes bemerkt Jabar: „Die Armen überfluten die Moscheen, wo sie sich Brot, Grütze und Erlösung erhoffen. Die verschiedensten Arten von Magie, Hexerei und Wahrsagerei sind zum blühenden Geschäft geworden. Das zivile, säkulare Geflecht der irakischen Gesellschaft dagegen scheint zerrissen oder bis zur Unkenntlichkeit deformiert." (Jabar 2003, 188)

Die Glaubenskampagne konnte den Legitimationsverlust des Regimes nicht aufhalten, aber sie trug dazu bei, konservative islamische Praktiken zu verbreiten, so etwa die Verschleierung der Frauen und die Geschlechtertrennung an den Grundschulen. (vgl. ICG vom 9. 9. 2003, S. 4f)

4 Gender und Macht im Post-Saddam-Irak

Der extern induzierte Zusammenbruch des irakischen Staates beförderte einerseits zentrifugale Tendenzen und machte die traditionellen Solidareinheiten wie Familie, Clan, Stamm, religiöse Gemeinschaft zur Basis von Autonomiebestrebungen wie zur praktischen Überlebensressource. Gleichzeitig entwickelten sich die partikularen Solidareinheiten jedoch auch zum Ausgangspunkt und zu Machtpolen in gewaltsam ausgetragenen Kämpfen um die neu zu konstituierende Staatsmacht und den Zugriff auf die Erdöleinkünfte. (vgl. Herring/Rangwala 2006, 48ff)

Das politische Vakuum nach dem Ende des alten Regimes wurde zügig von politisch ambitionierten Geistlichen und islamistischen Organisationen gefüllt, die über die ideologischen und organisatorischen Kapazitäten verfügten, breite Massen zu mobilisieren. Der Mangel an Alternativen machte die Moscheen zu den einflussreichsten innergesellschaftlichen Institutionen; sie fungierten als Versammlungsort, als Wohltätigkeitszentrum und Waffendepot. (vgl. Rosen 2006, 1) Insbesondere in der schiitischen Bevölkerungsmehrheit, die im Machtapparat Saddam Husseins unterrepräsentiert und brutaler Repression ausgesetzt war, fanden die Forderungen schiitischer Geistlicher und Parteien nach einem ‚islamischen Staat' Resonanz. Die neue Situation wurde als historische Chance begriffen, die bisherigen Machtverhältnisse, als deren Nutznießer die Sunniten gesehen wurden, umzukehren und den Schiiten endlich Gerechtigkeit widerfahren zu lassen. (vgl. Rosen 2006, 2)[6] Da der

6 Obwohl Schiiten und Kurden in den führenden Machtpositionen des Baath-Regimes unterrepräsentiert waren und der innere Machtzirkel aus Saddam Husseins sunnitisch-arabischer Herkunftsregion und –clan um Tikrit stammte, war das grundsätzliche Kriterium für politische Karrieren nicht ethnischer oder religiöser Natur. Entscheidend neben professionellen Fähigkeiten war die bedingungslose Loyalität gegenüber dem Regime und dem Präsidenten. (vgl. ICG 52/ 2006, 7)

historische Gegensatz zwischen Sunniten und Schiiten weithin mit einer tief verwurzelten sozioökonomischen Spaltung einhergeht (vgl. Batatu 2004, 44ff), wird mit dem Ruf nach einer gerechten islamischen Ordnung nicht zuletzt die soziale Frage auf die Tagesordnung gesetzt. Mangels nennenswerter ideologischer und organisatorischer Alternativen wurden nach dem Sturz des alten Regimes politische und soziale Ansprüche im religiös-konfessionellen Gewand vorgetragen und legitimiert, und radikale schiitische Geistliche vermochten – wie Jahrzehnte zuvor Khomeini im Iran - mit Appellen an die mustadafin, ‚die Entrechteten und Enterbten', breite Massen zu mobilisieren. (vgl. Rosen 2006, 6)

Die Besatzungsmacht und die entstehende Aufstandsbewegung[7] trugen ihrerseits zur konfliktträchtigen Politisierung der ethnischen und religiös-konfessionellen Zugehörigkeiten bei. Im Zuge der sich verstärkenden identitätspolitischen Dynamik wurde die im regionalen Vergleich jahrzehntelang relativ günstige gesellschaftliche und rechtliche Stellung der Frauen zunehmend zerrieben, wie im Folgenden gezeigt wird.

4.1 Die Politik der Besatzungsmacht und die Rechte der Frauen

In Einklang mit den Erklärungen der Bush-Administration, wonach Frauen eine zentrale Rolle bei der Herstellung demokratischer Verhältnisse im ‚neuen' Irak zukommen sollte, unternahm die amerikanische Übergangsverwaltung zunächst diverse Schritte zur institutionellen Einbindung von Frauen in den politischen Prozess. Frauenorganisationen wurden darin unterstützt, sich zivilgesellschaftlich und politisch zu engagieren und das von der Besatzungsmacht konzipierte neue Nationbuilding-Projekt mitzugestalten.

Gleichzeitig und zunehmend schuf und beförderte die Besatzungsmacht strukturelle politische und soziale Bedingungen, die die Situation eines großen Teils der irakischen Frauen wie der Bevölkerung insgesamt dramatisch verschlechterten und zur Erosion frauenrechtlicher Errungenschaften beitrugen. (Al-Ali/Pratt 2006, 19ff) Zentrale und interdependente Bestimmungsfaktoren in diesem Prozess waren die Politisierung konfessionell-religiöser und ethnischer Zugehörigkeiten, die Auflösung der alten staatlichen Institutionen, insbesondere der Armee und der Polizei, sowie die von der US-Administration eingeleitete neoliberale Wirtschaftspolitik (vgl. Ismael, T./ Ismael, J. 2005, 616f).

4.1.1 Machtverteilung nach kommunalistischen Kriterien

Der von der amerikanischen Zivilverwaltung mit Unterstützung der UN etablierte vorläufige irakische Regierungsrat wurde auf der Basis ethnischer und konfessionell-religiöser Zugehörigkeiten gebildet. Zum ersten Mal in der Geschichte des Irak wurden damit konfessionelle und ethnische Zugehörigkeiten zum organisie-

7 Die Aufstandsbewegung wird weithin von Sunniten getragen, die Baath-Mitglieder waren und die „Ent-Baathifizierung" auch als „Ent-Sunnifizierung" wahrnehmen, mit der ihrer Ansicht nach die neue schiitisch geführte Regierung sie von Stellen im Staatsdienst ausschließen will. (vgl. ICG 52/2006, 10)

renden Prinzip im formellen politischen Prozess gemacht. (vgl. ICG 52/ 2006, 10) Die Mitglieder des Rates wurden als vermeintliche Repräsentanten einer Gesellschaft ausgewählt, die in der vereinfachten und verzerrten Imagination der Besatzungsmacht im wesentlichen aus Arabern und Kurden, Sunniten und Schiiten bestand.[8] Die International Crisis Group sprach bereits im August 2003 hellsichtig von „einem beunruhigenden Präzedenzfall" (ICG 52/ 2006, 10, Anm. 66) und warnte davor, dass diese Entscheidung ethnische und religiöse Konflikte verschärfen würde, da die Menschen sich nun zunehmend entlang dieser Spaltungslinien organisieren würden. (vgl. ebd.)

Zwar wurde ethnischen und konfessionellen Zugehörigkeiten im sozialen und kulturellen Leben des Irak auch in der Vergangenheit Beachtung geschenkt; jedoch waren insbesondere unter den städtischen Eliten interkonfessionelle Ehen und Familien durchaus an der Tagesordnung. Während in den 1970er Jahren in manchen Schulen Bagdads bis zu 50 Prozent der Kinder aus konfessionell gemischten Familien kamen, verzeichnet ein Bagdader Familiengericht für 2002 nur noch 5 Prozent konfessionell gemischte Eheschließungen und gegen Ende des Jahres 2005 überhaupt keine mehr. (vgl. ICG 52/ 2006, 6, Anm. 32) Dies lässt sich unschwer als Zeichen zunehmender gesellschaftlicher Desintegration entlang konfessioneller Trennungslinien interpretieren. Welche dramatischen Ausmaße die konfessionellen Spaltungen und Spannungen inzwischen angenommen haben, zeigen Berichte, wonach gemischt-konfessionelle Paare zunehmend aus den jeweiligen konfessionellen Gemeinschaften heraus bedrängt werden, sich scheiden zu lassen. (vgl. IRIN vom 8. 11. 06)

Mit dem identitätspolitischen Erbe der Baath-Herrschaft war zwar ein gewisses Potential für den Ausbruch ethnisch und konfessionell geprägter Gewalt gegeben; gleichwohl war eine derartige Dynamik nach dem Sturz des Regimes keineswegs unvermeidlich. Mit tatkräftiger Unterstützung der Besatzungsmacht konnte es jedoch den schiitischen islamistischen Parteien gelingen, politisch dominant zu werden und „die säkulare Tradition des Irak zur Unkenntlichkeit" zu transformieren. (vgl. ICG 52/ 2006, 8)

Die neue Machtverteilung zugunsten der bis dahin benachteiligten Gemeinschaften und Gruppen marginalisierte die „Herren von gestern", die nicht bereit waren, ihren Ausschluss von Macht und Ressourcen tatenlos hinzunehmen.

4.1.2 Auflösung des Staatsapparates

Die Auflösung der staatlichen Institutionen des gestürzten Regimes, insbesondere der Armee und der Polizei, durch die Übergangsverwaltung im Mai 2003 hatte einen dramatischen Zusammenbruch von Sicherheit und Ordnung zur Folge und schuf zudem ein breites soziales Rekrutierungsreservoir für die Aufstandsbewegung. Knapp eine halbe Million Armee-Angehörige verloren über Nacht ihre Jobs und die Existenzgrundlage für sich und ihre Familien; viele von ihnen betrachteten

8 So wurde bspw. Hamid Majid Mousa, ein säkularer Politiker und Vorsitzender der Irakischen kommunistischen Partei, als Repräsentant der Schiiten zum Mitglied im Regierungsrat ernannt. (vgl. ICG 52/2006, 10, Anm. 64)

den Widerstand gegen die US-Besatzung als einzige gangbare Alternative zur Arbeitslosigkeit, die ohnehin schon 60 % betrug. (vgl. Ismael, T./ Ismael, J. 2005, 616f.) Unmengen von Waffen waren zudem auf einmal frei zugänglich, was eine „Ordnung der gewalttätigen Selbsthilfe" (von Trotha 2003, 51) zur Durchsetzung politischer, ökonomischer und privater Interessen begünstigte. Raub und Plünderungen, Gewaltverbrechen, Revierkämpfe zwischen bewaffneten Milizen und Gangs, sowie Anschläge von irakischen Aufständischen und transnationalen Dschihadisten wurden alltäglich. Die „Herrschaft des Gewehrs" (Barakat 2005, 579) beförderte ein „Gefüge raubtierhafter Sozialbeziehungen" (Kaldor 2000, 174), in dem Zivilisten und Schwächere, nicht zuletzt auch Frauen, besonders schutzlos sind.

Durch die allgegenwärtige Gewalt werden Frauen zu Gefangenen in ihren eigenen Häusern gemacht, aber selbst dort sind sie vor Übergriffen der Besatzungstruppen und ethnisch oder konfessionell markierten Vertreibungen nicht sicher. (vgl. Lasky 2005, 7) Unter den Bedingungen des alltäglichen Albtraums wurden die Familienverbände und die Gemeinschaften als letzte Bastionen für sozialen Rückhalt und Schutz zwar physisch gefährdet, aber funktional gestärkt.

4.1.3 Neoliberale Wirtschaftspolitik

Im erklärten Selbstverständnis der Besatzungsmacht bildet die Freiheit des Marktes ein Kernelement der Demokratie. (vgl. Ismael, T./ Ismael, J. 2005, 618) Dementsprechend unterzog Paul Bremer als amerikanischer Übergangsverwalter die irakische Ökonomie gleichsam über Nacht einer marktwirtschaftlichen Schock-Therapie. „In einem einzigen heißen Sommer drückte er mehr schmerzhafte Veränderungen durch als der Internationale Währungsfonds in Lateinamerika während dreier Jahrzehnte." (Klein 2005, 35) Der irakische Markt wurde übergangslos und unbeschränkt für Importe und transnationale Konzerne geöffnet, die durch außerordentlich kapitalfreundliche Steuer- und Investitionsgesetze[9] ermutigt werden sollten im Irak zu investieren. Gestattet wurde eine vollständige Übernahme irakischer Unternehmen und Besitztümer durch ausländische Konzerne, mit Ausnahme der natürlichen Ressourcen. (vgl. Medani 2004, 28) Als Kernstück der neoliberalen Wirtschaftspolitik sollten die Staatsunternehmen privatisiert werden. (vgl. Klein 2005, 36)

Die neoliberale Agenda trug nicht unwesentlich zur Eskalation des bewaffneten Widerstandes gegen die Besatzung bei. Viele Geschäftsleute, die sich in ihrer wirtschaftlichen Existenz bedroht sahen, begannen aus Selbstschutz die Aufständischen finanziell zu unterstützen. (vgl. Klein 205, 44) Der irakische Kommunikationsminister Haider al-Abadi kommentierte die Entwicklung folgendermaßen: „Wir wissen, dass es Terroristen im Lande gibt, aber früher hatten sie keinen Erfolg. Sie waren isoliert. Doch jetzt, wo das ganze Land unglücklich ist und eine Menge Leute keine Jobs haben (...), finden diese Terroristen offene Ohren." (zit. nach Klein 2005, 44)

9 Bspw. Senkung des Unternehmenssteuersatzes von 40 auf 15 %, das Recht, Gewinne hundertprozentig zu transferieren. (vgl. Ismael, T./ Ismael, J. 2005, 617)

Angesichts des Widerstandes gegen die Privatisierung der Staatsbetriebe wurden die einschlägigen Pläne fürs erste storniert. Bei ihren Recherchen in einer Pflanzenölfabrik bekam Naomi Klein auf die Frage an einen Arbeiter, was passieren würde, falls die Fabrik trotz der Einwände der Beschäftigten verkauft werden sollte, die Antwort: „Entweder wir werden die Fabrik anzünden und bis auf die Grundmauern abbrennen lassen oder wir werden uns drinnen in die Luft sprengen. Aber privatisiert wird sie nicht." (zit. nach Klein 2005, 48)

Während die Besatzungsmacht von den neoliberalen Reformen die Auslösung eines Wirtschaftsbooms und den Wiederaufbau des Irak erwartete, setzte sie stattdessen eine Dynamik frei, in der die Arbeitsbeziehungen sich teilweise zu einer Frage von Leben und Tod entwickelten. Zehntausende arbeitsloser junger Männer machten sich daran, ihre Interessen in den Verteilungskonflikten um knappe Ressourcen gewaltsam (vgl. Klein 2005, 49 und 53) und unter Zuhilfenahme identitätspolitischer Ausschlusskriterien durchzusetzen.

Im Zuge der Maßnahmen der Besatzungsmacht verloren nicht zuletzt unzählige Frauen ihre Arbeit im Staatsdienst, wo sie 40 % der Beschäftigten gestellt hatten, sowie in den formellen und informellen Wirtschaftssektoren. Angesichts der katastrophalen Sicherheitslage können etwa Straßenhändlerinnen ihre Tätigkeit nicht mehr ausüben. Im formellen Sektor sind die Arbeitsplätze durch die wirtschaftliche Öffnungspolitik bedroht. In der Bekleidungsfabrik Agras in Bagdad verloren bspw. 600 Näherinnen ihre Jobs, da nach der Senkung der Zölle durch die amerikanische Zivilverwaltung 2003 Agras die Produktion nach China auslagerte und die fertigen Produkte re-importierte. (vgl. Lasky 2005, 9) Insgesamt scheint sich im Irak die Erfahrung mit Privatisierung in anderen ehemals staatlich gelenkten Wirtschaften zu wiederholen, dass nämlich Verarmung und Verelendung der schwächsten Mitglieder der Gesellschaft sich weiter verschärfen. (vgl. Graham-Brown 2003, 23)

Hand in Hand mit der neoliberalen Re-Integration in die formelle globale Ökonomie wird der Irak in eine florierende transnationale informelle Ökonomie, in die globale Sex-Industrie und in globale kriminelle Netzwerke eingebunden. So entführen etwa irakische und ägyptische Frauenhändler irakische Frauen und verkaufen sie über die offenen Grenzen in die Zwangsprostitution. Durch die Anwesenheit hunderttausender dollarschwerer ausländischer Zivilisten und Militärs wird zudem die inländische Prostitution enorm ausgeweitet. (vgl. Herring/Rangwala 2006, 216f)

4.2 Identitätspolitik, Kampf um das Erdöl und Kontrolle über die Frauen

Die identitätspolitischen Auseinandersetzungen und Verteilungskämpfe um Macht und Erdöl wurden durch den Verfassungsprozess weiter angeheizt. Die unter dem alten Regime benachteiligten schiitischen und kurdischen Parteien nutzten ihre mit Unterstützung der US-Administration errungene Macht, um verfassungsmäßige Regelungen durchzusetzen, die ihnen einen privilegierten Zugriff auf die Erdöl-Einnahmen sichern sollten. Das Öl wurde zum vorrangigen Bestimmungsfaktor für Bürgerkrieg und Staatszerfall. Die weit reichenden verfassungsmäßig vorgesehenen Möglichkeiten der Regionalregierungen, über die künftig erschlossenen Ölfelder zu verfügen, bergen die Gefahr einer Auflösung des irakischen Staates in sich mit einer kurdischen Sezession im Norden sowie der Schaffung einer schiitischen Super-Region im Süden, während die sunnitisch-arabische Community in den Zentralprovinzen ohne nennenswerte Ressourcen politisch und ökonomisch marginalisiert würde. (vgl. ICG No. 52, 12f)

Auch die verfassungsrechtliche Neuregelung und Re-Traditionalisierung des Familienrechts vertieften die identitätspolitischen Spaltungslinien der Gesellschaft. Sie revitalisiert den Zusammenhalt der Gemeinschaften nach innen und festigten deren Grenzen nach außen. An die Stelle des alten säkular orientierten, einheitlich verbindlichen Familienrechts treten nun Regelungen, wonach die jeweiligen konfessionellen und ethnischen Gemeinschaften familienrechtliche Angelegenheiten eigenständig regeln können. Damit werden zentrale Personenstandsrechte der Frauen den Patriarchen der jeweiligen Gemeinschaften überantwortet und die frauenrechtlichen Errungenschaften der Vergangenheit für zahlreiche Frauen bedeutungslos gemacht. Interkonfessionelle Eheschließungen, die zumindest in den modernen Mittelschichten an der Tagesordnung waren, werden erschwert und kommen bereits heute kaum mehr vor.[10]

Da die Verfassung zudem grundsätzlich festlegt, dass kein Gesetz den „feststehenden Regeln des Islam" widersprechen darf, und angesichts der Machtfülle und Deutungshoheit, die die konservativen islamistischen Parteien und Geistlichen im Post-Saddam-Irak gewonnen haben[11], ist kaum anzunehmen, dass besonders frauenfreundliche Interpretationen der Scharia den künftigen familienrechtlichen Status der Frauen und ihre Rechte im Hinblick auf Eheschließung[12], Scheidung, Sorgerecht für die Kinder, Erbrecht und Polygamie bestimmen werden. (vgl. Coleman 2006)

Als besonders brutale genderspezifische Strategie bei der Durchsetzung identitätspolitisch markierter Interessen sind Vergewaltigungen an der Tagesordnung. Vergewaltigung wird sowohl von sunnitischen wie auch von schiitischen Milizionären als Waffe im Bürgerkrieg eingesetzt, um Familien aus der jeweils anderen Gemeinschaft zu demütigen und zu vertreiben oder „um Rechnungen zu begleichen", wie Frauen aus Mosul, Karbala, Hilla, Basra und Nassariyah übereinstimmend berichten. (vgl. Oberserver vom 8. 10. 06) „Wir beschuldigen die Milizen", erklärt die frühere stellvertretende Ministerin für Menschenrechte, Aida Ussayaran.

10 Während in den 1970er Jahren in manchen Schulen Bagdads bis zu 50 Prozent der Kinder aus konfessionell gemischten Familien kamen, verzeichnet ein Baghdader Familiengericht für 2002 nur noch 5 Prozent konfessionell gemischte Eheschließungen und gegen Ende des Jahres 2005 überhaupt keine mehr. (vgl. ICG 52/ 2006, 6, Anm. 32)

11 Die schiitische Fraktion ging bei der Ausgestaltung des Verfassungsentwurfs davon aus, dass sie mit ihrer demographischen Mehrheit jede künftige Gesetzgebung dominieren könne. Vgl. ICG-Briefing 19/2005, 5)

12 Im schiitischen Recht ist die „Ehe auf Zeit" erlaubt, die bspw. auch auf der Website von Ayatollah Al-Sistani erklärt wird; unter dem säkular orientierten Familienrecht des Baath-Regimes galt sie als „Prostitution" und wurde nicht anerkannt. (vgl. Riverbend 2006, 232; 241)

„Aber wenn wir über die Milizen sprechen, stellen wir fest, dass viele von ihnen Mitglieder der Polizei sind.“ (ebd.)

Die Vergewaltigung und Ermordung von Frauen, die anderen konfessionellen oder ethnischen Gemeinschaften angehören, zielt strategisch darauf ab, diese Gemeinschaften in ihrer Identität und Integrität zu zerstören, als deren Symbol die Frau gilt. „Der quasi-militärische Sinn solcher Gewalthandlungen liegt in der demonstrativen Demütigung und Entmännlichung des Gegners; ihm wird ... vor Augen geführt, dass er ‚seine' Frauen nicht mehr schützen kann und es darum an der Zeit ist, mit ihnen zusammen das umkämpfte Gebiet für immer zu verlassen.“ (Münkler 2003, 149; vgl. Calic 1996, 139ff)

4.3 Islamistische Moralpolitik: ‚verschleierter Klassenkampf' und konservative Bündnisstrategie

Der politische Aufstieg islamistischer Bewegungen und Parteien im ‚neuen Irak' und ihr Kampf um die Staatsmacht gehen mit massiven Bemühungen einher, eine extrem konservative islamische Geschlechterordnung durchzusetzen. Zentrale Strukturprinzipien einer derartigen vermeintlich „gottgegebenen“ Ordnung der Geschlechter sind die Komplementarität der Rollen von Mann und Frau, eine möglichst weitgehende soziale Trennung der Geschlechter und der Ausschluss der Frauen aus dem öffentlichen, als ‚männlich' definierten Raum. Im traditionellen islamischen Geschlechterdiskurs stellt eine Frau, die sich unverschleiert öffentlich zeigt, eine erotische Versuchung dar, die die Selbstbeherrschung der Männer und die Sozialordnung gefährdet und Chaos (fitna) verursacht. Um den Zusammenbruch der sozialen Ordnung zu verhindern, muss in einem derartigen Bedeutungskontext die potentiell als zerstörerisch gedachte weibliche Erotik streng kontrolliert und durch räumliche bzw. symbolische Geschlechtertrennung qua Verschleierung der Frau auf den privaten Bereich beschränkt werden.

Radikale sunnitische wie schiitische Akteure wetteifern mit Gewalt und Terror darum, ihre Machtansprüche genderpolitisch zur Geltung zu bringen. Als augenfälliges Symbol ihrer Kontrolle über ein bestimmtes Territorium versuchen sie, das Verhalten von Frauen und Männern umfassend ‚moralpolitisch' zu reglementieren und eine ‚islamische Kleiderordnung' zu erzwingen. In den schiitischen Stadtteilen Baghdads wie auch im mehrheitlich von Schiiten bewohnten Süden des Irak sind vor allem die schiitischen Milizen der Sadr-Bewegung, die sog. Mahdi-Armee, ‚moralpolitisch' aktiv. Sie unterstehen der Autorität des nicht nur in den Straßen der Armenviertel, sondern auch in Parlament und Regierung politisch höchst einflussreichen jungen Geistlichen Muqtada al-Sadr, der aus einer hochangesehenen Familie transnational bedeutender schiitischer Theologen stammt [13] (vgl. ICG 55/ 2006, 1) Muqtada al-Sadr und seine Bewegung repräsentieren die schiitischen Unterschichten, die sich im politischen Nachkriegsprozess einmal mehr marginalisiert sehen. In den von ihr kontrollierten Gebieten hat die Sadr-Bewegung bereits

13 Muqtadas religiös-politische Legitimation leitet sich wesentlich von seinem berühmten Vater, Ayatollah Muhammad Sadiq al-Sadr, und einem Onkel, Ayatollah Muhammad Baqir al-Sadr her, die transnational von vielen Schiiten hoch verehrt werden.

quasi-staatliche Strukturen aufgebaut. Neben ihren moralpolitischen Reglementierungen bietet sie umfassende soziale Dienstleistungen, wie etwa medizinische Versorgung, und sorgt für Recht und Ordnung. Familienrechtliche Angelegenheiten werden außerhalb des staatlichen Rechtssystems von ‚islamischen Gerichten' geregelt. (vgl. ICG Briefing vom 9. 9. 2003, 17)

Den freiwilligen jungen Männern aus den Unterschichten, aus denen sich die „Mahdi-Armee" rekrutiert, bieten sich enorme Möglichkeiten, Macht und Prestige zu erlangen. Mit der Waffe in der Hand können die vormals gesellschaftlich Marginalisierten und Gedemütigten einen gewissen sozialen Aufstieg (vgl. Münkler 2003, 140)[14] für sich erkämpfen und zugleich ihre Vision einer ‚moralischen' islamischen Ordnung schon heute in Ansätzen sichtbar machen.

Eine besonders bevorzugte Zielscheibe von gewaltsamen Angriffen, Todesdrohungen und Morden durch Milizionäre sind öffentlich aktive, hochqualifizierte berufstätige Frauen wie Lehrerinnen, Ärztinnen und Richterinnen, ebenso wie Frauen, die die diversen Fatwas missachten, die den Frauen das Autofahren untersagen. (vgl. Judd 2006) An Leib und Leben bedroht sind auch Anwälte und Anwältinnen, die sich für Frauenrechte einsetzen, Frauen bei Ehescheidungen und in Sorgerechtsangelegenheiten vertreten und sich gegen sog. „Ehrenmorde" engagieren. Bedrohungen und Ermordungen werden mit der Standardformel legitimiert, die betroffenen Anwälte hätten „gegen den Islam" gehandelt. (vgl. IRIN vom 16. 8. 2006)

Hauptleidtragende der weithin gewaltsam durchgesetzten islamistischen Geschlechterpolitik sind offenkundig insbesondere Frauen aus den modernen Mittelschichten. Nicht wenige sozial entwurzelte und depravierte junge Männer aus den Elendsvierteln mögen sich für ihre sozialen Demütigungen an den Frauen der privilegierteren Schichten rächen und ihre beschädigte Männlichkeit aufzuwerten suchen, indem sie nicht nur die „eigenen" Frauen strikter Kontrolle unterwerfen, sondern auch die die Frauen der „happy few" in den Rahmen zwingen, der ihnen in der traditionellen vermeintlich ‚gottgewollten' Geschlechterordnung zugedacht ist. Insofern lassen sich die Versuche, den Schleier gewaltsam durchzusetzen, auch als Formen eines ‚verschleierten Klassenkampfes' interpretieren. (vgl. Kreile 1997, 228ff)

Die von islamistischen Schiiten dominierte Regierung bemüht sich ebenfalls um die Re-Etablierung einer höchst konservativen Geschlechterordnung. In einigen Ministerien wurde bereits die Geschlechtertrennung am Arbeitsplatz durchgesetzt; in manchen öffentlichen Einrichtungen müssen weibliche Angestellte ein Kopftuch tragen. (vgl. Oberserver vom 8. 10. 2006) Die zunehmende sexuelle Gewalt gegen Frauen wird zum Anlass genommen, einen größeren Schutz für Frauen anzumahnen, der dadurch erreicht werden soll, dass ihre Bewegungsspielräume einge-

14 Nicht selten verknüpfen Angehörige der Miliz ihre formellen Funktionen etwa als Sicherheitspersonal für Ministerien unter sadristischer Kontrolle oder Wachleute für Tankstellen mit illegalen Aktivitäten zur Selbstbereicherung. Oftmals agieren sie als Todesschwadrone und ermorden unabhängig von zivilen und religiösen Gerichten extralegal angebliche sunnitische Extremisten und Baathisten und bemächtigen sich des Eigentums der zu „Ungläubigen" Erklärten. (vgl. Knickmeyer in: WaPo vom 25. 8. 2006)

schränkt werden. So hat das Innenministerium Frauen davor gewarnt, alleine das Haus zu verlassen. (IRIN 14. Juni 2006)

Im Unterschied zu früheren Phasen der irakischen Geschichte kooperieren im Post-Saddam-Irak die staatlichen und die gemeinschaftlichen Eliten bei der Kontrolle über die Frauen, geeint durch denselben extrem patriarchalischen Geschlechterdiskurs. Die islamisch legitimierte Geschlechterpolitik scheint konfessionsübergreifend einen kleinsten gemeinsamen Nenner einer möglichen konservativ-islamistischen Allianz darzustellen. Sie verbindet nicht nur die islamistischen Parteien, konservativen Geistlichen, traditionalistischen Eliten und tribalen Patriarchen. Zudem ermöglicht sie auch die Einbindung der unter dem Druck von Armut und Marginalisierung verzweifelnden, entwurzelt in den städtischen Slums lebenden Unterschichten und schafft ihnen für ihren sozialen Unmut ein Ventil.

5 Strategien der Frauen

Angesichts zunehmender gesellschaftlicher Zerrissenheit und Gewalt, politischer Fragmentierung und alltäglichem Schrecken setzen Frauen je nach ethnisch-regionaler Herkunft, sozialer Schicht und religiös-politischer Orientierung auf kontroverse Strategien zur Wahrung ihrer alltagspraktischen und genderstrategischen Interessen.

Zahlreiche Frauen unterstützen die Entwicklung zum Islamischen Staat, die unter dem massiven Druck des dominanten schiitischen Machtblocks vorangetrieben wird. Dies schließt die freiwillige Unterwerfung unter die familienrechtlichen Regelungen der Scharia im Sinne des Deutungsmonopols von konservativ-religiösen Patriarchen und islamistischen Hardlinern ein. Sie sehen die Moscheen und religiösen Gemeinschaften als die einzigen sozialen Institutionen, die während und seit dem Krieg eine gewisse Versorgung, Ordnung und Sinnstiftung geboten haben. Ihre vorrangige Sorge gilt der Wiederherstellung des familiären und sozialen Zusammenhalts und Friedens und des durch Diktatur, Krieg und Besatzung gedemütigten Selbstwertgefühls der Männer, die dazu befähigt werden sollen, ihre traditionellen Rollen als Versorger und respektierte Familienoberhäupter wieder zu übernehmen. Dieses Projekt, das nicht zuletzt die extreme Kriminalität und Gewalt in der Gesellschaft beenden soll, lässt sich ihrer Auffassung nach realistisch nur im Rahmen und Geltungsbereich des religiösen Rechts verwirklichen. (vgl. Goetz 2005)

Einen Gegenpol bilden die säkular orientierten und professionalisierten Frauenrechtlerinnen, für die eine Gleichstellung im Familienrecht unverzichtbar sind. Sie stehen weithin mit dem Rücken zur Wand. Viele sind bereits emigriert. Diejenigen, die im Land bleiben, sind angesichts alltäglicher Morddrohungen seitens islamistischer Terrorgruppen in ihrer persönlichen Bewegungsfreiheit wie auch ihrer politischen Partizipations- und Mobilisierungsfähigkeit extrem eingeschränkt. Zudem können sie im Hinblick auf ihre soziale Ausstrahlungskraft kaum mit den Kapazitäten der Frauen aus den konservativen religiösen Organisationen konkurrieren, die soziale Dienstleistungen gewährleisten und ein religiös fundiertes Gemeinschaftsgefühl zu vermitteln vermögen. (vgl. Goetz 2005)

Nicht wenige auch der säkular orientierten Frauen setzen auf eine „pragmatische“ Überlebensstrategie. Sie sehen das Hauptproblem nicht in der Einführung des islamischen Rechts, sondern stellen vorrangig die Frage, wer Schutz und Sicherheit gewährleisten kann. Die Antwort finden sie im Refugium der primären Gemeinschaften. So schreibt die Schriftstellerin Haifaa Zangana: „Die irakischen Frauen wissen, dass nicht der Islam der Feind ist. (...) Frauen wissen auch, dass die traditionelle Gesellschaft, Nachbarschaft und Familienverband so einengend sie auch zeitweilig sein mögen, nicht der Feind sind. Tatsächlich sind sie der hauptsächliche Rückhalt und Schutz für Frauen hinsichtlich körperlicher Unversehrtheit und Wohlergehen, auch wenn ein kleinster gemeinsamer Nenner hinsichtlich Kleidung und persönlichem Verhalten gefordert ist. Der Feind ist der Zusammenbruch des Staates und der Zivilgesellschaft. (Zangana 2005)

Die Dynamik, die dieses soziale und politische Trümmerfeld geschaffen und die Handlungsspielräume von Frauen minimiert hat, wurde ironischerweise nicht zuletzt durch eine Politik entfacht, die Demokratie und Frauenbefreiung auf die Fahnen ihrer Weltordnungsstrategie geschrieben hat.

Literatur

Al-Ali, Nadje/ Pratt, Nicola: Women in Iraq: Beyond the Rhetorik. In: MERIP No. 239/ 2006, 18-23

Al-Khalil, Samir: Republic of Fear, London 1989

Barakat, Sultan: Reconstructing Post-Saddam Iraq: an introduction. In: Third World Quarterly No. 4-5, 2005, 565-570

Batatu, Hanna: The Old Social Classes and the Revolutionary Movements of Iraq, London 2004

Bourdieu, Pierre: Die feinen Unterschiede, Frankfurt/M. 1987

Carapico, Sheila/ Toensing, Chris: The Strategic Logic of the Iraq Blunder. In: MERIP 239/ 2006, 6-11

Coleman, Isobel: Women, Islam, and the New Iraq. In: Foreign Affairs, January/ February 2006

Dobriansky, Paula J.: Women and the Transition to Democracy: Iraq, Afghanistan, and Beyond. Heritiage lecture 793 vom 20 6. 2003 http://www.heritage.org/Research/Middle East/HL793.cfm, eingesehen am 29. 08. 2006

Ferguson, Michaele L.: "W" Stands for Women: Feminism and Security Rhetoric in the Post-9/11 Bush Administration. In: Politics & Gender 1/2005, 9-38

Goetz, Anne Marie: Against Daunting Odds: Women Fight for Gender Equality Rights in Iraq's New Constitution, Institute of Development Studies, University of Sussex http://www.ids.ac.uk/ids/news/AnneMarieIraq.html, 5. 8. 2005

Halm, Heinz: Der schiitische Islam, München 1994

Hanf, Theodor: Koexistenz im Krieg. Staatszerfall und Entstehen einer Nation im Libanon, Baden-Baden 1990

Heine, Peter: Zghurt and Shmurt: Aspects of the Traditional Shi'i Society. In: Abdul-Jabar, Faleh (ed.): Ayatollahs, Sufis and Ideologues, London 2002

Herring, Eric/ Rangwala, Glen: Iraq in Fragments, London 2006

International Crisis Group, Middle East Briefing vom 9. 9. 2003

International Crisis Group, Middle East Report No. 52 vom 27. 2. 2006

International Crisis Group, Middle East Report No. 55 vom 11. 7. 2006

International Crisis Group, Middle East Report No. 60 vom 19. 12. 2006

Inglehart, Ronald/ Norris, Pippa: The True Clash of Civilizations. In: Foreign Policy March/April 2003

IRINNews.org (UN Office for the Coordination of Humanitarian Affairs) vom 8. 11. 06; 14. 6. 2006; 16. 8. 2006

Ismael, Jacqueline/ Ismael, Shereen T.: Gender and State in Iraq. In: Joseph, Suad (ed.): Gender and Citizenship in the Middle East, Syracuse, New York 2000, 185-211

Ismael, Tareq Y./Ismael, Jacqueline S.: Whither Iraq? Beyond Saddam, sanctions and occupation. In: Third World Quarterly No. 4-5, 2005, 609-629

Jabar, Faleh A.: Der Stamm im Staat. Zur Wiederbelebung der Stammeskultur im Irak. In: Hafez, Kai/ Schäbler, Birgit (Hg.): Der Irak, Heidelberg 2003, 187-207

Jabar, Faleh A.: The spectre of theocracy. In: Al-Ahram Weekly Online <http://weekly.ahram.org.eg/print/2005/755/op13.htm> eingesehen am 15. 4. 2006

Joseph, Suad: Elite Strategies for State-Building: Women, Family, Religion and State In Iraq and Lebanon. In: Kandiyoti, Deniz (ed.): Women, Islam, and the State, Basingstoke and London 1991, 176-200

Judd, Terri: For the women of Iraq, the war is just beginning. In: the Independent vom 8. 6. 2006

Kaldor, Mary: Neue und alte Kriege, Frankfurt/M. 2000

Kamp, Martina: Geschlecht, Kolonialismus und Nation. Patriarchale Nachkriegsordnung(en) im Irak. In: Davy, Jennifer A./ Hagemann, Karen/ Kätzel, Ute (Hg.): Frieden – Gewalt - - Geschlecht, Essen 2005, 293-314

Klein, Naomi: Bagdad im Jahr Null. Das Scheitern der neokonservativen Utopie. In: Blätter für deutsche und internationale Politik, H. 1/ 2005, 33-54

Kreile, Renate: Politische Herrschaft, Geschlechterpolitik und Frauenmacht im Vorderen Orient, Pfaffenweiler 1997

Lasky, Marjorie P.: Iraqi Women Under Siege. A Report by CODEPINK: Women for Peace and Global Exchange, codepinkalert.org/downloads/IraqiWomenReport.pdf, eingesehen am 20. 4. 2006

Medani, Khalid M.: State Building in Reverse: The Neo-Liberal „Reconstruction" of Iraq. In: MERIP 232/ 2004, 28-35

Omar, Suha: Women: Honour, Shame and Dictatorship. In: Hazelton, Fran (ed.): Iraq since the Gulf War, London and New Jersey 1994, 60-71

Pawelka, Peter: Der Vordere Orient und die Internationale Politik, Stuttgart etc. 1993

Riverbend: Bagdad Burning, St. Pölten-Salzburg 2006

Rosen, Nir: Anatomy of a Civil War. In: Boston Review Nov./Dec. 2006

Roy, Olivier: Patronage and Solidarity Groups: survival or reformation? In: Salamé, Ghassan (ed.): Democracy Without Democrats?, London, New York 1994, 270-281

Sluglett, Peter/ Farouk-Sluglett, Marion: Der Irak seit 1958, Frankfurt/M. 1991 von Trotha, Trutz: Die präventive Sicherheitsordnung. In: Ruf, Werner (Hg.): Politische Ökonomie der Gewalt, Opladen 2003, 51-75 2003

Wichterich, Christa: Identitätspolitik: Religion, Geschlecht und Identitätssuche am Beispiel Indiens. In: beiträge zur feministischen theorie und praxis H. 32/1992, 47-58

Zangana, Haifaa: Women of the new Iraq. In: Al-Ahram Weekly Online http://weekly.ahram.org.eg/2005/755/re8.htm, eingesehen am 16. 4. 2006

Zubaida, Sami: The next Iraqi state: secular or religious? www.openDemocracy.net vom 13. Februar 2004

Zubaida, Sami: Communalism and Thwarted Aspirations of Iraqi citizenship. In: Merip 237/ 2005, 8-11

Susanne Fischer

Annapolis als Zwei-Ebenen Spiel

Welche Rolle spielt Hamas in den israelisch-palästinensischen Verhandlungen?

Einleitung

Jedem Versuch, Frieden zwischen Israelis und Palästinensern zu schaffen, folgt, so scheint es, die Eskalation auf dem Fuße. Allein die Initiativen zur Deeskalation und die Stufen der Eskalation, die Israelis und Palästinenser seit Anfang 2006 – seit den Wahlen zum palästinensischen Parlament, aus denen die Hamas als Siegerin hervor ging – vermögen Regale an journalistischer Berichterstattung und wissenschaftlicher Analyse zu füllen.

Vor diesem Hintergrund soll an dieser Stelle keine umfassende Friedensstrategie entworfen werden – gleichwohl visionäre Entwürfe und konkrete mutige Ansätze (man denke an die Genfer Initiative) eine wichtige Rolle auf dem Weg zur Befriedung von Konflikten spielen (können). Vielmehr möchte sich der vorliegende Beitrag auf einen Aspekt konzentrieren, der – wenn auch ein Teilaspekt der Ereignisse in der jüngeren Vergangenheit – nicht desto weniger von zentraler Bedeutung für den Verlauf der Friedensverhandlungen zwischen Israel und den Palästinensern ist: Welche Rolle spielt Hamas für Friedensverhandlungen bzw. Frieden? Welche politischen Szenarien sind denkbar?

Besonders auffällig während der Konferenz von Annapolis am 27. November 2007 war, dass diese Konferenz dezidiert lediglich als der Ausgangpunkt für einen Friedensprozess gedeutet wurde (Rice 2007a, Ban 2007).[1] Interessant war auch, dass Premierminister Olmert und der palästinensische Präsident Abbas sich bereits vor der Konferenz im August/September 2007 „auf eigene Faust" für Gespräche getroffen hatten. Zudem ließ sich auch die Anwesenheit der Vertreter verschiedener arabischer Länder als positiv verbuchen. Die Konferenz endete schließlich mit der Erklärung, dass die Konfliktparteien nach ihrer Rückkehr in die Region ab 12. Dezember 2007 in weitere Verhandlungen eintreten würden. Eine Geberkonferenz am 17. Dezember 2007 in Paris sollte die nötigen finanziellen Mittel für einen Wiederaufbau in den palästinensischen Gebieten bereitstellen. Der Prozess war somit in Gang gesetzt – dass Hamas in Gaza herrscht, wurde nur am Rande thematisiert.

Bedeutet dies, dass die Bewegung für den Friedensprozess irrelevant ist? Vorliegender Beitrag erörtert die Rolle der Bewegung und stellt fest, dass ohne einen aktiven Umgang mit Hamas der israelisch-palästinensische Dialog stets fragil bleiben muss. Hierfür wird in einem ersten Schritt die aktuelle politische Situation skizziert (Kapitel 1). Anschließend werden die bestehenden Initiativen – die Roadmap und die Konferenz von Annapolis – beschrieben (Kapitel 2). Schließlich

1 Crisis Group sprach dementsprechend auch ganz der betriebswirtschaftlichen Sprachführung folgend von einem „kick-off event" (Crisis Group 2007: 6).

wird das Modell der Zwei-Ebenen-Spiele eingeführt. Dieses dient der Analyse internationaler Verhandlungen und der den Verhandlungen inhärenten Probleme (Kapitel 3). Anhand dieses Musters sollen die Fallstricke und Probleme von Friedensverhandlungen im Allgemeinen und im Israelisch-Palästinensischen Konflikt im Besonderen verdeutlicht werden Das Modell öffnet den Blick für die Rolle der vermittelnden externen Akteure und der nationalen Parlamente der Konfliktparteien. Schließlich – und das ist das Kernanliegen – wird jedoch evident, dass Hamas trotz Exklusion stets Einfluss auf den Verlauf der Verhandlungen und damit auch auf die Ergebnisse der Verhandlungen zu nehmen vermag. Vor dem Hintergrund dieser Erkenntnis sollen abschließend vier Szenarien für die Rolle der Hamas und einen israelisch-palästinensischen Frieden skizziert und bewertet werden (Kapitel 4). Der Beitrag endet mit einer kurzen Zusammenfassung der zentralen Erkenntnisse und einen Ausblick auf die aktuelle politische Situation.

1 Politische Ausgangslage: Juni 2007 - Februar 2008

Nachdem im Juni 2007 die palästinensische Einheitsregierung aus Mitgliedern der Hamas und der Fatah trotz der Übereinkunft von Mekka, die durch saudische Vermittlung im Februar 2007 zu Stande gekommen war (Johannsen 2007: 191), durch die Machtübernahme der Hamas im Gaza-Streifen endgültig gescheitert war, sahen sich EU und USA zu einem Taktikwechsel gezwungen. Während der Herrschaft(sbeteiligung) der Hamas hatten sich beide Akteure auf drei Vorbedingungen - Ende der Gewalt, Anerkennung Israels, Anerkennung der bestehenden Verträge - zur Beendigung des Boykotts verständigt.[2] Nun ging man dazu über, Abbas und die sich in wenigen Wochen „herausschälende" Regierung in der Westbank zu unterstützen. Die Unterstützung erfolgte in drei Bereichen: finanzielle Unterstützung, politischer Appell an den israelischen Premierminister, die Bewegungsfreiheit in der Westbank zu verbessern und palästinensische Gefangene frei zu lassen, sowie Unterstützung mit Waffen etc. – in der Hoffnung, Abbas könne damit in der Westbank für Sicherheit und Stabilität sorgen. Dieser Politikwechsel, der sicher auch aus der Sorge resultierte, man könne es in Zukunft mit Bewegungen zu tun haben, deren politisches Programm weit ideologischer als das der Hamas sein könnte (Crisis Group 2007: 3), basierte auf der Logik der „blühenden Westbank". Man wollte die Westbank unter einer von der Fatah geführten Regierung wirtschaftlich unterstützen und politisch stabilisieren, um – so der Grundgedanke – die Herrschaft von Hamas unter dem Druck der dort lebenden Palästinenser entweder zusammenbrechen zu lassen oder die Bewegung dazu zu zwingen, freiwillig ihre Herrschaft über den Gaza-Streifen aufzugeben.

In der ersten Zeit nach der Machtübernahme kam es sowohl im Gaza-Streifen als auch in der Westbank zu gewaltsamen Auseinandersetzungen zwischen Mitgliedern der Bewegungen sowie zahlreichen Festnahmen auf beiden Seiten. Darüber hinaus flohen auch Mitglieder der Bewegungen auf die jeweils „andere Seite". In

2 Vgl. http://www.consilium.europa.eu7ueDocs/cms_Data/docs/pressdata/en/declarations88201.pdf (download: 13.10.2006)

den ersten Tagen nach der Übernahme war zudem auch unklar, wie Präsident Abbas die Regelungslücke des so genannten palästinensischen Basic Law nutzen würde, das eine derartige Situation nicht ausreichend präzise regelte.[3] Würde er Neuwahlen ausrufen oder unter „emergency conditions" eine neue Regierung – in der Westbank und ohne Neuwahlen – zusammenstellen? Letzteres war der Fall.

Trotz einsetzendem internationalem Boykott des Gaza-Steifens konnte sich Hamas in den folgenden Monaten unter anderem durch mediale Propaganda, den Austausch von leitenden Angestellten in öffentlichen Einrichtungen sowie militantem Auftreten und Einschreiten an der Macht halten. Hatte man zu Beginn noch diskutiert, wie man Hamas wieder „zurück holen" könne, und aufmerksam darauf geblickt, welche Politik die Bewegung im Gaza-Streifen einschlagen würde, so entwickelte sich die Situation rasch zu einer mehr schlechten als rechten Sackgasse. Der Boykott des Gaza-Streifens führte zu einer weiteren Verschlechterung der humanitären Situation. Dies veranlasste unter anderem die EU, über TIM[4] wenigstens einem Teil der Bevölkerung Gehälter und Hilfen zukommen zu lassen. Neben der humanitären Situation verschärfte sich im Verlauf des Sommers 2007 – insbesondere seit der Konferenz von Annapolis im November 2007 – auch die Sicherheitslage wegen des intensivierten Kassam-Beschusses aus dem Gaza-Streifen auf israelisches Territorium und den israelischen militärischen Reaktionen aus der Luft – mit Toten, Verletzten und zahlreichen Traumatisierten auf beiden Seiten. Nach einer israelischen Blockade der Energiezufuhr kulminierte die Situation Mitte Januar 2008 in einem gewaltsamen Durchbruch durch die Grenzmauer nach Ägypten. Ende Februar 2008 wiederum gipfelten die gewaltsamen Auseinandersetzungen in der Aussage des israelischen Verteidigungsministers, notfalls auch zur gewaltsamen Übernahme im Gaza-Streifen bereit zu sein. Parallel hierzu hatten sich der israelische Präsident Olmert und der palästinensische Präsident Abbas durch erste Gespräche in August/September 2007 darum bemüht, die Friedensverhandlungen vorzubereiten. Allerdings muss man Ehud Olmert als innenpolitisch geschwächt betrachten – dies ist auf Korruptionsvorwürfen, die Bekanntgabe der

3 Nach Brown ermöglicht das so genannte palästinensische *Basic Law* auch unter „emergency conditions" keine Auflösung des Parlamentes (Art. 104, Basic Law). Auch kann der palästinensische Präsident (Abbas) den Premierminister lediglich absetzen (Art. 62, Basic Law). Ein neuer Premierminister müsste durch das alte Parlament bestätigt werden, da der Präsident keine Neuwahlen forcieren kann (Brown, Nathan J. 2006: 3). Vor diesem Hintergrund sind wohl auch die Vorwürfe von Seiten der Hamas nach der Übernahme im Gaza-Streifen, Abbas verletze das *Basic Law,* zu verstehen.

4 Der so genannte Temporary International Mechanism (TIM) wurde im Juni 2007 auf Betreiben von EU- Kommissarin Benita Ferrero-Waldner ins Leben gerufen. TIM ist dafür verantwortlich, dass Angestellte im Gaza-Streifen – abgesehen von Mitgliedern der Hamas – ihre Gehälter erhalten. Darüber hinaus gewährt TIM auch bedürftigen Palästinensern, durch Überweisung wie durch Bargeldauszahlung, finanzielle Unterstützung. TIM wird in der Region äußerst ambivalent beurteilt: Einerseits sichert es den grundlegenden Unterhalt ab, andererseits handelt es sich um keine nachhaltige Unterstützung im Sinne konstruktiver Problemlösung.

Erkenntnisse zum Sommerkrieg 2006 durch die Winograd-Komission[5] sowie die instabile Koalition mit religiösen Parteien zurück zu führen. Gleiches gilt jedoch für Mahmoud Abbas. Die Fatah ist in sich politisch zerstritten, in den palästinensischen Gebieten, beispielsweise Nablus, vermag Abbas nicht für Sicherheit zu sorgen und die Freilassung von palästinensischen Gefangenen vermochte den israelischen Siedlungsbau sowie die fortbestehenden Blockaden durch Checkpoints nicht zu kompensieren.

2. Die Roadmap und die Verhandlungen von Annapolis – Wege zum Frieden?

2.1 Das Nahostquartett und die Roadmap

Das Nahostquartett, bestehend aus UNO, EU, USA und Russland, hatte sich im Zusammenhang mit der fortdauernden Al-Aqsa Intifada (seit Herbst 2000) und den gescheiterten Versuchen, die israelisch-palästinensischen Friedensgespräche wieder aufzunehmen, im April 2002 formiert. Die Aktivitäten des Nahostquartetts zielten darauf ab, durch gemeinsame Anstrengungen den Friedensprozess wieder in Gang zu bekommen. In diesem Zusammenhang stellte das Nahostquartett im September 2002 die so genannte Roadmap vor. Die Roadmap wurde Ende April 2003 an die Konfliktparteien weiter gegeben und von diesen weitgehend akzeptiert. Darüber hinaus befürwortete auch der Sicherheitsrat Mitte November 2003 im Rahmen der Resolution 1515 die Inhalte der Roadmap (Fischer 2006: 4). Im Juni 2007 benannte das Nahostquartett zudem den ehemaligen britischen Premierminister, Tony Blair, zum offiziellen Vertreter.

Das Ziel der Roadmap (siehe Roadmap 2008) ist die Befriedung des israelisch-palästinensischen Konfliktes auf der Grundlage einer Zwei-Staaten-Lösung. Dies soll laut Roadmap im Rahmen eines Prozesses, der in drei Phasen gegliedert ist, erreicht werden. Die einzelnen Phasen, insbesondere Phase I, sahen für die Konfliktparteien die Umsetzung konkreter Verpflichtungen vor. Um die einzelnen Schritte zu überwachen und zu beurteilen, sieht die Roadmap ein Monitoring durch die Vertreter des Nahostquartetts vor. Neben dem Monitoring weist die Roadmap folgende inhaltliche Besonderheiten auf (Asseburg 2003: 2f): Die Konfliktparteien werden angehalten, ohne Vorbedingungen zu verhandeln. Diese Festlegung basiert auf der Erfahrung, dass in den vergangenen Jahren die Konfliktparteien stets der anderen Seite die Erfüllung des ersten Schritts vor der Erfüllung eigener Verpflichtungen zuschrieben. Darüber hinaus hatte man entschieden, dass die Parteien stets parallel an der Lösung aller Konfliktpunkte arbeiten und „Paketlösungen" vermeiden sollten. Diese Festlegung basierte auf der Erkenntnis, dass die verhandlungs-

5 Die Winograd-Kommission wurde nach dem Krieg Israels gegen die Hizbullah im Südlibanon, der im Sommer 2006 stattfand, eingesetzt. Die Kommission sollte Versäumnisse der politisch Verantwortlichen, insbesondere von Ministerpräsident Olmert, von Verteidigungsminister Peretz und Generalstabschef Dan Halutz untersuchen. Die Kommission legte einen vorläufigen Bericht Ende April 2007 und den endgültigen Bericht im Januar 2008 vor. Darüber hinaus wurden bereits zahlreiche Abläufe innerhalb der israelischen Armee auf der Grundlage der Analyse dieses Krieges reformiert.

willigen Politiker stets auch an der nationalen Umsetzung gescheitert waren. Es ist sichtbar, dass diese Änderungen durchaus einige Fehler der Vergangenheit ausräumen – allerdings sind dem Konzept nach wie vor zahlreiche Schwächen (siehe Asseburg 2003: 3f) inhärent, beispielsweise die Abwesenheit von Sanktionsmechanismen, die unklare Ausformulierung dessen, was unter Monitoring verstanden werden sollte, sowie die unpräzise Benennung der Verpflichtungen der Konfliktparteien in den Phasen II und III.

2.2 Die Konferenz von Annapolis und danach

Hatte der amerikanische Präsident im Juli 2007 die Konferenz in Annapolis vorsichtshalber noch ohne einen konkreten Termin bekannt gegeben, trafen sich der israelische Premierminister Olmert und der palästinensische Präsident Abbas bereits im Spätsommer für bilaterale Gespräche (Crisis Group 2007: 2). Obwohl die Erwartungen an die Konferenz, die schließlich am 27. November statt fand, gering waren – so war beispielsweise von der Erleichterung der Bewegungsfreiheit in den palästinensischen Gebieten wenig zu spüren –, konnte man zumindest die Wiederaufnahme einzelner Hilfsprojekte verzeichnen, die der Reform und dem Wiederaufbau palästinensischer Institutionen dienen sollten. Diskussionen im Vorfeld der Konferenz über die Inhalte möglicher Eröffnungs- und Abschlusserklärungen von Annapolis deuteten jedoch bereits die schwierige Ausgangslage an. Während der Konferenz wurde sowohl in Israel, als auch in den palästinensischen Gebieten gegen die Konferenz und mögliche Verhandlungen demonstriert – in Israel setzte man die Terrorwarnstufe für diese Tage hinauf. Auf der Konferenz einigten sich die Konfliktparteien schließlich auf folgendes Vorgehen:

Die Parteien erwartete nach der Rückkehr in die Region eine dreifache Anstrengung (Crisis Group 2007: 5-7). Sie sollten erstens mit der Umsetzung der ersten Phase der Roadmap beginnen. Darüber hinaus sollten parallel – unter US-Monitoring (Rice 2007a) – Verhandlungen über die Kernpunkte: Jerusalem, Flüchtlinge, Siedlungen, Grenzen, Sicherheit und Wasser aufgenommen werden. In einer dritten Verhandlungsschiene würde mit arabischen Staaten, unter anderem libanesischen und syrischen Vertretern, über die Ausgestaltung von deren politischen Beziehung verhandelt werden. Schließlich wurde für 12. Dezember 2007 eine Geberkonferenz anberaumt, auf der für den Wiederaufbau der politischen Institutionen, der Infra- und Wirtschaftsstruktur, Gelder bereit gestellt werden sollten.[6] Letzteres basierte unter anderem auf der Erkenntnis, dass die Ergebnisse von Verhandlungen „on the ground" bei den Bevölkerungen sichtbar werden müssten, um Zustimmung zu gewinnen (Ban 2007).

Diese Verhandlungen, die für das Jahr 2008 einen Durchbruch anvisierten, haben Anfang März jedoch bereits mit zahlreichen Schwierigkeiten zu kämpfen: Zunächst musste Präsident Olmert den Rückzug des Koalitionspartners Israel Beteinu unter Avigdor Liebermann aus der Koalition hinnehmen. Darüber hinaus musste er während der Bekanntgabe der Ergebnisse der Nachforschungen der Wi-

6 Auf der Geberkonferenz konnten nach jüngsten Angaben 7,7 Billionen US$ zusammen getragen werden, vgl. Paris Donor Conference 2007.

nograd-Kommission zum Krieg im Sommer 2006 um einen weiteren Koalitionspartner, den Likud, bangen. Der andauernde Beschuss aus dem Gaza-Streifen führte darüber hinaus zu einer militärischen Eskalation zwischen Israel und der Hamas, worauf die palästinensischen Verhandlungspartner sich gezwungen sahen, die Verhandlungen Anfang März 2008 zunächst abzusagen, um nicht innenpolitisch in den Ruf zu kommen, die Palästinenser in Gaza zu verraten. Der andauernde Siedlungsbau und die Ankündigung, Jerusalem entgegen der Vereinbarungen in Annapolis als letzten Themenpunkt zu verhandeln, mag darüber hinaus für Ehud Olmert überlebensnotwendig sein, schwächte jedoch gleichzeitig den nationalen Rückhalt von Mahmoud Abbas und seiner Verhandlungsdelegation.

3. Internationale Verhandlungen als Zwei-Ebenen-Spiele

3.1 Robert D. Putnam: Internationale Verhandlungen als Zwei-Ebenen Spiele

Zentraler Ausgangspunkt des Konzepts von Robert D. Putnam ist, dass „the politics of many international negotiations can usefully conceived as two-level game" (Putnam 1988: 434).

Das zu systematisierende und analysierende Phänomen sind internationale Verhandlungen, die Analyseebene sind handelnde Akteure, primär die Verhandlungsführer (siehe hierzu Schaubild 1, weiter unten S. 149). Es wird angenommen, dass diese Verhandlungsführer nach Kosten-Nutzen-Erwägungen handeln und über unterschiedliche Ressourcen und Verhandlungsstrategien verfügen. Darüber hinaus gliedert das Modell den Verlauf von Verhandlungen idealtypisch in Verhandlungen auf internationaler Ebene (Phase 1) und die Phase der Implementation/Ratifizierung der Ergebnisse auf nationaler Ebene (Phase 2) (Moravcsik 1993: 23). Hierbei handelt es sich selbstverständlich um eine idealtypische Aufgliederung. In der Realität überlappen sich die verschiedenen Phasen bzw. wiederholen sich. Die Innovation in dem Konzept von Putnam besteht unter anderem darin, dass er Staaten nicht mehr als ‚black box' begreift, sondern zur Erklärung von Verhandlungsverlauf und Ergebnissen die nationale Ebene mit einbezieht – er öffnet also den Blick für das Wechselspiel von Interessen und Konstellationen auf nationaler und internationaler Ebene. Diese dienen als unabhängige Variablen, um den Verlauf und die Ergebnisse von Verhandlungen, die abhängige Variable, zu erklären. Darüber hinaus schärft das Modell den Blick für die Dynamik von Verhandlungen, für den wechselnden positiven/negativen Einfluss von nationalen Interessenkonstellationen und den (Re)Aktionen der Verhandlungsführer.

Zentral für den Verlauf der Verhandlungen sind das so genannte acceptability-set (ACS) und das so genannte win-set (WS). Unter einen ACS ist die Menge aller möglichen Verhandlungsergebnisse, die der Verhandlungsführer eingehen würde, zu verstehen (Moravcsik 1993: 30). Unter einem WS ist die Menge aller möglichen Verhandlungsergebnisse zu verstehen, die auf nationaler Ebene von den relevanten Akteuren (Regierungsmehrheiten, Lobbygruppen, Bevölkerung etc.) akzeptiert werden würden und somit eine Implementation/Ratifizierung der Verhandlungsergebnisse ermöglichen (Moravcsik 1993: 23).

Die Größe der jeweiligen ACS und WS bestimmt nach Putnam die Handlungsspielräume und damit auch die Verhandlungsstrategie des jeweiligen Verhandlungsführers. Diese können je nach Ausgangssituation durch unterschiedliche Strategien den Verlauf und somit den Abschluss der Verhandlungen positiv oder negativ beeinflussen. So kann ein Verhandlungsführer 1 mit großen WS und großen ACS auf den Verhandlungspartner 2 zugehen und als kompromissbereiter Verhandlungspartner agieren. Umgekehrt vermag das Modell auch das genannte unfreiwillige Defektieren (Moravcsik 1993: 28) abzubilden: Ein Verhandlungsführer 1 ist (unfreiwillig) nicht kompromissbereit, da er weiß, dass er auf der nationalen Verhandlungsebene mit einer Interessenkoalitionen konfrontiert ist, die die Beschlüsse der internationalen Ebene nicht ratifizieren würde, d.h. das kleine WS zwingt den Verhandlungsführer zu (unfreiwilliger) Defektion. Damit wird deutlich, dass die Verhandlungsführer die jeweiligen WS strategisch verwenden können. So kann Verhandlungsführer 1 argumentieren, dass sein WS klein ist und damit den anderen Verhandlungspartner 2, der ein größeres WS aufweist, in Zugzwang bringen, d.h. letzterer ist auf Grund seines großen ACS/WS für Kompromisse „ausbeutbarer". Gleichzeitig sind Drohungen des Rückzuges eines Verhandlungsführers mit großen ACS/WS aus den Verhandlungen glaubwürdiger.

Die Verhandlungsführer können also bis zu einem gewissen Ausmaß „Manipulationen" an den ACS oder WS der anderen Seite vornehmen. Besonders populär für den Nahostkonflikt ist in diesem Zusammenhang der Besuch des ägyptischen Präsidenten Anwar al Sadat 1977 in Israel beim israelischen Präsidenten Menachem Begin gewesen (vgl. Gross-Stein 1993). Dieses Signal, das er nicht wieder zurücknehmen konnte und mit dem er ein arabisches Tabu brach, richtete sich (medienwirksam) direkt an die israelische Öffentlichkeit und bewirkte damit die Zustimmung der nationalen israelischen Interessenkoalition zu den Friedensverhandlungen.

Zusammengefasst öffnet das Modell unter anderem den Blick dafür, wie Verhandlungsführer sowie externe Vermittler durch symbolische Gesten, Appelle, Anreize und Sanktionen, Strukturierung von Verhandlungsmodi (Paketlösungen, synchrone Problembehandlung) die WS der nationalen Interessenkonstellationen sowie die ACS der Verhandlungsführer positiv oder negativ beeinflussen können und damit auf den Verlauf von internationalen Verhandlungen einwirken.

3.2 Die israelisch-palästinensischen Verhandlungen von Annapolis als Zwei-Ebenen-Spiel

3.2.1 Der israelische und palästinensische Verhandlungsführer und die nationalen Interessenkonstellationen

Im folgenden Fall – den Verhandlungen von Israelis und Palästinensern seit der Konferenz von Annapolis im November 2007 – kann man davon ausgehen, dass die Verhandlungspartner jeweils große ACS und kleine WS aufweisen. Dieser Verhandlungsführertypus wird in der Literatur wie in der politischen Realität auch als ‚Taube'[7] bezeichnet. Dass die ACS von Mahmoud Abbas und auch von Ehud Olmert relativ groß sind und eine Schnittmenge aufweisen, zeigte sich in dem beschriebenen Zeitraum (Juni 2007 - Februar 2008) an verschiedenen Punkten, z.B. daran, dass sie bereits vor der Konferenz Gespräche aufnahmen, dass sie trotz Kassam-Beschusses/israelischer Vergeltung verhandelten, dass trotz weitergehendem israelischen Siedlungsbau oder Austritt des Koalitionspartners Israel Beteinu aus der israelischen Regierungskoalition beide Parteien weiter verhandelten etc.

Es ist erkennbar, dass die Verhandlungsführer gute Ergebnisse auf der Ebene der internationalen Verhandlungen in Phase 1 erzielen könnten, diese jedoch aller Voraussicht nach nicht auf nationaler Eben in Phase 2 durchzusetzen vermögen. So verfügt Ehud Olmert beispielsweise wegen des gescheiterten Krieges im Libanon 2006 und der Koalition mit (national) religiösen Parteien auf nationaler Ebene über ein recht kleines WS. Gleiches gilt für Mahmoud Abbas, der auf Grund der politisch in sich zerstrittenen Fatah sowie der ungeklärten Situation mit der Hamas geschwächt ist. Zudem werden ihm auf „nationaler Ebene" mangelndes Verhandlungsgeschick und mangelnde Durchsetzungsfähigkeit mit Blick auf die Sicherheitslage in der Westbank (z.B. Nablus) und dem fortdauernden israelischen Siedlungsbau wie der eingeschränkten palästinensischen Bewegungsfreiheit in der Westbank vorgeworfen.

Beide Verhandlungsführer haben zwar auf unterschiedliche Weise versucht, die jeweiligen WS des anderen Verhandlungsführers zu erweitern – Olmert durch die Freilassung von palästinensischen Gefangenen, die spektakuläre Räumung einzelner Siedlungsposten vor der Annapolis-Konferenz und die angekündigte Erleichterung der Bewegungsfreiheit und Abbas durch die Verurteilung und Distanzierung von palästinensischen Gewaltakten (u.a. Kassam-Raketen der Hamas), der Verweigerung des Dialogs mit der Hamas sowie durch Verhaftung potentieller palästinensischer Gewalttäter. Diese Versuche der Verhandlungsführer waren jedoch unter anderem auf Grund dieser Zugeständnisse an die „andere Seite" nicht von Erfolg gekrönt.

Dies ist unter anderem auf das Dilemma zurück zu führen, dass beide Verhandlungspartner mit dem Versuch, das WS des Gegenüber positiv zu beeinflussen, das eigene nationale WS gefährdeten; bspw. ist der Abbau von Siedlungen eine wichtige Geste Ehud Olmerts an Mahmoud Abbas und dessen nationale Interessenkoalition, gleichzeitig schwächt er damit seine eigene Regierung und seinen eigenen Rückhalt. Ein ähnliches Problem ergibt sich aus der Herrschaft der Hamas im Gaza-Streifen: Distanziert sich Mahmoud Abbas von der Hamas und verweigert er den Dialog mit der Bewegung, ermöglicht dies Verhandlungen mit Israel und wirkt positiv auf die israelischen nationalen WS. Umgekehrt schwächt dies seinen Rückhalt auf der palästinensischen Seite – insbesondere wenn Israel auf den Beschuss

7 Vgl. Moravcsik 1993: 31. Das Gegenteil der Taube/"dove" als Verhandlungsführer ist der Falke/"hawk". Dieser zeichnet sich im Gegensatz zur Taube durch ein kleines ACS aus. Dies macht den Verhandlungsführer weniger ausbeutbar – jedoch gleichzeitig den Erfolg von Verhandlungen – insbesondere wenn zwei Falken aufeinander treffen – unwahrscheinlicher.

mit Kassam-Raketen mit einem Energie-Lieferstopp oder massiven militärischen Vergeltungsmaßnahmen reagiert.

3.2.2 Externer Vermittler – USA, Nahostquartett, arabische Länder

Um derartige Verhandlungssituationen positiv zu beeinflussen, könnten jedoch – wie es das Modell von Putnam nahe legt – externe Vermittler eine zentrale Rolle spielen. Die Vermittler können durch Anreize wie beispielsweise Sicherheitsgarantien oder Wirtschaftshilfe sowie durch die Androhung von Sanktionen – bspw. Verurteilung durch den UN-Sicherheitsrat, Wirtschaftsboykott, politischer Boykott – die WS der nationalen Verhandlungsführer wie der nationalen Interessenkonstellation beeinflussen. Diese externen Vermittler können jedoch – wie die Verhandlungsführer auch – positiv oder auch negativ auf den Verlauf von Verhandlungen Einfluss nehmen. Somit ist die Entscheidung, die USA als Vermittler nach Annapolis heranzuziehen, durchaus ambivalent: Zum einen sind die USA vermutlich der einzige Akteur, der die israelische Seite durch Appelle oder politischen Druck zu Zugeständnissen veranlassen kann – genau so wie amerikanische Sicherheitsgarantie für die israelische Seite wohl als einzig akzeptable Garantie gilt. Andererseits ist die Entscheidung für eine vermittelnde Regierung, die sich im letzten Amtsjahr befindet, nicht dazu geeignet, bei den Verhandlungspartnern nachhaltig auf die Umsetzung der eingegangenen Verpflichtungen zu dringen. Darüber hinaus erschwert die amerikanische Verhandlungsvermittlung stets auch Mahmoud Abbas die Umsetzung der Verhandlungsergebnisse auf nationaler Ebene – die Wahrscheinlichkeit, dass er – der bereits stark politisch angeschlagen ist – auf nationaler Ebene als „Verräter an der palästinensischen Sache" gedeutet wird, ist evident.

In diesem Zusammenhang wird schließlich auch offensichtlich: Keine dieser Maßnahmen kann der Handlungsoption der Hamas, als so genannter „spoiler" auf die Verhandlungen zu wirken, begegnen. Weder amerikanische Sicherheitsgarantien, noch politischer Druck, symbolische Gesten oder die synchrone Abhandlung von Konfliktaspekten sind dazu geeignet. Die einzigen Akteure, die möglicherweise auf die Bewegung Einfluss nehmen könnten, sind die Vertreter arabischer Staaten. So hatten sich auch Ägypten und Saudi-Arabien bereits mehrfach aktiv gezeigt – jedoch scheinen sowohl die nationalen WS als auch die ACS der israelischen Verhandlungspartner von Mahmoud Abbas zu klein, als dass er es sich leisten kann, die Hamas durch Dialog aus ihrer Spoiler-Position zu holen, ohne die Verhandlungen mit Israel zu riskieren.

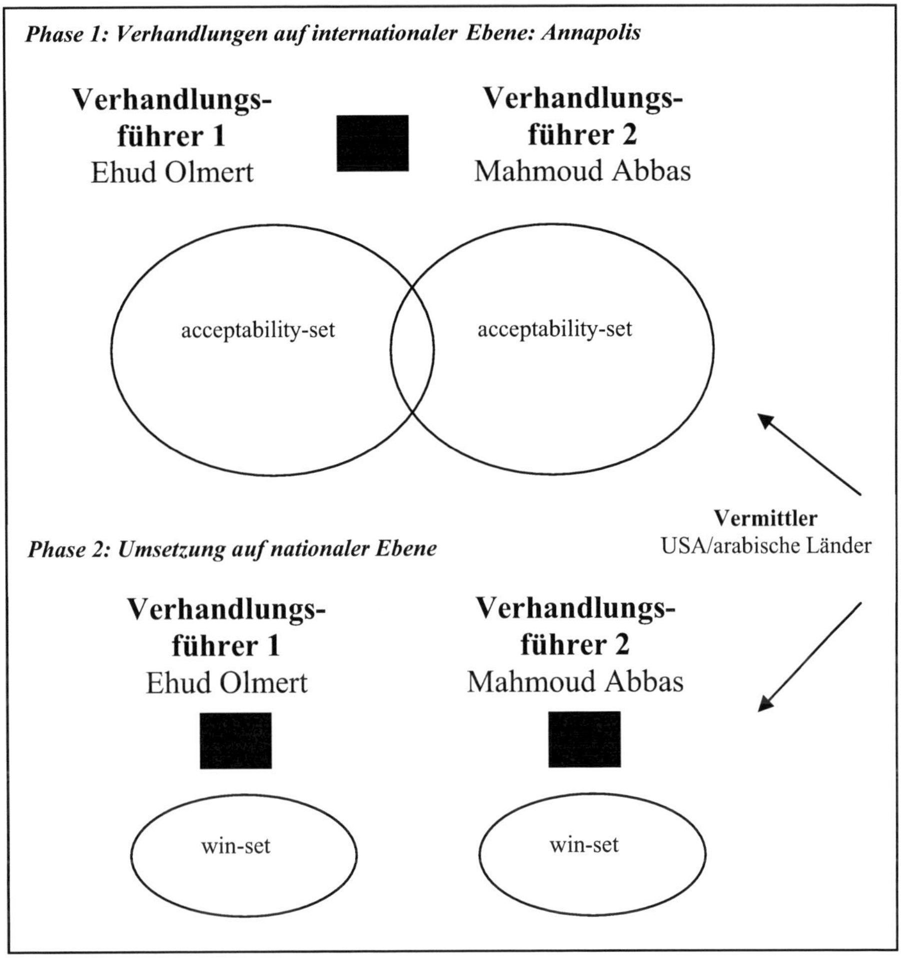

Schaubild 1

4 Hamas – Szenarien vor dem Hintergrund der Verhandlungen von Annapolis

Die lediglich skizzenhafte Übertragung des Modells der Zwei-Ebenen-Spiele auf die israelisch-palästinensischen Friedensverhandlungen seit der Konferenz von Annapolis vom 27. November 2007 weist darauf hin, dass die Hamas auf Grund der kleinen WS der jeweiligen Verhandlungsführer die Friedensverhandlungen effektiv zu torpedieren vermag. Der nationale Rückhalt von Ehud Olmert ist zu fragil, als dass er den Beschuss des israelischen Territoriums mit Kassam-Raketen ohne Reaktion zu übergehen vermag. Umgekehrt kann sich auch Mahmoud Abbas nicht erlauben, auf israelische militärische Vergeltung oder Sanktionsmaßnahmen wie die Einstellung der Energielieferungen nicht zu reagieren. Welche politischen

Szenarien (siehe u.a. Khatib 2008) ergeben sich aus solchen Konstellationen vor dem Hintergrund der Zwei-Ebenen-Spiele – und welches Szenario wäre friedensfähig?

Szenario 1: Weil nicht sein darf, was nicht sein soll

Aktuell bemühen sich beide Konfliktparteien darum, die Hamas als politischen Akteur so gut wie möglich zu ignorieren. Darüber hinaus besteht vermutlich tatsächlich partiell Hoffnung, dass sich durch die „blühende Westbank" das Problem langfristig gleichsam „von selbst" erledigen werde – nämlich durch einen Sturz der Hamas durch die Bewohner des Gaza-Streifen. Diese Strategie ist jedoch bislang wenig effektiv: Die Bewohner scheinen sich unter den Bedingungen des Boykotts tendenziell zu solidarisieren und zu radikalisieren. Zudem verfügt Hamas durch den Kassam-Beschuss über eine effektive Veto-Position und erweist sich somit trotz Absenz vom internationalen Verhandlungsparkett als äußerst präsent.

Szenario 2: Militärische Eroberung des Gaza-Streifens durch Israel

Die militärische Wiederbesetzung des Gaza-Streifens, einhergehend mit der gewaltsamen Niederwerfung der Herrschaft der Hamas, wurde unter anderem Anfang März von Ehud Barak, dem israelischen Verteidigungsminister, als Handlungsoption nicht ausgeschlossen. Damit dürfte Israel jedoch vermutlich nicht nur die Hamas, sondern auch weitere palästinensische Gruppierungen, letztlich möglicherweise auch Fatah oder sogar die libanesische Hizbullah, zu gewaltsamen Reaktion veranlassen. Darüber hinaus handelt es sich bei der Hamas um eine tief in der palästinensischen Gesellschaft verankerte Bewegung – hier spielen unter anderem die sozialen Aktivitäten der Hamas eine Rolle –, die keineswegs militärisch besiegt werden kann. Darüber hinaus dürften derartige Auseinandersetzungen sehr stark die Zivilbevölkerung treffen.

Szenario 3: Einheitsregierung aus Fatah und Hamas

Das Szenario einer erneuten Einung der Bewegungen zu einer Einheitsregierung wird vielfach beschworen. Damit eine solche Einheitsregierung jedoch stabil und effektiv agieren könnte, müsste sich die Haltung gegenüber dieser Bewegung auf israelischer Seite sowie auf Seiten der USA und der EU ändern. Zudem ist auch fraglich, ob die Formierung einer Einheitsregierung aus Fatah und Hamas nach den Ereignissen im Juni 2007 aus innerpalästinensischer Perspektive überhaupt umsetzbar ist. Zum einen haben sich innerhalb der Hamas seit der gewaltsamen Übernahme in Gaza die Einflussstrukturen zu Ungunsten kompromissbereiter Akteure verschoben, zum anderen konkurrieren beide Bewegungen um die Ausübung von Herrschaft in den besetzten Gebieten (Hussein 2008). Diese Implikationen könnten eine erneute Einheitsregierung bereits a priori zum Scheitern verurteilen.

Szenario 4: Waffenstillstand zwischen Israel und der Hamas

Hamas hat zu Beginn des Jahres 2008 mehrfach seine Bereitschaft erklärt, einen Waffenstillstand/Hudna (Fischer 2006: 11) mit Israel abzuschließen. Dieser Schritt hätte den Vorzug, dass hieraus die Bürger auf beiden Seiten einen direkten Zugewinn an Sicherheit erfahren würden. Darüber hinaus könnten im Zuge dessen möglicherweise auch die humanitären Bedingungen im Gaza-Streifen verbessert werden. Zudem besteht die Hoffnung, dass sich Hamas so als zuverlässiger Vertragspartner erweisen und damit möglicherweise die Skepsis bei Israel, USA und EU verringern würde. Weiterhin könnte unter diesen Bedingungen mit arabischer Vermittlung eine Annäherung zwischen den Bewegungen Fatah und Hamas (siehe Szenario 3) ausgelotet werden. Allerdings muss betont werden, dass eine volle Anerkennung und völlige Akzeptanz durch Israel auf der Grundlage eines reinen Waffenstillstandes vermutlich nicht erreicht werden kann. Hierfür bedarf es voraussichtlich zusätzlicher Zeichen der Anerkennung Israels auch durch die Hamas.

Resümee

Drei beachtliche Entwicklungen zeigten sich im Rahmen der Verhandlungen von Annapolis: Erstmals sah man die Konfliktparteien auch ohne externes Betreiben miteinander sprechen – dies ist sicher dem guten Verhältnis von Abbas und Olmert geschuldet. Zweitens schien die Erkenntnis bei allen Beteiligten – inklusive den USA – zurückgekehrt, dass ohne Beteiligung der arabischen Staaten kein Frieden zu machen sei. Drittens muss man den Konfliktparteien zu Gute halten, dass sie die Verhandlungen nach Annapolis für geraume Zeit trotz Kassam-Beschuss auf der einen und israelischer militärischer Reaktion auf der anderen Seite weiter führten.

Neben diesen positiv zu bewerteten Veränderungen zeigte dieses Papier jedoch deutlich, dass für einen Frieden Verhandlungen auf internationaler Ebene zwischen Olmert und Abbas nicht ausreichen. Vielmehr müssen die Ergebnisse in der Region, auf nationaler Ebene, umsetzbar sein. Und dies, so wurde gezeigt, ist nicht möglich ohne eine aktive Auseinandersetzung mit einem weiteren Akteur – der Hamas. Selbst wenn Israel die Hamas militärisch entmachten sollte, wird die Bewegung ein aktiver und starker Akteur in der Region bleiben. Die Bewegung ist – ebenso wie die Fatah – tief in der palästinensischen Bevölkerung verwurzelt. Allerdings muss auch gesagt werden, dass eine Einheitsregierung zwar wünschenswert, aber vorerst vermutlich weder erreichbar noch unbedingt sinnvoll ist. Dies hängt nicht nur damit zusammen, dass sich das Nahostquartett und Israel zu einer anderen Haltung durchringen müssten, sondern es liegt auch an dem kompetitiven Verhältnis von Fatah und Hamas. Auch innerpalästinensisch müssen sich die Beziehungen entspannen. Damit soll gar nicht erst davon gesprochen werden, dass letztlich programmatische Veränderungen von Bewegungen, so auch von Hamas, Zeit benötigen.[8]

---

8 Die Überlegungen verdanken sich zu einem großen Anteil den zahlreichen Gesprächen mit Vertretern von verschiedenen internationalen Organisationen, nationalen Entwicklungsagenturen, politischen Stiftungen, lokalen Wirtschaftseinrichtungen sowie religiösen Institutionen

Literatur

Asseburg, Muriel 2003: Road map oder road block? In: Inamo (Informationsprojekt Naher und Mittlerer Osten), Nr. 8, S. 38-40.

Brom, Shlomo 2008: A vicious circle. In: Palestinian-Israeli crossfire, Edition 8, February 25, www. http://www.bitterlemons.org/issue/isr2.php (download: 02.03.2008).

Brown, Nathan J. 2006: Living with Palestinian Democracy. In: Carnegie Endowment for International Peace (Policy Brief), No. 46, June, http://www.carnegieendowment.org/files/pb46_Brown_final.pdf (download: 18.01.08).

Brown, Nathan J. 2007: The Peace Process Has No Clothes. The Decay of the Palestinian Authority and the International Response. In: Carnegie Endowment for International Peace (Middle East Programme), Web Commentary, June 17, http://www.carnegieendowment.org/files/BrownCommentaryjune072.pdf (download: 18.02.2008).

Fischer, Susanne 2006: Wählen lassen bis es passt? Demokratieförderung und Terrorismusbekämpfung in den palästinensischen Gebieten. In: HSFK Standpunkte. Beiträge zum demokratischen Frieden, Nr. 5/2006, Frankfurt am Main.

Gross Stein, Janice 1993: The Political Economy of Security Agreements. The Linked Costs of Failure of Camp David. In: Evans, Peter B./ Jacobson, Harald K./ Putnam, Robert D.: Double-Edged Diplomacy. International Bargaining and Domestic Politics, Berkely: University of California Press, S. 3-41.

Hussein, Agha/ Malley, Robert 2008: „Middle East Triangle" (The Washington Post, 17.01.2008). In: International Crisis Group, http://www.crisisgroup.org/home/index/cfm?id=5265&1=1 (download: 18.01.2008).

International Crisis Group 2007: The Israeli-Palestinian Conflict: Annapolis and After (Policy Briefing/Middle East Briefing, Nr. 22), http://www.crisisgroup.org/home/index.cfm?id=5174&l=1 (download: 22.02.2008).

Johannsen, Margret 2007. Kein Bürgerkrieg in Palästina: Chance zum Neueinstieg in den Friedensprozess. In: Schoch, Bruno u.a. (Hg.): Friedensgutachten 2007, Berlin, S. 184-196.

Khatib, Ghassan 2008: Three scenarios. In: Palestinian-Israeli crossfire, Edition 7, February 18, http://www.bitterlemons.org/previous/bl180208ed07.html#pal1 (download: 22.02.2008).

Moravcsik, Andrew 1993: Introduction. Integrating International and Domestic Theories of International Bargaining. In: Evans, Peter B./ Jacobson, Harald K./

in Israel und den palästinensischen Gebieten zwischen Oktober-Dezember 2007, die ich im Rahmen des Forschungsprojektes zur Rolle von Unternehmen in Konfliktzonen, das an der Hessischen Stiftung Friedens- und Konfliktforschung mit finanzieller Unterstützung der Fritz Thyssen Stiftung durchgeführt wird, geführt habe. Für die Unterstützung im Rahmen eines Promotionsstipendiums danke ich der Deutschen Stiftung Friedensforschung (DSF).

Putnam, Robert D.: Double-Edged Diplomacy. International Bargaining and Domestic Politics, Berkely: University of California Press, S. 3-41.

Putnam, Robert D. 1988: Diplomacy and domestic politics. The logic of two level games. In: International Organization, 42/3, S. 427-460.

Quellen

Ban Ki-Moon 2007: Secretary-General's speech at the International Meeting on the Middle East, 27 November, Annapolis/Maryland, http://un.org/apps/sg/printstatus.asp?nid=2881 (download: 22.02.08).

Paris Donor Conference, 2007 December 12, http://www.diplomatie.gouv.fr/en/country-files_156/israel-palestinian-territories_290/peace-process_2155/conference-of-donors-for-the-palestinian-territories-17.12.07_10439.html (download: 02.03.08).

Rice, Concoleezza 2007a: Remarks at Annapolis Conference, 27 November, Annapolis/Maryland, http://www.state.gov/secretary/rm/2007/11/95711.htm (download: 22.02.08).

Rice, Concoleezza 2007b: Closing Remarks at the Annapolis Conference, 27 November, Annapolis/Maryland, http://www.state.gov/secretary/rm/2007/11/95775.htm (download: 22.02.08).

Roadmap 2008: A Performance-Based Roadmap to a Permanent Two-State Solution to the Israeli-Palestinian Conflict (Office of the Spokesman, Press Statement, April 30), Washington, DC, http://www.state.gov/r/pa/prs/ps/2003/20062.htm (download: 18.01.08).

The Temporary International Mechanism, http://www.delwbg.cec.eu.int/en/tim/tim_in.htm (download: 02.03.2008

Andreas Buro

Die Waffen nieder! Zur Eskalation des türkisch-kurdischen Konflikts

Am 15. Dezember 2007 flog die türkische Luftwaffe Angriffe auf vermeintliche Stellungen der kurdischen Guerilla der PKK im Nordirak. Die USA hatten der Türkei Geheimdienstinformationen über die Positionen der PKK in den Kandil-Bergen zukommen lassen. Insgesamt wurden 10 Dörfer bombardiert. General Yasar Buyukanit erklärte: „Amerika hat vergangene Nacht den irakischen Luftraum für uns geöffnet. Mit der Öffnung des irakischen Luftraums für uns hat Amerika seine Zustimmung zu den Operationen gegeben." Die Auswirkungen des Bombardements auf die Guerilla scheinen nicht allzu groß gewesen zu sein, da die PKK angeblich im vorab von den Angriffen unterrichtet gewesen sein soll. Allerdings mussten, wie das UN-Flüchtlingshilfswerk UNHCR bekannt gab, aufgrund der Bombardierungen 1.800 Zivilisten aus ihren Häusern fliehen. Bei der Bombardierung waren am 16. Dezember zivile Dörfer getroffen worden. Wichtig ist die Tatsache, dass die USA beginnen, ihre Haltung gegenüber der Türkei aufzuweichen, nämlich türkische Angriffe auf den kurdischen Teil des Irak strikt abzulehnen. Seit dem 15.12. wurden und werden weitere Angriffe geflogen.

Gefährliche Eskalation bereits im Vorfeld

Die Zeitungen meldeten, über 100.000 Soldaten habe die Türkei an der südöstlichen Grenze zum Irak zusammengezogen. Von Granatbeschuss auf Dörfer an der Grenze und vermeintliche Stützpunkte der PKK wurde berichtet. Irakische Kurden aus den Grenzgebieten flohen und versuchten wenigstens etwas von ihrer kümmerlichen Habe zu retten.

Die PKK erschoss 13 türkische Soldaten und nahm 8 gefangen, die sie inzwischen wieder freigelassen hat. Sie erklärte zwar, sie verteidige sich nur oder räche sich für die Angriffe der türkischen Armee, aber genauso laufen eben Eskalationsspiralen, die dann ständig von Empörung und Wut auf der einen und der anderen Seite voran getrieben werden. Viele der Kämpfer auf beiden Seiten glauben an Ihre „Heilige Mission", den Terror zu besiegen oder die Sache der kurdischen Emanzipation zu fördern. Wer denkt da schon an Vertrauensbildung, an Dialog und Aussöhnung? Gegenüber der naiven Gläubigkeit der Kämpfer ist das Spiel der Mächte, die dort agieren, viel komplexer, als es die Akteure verkünden.

Nationalistische Empörung in der Türkei wächst und drängt auf Rache

Zur Mobilisierung der Heimatfront wurden in der Türkei große Demonstrationen veranstaltet, in denen alle Übel dieser Welt auf die PKK, aber auch auf die Kurden und sogar auf die gewählten kurdischen Abgeordneten herab gewünscht werden. Diese Demonstrationen werden vor allem von der alten kemalistischen Partei CHP und der rechten Partei MHP vorangetrieben. Die Generale begleiten diese Mobilisierungen mit Wohlwollen, gerät doch so die Regierung Erdogan unter Druck, sich nicht länger einer Militärintervention zu verschließen. Erdogan muß sich so entschlussfähig gegen den „Terrorismus" zeigen und will anscheinend doch vermeiden, in einen Guerilla-Krieg mit ungewissem Ausgang zu geraten.

Nach Lynchversuchen gegen Kurden, Brandanschlägen gegen Parteibüros der DTP, Festnahmen der kurdischen Aktivisten folgen nun Losungen und Parolen wie „Kauft nicht bei Kurden", „Beschäftigt keine Kurden". Einige Kemalisten, wie Hikmet Cetinkaya von der Tageszeitung Cumhuriyet, beklagen sich, dass die Kurden mit ihrem Dasein z.B. Städte wie Izmir befleckten. Sie gehören nicht dazu und sind auch nicht willig sich einzupassen, ist die Devise. Also Abschieben! Aber wohin, weiss anscheinend der kemalistische Kolumnist selber nicht. Vor ihm teilten einige andere Bürokraten dieselbe These. Kurden wurden z.B. an der Schwarzmeerküste, vor Stadtgrenzen von Ordu und Adapazari aussortiert.

Die mit rassistischen Kampagnen aufgefallene Zeitschrift „Türk Solu" (Türkische Linke) ruft in ihrer neuesten Ausgabe dazu auf, nicht bei Kurden zu kaufen. Unter dem Motto „Ich mache meinen Einkauf bei Türken, mein Geld geht nicht zur PKK" ist eine neue Kampagne gestartet worden. Buttons mit derselben Aufschrift wurden verteilt. In dem entsprechenden Artikel in der Zeitschrift heißt es, überall werde versucht, das „Türkentum zu vernichten", deshalb müsse sich „der Türke" auf jedem Gebiet verteidigen, dürfe nur bei Türken einkaufen, nur türkisch sprechen, gegen alle vorgehen, die eine andere Sprache sprechen, er dürfe nur türkische Musik hören und türkisches Essen zu sich nehmen. In anderen Ausgaben waren Kurden und Armenier als Angriffsziele aufgeführt und die Leser aufgefordert worden, keine Lahmacun und kein Kebab zu essen, weil es sich dabei um kurdische Gerichte handele.

Die widersprüchliche Rolle der USA

Die USA und ihre Interventionstruppen sind im Irak in einer äußerst schwierigen, wenn nicht gar in einer verzweifelten Situation. Nur in Irakisch Kurdistan herrscht mehr oder weniger Ruhe. Die Kurden erinnern sich noch gut daran, dass die USA während der Zeit des UN-Embargos ihre schützende Hand über sie gehalten haben, so dass der Diktator in Bagdad sie nicht mit massiven Angriffen, vor allem auch aus der Luft, überziehen konnte. Heute liegt den USA sehr daran, dass dort kein Krieg ausbricht und die ganze Region destabilisiert. Befürchtet wird auch, der Iran, der selbst in ständigem Konflikt mit „seinen Kurden" steht, könne sich in einem solchen Fall einmischen,

Das Delikate dieser Situation besteht nun darin, dass die USA die iranisch-kurdische Organisation PJAK benutzt, um der Regierung in Teheran möglichst viele Schwierigkeiten zu bereiten. Waffenlieferungen an sie laufen anscheinend sogar über die „Terrororganisation" PKK, die so etwas wie der große Bruder der PJAK ist. Jüngst gab es sogar einen Zwischenfall, in dem vermutlich US-Geheimdienste durch die PKK iranische Waffenlieferungen für die Hisbollah im Libanon auf ihrem Weg durch die Türkei auffliegen ließen.

Die USA sind also in einer zwielichtigen Position. Einerseits verkünden sie lauthals den weltweiten Krieg gegen den Terror, während sie selbst den „Terrorkrieg“ gegen Iran fördern. Andererseits versuchen sie seit geraumer Zeit die Türkei davon abzuhalten, einen vermutlich unabsehbaren Krieg in diesem hochexplosiven Länderdreieck zu beginnen.

Ankara hat inzwischen mit der Vollmacht für die AKP-Regierung durch die Große Nationalversammlung, jederzeit Krieg in Nord-Irak führen zu dürfen, seinen Druck auf Washington verstärkt. Ministerpräsident Erdogan erklärte, das Militär habe am 28. November die Befugnis für grenzüberschreitende Operationen erhalten. Sein Stellvertreter Cemil Cicek fügte erläuternd hinzu: „Am 24. Oktober ist ein Schreiben an den Generalstab geschickt worden, dass die Autorisierung durch das Parlament erteilt ist. Auf die Frage von Journalisten, ob die erteilte Befugnis dem Beschluss des Ministerrates entspreche, antwortete Cicek: ‚Ja. Es ist ein Beschluss des Ministerrates, den alle Minister unterzeichnet haben'.“ (ANF, 30.11.2007, ISKU)

Ankara hätte auch die Möglichkeit, die Luftwaffenbasis Incirlik, über die der größte Teil des Nachschubs für die US-Interventionstruppen in Irak und Afghanistan läuft, zu sperren. Doch das wäre ein sehr großer Schritt unter NATO-Partnern und würde die ohnehin nicht guten Beziehungen zu den USA auf den Nullpunkt bringen.

Bei dem Besuch Erdogans bei Bush am 5. November hat man anscheinend einen Kompromiss gefunden. Die USA liefern Geheimdienstinformationen über die PKK, versichern erneut, dass sie die PKK für eine terroristische Organisation halten und gewähren in unbekanntem Maße militärische Unterstützung. Die Türkei wird im Gegenzug keine erhebliche Bodeninvasion starten, sondern sich auf Bomben und Granaten beschränken. Wie weit ein solcher Kompromiss trägt, bleibt abzuwarten und dürfte sehr vom Verhalten der PKK abhängen. Die jüngsten oben erwähnten Luftangriffe sind ein Ergebnis dieser Vereinbarungen.

Ankara und Teheran wollen gemeinsam die PKK bekämpfen

Die Nachbarländer mit einer kurdischen Bevölkerung haben traditionellerweise stets ähnliche Probleme mit den Kurden und versuchten früher, sie als Manipulationsmasse jeweils gegenüber dem anderen Nachbarstaat einzusetzen. Heute hat sich die Konstellation verändert. Die Türkei wie auch der Iran verabredeten am 16. 12. 2007 eine militärische Zusammenarbeit bei der Bekämpfung der PKK bzw. der eng verbundenen iranischen PJAK im Länderdreieck. Dies verstärkt das Bedrohungsgefühl der irakischen Kurden. Die USA befürchten dagegen eine Ausweitung der Infiltrationsmöglichkeiten in den Irak durch iranische Kräfte.

Die heimlichen Ziele Ankaras

Obwohl öffentlich meist nur über die Bedrohung durch die PKK gesprochen wird, hat Ankara auch das Ziel, einen eigenständigen kurdischen Staat zu verhindern. Dieser würde voraussichtlich bei einem Auseinanderbrechen des Irak ausgerufen werden. Ankara – und wohl auch der Iran - fürchten, dies könne separatistische kurdische Tendenzen in ihrem jeweiligen Staatsgebiet fördern. In diesem Zusammenhang versucht die Türkei schon heute, die laut irakischer Verfassung erforderliche Volksabstimmung über die Zugehörigkeit von Kirkuk mit seinen großen Ölgebieten zu irakisch Kurdistan zu verhindern und wirft selbst ein Auge auf die reichen Ölgebiete Irakisch-Kurdistans.

Freilich werden auch die Gefahren einer Invasion für die Türkei gesehen, sind doch die von der PKK besetzten Bergregionen sehr schwer und im Winter wohl gar nicht zugänglich. Man spricht bereits von einem möglichen Vietnam für die Türkei. Auch die politischen Kosten für die Türkei wären erheblich. Man kann sich kaum vorstellen, dass die EU-Beitrittsverhandlungen unter den Bedingungen eines solchen Krieges fortgeführt werden würden. Politiker äußerten sich bereits in diesem Sinne.

Eine türkische Invasion auf weitere Teile Irakisch-Kurdistans würde voraussicht-lich auch einen Einsatz der 100.000 kurdisch-irakischen Peschmergas bewirken. Ein Sprecher des Präsidialamtes gab bereits bekannt, den Peschmerga-Einheiten sei der Befehl gegeben worden, sich gegen die türkischen Streitkräfte in Verteidigungspositionen zu begeben. Diese Maßnahme gelte für den Fall, dass die türkischen Truppen weiter vorrückten und der Zivilbevölkerung in der Grenzregion Schaden zufügten. An der türkisch-irakischen Grenze sind mittlerweile tatsächlich erhebliche Kontingente der kurdisch-irakischen Peschmerga aufmarschiert, die große Erfahrungen im Guerilla-Krieg aus ihrem Kampf gegen den irakischen Diktator Saddam Hussein haben. Sie befürchten, wohl nicht zu Unrecht, die Türkei hätte weiter gehende Ziele als nur die Ausschaltung der PKK.

Der Konflikt zwischen der Regierung und dem Militär

Was gegenwärtig als außenpolitischer Konflikt dargestellt wird, hat auch eine wichtige innenpolitische Komponente. Die AKP-Reformpolitik und ihr Streben nach einem EU-Beitritt hat die sehr starke Stellung der türkischen Generalität gegenüber der Regierung untergraben. Das Militär muss fürchten, dass mit der Ausarbeitung einer neuen Verfassung ihre de facto Position als eine Art „Überregierung“ durch das institutionelle Mittel des ‚Nationalen Sicherheitsrates‘ weiter geschwächt werden würde. Dies soll verhindert werden. Unter dem Schleier der Verdächtigung der AKP-Regierung, sie wolle eine islamistische Türkei schaffen, führt sie eine Kampagne gegen die AKP-Regierung und mobilisiert dabei nationalistischen und rassistischen Chauvinismus. Eine Intervention in den Irak unter nationalen Vorzeichen gäbe ihr die Möglichkeit, unter dem Motto der Kriegsnotwendigkeiten ihre Position zu verstärken und die Regierung ihren Anforderungen zu unterwerfen. Dies wurde bereits im Vorfeld der jetzigen Eskalation deutlich: Erdogan musste seine vorsichtige Politik der Öffnung gegenüber den kurdischen Forderungen nach mehr kultureller Freiheit und wirtschaftlich-sozialer Förderung aufgeben. Doch jetzt überzieht der Generalstaatsanwalt die kurdische DTP-Partei mit einem Verbotsverfahren.

Ankara war bisher nicht zu einer politischen Lösung bereit

Dieser innertürkische Konflikt erhellt auch, warum Ankara bisher nie zu einer politischen Lösung des Konflikts bereit war. Die PKK hat seit 1999 einseitige Waffenstillstände nicht nur vorgeschlagen, sondern auch weitgehend praktiziert. Selbst beim Rückzug ihrer Guerilla aus der Türkei wurden ihre Kämpfer von türkischen Truppen angegriffen und erlitten schwere Verluste von über 500 Kämpfern. Sie hat vergebens immer wieder einen politischen Dialog über die Lösung des „Kurdenproblems" im Rahmen der Türkei angeboten und Vorschläge hierfür gemacht. Es könnte sein, dass mit einer türkischen Intervention in Irak sich dieses historische „Fenster der Möglichkeit zum Frieden" schließt und die PKK sich vollends auf die militärische Auseinandersetzung konzentriert. Gibt es dort Kräfte, die auf einen großen türkisch-kurdischen Krieg spekulieren? Ihre jüngsten Anschläge auf türkische Posten und die Gefangennahme von Soldaten, die sich in der Gesellschaft der Türkei so negativ für sie auswirken, weisen in diese Richtung. Ihre Forderung nach einer friedenspolitischen Lösung verliert dadurch an Glaubwürdigkeit. Dies ist auch vor dem Hintergrund einer zunehmenden Kriegsmüdigkeit der kurdischen Bevölkerung zu sehen. Bei den jüngsten Wahlen konnte die AKP in den kurdischen Gebieten große Stimmengewinne erzielen, während die kurdische DTP herbe Verluste einstecken musste.

Die Zukunft ein Albtraum?

Ist ein Krieg im Länderdreieck Türkei-Irak-Iran noch zu vermeiden? Wie unkontrollierbar würde ein Krieg werden, wenn die kurdischen Peschmerga in Irakisch-Kurdistan in Kämpfe mit türkischen Interventionstruppen verwickelt werden würden?

Was geschieht, sollte der Irak zusammenbrechen und die USA sich zurückziehen? Werden dann nicht Tür und Tor offen sein für einen türkischen Expansionskrieg zu den Ölquellen? Oder was wird geschehen, wenn die USA und Israel den Iran angreifen und damit die ganze Region in Flammen setzen? Unvorstellbare Katastrophen werden über die Menschen hereinbrechen. Deshalb muss jetzt noch alles nur Mögliche getan werden, um eine Wende zu einer politischen Lösung im türkisch-kurdischen Konflikt zu erreichen.

Aktuelle politische Ansätze

Von türkischer wie von kurdischer Seite gibt es aktuelle politische Ansätze. Premier Tayyip Erdogan hat ein neues Gesetz in Aussicht gestellt, mit dem er PKKler zum Aufgeben bewegen will, und er hat versprochen, man wolle „aus früheren Erfahrungen" lernen. „Mit einer neuen Initiative könnten wir die Zahl der Leute, die zur PKK in die Berge gehen, minimieren. Und wir könnten die anderen ermutigen, von den Bergen herunterzusteigen." Erdogan fügte hinzu, der Plan sei mit der Armee abgestimmt und selbstverständlich werde man mit den Terroristen nicht verhandeln. CHP-Chef Deniz Baykal nannte ein solches Gesetz ein „Zeichen der Schwäche" gegenüber dem Terrorismus und prophezeite die Spaltung des Landes.

Der Vorsitzende der rechtsradikalen MHP hieb in dieselbe Kerbe und warnte alle „Vaterlandsverräter": „Wenn nötig, stehen wir bereit, Anatolien noch einmal zu erobern."

Die DTP meinte, ein neues Reuegesetz könne das bestehende Problem nicht lösen, man sei jedoch jederzeit bereit, ein umfassendes Projekt der Regierung für eine demokratische Lösung zu unterstützen.

Von kurdischer Seite wurde jüngst vom Kongra-Gel-Präsidialrat eine sieben Punkte umfassende Deklaration für das Niederlegen der Waffen und eine Lösung der kurdischen Frage vorgelegt. Darin wird die freie Ausübung kurdischer Sprache, Kultur und Politik gefordert sowie das von Abdullah Öcalan entworfene Modell „Demokratisches Autonomes Kurdistan" vorgeschlagen. Für die kurdische Seite sei eine Lösung im Rahmen folgender Punkte möglich:

1. Anerkennung der kurdischen Identität und verfassungsrechtliche Garantie für alle Identitäten unter der Oberidentität „Türkei".
2. Ermöglichung der freien Ausübung kurdischer Sprache und Kultur, Anerkennung des Rechts auf muttersprachlichen Unterricht, Anerkennung des Kurdischen als zweite offizielle Sprache neben Türkisch in der Region Kurdistan, ebenso die Achtung der kulturellen Rechte aller Minderheiten.
3. Auf der Basis von Meinungsfreiheit die Anerkennung des Rechts auf freie politische Betätigung und Organisierung; Aufhebung aller sozialen Ungleichheiten in Verfassung und Gesetzen, insbesondere sexistischer Diskriminierung.
4. Als Projekt einer gesellschaftlichen Versöhnung eine gegenseitige soziale Amnestie beider Seiten, um Frieden und eine freie Einheit entstehen zu lassen; Freilassung aller politischer Gefangenen einschließlich Abdullah Öcalans; das Recht auf Partizipation am politischen und sozialen Leben.
5. Rückzug der Kräfte, die sich zum Zweck des Spezialkriegs in Kurdistan aufhalten; Abschaffung des Dorfschützersystems; Entwicklung sozialer und wirtschaftlicher Projekte, um eine Dorfrückkehr zu ermöglichen.
6. Für die Stärkung der Kommunalverwaltung eine Neufassung der entsprechenden Gesetze. Parallel zu den genannten Punkten im Rahmen eines von beiden Seiten festgelegten Zeitablaufs eine stufenweise Niederlegung der Waffen sowie der Beginn der Teilnahme am legalen demokratischen und gesellschaftlichen Leben. (ANF, 1.12.07, ISKU)

Ohne eine Politik der Aussöhnung wird es keinen Frieden geben

In der Türkei kommen also Diskussionen über eine mögliche Amnestie für die kurdische Guerilla auf, auch wenn die bisherigen „Reuegesetze" wenig Erfolg gezeigt haben und den Konflikt nicht beenden konnten. Ihr grundsätzlicher Fehler und auch der Grund für ihr Scheitern lag darin, dass sie nicht mit einer Politik der Aussöhnung verbunden wurden. Man wollte stets nur „Gnade" gegenüber kurdischen Guerilleros „minderer Schuld" walten lassen, wenn diese Reue zeigten und wo möglich zum Verrat ihrer dann ehemaligen Genossen bereit sein würden. So hatten die bisherigen Reuegesetze lediglich eine Funktion, den Sieg über die kurdische Aufstandsbewegung nicht nur militärisch, sondern auch mit politischen Mittel zu erzielen. Das ist jedoch ein grundsätzlich falscher Ansatz der zivilen politischen Konfliktlösung. Dieser Fehler soll anscheinend nun noch einmal wiederholt werden, indem militärische Angriffe und Drohszenarien mit einer begrenzten Amnestieregelung verbunden werden. Gleichzeitig wird die legale kurdische Partei DTP in der Großen Nationalversammlung mit Verbot bedroht, ihre Repräsentanten werden schikaniert und Anschläge gegen ihre Parteihäuser verübt, ohne dass dagegen energisch eingeschritten würde. Dies signalisiert eher Feindseligkeit als Aussöhnungsbereitschaft.

Eine Lösung kann nur erreicht werden, wenn beide Seiten bereit sind, die Austragung des Konflikts auf eine nicht-militärische, politische Ebene zu heben, um dort die Ursachen für den Konflikt zu bearbeiten. Eine neue Amnestie muss sich deshalb nicht nur auf alle Teilnehmer der Kämpfe beziehen, sondern auch mit einer Politik der Aussöhnung verbunden werden. Dies gilt freilich nicht allein für Ankara, sondern auch für die PKK. Auch sie kombiniert ihre politischen Angebote – wie den jüngsten 7-Punkte Plan - mit ihrer militärischen Aktionsfähigkeit. Ihre Angriffe bezeichnet sie zwar immer wieder als Vergeltungsaktionen für türkische Angriffe. Dies ist jedoch billig, denn militärische Aktionen werden stets mit dem Verhalten des Gegners legitimiert. So läuft Eskalation im Kriege.

Nun wird von beiden Seiten die Befürchtung geäußert, ein Verzicht auf militärische Gewaltanwendung könne als Schwäche ausgelegt werden. Dies mag in einer nationalistisch aufgeputschten Öffentlichkeit auch so sein. In Wirklichkeit ist es ein Zeichen der Stärke, wenn man aus diesem über zwanzig Jahre währenden Krieg endlich gelernt hat, dass seine Ursachen im kriegerischen Kampf nicht behoben werden können. Deshalb – also aus Stärke und Klugheit – kann jede Seite auf militärische Gewalt auch einseitig verzichten, um den Konflikt auf eine neue Ebene zu heben, auf der Aussöhnung ermöglicht und der Konflikt bearbeitet und gelöst werden kann. Eine solche Herangehensweise würde auch internationale Unterstützung in vielerlei Hinsicht ermöglichen. Sie würde diesem Land nicht nur Frieden bringen, sondern wäre eine wichtige Voraussetzung für die Verwirklichung von Menschenrechten und einen EU-Beitritt der Türkei.

Eine friedliche politische Lösung ist möglich

Jeweils ein großer Schritt auf jeder Seite kann den Anfang zur Umkehr bilden:

Die PKK müsste jegliche Kampfhandlungen unterlassen, ihre Bereitschaft erklären, ihre Kämpfer unter internationaler Beobachtung aus der Türkei zurückzuziehen, und eine Entwaffnung ihrer Guerilla-Verbände unter der Aufsicht der Vereinten Nationen vornehmen.

Die Regierung der Türkei müsste endlich eine generelle Amnestie für alle am türkisch-kurdischen Konflikt Beteiligten erlassen und sich zu einem Dialog über die Lösung der „kurdischen Frage“ im Rahmen der Türkei bereit erklären. Damit wäre die Kriegsgefahr gebannt. Ein ausführlicher Fahrplan für eine zivile Bearbeitung des Konflikts wurde im Rahmen des Monitoring-Projekts der ‚Kooperation für den Frieden' ausgearbeitet.[1]

Ein Land wie die Türkei, das sich um eine Aufnahme in die multi-ethnische, multi-kulturelle und multi-religiöse Europäische Union bemüht, muss auch im eigenen Lande diese Pluralität akzeptieren. Das überwindet die Gefahr des Separatismus und dient der Aussöhnung und der Verwirklichung der Menschenrechte.

Die EU und ihre Staaten haben allen Grund sich für eine politische Lösung in diesem Konflikt einzusetzen. Sie können es tun, indem sie die kurdische Guerilla nicht länger als Terroristen behandeln, wodurch sie sich selbst bislang friedenspolitisch handlungsunfähig machten. Wer Frieden schaffen will, muss mit allen Konfliktseiten sprechen können. Dies ist umso leichter durchzusetzen, wenn in der Türkei die Waffen schweigen.

1 Andreas Buro: Dossier II Der türkisch-kurdische Konflikt, hrsg. Kooperation für den Frieden, Bonn 2007. Zu beziehen über das Netzwerk Friedenskooperative, mail: info@koop-frieden.de, Tel. 0228-692904

Lühr Henken

Sudan und Tschad im Visier der Großmächte

Zwei der derzeit elf Auslandseinsätze der Bundeswehr finden im Sudan statt. Sie wurden zuletzt vom Bundestag am 15. November 2007 mit großer Mehrheit verlängert. Die nach Kapitel VII der UN-Charta mandatierten Einsätze beinhalten zum einen die Stationierung von bis zu 75 unbewaffneten Bundeswehrsoldaten als Teil der etwa 10.000 Personen starken Überwachungsmission UNMIS in Südsudan. Das Mandat endet am 15. August 2008. Derzeit sind im Rahmen von UNMIS 42 deutsche Soldaten und fünf Polizisten im Einsatz. Das zweite Mandat ist ein Vorratsbeschluss. Demnach sollen bis zu 250 Bundeswehrsoldaten im Rahmen der neuen UN-AU-Mission UNAMID Soldaten und Polizisten aus afrikanischen Ländern mit Flugzeugen nach Darfur bringen. Das geschah zuletzt im März 2006. UNAMID löst ab dem 1. Januar 2008 die AU-Mission AMIS in Darfur ab. Mit insgesamt 26.000 Soldaten, Polizisten und Zivilen soll UNAMID die bis dahin größte UN-Mission der Geschichte werden. Die UN-Generalversammlung hat für das erste Halbjahr dafür 1,28 Mrd. Dollar bewilligt. An der im westlich benachbarten Tschad und im Nordosten der Zentralafrikanischen Republik zu stationierenden und von Frankreich dominierten 3.700 Soldaten starken EU-Truppe beteiligt sich die Bundeswehr nicht. Gleichwohl begrüßt die Bundesregierung den Einsatz im Osttschad und stellt vier Offiziere in die Einsatzzentrale bei Paris ab.

Der nach 21 Jahren Anfang 2005 beendete Krieg zwischen Nord- und Südsudan hat 1,5 bis 2 Millionen Tote gefordert und etwa 4 Millionen vertrieben, der seit fünf Jahren anhaltende Bürgerkrieg in Darfur hat etwa 2,5 Millionen Menschen in die Flucht gejagt und vermutlich Zehntausenden das Leben gekostet. Die Konflikte im Sudan haben sich seit 2006 auf den Tschad und die Zentralafrikanische Republik ausgedehnt und sind längst nicht gelöst. Selbst nach einer Verhandlungslösung, die derzeit noch in weiter Ferne scheint, wird es noch Jahre bedürfen, bis sich das Leben normalisiert.

Warum ist diese Region so erbittert umkämpft? Warum ist sie für Großmächte von so großem Interesse?

1 Sudan

1.1 Land, Leute, Rohstoffe im Sudan

1.1.1 Land und Leute

Der Sudan ist mit 2,5 Mio. km² das flächengrößte Land Afrikas und damit siebenmal so groß wie Deutschland. Auf Nordsudan entfallen 1,85 Mio., auf Südsudan 650.000 km². Mit 36,2 Mio. Einwohnern (2005), davon etwa 9 Mio. im Süden, ist das Land am Nil sehr dünn besiedelt. Über sechs Millionen von ihnen sammeln sich allein am Zusammenfluss von Weißem und Blauen Nil in der Hauptstadt Khartum (4,2 Mio. Einwohner), und den beiden Städten in Omdurman und Bahri. Der Norden, Osten und Westen des Landes ist muslimisch geprägt (70 Prozent der Gesamtbevölkerung). Im Süden bilden Anhänger indigener Religionen die Mehrheit (20 % der sudanesischen Bevölkerung). Von Bedeutung ist im Süden der Katholizismus. Katholisch sind 10 Prozent der sudanesischen Gesamtbevölkerung.

1.1.2 Erdöl- und Rohstoffvorkommen im Sudan

Der Boden Sudans ist rohstoffreich. Eisen, Kupfer, Zinn, Blei, Asbest, Gold, Gips, Steinsalz, Bauxit, Uran, Platin und 1 Mio. t Chrom werden genannt. Jedoch die mit Abstand größte Bedeutung hat historisch und zur Zeit dabei das Rohöl. Bereits 1991 hatte eine „gründliche Studie" der Weltbank ergeben, dass „Somalia und Sudan in der Liste möglicher kommerzieller Ölproduzenten Ostafrikas ganz oben" (taz, 19.1.1993) stehen.

Mit derzeit nachgewiesenen Vorräten von 6,4 Mrd. Barrel (BP Statistical Review of World Energie, Juni 2007, S. 6) liegt Sudan auf Platz 21 in der Welt (zwischen Aserbaidschan und Indien). Darüber hinaus steht eine spektakuläre Aussage aus den 1980er Jahren im Raum: „Der damals für Sudan zuständige Geschäftsträger von Chevron, Payne, soll die Auffassung vertreten haben, dass Sudan über mehr Ölreserven verfügt als Iran und Saudi-Arabien zusammen. Deshalb investierte das Unternehmen angeblich rund 10 Milliarden Dollar zur Erkundung der Öllagerstätten des Sudan. [...] Amerikanische Rohstoffplaner vermuten, dass der ganze Süden Sudans von der Grenze zu Tschad [...] bis nach Äthiopien über reiche Ölvorkommen verfügt." (FAZ 29.7.1998) Die Aussage ist bisher weder bestätigt noch widerlegt. Falls sie zutrifft, dürfte sie zumindest US-Außenministerin Rice bekannt sein, denn sie hatte bis 1995 zehn Jahre lang dem Chevron-Aufsichtsrat angehört.

Das Land ist unterteilt in 23 Öl-Blöcke. Zwei Blöcke sind nicht vergeben. Das sind der Block 12 B, der West-Darfur und den Süden Nord-Darfurs umfasst, und der Block 10 an der Grenze zu Eritrea. Lediglich in sieben Öl-Blöcken wird gefördert. Diese liegen vor allem im Süden des Sudan. Die Struktur der Konzessionäre weist eine weite Streuung auf. Vor allem sind es asiatische und afrikanische Firmen. Darunter die China National Petroleum Company (CNPC), die malaysische Petronas und die indische Oil and Natural Gas Corporation (ONGC), aber auch einheimische, sowie Firmen aus Saudi-Arabien, Nigeria, Jemen, Kuwait und Südafrika. Lediglich zwei westliche Firmen halten Konzessionen: Die französische Total im wohl sehr höffigen Block B als Konsortialführerin und die schwedische Lundin im Block 5 B. Der US-Multi Marathon hat 2007 seinen Anteil von 32,5 Prozent am Block B aufgegeben und den Sudan verlassen. US-Konzerne halten keine Konzessionen im Sudan. Im November 2004 konnte man in der NZZ lesen: „Die großen amerikanischen Ölfirmen Chevron Texaco und Exxon Mobil dringen darauf, wieder ins sudanesische Ölgeschäft einsteigen zu können." (NZZ 27.11.2004) Die Sanktionspolitik der Bush-Regierung hat das bisher verhindert.

Der Sudan bleibt, was das Öl betrifft, bisher weitgehend unerkundet. Nur für wenige Gebiete sind bisher intensive und umfassende seismische Daten ermittelt worden. (The European Coalition in Oil in Sudan, The Economy of Sudan's Oil

Industry, Oktober 2007, Factsheet II, S.4) Die Förderung wird zu über 90 Prozent von CNPC, Petronas und ONGC getätigt. Es besteht nicht nur eine hohe Abhängigkeit des Sudan gegenüber diesen Firmen, auch umgekehrt gilt, für alle drei Firmen sind die Investitionen im Sudan die größten außerhalb ihrer Länder. Allein China investierte im vergangenen Jahrzehnt mehr als sechs Mrd. US-Dollar in 14 Ölprojekte des Sudan. (Sudantribune.com, 6.11.07) 80 Prozent des sudanesischen Ölexports gehen in die VR China, etwa 10 Prozent nach Japan und 4 Prozent in den Jemen. Ende 2006 förderte Sudan täglich 397.000 Barrel. In diesem Jahr liegt die Förderung bei täglich 500.000 Barrel. Das ist die sechsthöchste Tagesförderung in Afrika bei steigender Tendenz. 365.000 Barrel werden über ein Terminal bei Port Sudan am Roten Meer im Norden exportiert. Ein zweiter Terminal in der Nähe steht vor der Fertigstellung, so dass sich die Verladekapazität auf 950.000 Barrel erhöht. Ergo: Khartum setzt auf Expansion von Förderung und Export des Öls. Raffinerien gibt es in Khartum und in Port Sudan. Beide liegen im Norden. Zum Teil sind es Joint Ventures mit CNPC und Petronas. Der Transport aus dem Süden zu den Raffinerien und Verladestationen erfolgt über ein System von fünf Pipelines. Von grundsätzlicher Bedeutung ist, dass das im Süd-Sudan geförderte Öl im Norden verarbeitet und über den Norden exportiert wird.

Seitdem der Sudan 1999 mit dem Ölexport begonnen hat, hat sich das Bruttoinlandsprodukt von 9,4 Mrd. auf 27,5 Mrd. Dollar (2005) verdreifacht. Die Wirtschaft verzeichnete eine Zuwachsrate von 8 Prozent in 2005, 2006 waren es 10 Prozent und die Weltbank erwartet für 2007 sogar ein Plus von mehr als 10 Prozent. Das Land boomt, was allerdings außer in Khartum kaum sichtbar ist.

Aber nicht nur Öl ist ein bedeutsamer Rohstoff im Sudan. In einer Studie der Wissenschaftlichen Dienste des Bundestages über den Darfur-Konflikt findet sich eine Aussage über die „Rolle des Sudans als Rohstofflieferant – neben den großen Erdölvorkommen soll das Land über eine der drei weltweit größten Lagerstätten reinen Urans und die viertgrößten Kupfervorkommen der Welt verfügen." (Birgit Strube-Edelmann, Der Darfur-Konflikt – Genese und Verlauf, Wissenschaftliche Dienste des Deutschen Bundestages, 9.10.2006, S. 24)

Damit könnte der Sudan eines Tages zu einem erstrangigen Rohstofflieferanten auf der Welt werden, der allerorten Begehrlichkeiten weckt.

Exkurs 1: Öl-Strategie der USA

Im Mai 2001 stellte US-Vizepräsident Cheney einen Bericht über die Entwicklung der US-Energiepolitik, kurz Cheney-Report genannt, vor. Seine Analyse besagt, dass der Anteil der Einfuhr an der Rohölmenge der USA von 52 Prozent (2001) auf 64 Prozent im Jahr 2020 steigen müsse, um die Rohölversorgung des Landes zu sichern. (Cheney-Report, S. 1-13) Das klingt zunächst nicht dramatisch. Allerdings geht der Cheney-Report von einem Anstieg des US-Ölverbrauchs insgesamt aus. „In absoluten Zahlen werden die US-Ölimporte von den heutigen rund 10,4 Millionen Barrel pro Tag bis 2020 auf schätzungsweise 16,7 Millionen Barrel pro Tag ansteigen." (Michael T. Klare, Schnell, mobil, tödlich - Das Zeitalter der US-Hegemonie, le monde diplomatique, 15.11.2002, Fußnote 5) Das ist ein faktischer Anstieg um 60 Prozent!

Cheneys Schlussfolgerung: Das Weiße Haus muss nunmehr die Energiesicherung zur „Priorität“ der US-amerikanischen Handels- und Außenpolitik machen. Und zwar so: Erstens: Die Länder des Nahen Ostens sollten dazu gebracht werden, ihre Exporte zu erhöhen. Zweitens: Die Einfuhrländer müssen diversifiziert werden. Auf Afrika bezogen heißt das heute: Zur Zeit kommen 15 Prozent der US-Rohöl-Einfuhr aus Afrika, bis 2015 sollen es 25 Prozent sein (Financial Times Deutschland, 8.7.2003)

Exkurs 2: US-Militärstrategie für Afrika

Seit September 2001 haben die USA in Afrika mit militärischen Ausbildungs- und Trainingsprogrammen begonnen. Das erste hieß International Military Education and Training (IMET), ab 2002 kam die „Pan Sahara Initiative“, die dann 2005 durch die „Trans-Sahara Counterterrorism Initiative“ (TSCTI) abgelöst wurde. Ziel des letzteren ist die Ausbildung einheimischer Soldaten durch „Special Operation Forces“ der USA, um eigenständig oder in Kooperation mit US-Truppen den Kampf gegen den islamischen Terrorismus aufzunehmen. An der TSCTI nehmen Algerien, Mali, Mauretanien, Marokko, Niger, Nigeria, Senegal, Tunesien und der Tschad teil. Das Budget betrug 70 Mio. Dollar im Jahr 2007, „bis 2012 sollen die Ausgaben allein im Rahmen dieses Programms auf 500 Millionen Dollar steigen.“ (Dustin Dehez, Ein Kommando für Afrika, in: Internationale Politik, Dezember 2007, S. 82) Seit Februar 2007 ist ein eigenständiges Oberkommando für Afrika, US Africa Command (AFRICOM), in Stuttgart eingerichtet worden. Bis September 2008 wird für den Stab von 1.500 Mann auf afrikanischem Boden ein Standort gesucht. Die offizielle Aufgabe: Bündelung der oben beschriebenen Aufgaben, insbesondere die Terrorbekämpfung. Diese Begründung trifft allerdings sogar bei militär- und regierungsnahen Analytikern der Stiftung Wissenschaft und Politik auf Skepsis: „Verstärkte Anstrengungen im Rahmen der Terrorbekämpfung sind wohl nicht der Hauptgrund für die Einrichtung des AFRICOM. Vielmehr scheinen die Sorgen um die künftige Energieversorgungssicherheit und die Einschätzungen der Rolle Afrikas in diesem Kontext das wesentliche Motiv zu sein. [...] Mit der Einrichtung des AFRICOM verbessert sich die Möglichkeit der Steuerung aller militärischer Aktivitäten der USA auf dem Kontinent. Nicht zuletzt werden die regionalen Einflussmöglichkeiten der USA gestärkt.“ (Wolf Kinzel, Sascha Lange, Afrika im Fadenkreuz der USA? SWP Aktuell 17, Berlin, März 2007, S. 4) Sudans Nachbar Äthiopien ist der engste Alliierte der USA am Horn von Afrika. Ministerpräsident Meles Zenawi erklärte gegenüber dem Kommandeur der Africom, General Ward, bereits seine Bereitschaft „eng mit Africom zusammenzuarbeiten.“ (Sudantribune.com, 10.11.2007)

Im Sudan sind zwei Konflikte virulent, der zwischen dem Norden und dem Süden und der in Darfur.

1.2 Nord-Süd-Konflikt im Sudan

1.2.1 Entwicklung

Die Verfügung über die Erdölvorkommen des Südens waren Ursache für den Ausbruch des Bürgerkrieges zwischen dem muslimischen Norden und dem christlich-animistischen Süden 1983. 1979 bereits stieß der US-Ölkonzern Chevron auf Erdöl im damals autonomen Süden. Staatspräsident Numeiri kündigte in Folge dessen einseitig das Autonomieabkommen mit dem Süden auf. Da der Süden damit alle Rechte am Erdöl verlor, wurde unter John Garang die Sudan People's Liberation Army (SPLA) gegründet und ein sehr blutig geführter Bürgerkrieg begann. Nach insgesamt sieben Jahren Verhandlungen, im Laufe dessen sechs Teilabkommen abgeschlossen wurden, wurde im Januar 2005 – unter massivem Druck der USA – in Naivasha (Kenia) ein umfassender Friedensvertrag unterzeichnet (Comprehensive Peace Agreement, CPA). Er sieht im Wesentlichen Folgendes vor: einen dauerhaften Waffenstillstand; SPLA-Vertreter erhalten 28 Prozent der Sitze im Parlament und in der nationalen Exekutive; die sudanesische Armee verlässt bis Mitte 2007 den Südsudan; Ende 2009 finden gesamtsudanesische Präsidenten- und Parlamentswahlen statt; nach sechs Jahren Übergangszeit soll ein Referendum im Süden über den Verbleib im Sudan entscheiden; während dieser Übergangszeit bis Mitte 2011 teilen sich Nord und Süd die Öleinnahmen, die aus der Förderung im Süden erzielt werden, zur Hälfte; der Führer der SPLA wird Vizepräsident des Sudan; Außenminister wurde auch ein Südsudanese.

Nachdem der Gründer der SPLA Garang bei einem Hubschrauberabsturz Ende Juli 2005 umkam, wird gemeinhin angenommen, dass die Regierung seines Nachfolgers Salva Kiir, trotz gegenteiliger Bekundungen, 2011 im Referendum die staatliche Unabhängigkeit des Südens anstrebt. Die beiden Bundestagsabgeordneten der LINKEN, Norman Paech und Paul Schäfer, brachten von ihrer im Oktober 2006 durchgeführten Reise aus dem Südsudan die Erkenntnis mit, dass „dies auch die Ansicht von 95 % der Bevölkerung" sei (Bericht über die Reise der Abgeordneten Norman Paech und Paul Schäfer in den Sudan vom 2. bis 7. Oktober 2006, S. 5). Wenn es zu der Unabhängigkeit kommt, bleiben dem Norden nur die im Norden liegenden Ölressourcen. Das sind lediglich 300 Mio. Barrel im Block 6, was 13 Prozent der derzeit vorhandenen gesamtsudanesischen Erdölreserven entspricht. (ECOS Factsheet, S. 5)

Die Einkünfte aus dem Verkauf des im Süden geförderten Öls ist für den Süden von existentieller Bedeutung, decken sie doch 95 Prozent der öffentlichen Einnahmen. „Rund 40 Prozent des Staatshaushalts (des Südens, L.H.) sind nach Regierungsangaben der Armee vorbehalten." (FAZ 10.8.2007) Die Verteilung der Gelder erfolgt zentral über Khartum, gilt zwar als undurchsichtig, soll angeblich aber reibungslos funktionieren. (Sudantribune.com, 26.11.2007) Es sind für den Aufbau der Infrastruktur des Südens und die humanitären Belange geringe Beträge, die zudem noch sehr schwanken. Im Jahr 2005 waren es 702 Mio. US-Dollar (Sudantribune.com, 16.3.2006). Im Jahr 2006 wurde „mehr als eine Milliarde aus den Öleinnahmen überwiesen." (FAZ 22.8.2007) Für 2007 wurden durchschnittlich monatlich 125 Mio. Dollar erwartet, zeitweilig waren es nur zwischen einem Viertel und zwei Drittel dessen, im Oktober allerdings 178 Mio. Dollar. Bei einer Unabhängigkeit des Südens vom Norden würden sich diese Einnahmen verdoppeln. Dies motiviert das Streben des Südens nach Unabhängigkeit.

Die Entwaffnung der südsudanesischen Bevölkerung, die von der UNMIS überwacht werden soll, kommt nur langsam voran. Bei Zusammenstößen zwischen Dezember 2005 und Mai 2006 sollen etwa 1.200 bewaffnete Zivilisten und 400 südsudanesische Soldaten umgekommen sein. (Sudantribune.com, 17.8.2007) Auch 2007 kam es immer wieder zu bewaffneten Auseinandersetzungen meist zwischen sudanesischen und südsudanesischen Soldaten oder zwischen Stämmen untereinander um Viehherden. Durchschnittlich etwa einmal im Vierteljahr sind dabei zwischen 50 und 130 Tote zu beklagen gewesen. Die Soldaten der UNMIS-Mission greifen in diese blutigen Auseinandersetzungen nicht ein. Sie haben lediglich eine Beobachtungs- und Überwachungsmission des CPA nach Kapitel VI der UN-Charta. Zwangsmaßnahmen nach Kapitel VII dürfen sie nur zum Selbstschutz, zum Schutz von Hilfsorganisationen oder zum „Schutz direkt gewaltbedrohter Zivilisten im Rahmen verfügbarer Fähigkeiten“ (BT-Drucksache 16/6940, 7.11.2007) ausüben. Dies geschieht nicht.

1.2.2 Schwierigkeiten bei der Umsetzung des CPA

Das CPA weist der erdölreichen Region Abyei einen Sonderstatus zu. Sie liegt in West-Kordofan, das bisher zum Norden gehört. Ihr Sonderstatus stellt es den Bewohnern der Abyei – ebenso wie dem gesamten Süden – frei, 2011 über die Sezession vom Norden zu entscheiden. Das CPA überließ es einer siebenköpfigen Expertenkommission, die Grenze der Abyei festzulegen. Die Kommission unter Vorsitz des ehemaligen US-Botschafters im Sudan, Petersen, schlägt nahezu die gesamte Abyei dem Süden zu. „Mit dem Referendum liefe Khartum demnach Gefahr, diese Felder 2011 an den Süden zu verlieren.“ (NZZ 20.11.2007) Fachleute berichten aus der Abyei, „’Auf Teufel komm raus’ pumpten besonders Chinesen mit allen technischen Mitteln das Ölfeld Heglig leer.“ (FAZ 18.12.2007) Sudans Präsident al-Bashir hat verkündigt, dass er den Schiedsspruch der Expertenkommission nicht anerkennt und „die Grenzen von Abyei um keinen Zoll verrücken werde.“ (NZZ 20.11.2007)

Der Truppenabzug der sudanesischen Armee aus dem Süden, der bis zum 9. Juli 2007 vollständig erfolgen sollte, war damals erst zu 80 Prozent erfolgt. (NZZ 10.7.2007) Etwa 15.000 Regierungssoldaten stehen im erdölreichen Gebiet Abyei. (The International Crisis Group, Sudan. Breaking the Abyei Deadlock, 16 Seiten, 12.10.2007) Andererseits ist der Süden der Vorgabe des CPA nicht nachgekommen und hat seine Truppen aus den zum Norden gehörenden Gebieten Blauer Nil und Süd-Kordofan zurückgezogen. 22.600 SPLA-Truppen standen bis November 2007 noch in den Nubabergen und über 35.000 im Gebiet Südlicher Blauer Nil. (Sudantribune.com 26.11.2007)

Im Oktober kam es zur Zuspitzung. Wegen der aus Sicht des Südens schleppend verlaufenden Umsetzung des CPA hat die SPLM nach häufigen Mahnungen am 11. Oktober 2007 aus Protest gegen „systematische Verletzungen“ des CPA ihre 18 Minister aus der „Regierung der Nationalen Einheit“ vorläufig zurückgerufen. Das stellte bis dahin die größte Regierungskrise dar. Die SPLM stellte Khartum ein Ultimatum bis zum 9. Januar 2008. Danach werde sie sich über einen endgültigen Rückzug aus der Regierung entscheiden. Al Bashir forderte Mitte November sein Militär auf, die paramilitärischen Truppen („Mudjahedin“) wieder zu mobilisieren, die 1990 eigens für die Bekämpfung des Südens aufgestellt worden waren. (Sudantribune.com 18.11.2007) Daraufhin wurde die südsudanesische Armee in den „Zustand der Mobilisierung“ versetzt. (Sudantribune.com 20.11.2007) Verhandlungen zwischen den Armeeführungen des Nordens und des Südens brachten jedoch bereits Anfang Dezember einen Dreistufenplan hervor, der einen Rückzug sämtlicher Truppen in das jeweilige Gebiet der Gegenseite bis zum 9. Januar 2008 vorsieht. Ein Treffen al-Bashirs mit Kiir Mitte Dezember brachte auch eine Einigung bezüglich einer Transparenz der Transfers von Öleinnahmen in den Süden und die Zusage Khartums, Gelder für die Volkszählung bereitzustellen, die im April 2008 beginnen soll, um als Grundlage für die Wahlregister der Parlaments- und Präsidentenwahlen (UN: bis Juli 2009) und des Unabhängigkeitsreferendums 2011 zu dienen. Die SPLM-Minister kehrten daraufhin bereits Ende Dezember wieder in die „Regierung der nationalen Einheit“ zurück. Allerdings konnte über die Abyei keine Einigung erzielt werden. Dies soll direkt zwischen al-Bashir und Kiir verhandelt werden.

Die UNMIS hat Soldaten im Gebiet Abyei stationiert. Die Sollstärke der bewaffneten Infanteriekräfte der UNMIS beträgt insgesamt ca. 4.500 Soldaten und ihre Hauptaufgabe besteht im Schutz der eigenen Leute. (Paech/Schäfer, S. 6) UNMIS ist etwa gleichmäßig auf die sechs Sektoren Süd-Sudans verteilt. (Sudan Unified Mission Plan, Karte S. 73) Das ist eine Fläche von nahezu der doppelten Größe Deutschlands, so dass UNMIS bei einem erneuten Ausbruch kriegerischer Handlungen zwischen Nord und Süd jeder Konfliktseite gegenüber unterlegen wäre.

1.2.3 Szenarien der Unabhängigkeit des Südens

Was geschieht, wenn der Süden sich für unabhängig erklärt? Nimmt der Norden das hin? Falls nicht, kommt es spätestens dann zu einer militärischen Auseinandersetzung. Wie wird sich UNMIS dazu verhalten? Dazu gibt es praktisch zwei Möglichkeiten: Im Land bleiben oder abziehen. Untersuchen wir das im Einzelnen. Zieht UNMIS ab, nimmt der Krieg seinen Lauf, und UNMIS, als Mission zur Verhinderung des Krieges angetreten, wäre gescheitert. Folglich würde UNMIS versuchen, dort zu bleiben. Für diese Situation gäbe es theoretisch zwei Möglichkeiten: Sich neutral zu verhalten oder aktiv zu Gunsten einer Seite einschreiten. Untersuchen wir zunächst Letzteres. Dafür gibt es zwei Möglichkeiten: A) Auf Seiten des Nordens Krieg gegen den Süden zu führen. Das steht nicht zur Debatte, weil ja das Recht auf Unabhängigkeit des Südens im CPA verbrieft ist. B) Umgekehrt, auf Seiten des Südens gegen den Norden Krieg zu führen, setzt voraus, dass der Eingriff vom UN-Sicherheitsrat autorisiert wird. Das ist wegen der Haltung Chinas derzeit nicht vorstellbar. Also: Bleibt für UNMIS nur eine neutrale Haltung zur Verhinderung eines Krieges übrig. Wie könnte diese aussehen? Antwort: Eine Pufferzone zwischen Nord- und Südsudan bilden. Dies ginge allerdings nur, wenn die UNMIS-Truppen aufgestockt und aufgerüstet werden. Aber genau das wäre aus Sicht des Nordens keine neutrale Position, denn UNMIS sorgt auf diese Weise objektiv für die Abspaltung des Südens. Somit kommt UNMIS faktisch die Rolle des Garanten der Sezession des Südens zu, welche die SPLA durch den Krieg nicht erreicht hat. Ergo: Die USA haben über den Druck, den sie zur Unterzeichnung des CPA in Naivasha anwendeten, die Sezession des Südens programmiert, welche sie dann über die UN-Truppenpräsenz absichern lassen wollen. Die Bundeswehr ist ein Teil davon.

Zu den Fakten im Südsudan gehört auch, dass US-amerikanische Entwicklungsgelder dorthin fließen und für den zivilen Aufbau der Infrastruktur, des Schulwesens und der Krankenhäuser eingesetzt werden. Aber auch die jahrzehntelange militärische Hilfe für die SPLA wird fortgesetzt. Ganz im Bewusstsein dessen, dass der Süden 2011 abgespalten wird, bauen die USA im ärmlichen Juba einen „ausgedehnten Konsularkomplex, der schon jetzt die Dimension einer Botschaft hat." (Paech/Schäfer, S. 6)

1.3 Darfur

1.3.1 Land und Leute

Das muslimische Darfur ist Teil Nordsudans und gliedert sich in die Teile Nord-, West- und Süddarfur. Insgesamt ist Darfur etwa so groß wie Frankreich, wobei Norddarfur etwa so groß ist wie West- und Süddarfur zusammen. Norddarfur ist überwiegend ein Wüstengebiet, die anderen Gebiete Darfurs sind Savannengebiete. Die Einwohnerzahl wird mit sechs bis sieben Millionen angegeben, wobei die Fur mit 800.000 vor den Zaghawa mit 190.000 und den Massalit mit 185.000 die größte Ethnie darstellen. Insgesamt leben in Darfur etwa 80 Ethnien und Stämme der insgesamt 572 Ethnien Sudans. Im Norden leben Kamelnomaden wie die Zaghawa, in West- und Zentraldarfur ist wegen ausreichender Niederschläge Hirse- und Gartenanbau möglich. Hier leben Fur und Massalit. Im Süden wird Hirse angebaut und Rinder werden gezüchtet. Durch den Ausbruch des Bürgerkrieges im Februar 2003 ist es zu massiven Fluchtbewegungen in Darfur gekommen. (UNHCR, Darfur, UNHCR-Presence, Refugee/IDP-locations, April 2007) Anfang Oktober 2007 lebten 2,39 Millionen in den etwa 150 Flüchtlingslagern Darfurs. Das ist die bis dahin höchste Zahl überhaupt. Außerdem sind 236.000 in den Tschad geflohen. Insgesamt zählt die UNO 4,2 Mio. vom Konflikt Betroffene in Darfur (Darfur Humanitarian Profile Totals, 1. Oktober 2007). 13.300 Helfer sind dort im Einsatz, die 69 Prozent der Betroffenen versorgen.

1.3.2 Kurze Konfliktgeschichte Darfurs

Als sich Anfang 2003 zwischen dem Norden und dem Süden Sudans eine Vertragslösung abzeichnete und sich das sehr marginalisierte Darfur weiterhin vom Ölreichtum des Sudan ausgeschlossen sah, griffen die Sudan Liberation Army (SLA) und das Justice Equality Movement (JEM) im März 2003 in Darfur zu ihren Kalaschnikows. Sie überfielen 80 Polizeistationen, diverse Kasernen und Regierungsgebäude. 685 sudanesische Polizisten sollen von den Rebellen getötet worden sein. (Thilo Thielke, Krieg im Lande des Mahdi, Essen 2006, 400 Seiten, S. 35) Die sudanesische Regierung reagierte hart, rekrutierte und bezahlte arabische Reitermilizen (Janjawid), bombardierte Dörfer in Darfur und es begann ein Bürgerkrieg, dessen Höhepunkt im Jahr 2004 lag. Die Schätzungen über die ungezählten Opfer gehen sehr weit auseinander und sind zu einem Politikum geworden. Sie reichen von 9.000 (Sudans Präsident al-Bashir) bis zu 530.000 (US-Literaturprofessor Reeves, der im US-Kongress vorträgt). Hierzulande hat sich seit einem Jahr die Angabe „über 200.000" verstetigt. Die Verheerungen waren so massiv, dass US-Präsident Bush im September 2004 das Wort vom Völkermord in den Mund nahm. Eine vom UN-Sicherheitsrat eingesetzte Sonderkommission zur Untersuchung der Ursachen des Darfur-Konflikts kam allerdings „zu folgendem Schluss: Die Angriffe und Vertreibungen hatten nicht die Vernichtung der ethnischen, nationalen oder religiösen Gemeinschaften der Stämme zum Ziel. Keiner der beiden Seiten kann die Absicht zum Genozid unterstellt werden." (Strube-Edelmann, Fußnote 44, S. 17) Trotzdem hindert dies George W. Bush nicht daran, weiterhin von Völkermord in Darfur zu sprechen. (Sudantribune.com, 31.10.2007) Die US-Regierung ist die einzige auf der Welt, die das tut. Damit steht Bush sogar im Widerspruch zu seinem Sudan-Sondergesandten Andrew Natsios, der im Februar 2007 erklärte, „dass er dagegen ist, das Wort Völkermord weiterhin zu gebrauchen." (Sudantribune.com, 9.2.2007)

Zur Überwachung eines für April 2004 vereinbarten Waffenstillstands in Darfur erhielt die Afrikanische Union (AU) ein UN-Mandat zum Einsatz von Truppen. Diese AMIS-Truppe wurde sukzessive auf 5.800 Soldaten und 1.425 Polizisten (Zentrum für internationale Friedenseinsätze ZIF, Konfliktübersicht Darfur, S. 13) erhöht, ohne dass es zu einem Waffenstillstand gekommen wäre. Finanziert wurde der Einsatz sachfremd durch die Afrika-Entwicklungshilfe-Fazilität der EU. Von November 2004 bis Juli 2007 gab die EU dafür 282 Mio. Euro. (Sudantribune.com 11.7.2007)

Zur Machtverteilung in Darfur: „Die SLA verfügt im Jahr 2005 über 11.000 Kämpfer, die in dreizehn Brigaden organisiert seien. 70 Prozent des Territoriums von Darfur, behauptet SLA-Präsident Abd al-Wahid Mohammed al-Nur, werden von der SLA oder des JEM kontrolliert" (Thielke, S. 231) Sie unterhalten Schulen und auch Gefängnisse in den von ihnen kontrollierten Gebieten. Die SLA kassiert Zölle entlang der 600 km langen Grenze zu Libyen und den Tschad. (NZZ 14.11.2007) Die Städte dagegen sind unter Kontrolle der Regierung.

1.3.3. UN-Truppe in Darfur

Seit Januar 2006 gibt es in der UNO Bestrebungen, eine bis zu 20.000 Soldaten-starke Truppe in Darfur zu stationieren, um AMIS zu ersetzen. US-Präsident Bush sagte im Februar 2006: „Es bedarf einer Nato-Verantwortung für Planung und Organisation" (NZZ 20.2.2006) und: „Wir arbeiten an einer Strategie, die der Allianz erlauben würde, die Führungsrolle zu übernehmen." (NZZ 21.3.2006) Khartum lehnt eine UN-geführte Truppe ab. Präsident al-Baschir sagte: „'Ich schwöre, dass es keine internationale Militärintervention in Darfur geben wird, solange ich im Amt bin'. Zugleich versprach er, gegen alle zu kämpfen, die sein Land wieder

‚kolonisieren' wollten". (FAZ 28.6.2006) Der UN-Sicherheitsrat hat dessen ungeachtet am 31.8.2006 eine von den USA und Großbritannien eingebrachte Resolution (UN-Res.1706) angenommen. Sie sieht vor, das Gebiet der UNMIS-Mission in Süd-Sudan auf Darfur auszuweiten und sie um 17.300 Soldaten sowie 3.300 Polizisten zu erweitern. Ihr Mandat nach Kapitel VII der Charta erlaubt, Zivilisten „mit allen Mitteln" zu verteidigen, ist allerdings an die Zustimmung des Sudan gebunden, der die Resolution in dieser Form ablehnt, weil die Truppe unter UN-Führung stehen soll. Erst nach zähem Ringen stimmte Khartum der in drei Phasen aufgegliederten Mission zu. Zur Zusammenlegung von UNMIS und AMIS ist es allerdings nicht gekommen. Stattdessen einigte sich der UN-Sicherheitsrat am 31.7.2007 auf die Stationierung einer hybriden (gemischten) UN-AU-Truppe (UNAMID, UN-Res. 1769, 31.7.2007). In diese soll die AU-Truppe AMIS integriert werden und ein erweitertes Mandat ab dem 1.1.2008 übernehmen. UNAMID soll sich aus Truppen zusammensetzen, die „so weit wie möglich aus afrikanischen Ländern" kommen. Die Truppe wird unter eine „einheitliche Einsatzführung" gestellt, deren „Führungsstrukturen und die zentrale Unterstützung von den Vereinten Nationen gestellt werden." Das heißt, es ist im Wesentlichen keine AU-Truppe, sondern eine UN-Truppe. Das ist auch daran zu erkennen, dass die Soldaten blaue UN-Barette tragen und keine grünen der AU. Letzteres war der Wunsch Khartums gewesen. Insgesamt soll UNAMID 19.555 Soldaten und bis zu etwa 6.500 Polizisten umfassen. Die politische Führung der UN-AU-Truppe hat der ehemalige Außenminister Kongo-Brazzavilles Adada inne und Kommandeur ist der nigerianische General Agwai. Die Truppe ist nach Kapitel VII mandatiert, das ihr auch das Recht gibt, „bewaffnete Angriffe zu verhindern und Zivilpersonen zu schützen", um dies unmittelbar wieder einzuschränken, in dem es heißt, „unbeschadet der Verantwortlichkeiten der Regierung Sudans." Khartum hatte sich immer gegen ein uneingeschränktes militärisches Einschreiten von außen gestemmt und war nur zu einer Zustimmung zur Resolution unter dieser Bedingung bereit. Das hat zur Folge, dass die Kompetenzen der UN-AU-Truppe auf Grund des Gummiparagraphen vor Ort umstritten bleiben werden.

Weitere Streitpunkte sind: UNAMID soll neben 18 Transporthubschraubern auch sechs Kampfhubschrauber zur Verfügung haben. Abgesehen davon, dass bisher kein Staat bereit war, auch nur einen davon zu stellen, verweigert Khartum bisher jegliche Nachtflugerlaubnis. Ein weiteres Problem, dass zur Verzögerung führt: Zwar hat es genügend Meldungen für Infanterietruppen gegeben (Äthiopien 5.000, Ägypten 2.100, Senegal 1.600, Tanzania 1.000, Malawi 800, Thailand 800, Nigeria 680, China 315, Norwegen 200, Schweden 150, Südafrika 100 und aus Nepal) – zusammen mit dem etwa 7.200 Mann starken AMIS-Personal wird die Zahlenvorgabe des UN-Mandats mit 20.000 sogar übertroffen –, jedoch weigert sich Khartum, Kontingenten aus Thailand, Skandinavien und Nepal zuzustimmen. Der Streit um Grundstücke, die UNAMID in Darfur zugewiesen werden, ist allerdings Mitte Dezember beigelegt worden. (FAZ 17.12.2007) Trotzdem liegt die Stationierung um etwa drei Monate hinter dem Zeitplan. Bestenfalls werden Anfang Januar etwa 9.000 Soldaten, also etwa ein Drittel der Sollstärke, stationiert sein. Bis März 2008 wird mit allenfalls 2.500 weiteren Soldaten gerechnet.

Von Januar bis Mitte September 2007 sind in Darfur etwa 270.000 Erst- und Zweitflüchtlinge registriert worden (OCHA Sudan Humanitarian Overview, Vol 3, Issue 7, Sep-Okt. 2007, Karte Seite 7). Diese Dramen spielten sich in einem riesigen Gebiet ab, das halb so groß ist wie Deutschland. Dabei muss die Flucht gar nicht durch tatsächliche Kampfhandlungen ausgelöst werden, es reichen schon Gerüchte. Die 7.200 Soldaten der AMIS waren nicht in der Lage, die Fluchtbewegung zu verhindern. Die Prognose fällt leicht: Das wird bei unveränderten Bedingungen auch der 26.000 Mann starken UN-AU-Truppe nicht gelingen. Darauf wies bereits der UN-Hochkommissar für Flüchtlinge im April 2007 hin. Antonio Guterres sagte, „selbst wenn man 100.000 Polizisten in Darfur hätte, könnte sie nicht das gesamte Territorium Darfurs abdecken." Voraussetzung sei ein umfassender Friedensvertrag. „Ohne Frieden gibt es kein Wunder" (Sudantribune.com 25.4.2007), sagte er. Nur der ist nicht in Sicht. Absehbar ist, dass auch UNAMID der gestellten Aufgabe nicht gerecht werden wird, „bewaffnete Angriffe zu verhindern und Zivilpersonen zu schützen." Der UNAMID-Einsatz wird weitgehend symbolisch und bestenfalls ein Monitoring sein.

1.3.4 Wie steht es um eine Friedenslösung in Darfur?

Der nach zwei Jahren Verhandlungen, zuletzt auf massiven Druck von USA, EU und UNO, in Abuja/Nigeria zur Unterzeichnung gebrachte Friedensvertrag vom 5. Mai 2006 (Darfur Peace Agreement, DPA) zwischen Khartum und lediglich einer der damals drei Rebellengruppen, erwies sich schnell als Flop. Zwar unterschrieb außer der Regierung mit Minni Arkou Minnawi, dem Führer der Zaghawa, die wohl stärkste militärische Gruppierung, aber die beiden anderen Hauptgruppen, das JEM Dr. Ibrahim Khalils und die SLA/M unter Muhammed al-Nur, blieben fern. Al-Nur repräsentiert die Fur und damit wohl zwei Drittel aller in den Flüchtlingslagern. Das JEM steht unter dem Einfluss des Islamisten und ehemaligen Mentors und Weggefährten al-Bashirs, Dr. Hassan al-Turabi, dem nachgesagt wird, dass er das JEM als Instrument nutzt, um wieder in Khartum an die Macht zu gelangen.

Das DPA beinhaltet folgende Punkte: Waffenstillstand zwischen den beteiligten Parteien; Entwaffnung der Janjawid-Milizen vor der Entwaffnung der anderen Rebellengruppen; Eingliederung von 8.000 Rebellen in die sudanesische Armee, in lokale Polizeieinheiten oder in Fortbildungsmaßnahmen; Kompensationszahlungen; Einrichtung eines Wiederaufbau- und Entwicklungsfonds für Darfur in Höhe von 300 Mio. US-Dollar im Jahr 2006 und jeweils 200 Mio. in den folgenden Jahren.

Die Begründungen für die Ablehnung waren: Das JEM lehnt den Vertrag ab, weil sie erstens einen Posten als Vizepräsident des Sudan fordert, analog zur SPLA, zweitens die sofortige Zusammenlegung der drei Darfur-Provinzen zu einer und drittens, analog zum Abkommen mit dem Süden, ein Referendum über die Unabhängigkeit Darfurs will.

Das DPA wurde kurz nach der Unterzeichnung von den Nicht-Unterzeichnern torpediert: Am 24. Mai 2006 wurden bereits wieder neue Kämpfe aus Darfur gemeldet. „Offensichtlich handelt es sich um Offensiven der beiden Rebellengruppen, die den Friedensvertrag nicht unterschrieben haben." (FAZ 24.5.2006) Es bildete sich vorübergehend eine neue Rebellengruppe, die NRF, in der sich Teile der SLA und des JEM zusammenfanden. „Man kann davon ausgehen, dass hinter der NRF die Geheimdienste Eritreas und Tschads stehen." (NZZ 5.7.2006) Wie eng die Beziehungen des Tschad zu den Rebellen Darfurs sind, war spätestens seit Anfang Mai 2006 bekannt: „Man muss nur in die Grenzregion reisen", schrieb der FAZ-Afrikakorrespondent, „um Zeuge der massiven Unterstützung der Tschader für die Rebellen in Darfur zu werden. Die tschadischen Zaghawas liefern den sudanesischen Zaghawas Lebensmittel, Waffen, Munition und sichere Rückzugsgebiete." (FAZ 3.5.2006) Das bestätigt die NZZ Ende Juli: „Laut mehreren glaubwürdigen Quellen sollen Flugzeuge mit Waffen aus Eritrea in der tschadischen Stadt Abéché gelandet sein. Das für die Rebellen aus Darfur bestimmte Kriegsmaterial sei unter den Augen der am Flugplatz von Abéché stationierten französischen Soldaten ausgeladen worden." (NZZ 28.7.2006) Das Kriegsgeschehen nimmt – auch wenn mal mehr mal weniger Attacken gemeldet werden – bis heute seinen Lauf. Überfälle auf Hilfskonvois, meist von Rebellen ausgeführt, häuften sich, vereinzelt wurden auch Bombardierungen gemeldet. Allerdings hat der Blutzoll längst nicht die Dimensionen wie 2004 erreicht. Zwischen dem 20. Juni und Mitte November 2007 registrierte der UN Human Rights Council 15 Land- und Luftangriffe von Regierungsseite und von mit ihnen verbündeten Milizen sowie der SLA-Fraktion Minni Minawis in Darfur. Dem fielen 170 Zivilisten zum Opfer. (Reuters, Sudantribune.com, 7.12.2007) Über von Rebellen lancierte Angriffe gibt der Bericht keine Auskunft.

Sehr auffallend ist, dass nach Abuja die Rebellengruppen zunehmend zersplitterten. Die Angaben reichten zeitweilig bis zur Zahl von 26 Rebellengruppen. Allerdings sind bereits wieder gegenläufige Tendenzen zu vermelden. Ende November gelang es, nach mehr als zwei Monate langen Verhandlungen mit Unterstützung der SPLM in Juba, elf Rebellengruppen unter dem neuen Dach SLM/A und unter der Führung von Ahmed Abdelshafi zu vereinen. (Sudantribune.com, 16.12.2007) Die Aufforderung an Abdelwahid al-Nur, sich dieser Vereinigung anzuschließen, wurde allerdings von diesem zurückgewiesen. Nach dem Tod Garangs misstraut al-Nur angeblich der SPLM, weil diese mit al-Bashir eine gemeinsame Regierung bildet. (Sudantribune.com, 16.12.2007)

Seit Januar 2007 sind Bemühungen der Beauftragten von UN und AU, Eliasson und Salim, zu beobachten, in Gesprächen mit Rebellenvertretern und Khartum, Möglichkeiten für Friedensverhandlungen auszuloten, zu denen letztlich Ende Oktober nach Sirte/Libyen eingeladen wurde. Der zunehmende Zerfall der Rebellengruppen erschwerte dies. Salim: „Die Einigung der Rebellen ist Voraussetzung für Verhandlungen." Der SPLA-Präsident Salva Kiir, zugleich 1. Vizepräsident Sudans, beteiligte sich ebenso an einer Rebelleneinigung wie Sudans Nachbarn. Khartum erklärte sich im Mai 2007 offiziell zu Friedensgesprächen bereit. Das JEM stimmte dem im Juni zu. Allerdings lehnte der SLA-Führer Mohammed al-Nur im Pariser Exil die Teilnahme an sämtlichen Vorgesprächen in Juba und Arusha/Tansania ab.

1.3.4.1 Die Positionen des Abdulwahid al-Nur (SLA)

Al-Nur ist anerkannter Führer der Fur, der „nicht nur in den Flüchtlingslagern in Darfur extrem populär ist, sondern auch unter den Flüchtlingen im Tschad, obwohl sich unter diesen nur wenige Fur befinden. Wenn übers Satellitenfernsehen Interviews mit dem SLA-Chef gesendet werden, sind die ‚Freilichtkinos' in den Flüchtlingslagern gerammelt voll." (NZZ 14.11.2007) Deshalb ist es von großer Bedeutung al-Nurs Ziele und Forderungen zur Kenntnis zur nehmen, denn eine „Friedenslösung ohne den SLA-Chef scheint unmöglich." (NZZ 14.11.2007) Al-Nur, 39 Jahre jung, der in Paris über ein fürstlich eingerichtetes Büro verfügt, über dessen Geldgeber er keine Auskunft gibt, und dessen Aufenthaltserlaubnisse jeweils nur um ein Vierteljahr verlängert werden, drängte im Januar 2007 in einem „Appell von Paris" EU und NATO, Truppen nach Darfur zu entsenden: „Sie müssen handeln wie in Bosnien", (Sudantribune.com 17.1.2007) sagte er. Um mit Khartum in Verhandlungen zu treten, müssten zuförderst folgende Bedingungen erfüllt sein, so al-Nur: Ende der Tötungen in Darfur, die Rückkehr der Vertriebenen in ihre Dörfer, der Schutz der Einwohner durch internationale „Peacekeepers". Al-Nur und seine Leute blieben allen Gesprächen zwischen Rebellen untereinander und zwischen Rebellen und AU/UN-Vertretern fern. Im September wiederholte er seine Position gegenüber der Nachrichtenagentur Bloomberg: Die internationale Gemeinschaft solle „handeln wie im Kosovo, als es gewaltsam die Kämpfe stoppte, bevor Friedensverhandlungen begannen." (Sudantribune.com, 5.9.2007) Seine politischen Ambitionen offenbarte er gegenüber Bloomberg auch: „Während al-Nur beabsichtigt, eines Tages Präsident des Sudan zu werden, schließt er eine Teilnahme an den Parlaments- und Präsidentenwahlen 2009 aus, weil die, wie er sagte, nicht frei und fair seien. Sein ultimatives Ziel ist der Sturz der Bashir-Regierung. ‚Dies ist unser Endziel, weil es keinen Sudan gibt, solange dieses Regime an der Macht ist'." (Sudantribune.com, 5.9.2007) Al-Nur hat den Beschluss, die UN-AU-Truppe zu stationieren, sehr begrüßt. Allerdings hat sein Kommandant für Norddarfur ebenso wie das JEM erklärt, dass sie die Teilnahme der 315 chinesischen Ingenieure und Bauleute ablehnen, weil die VR China Khartum mit Waffen beliefere und das für den angeblichen Genozid an seinen Landsleuten verantwortliche Regime durch die Erdölförderung stütze. Nachdem die USA diese Rebellendrohungen gegen China verurteilten, erklärte das JEM, dass sie die Chinesen in Darfur nicht angreifen würden.

1.3.4.2 Die Positionen des Dr. Khalil Ibrahim (JEM)

Das JEM wird als militärisch stärker als die SLA eingestuft, verfügt über mehr Waffen und ist mobiler als die SLA. Ihre Kämpfer gehören den tschadischen Kobe an, die zur Ethnie der Zaghawa gehören, und können deshalb „auf tschadische Unterstützung zählen" (NZZ 14.11.2007), denn die Zaghawa leben beiderseits der Grenze und auch der Präsident des Tschad Idriss Déby ist ein Zaghawa. Der JEM-Gründer und -Führer Dr. Khalil Ibrahim trat mit der Aussage auf, dass er, für den Fall, dass die Friedensgespräche in Sirte scheitern, nicht nur eine Selbstbestimmung anstrebe. Er sagte: „Klar, wir wollen Abtrennung und wir wollen unser eigenes Land. Wenn es keine Lösung, keinen Frieden gibt, warum sollen wir dann zusammenleben?“ (BBC World TV, Sudantribune.com, 18.9.2007), fragte er. Dieses Statement Ibrahims könnte taktischer Natur sein, denn zu völlig anderen Einschätzungen über die politischen Ziele der Rebellen gelangt der ortskundige NZZ-Korrespondent Kurt Pelda: „Anders als die SLA, die sich mit ihrem Krieg ein Ende der ‚arabischen' Attacken auf ‚afrikanische' Dörfer und ein grösseres Stück vom Kuchen für Darfur erhofft hat, verfolgt das JEM eine mehr national ausgerichtete Strategie. Es zielt auf den Sturz des Regimes in Khartum ab.“ (NZZ 14.11.2007) „Es will eine Revolution im ganzen Nordsudan anzetteln.“ (NZZ 31.8.2007) Dr. Khalil Ibrahim gilt als Islamist, der „aus dem Dunstkreis von Hassan al-Turabi kommt.“ Gegen Khalil Ibrahim hat das US-Schatzamt Ende Mai 2007 Sanktionen verhängt. (Sudantribune.com, 6.6.2007) Seine Guthaben in den USA sind eingefroren. Daraus lässt sich leicht schließen, dass sich das JEM keiner US-Unterstützung erfreuen wird.

Mit tatkräftiger Unterstützung Muhammar al-Ghaddafis wurde auf Einladung von UNO und AU in Sirte am 27. Oktober 2007 eine Friedenskonferenz anberaumt. SLA und JEM nahmen daran nicht teil. Neben Vertretern der sudanesischen Regierung fanden sich dort lediglich Vertreter von acht Splittergruppen ein, so dass die Gespräche gegenstandslos wurden. Mit einer Neuaufnahme der Gespräche wird nicht vor Januar 2008 gerechnet.

1.3.5 Jüngstes Kriegsgeschehen in Darfur

(1) Eine geradezu sensationelle Entwicklung zeichnet sich ab: Die berüchtigten Janjawid, die die Politik der verbrannten Erde in Darfur betrieben und schwerste Menschenrechtsverletzungen begangen haben, sind in Auflösung begriffen. Zu lesen ist in der NZZ Mitte November, dass es die SLA geschafft habe, „eine grössere Zahl arabisch stämmiger Janjawid, also Mitglieder von Regierungsmilizen, zum Überlaufen zu bewegen.“ (NZZ 14.11.2007) Der Grund: Die Rebellen zahlen mehr als die Regierung. Der UN-Sondergesandte Jan Eliasson sagte bereits Anfang Oktober, dass die Janjawid nicht länger eine wahrnehmbare Gruppe („no longer a discernible group“) seien. Sie hätten sich in andere Gruppen aufgelöst („dispersed into other groups“). (Reuters, Sudantribune.com, 4.10.2007) Diese Aussagen könnten von außerordentlicher Bedeutung sein, denn die vermeintlichen Hauptsubjekte des angeblichen Genozids in Darfur scheinen zu verschwinden. Die Begründung für den UNAMID-Einsatz gerät ins Wanken. Der US-Sondergesandte Natsios gab bekannt, dass Abdulwahid al-Nur „im Gespräch, vielleicht im Bündnis“ mit dem Janjawid-Führer Hamaditi sei. Hamaditi war mit seinen angeblich 20.000 Kämpfern von Khartum abgefallen, nachdem er kein Geld mehr von dort erhielt. Die sudanesische Luftwaffe hat ihn in Süd-Kordofan angeblich angegriffen, um seine Rebellion niederzuschlagen. (Sudantribune.com, 12.12.2007) Auch JEM-Führer Khalil Ibrahim meldete die „atemberaubende Entwicklung“, dass „7 arabische Emire und 22 arabische Spitzenkommandanten“ zu ihm übergelaufen seien. (Sudantribune.com, 26.12.2007)

(2) Erstmals wurde ein Camp der AU brutal überfallen. Zwölf Soldaten, vor allem aus Nigeria, fielen dem Angriff in Haskanita am 30.9.2007 zum Opfer. Es ist

von 1.000 Angreifern die Rede. Die AU hat es bis heute nicht vermocht, die Angreifer eindeutig zu identifizieren. Eine UN-Untersuchung ergab, dass die Angreifer Fahrzeuge mit der Aufschrift JEM verwendeten. JEM-Führer Ibrahim dagegen schrieb einer von ihm abgefallenen nicht näher bezeichneten Splittergruppe den Überfall zu. (Reuters, Sudantribune.com, 12.12.2007)

(3) Am 29. August 2007 überfielen JEM und der SLA-Unity eine Ortschaft in Nord-Kordofan, etwa 60 km östlich der Grenze zu Darfur. Es wird von fünf Widerstandsgruppen in Kordofan berichtet, unzufriedene Araber, die sich gegen die Regierung stellen und sich mit den Darfuris verbünden. Zwei Monate danach, am 25. Oktober, also unmittelbar vor dem Beginn der Friedensgespräche im libyschen Sirte, begingen JEM-Rebellen einen Überfall auf das Diffra-Ölfeld in der umstrittenen Region Abyei. Sie brachten 20 Regierungssoldaten um und entführten fünf Ölarbeiter, die sie erst im November frei ließen. Ihre Forderung: Die Ölgesellschaften sollten den Sudan verlassen. Tags darauf verkündete das JEM, dass dies erst der Anfang sei und sie die Angriffe auf Ölfelder im gesamten Sudan ausbreiten wollen. (Reuters, Sudantribune.com, 26.10.2007) JEM steht hier nicht allein: Auch Abdulwahid al-Nur „beabsichtigt, Ölgesellschaften, vor allem aus China, anzugreifen“, denn China rüste Khartum mit Waffen aus, die sein Volk töteten. (Dow Jones Newswires, Sudantribune.com, 8.12.2007) Am 11. Dezember erfolgte der zweite JEM-Überfall. Diesmal auf das Rahaw-Ölfeld in Kordofan, etwa 30 km vom Diffra-Ölfeld entfernt, das ebenfalls von einer chinesischen Firma ausgebeutet wird. (NZZ 12.12.2007) Die britische Regierung verurteilte die Angriffe auf Kordofan und bezeichnete Versuche, den Konflikt auf außerhalb Darfurs auszuweiten als „inakzeptabel“. (Sudantribune.com, 14.12.2007) Die Politik al-Nurs und der JEM, die auf eine Ausweitung der Kriegshandlungen über Darfur hinaus angelegt ist, lässt für die Stationierung der hybriden UN-AU-Truppe nichts Gutes erwarten. Sie sieht sich einer Ausweitung der Konfliktzone gegenüber. Als Folge dessen lässt sich leicht vorhersagen, dass Rufe nach einer qualitativen Verstärkung der UNAMID, die selbstverständlich nur NATO und EU in der Lage sind zu stellen, nicht lange auf sich warten lassen werden. Zudem sind immer wieder Forderungen nach der Einrichtung einer Flugverbotszone der NATO über Darfur laut geworden. George Bush, Hillary Clinton und das EU-Parlament sind hier hervorzuheben.

(4) Obendrein verstärkt das JEM seine Angriffe in Darfur. Khalil Ibrahim gab im Dezember 2007 an, die Hauptstadt Westdarfurs el-Geneina umzingelt und eine sudanesische Antonov-Maschine über Süddarfur abgeschossen zu haben. Er erklärte Darfur zur No-Fly-Zone. Künftig müssten UN- und AU-Überflüge beim JEM angemeldet werden, um nicht Gefahr zu laufen, versehentlich abgeschossen zu werden.

Militärisch können die Rebellen den Krieg gegen Khartum nicht gewinnen. Trotzdem ist davon auszugehen, dass sie die Attacken vorantreiben werden. Ihre dahinter stehende Strategie scheint zu sein, unverhältnismäßige Reaktionen von Regierungsseite zu provozieren. Diese Taktik ist vom Kosovo her bekannt. Sie endete auf dem Balkan damit, dass die NATO einen Krieg gegen Belgrad führte. Diese balkanische Strategie könnte eine sudanesische Variante bekommen. Die Strategie der Rebellen deckt sich mit den Interessen „des Westens“, letztendlich eine ihnen ergebene Regierung in Khartum zu installieren („Regime-Change“), um die reichlichen Naturressourcen des Landes zu nutzen. Zudem ist das Land an Nil und Rotem Meer – direkt vis-à-vis der Lagerstätten von Öl und Gas auf der arabischen Halbinsel – von großer geostrategischer Bedeutung.

2. Tschad

Der Tschad, mit 1,28 Mio. km^2 halb so groß wie der Sudan, ist mit 10 Millionen Einwohnern noch dünner besiedelt als sein östlicher Nachbar. Es hat reiche Vorkommen an Gold, Öl und Uran (Letzteres in der Ennedi-Wüste im Norden an der Grenze zu Libyen).

2.1 Der Tschad im Visier der Großmächte

2.1.1 Öl im Tschad unter US-Kontrolle

Die Ölförderung begann 2002. Die nachgewiesenen Ölreserven werden mit 0,9 Mrd. Barrel angegeben. Damit belegt der Tschad die 42. Stelle der Erdölförderländer, ist also ein kleines Erdölland. Täglich werden 160.000 Barrel gefördert. Das Bruttoinlandsprodukt hat sich dank des Erdölexports verdreifacht (2002: 2 Mrd. Dollar, 2005: 5,5 Mrd. Dollar). Von dem Boom kommt allerdings bei der verarmten Bevölkerung nichts an. Die Ölfelder liegen südlich von Doba im äußersten Süden nahe an der Grenze zu Kamerun und der Zentralafrikanische Republik (ZAR) und das Öl wird über eine Pipeline durch Kamerun an den Golf von Guinea transportiert. Der Bau der Pipeline kostete 3,7 Mrd. Dollar. Die Konsortialpartner der Pipeline und auch der Ölförderung sind die US-Öl-Multis ExxonMobile (40 %) und Chevron (35 %) sowie die malaysische Petronas (25 %). „Die Einnahmen aus den Schürfrechten werden von der Weltbank kontrolliert, der Tschad selbst zieht aus Lizenzgebühren und Steuern nur einen Gewinn von etwa 12,5 Prozent der Gesamteinnahmen.“ (DiePresse.com, 6.11.2007) Soviel zur Ausbeutungssituation im Verhältnis Nord-Süd.

2.1.2 Frankreichs Einfluss im Tschad

Bis 1960 war der Tschad französische Kolonie. Alle Präsidenten des Tschad danach sind nicht durch Wahlen an die Macht gekommen, sondern haben geputscht. Das US-Außenministerium gibt eine aufschlussreiche Auskunft über die Bedeutung des Tschad in Afrika: „Tschad nimmt eine strategische Lage ein westlich von Sudan, südlich von Libyen, teilt Grenzen mit der Zentralafrikanischen Republik, Kamerun, Nigeria und Niger.“ (Quelle: http://www.state.gov/t/pm/rls/rpt/fmtrpt/2006/74682.htm.) In diesem Bericht des Büros für politisch-militärische Angelegenheiten über US-amerikanische Militärhilfe an afrikanische Länder, wird lediglich drei Ländern Afrikas das Attribut „strategisch“ zuerkannt. Neben dem Tschad ist es Djibouti, wegen seiner Lage am Horn von Afrika, und Eritrea am Roten Meer. Dem Tschad kommt demnach nicht nur wegen des Öls aus US-Sicht eine herausgehobene strategische Rolle in Afrika zu, sondern wegen der geographischen Lage. Tschads Nachbar Niger ist der viertgrößte Uranexporteur der Welt, in Libyen und Nigeria zusammen lagern zwei Drittel der nachgewiesenen afrikanischen Ölreserven (soviel wie in Venezuela, Platz 8 der Weltölreserven). Diese Sicht hat sich Frankreich seit langem zu eigen gemacht. Frankreich betreibt im Tschad zwei Stützpunkte („Dispositif Épervier", Falke). In der Hauptstadt N'Djamena unterhält es den Flughafen Afrikas mit der längsten Landebahn, hat unter anderem „sechs Kampfflugzeuge vom Typ Mirage F-1 mit Tank-, Transport- und Spionageflugzeugen sowie mehreren Hubschraubern" (FAZ 15.4.2006) und ständig zwei Infanteriekompanien bestehend aus Fremdenlegionären – insgesamt zur Zeit etwa 1.350 Soldaten – im Land stationiert. Vom Tschad aus werden Kampfeinsätze überall in Afrika geflogen. N'Djamena ist Frankreichs militärisches Luftkreuz in Afrika. Einen zweiten Stützpunkt unterhält Frankreich in Abéché (Osttschad), inklusive Flugplatznutzung. Die Franzosen beobachten mit Argwohn das Vordringen des US-amerikanischen Einflusses in ihrer ehemaligen Kolonie.

Der derzeitige tschadische Präsident Idriss Déby, in Frankreich zum Kampfpiloten ausgebildet, kam 1990 durch einen Putsch gegen Hissène Habré, einem Goranen aus dem äußersten Norden des Tschad und erbitterten Feind Ghaddafis, an die Macht. Déby hatte Ende der 1980er Jahre mit Unterstützung Ghaddafis seine Invasion im Tschad von Darfur aus vorbereitet und hat sich seitdem mit libyscher, aber vor allem mit französischer Hilfe an der Macht gehalten. Als Mitte April 2006 Rebellenmilizen vor N'Djamena auftauchten, um Déby zu stürzen, „war es die französische Armee, die Déby den Kopf rettete, als französische Soldaten die Positionen der Rebellen auskundschafteten und ein französisches Kampfflugzeug eine Rebellenkolonne mit Raketen beschoß." (FAZ 3.5.2006) „Der tschadische Generalstab (stand) damals faktisch unter französischem Kommando." (FAZ 14.7.2007) Die Wahlen 1996 und 2001 waren gefälscht (FAZ 3.5.2006) und die Wahlen im Mai 2006, die von der Opposition boykottiert wurden, waren ebenfalls eine Farce. „Zudem stehlen die Politiker wie die Raben, ein Urteil, das von Transparency International bestätigt wird: Die Anti-Korruptions-Organisation hält Tschad für das korrupteste Land der Welt." (NZZ 16.5.2006) Die NZZ lässt eine westliche Beobachterin mit Einblick in die Verhältnisse zu Wort kommen: „(Sie) spricht gar von einer ‚Ein-Mann-Mafia'." (NZZ 16.5.2006) Aber das stört weder Frankreich noch die internationale Staatengemeinschaft.

2.1.3 VR China – Débys neue Freunde

Im August 2006 brach Déby die diplomatischen Beziehungen zu Taiwan ab, um tags darauf neue zur VR China aufzunehmen. Ende Juli 2007 sprudelte zum ersten Mal Öl aus einer von der CNPC gehaltenen Quelle im Tschad. Vereinbart ist auch, dass CNPC im Tschad eine neue Raffinerie baut.

2.2 Rebellen im Tschad und in der Zentralafrikanischen Republik (ZAR)

2.2.1 Rebellengruppen im Tschad

Seit Déby im Jahr 2003 die Verfassung änderte, um nicht nur zwei Amtszeiten regieren zu dürfen, sondern unbegrenzt, hat er richtig Ärger. Der Tschad wird von der Ethnie der Zaghawa beherrscht, obwohl sie nur etwa fünf Prozent der Bevölkerung stellen. Mit der Verfassungsänderung war die Übereinkunft, die Macht unter den Zaghawas in einem Kollegialprinzip aufzuteilen, zerbrochen. Zudem stand der danach in Paris ermordete Sohn Débys damals zur Nachfolge seines als krank geltenden Vaters (Jahrgang 1952) bereit. Débys Prätorianergarde – alles Zaghawas – desertierte und versucht Déby von Darfur aus zu stürzen. Seine ehemals engsten Vertrauten, die Zwillinge Timan und Tom Erdemi, Neffen Débys, bildeten die Rebellengruppe RFC (engl. Akronym für Movement of the Forces of Change) und sind zum bewaffneten Widerstand übergegangen. 15 Jahre lang waren beide graue Eminenzen des Regimes. Timan war jahrelang Chef des Präsidialbüros, Tom, der frühere Ölminister, lebte eine Zeitlang in Houston (Texas), „hat beste Kontakte zur dortigen Ölindustrie und ist aus Pariser Sicht folglich nicht salonfähig." (FAZ 17.1.2006) Die Putschversuche von Débys Leibgarde im Mai 2004 und Oktober 2005 schlugen fehl. Im April 2006 unternahm ein Zusammenschluss von acht Kampfgruppen unter Einschluss der Erdemi-Zwillinge von Darfur ausgehend über die ZAR den bereits erwähnten Angriff auf N'Djamena. Über den Umweg ZAR deshalb, „weil im Osten vom Tschad große tschadische Truppenverbände stationiert sind, die zudem Unterstützung von den ebenfalls im tschadisch-sudanesischen Grenzgebiet operierenden Rebellen aus Darfur erhalten." (NZZ 4.5.2006)

Im September 2006 startete die Regierung eine neue Offensive gegen die Rebellen im Osten, was zum Tod Hunderter von Rebellen führte. Die Rebellen gingen von Darfur aus – mit Unterstützung darfurischer Janjawid – am 22.10.2006 zum Gegenangriff über und eroberten zeitweise mehrere tschadische Städte, die sie auch wieder verließen. Sogar die größte Stadt im Osten des Tschad Abéché (190.000 Einwohner) konnte von der Rebellengruppe UFDD (Union of Forces for Democratie and Development) zeitweilig erobert werden. Die etwa 3.000 Mann starke UFDD wird geführt vom 60jährigen General Mahamat Nouri, von 2004 bis April 2006 tschadischer Verteidigungsminister (derStandard.at, 2.12.2007), ebenfalls ein Gorane wie Habré.

Der zweite wichtige Rebellenführer ist Mahamat Nour. Er gehört den im Nordtschad ansässigen Tama an. Nour hat „angeblich gute Beziehungen ins Nachbarland Sudan, wo er im Ölgeschäft reich geworden sein soll." (FAZ 19.4.2006) Nour und seine FUC (United Front for Democratic Change) waren die militärisch stärksten beim Angriff auf N'Djamena. Im Dezember 2006 hat er gegen Ölgeld die Seiten gewechselt und wurde im Mai 2007 Verteidigungsminister des Tschad. Seine Truppen waren mehr oder weniger integriert in die Armee, bis es Mitte Oktober 2007 zu einen Kampf zwischen einer 1.000 Mann starken von Nour desertierten Truppe mit Regierungssoldaten kam, dem 20 Rebellen zum Opfer fielen. N`Djamena rief daraufhin in zwei Provinzen des Osttschad bis Ende Oktober den Notstand aus. Ende November kam es zwischen der FUC und Regierungssoldaten zu einem weiteren Zusammenstoß, woraufhin Déby Nour als Verteidigungsminister rauswarf. Dieser flüchtete in die libysche Botschaft in N'Djamena.

Im Osttschad führten die Kämpfe zu einem markanten Anstieg der Binnenflüchtlinge von 30.000 im Mai 2006 auf 180.000 im Mai 2007. Dazu kommen 236.000 Flüchtlinge aus Darfur, die vom UNHCR in 12 Camps betreut werden. Des weiteren gibt es noch 54.000 Flüchtlinge aus der ZAR, so dass sich im Grenzgebiet insgesamt etwa 470.000 Flüchtlinge aufhalten. (UNHCR, IDP-Presents in East-Chad, May 2007)

2.2.2 Rebellen in der ZAR

Die ZAR könnte „zu den reichsten Ländern des Kontinents gehören. Es ist eine Region, in der es alles in Überfluss gibt: reichlich Wasser, Wälder voller Tropenholz, Uran, Gold und Diamanten." (Der Spiegel, 3.12.2007) Die ZAR belegt Platz 11 bei der Weltproduktion von Diamanten, die im Nordosten abgebaut werden. Diamanten sind mit 36 Prozent des Werts das Hauptexportgut der ZAR. 70 Prozent des tschadischen Gesamtexports geht nach Belgien, 7 Prozent je nach Frankreich und nach Deutschland. 30 Prozent des Imports kommt aus Frankreich. 80 Prozent der Menschen leben in bitterer Armut. Auf der Rangliste der ärmsten Länder liegt die ZAR auf Platz 172 – von 177.

Der derzeitige Präsident Bozizé ist mit Hilfe Débys 2003 an die Macht in Bangui geputscht worden. In der ZAR gibt es seit Jahren eine Aufstandsbewegung. Kämpfe mit der Regierungsarmee führten dort zu 150.000 intern Vertriebenen, 80.000 sind in den Tschad und nach Kamerun geflüchtet. (NZZ 27.1.2007) In Folge von Angriffen hat seit Ende Oktober 2006 die Union des forces démocratiques pour le rassemblement (UFDR) einige Städte im Osten des Landes unter Kontrolle gebracht. Tschad hat 150 Soldaten in die ZAR geschickt und Frankreich seine permanent stationierten 200 Mann starke Truppe um 100 Mann sowie Hubschrauber verstärkt. Den Zusammenhang ZAR-Tschad-Sudan erläutert die NZZ im Januar 2007: „Die im Osten von Tschad und im Nordosten der Zentralafrikanischen Republik operierenden Rebellen werden vom Sudan großzügig mit Kriegsmaterial versorgt und in sudanesischen Lagern ausgebildet. Geschickt nutzt Khartum die weitverbreitete Unzufriedenheit mit den Regimen in Ndjamena und Bangui aus, um Revolten zu schüren und die ganze Region zu destabilisieren. In Wirklichkeit geht es Khartum darum, den in letzter Zeit massiv erstarkten Aufständischen in Darfur das Leben schwerzumachen, indem es deren Rückzugsgebiete und Nachschubwege im Tschad bedroht. Der Konflikt in der Zentralafrikanischen Republik ist dabei ein Nebenprodukt des tschadischen Bürgerkriegs: Khartums Absicht war es wohl, die zentralafrikanischen Rebellen nach Westen vorrücken zu lassen, um die tschadischen Streitkräfte und die mit ihnen verbündeten Darfur-Rebellen im Süden zu umgehen." (NZZ 27.1.2007) Frankreich hat mit der ZAR und auch mit dem Tschad separate militärische Beistandsabkommen. Auf Grundlage dessen griffen französische Fallschirmjäger und Mirage-Bomber zusammen mit ZAR-Truppen Ende März 2007 eine Stadt in der ZAR an, in der sich Rebellen der UFDR befanden. 70 Prozent der Häuser wurden dadurch niedergebrannt und 2.000 der

2.600 Einwohner mussten nach Darfur fliehen. (The Independent, Sudantribune.com, 31.3.2007)

2.3 EU-Truppe im Tschad und ZAR

Mitte Februar 2007 machte UN-Generalsekretär Ban Ki-Moon den Vorschlag, 11.000 UN-Blauhelme in den Tschad und in die ZAR zu entsenden. Dazu kam es aber zunächst nicht. Der frisch ernannte französische Außenminister Kouchner machte während des G-8-Treffens Ende Mai 2007 den Vorschlag, einen „humanitären Korridor“ im Tschad einzurichten, der mit 3.000 bis 12.000 Soldaten der EU einen Zugang zu den Flüchtlingslagern in Darfur absichern sollte. Mitte Juli 2007 wurde Frankreich konkret. Es biete etwa 1.500 Soldaten oder Polizisten als Kern europäischer Truppen „zum Schutz der Flüchtlingslager im Tschad“ an. Die Schutztruppe „solle die Milizen abschrecken und Übergriffe verhindern.“ Es ginge darum, „möglichst schnell, gleich nach Ende der Regenzeit, zu helfen.“ (FAZ 18.7.2006) Die Regenzeit endet gewöhnlich im September oder Oktober. Die Aufgaben des Einsatzes hat der UN-Sicherheitsrat in einer von Frankreich eingebrachten Resolution (UN-SR-Res. 1778, 25.9.2007) festgelegt. Sie umfasst zwei zusammenhängende Mandate. Erstens: Die UNO stellt in der Mission MINURCAT 300 Polizisten und 50 Verbindungsoffiziere ab, um 800 tschadische Polizisten auszubilden, „die ausschließlich dafür eingesetzt werden soll(en), die öffentliche Ordnung in den Flüchtlingslagern [...] aufrechtzuerhalten.“ (UN-Res. 1778, S. 4) Zweitens: Der zweite Teil der Resolution ist nach Kapitel VII mandatiert und ermächtigt die EU für ein Jahr MINURCAT zu schützen und im Osten des Tschad und im Nordosten der ZAR „zum Schutz von gefährdeten Zivilpersonen, insbesondere Flüchtlingen und Binnenvertriebenen, [...] zur Erhöhung der Sicherheit im Einsatzgebiet beizutragen [...] und Bewegungsfreiheit der humanitären Helfer zu erleichtern“ sowie das UNO-Personal und ihre Einrichtungen zu schützen. Sie firmiert als Überbrückungsmission, bis sie nach einem Jahr von einer vagen UNO-Mission abgelöst wird.

Die Aufgabenbeschreibung ist sehr schwammig, legt das Einsatzgebiet nicht konkret fest, erklärt den unmittelbaren Schutz der Lager und auch die Überwachung der Grenzen nicht zum Aufgabenfeld, hat keine Exitstrategie und enthält keine Festlegungen über die Ausrüstung der Eufor-Truppe. Das UN-Mandat lässt also der EU-Truppe einen breiten Spielraum.

Der Leiter der zuständigen Planungsgruppe im EU-Militärstab umschreibt ihre Aufgabe so: „Damit soll sie der geplanten Darfur Militärintervention von Uno und AU gleichsam den Rücken freihalten. Im wesentlichen gehe es darum, bewaffnete Gruppen fernzuhalten, die versucht sein könnten, die Grenzgebiete zu destabilisieren.“ (NZZ 5.10.2007)

Über die Zusammensetzung der EU-Truppe (EUFOR TCHAD/RCA) ist zu erfahren, dass Frankreich 1.400 Soldaten stellt, Polen 400, Irland 350, Schweden und Rumänien je 200, Österreich 160, Finnland 40, Belgien 100 und die Niederlande 70. Zusätzlich wird in Europa eine Eingreifreserve mit 600 Soldaten bereit gehalten. Kommandant ist der Ire Patrick Nash im Hauptquartier Mont Valérien bei Paris. Vor Ort im Tschad führt der französische General Ganascia das Kommando.

Mittlerweile ist der Chefposten des EU-Militärstabs auf den französischen Generalstabschef Bentégeat übergegangen. Daraus wird deutlich, dass es sich um ein französisches Projekt in französischer Hand handelt. Das zeigt sich auch an dem Umstand, dass die EU-Mitglieder keinen Wert darauf legten, ihre binnen zehn Tagen einsetzbaren je 1.500-Mann starken Battlegroups zu verwenden. Dafür standen im 2. Halbjahr 2007 eine italienisch geführte mit slowenischen und ungarischen Anteilen und eine griechisch geführte Battlegroup mit bulgarischen, rumänischen und zypriotischen Anteilen in Bereitschaft. Im ersten Halbjahr 2008 sind es eine schwedisch geführte und eine spanisch geführte Battlegroup.

Es geht Frankreich darum, seine Interessen in Afrika – das ist hier konkret die Macht Débys – zu sichern. Mit einem rein französischen Einsatz könnte der Anschein von Neutralität überhaupt nicht erzielt werden. Deshalb liegt Frankreich sehr daran, seine Einsätze in Afrika oberflächlich zu europäisieren. Das geht so: Frankreich bildet den Kern und behält die Führung und die EU macht die Charade mit, weil sie konkrete Erfahrungen bei der Militarisierung sammeln und die Bevölkerungen ihrer Länder an die EU-Militarisierung gewöhnen will. Die Teilnehmerstaaten versprechen sich einen nationalen Vorteil davon, solange Militärinterventionen, wenn sie denn anscheinend der Humanität dienen, einen Prestigegewinn darstellen. So erhofft sich beispielsweise Österreich von der Teilnahme bessere Chancen dafür, als nicht-ständiges Mitglied in den UN-Sicherheitsrat gewählt zu werden.

Es bestehen offene Zweifel an der Neutralität der Eufor-Truppe und Widersprüche. Das französische „Dispositif Épervier" unterstützt die tschadische Regierung beim Kampf gegen die Rebellen. Es bildet das tschadische Militär aus, überfliegt ständig die östliche Grenzregion nach Darfur, liefert Aufklärungsdaten und hat Rebellen bombardiert. Auch konnte die Betankung eines tschadischen Mi-24-Kampfhelikopters durch französische Soldaten auf dem Flugplatz in Abéché beobachtet werden. (NZZ 4.12.2007)

Unklar ist, ob Épervier in die Eufor-Truppe integriert wird oder additiv zu den insgesamt etwa 3.700 Eufor-Soldaten dazu kommt. Gesicherte Erkenntnis ist jedoch, dass Épervier „der EU-Truppe nicht nur logistisch unter die Arme greifen, sondern sicher auch mit Geheimdienstinformationen helfen (wird)." (NZZ 4.12.2007) Zurecht bemerkt die NZZ: Zwar sei der Kommandant ein Ire, „doch bleibt es das Geheimnis der Verantwortlichen, wie die französischen Eufor-Soldaten zwischen Tschads Armee und den Rebellen neutral bleiben sollen, während ihre Kollegen von Épervier quasi eine Kriegspartei sind." (NZZ 4.12.2007) Ebenso bemerkenswert ist, dass es offensichtlich einen Widerspruch zwischen der offiziellen Aufgabe, Flüchtlinge und Hilfswerke zu schützen, und den tatsächlichen Notwendigkeiten gibt. „Obwohl in Tschad insgesamt rund 400.000 Flüchtlinge aus Darfur und intern vertriebene Tschader leben, ist keines der Lager jemals von einer Kriegspartei angegriffen worden. Überfälle auf Mitarbeiter von Hilfswerken gehen hauptsächlich auf das Konto von Banditen sowie tschadischen Soldaten und Rebellen aus Darfur, die mit der tschadischen Armee verbunden sind" (NZZ 4.12.2007), schreibt die NZZ. Und die FAZ stellte fest: „In der Region tätige Hilfsorganisationen kämen bisher mit der Versorgung der Leute zurecht und lehnten einen militärischen Schutz ohnehin ab." (FAZ 25.9.2007)

Ein Anfang Oktober 2007 von vier der wichtigsten tschadischen Rebellengruppen (UFDD, UFDD-F, RFC und CNT) unterzeichneter Friedensvertrag mit der tschadischen Regierung, der dann am 25. Oktober in Tripoli in Anwesenheit von Ghaddafi und al-Bashir förmlich unterzeichnet wurde, ist Makulatur. Die Vereinbarung beinhaltet einen sofortigen Waffenstillstand, die Freilassung von Gefangenen, die Teilnahme der Rebellen an der Regierung und den totalen Respekt vor der tschadischen Verfassung. Die Waffenruhe hielt bis zum 26. November. Dann griff die tschadische Nationalarmee (ANT) bei Abou Goulem (liegt zwischen Abéché und der darfurischen Grenze) die UFDD an. (FAZ 7.12.2007) Beide Seiten behaupteten gegenseitig Hunderte getötet zu haben. Danach kam es nacheinander zu Kämpfen zwischen der ANT und dem FUC bzw. der RFC. Diese wurden als die stärksten Rebellenangriffe seit Débys Putsch 1990 bezeichnet. (Sudantribune.com, 9.12.2007) Die Rebellengruppen werfen den Franzosen vor, die ANT mit Luftaufklärung zu unterstützen, „wodurch die tschadischen Kampfhubschrauber in der Lage sind, die Rebellen punktgenau zu beschießen." (FAZ 7.12.2007) Die UFDD erklärte, von nun an befinde sie sich „im Kriegszustand mit der französischen Armee und jeder anderen ausländischen Militärmacht auf nationalem Gebiet." (FAZ 1.12.2007) UFDD und RFC haben vereinbart, ihre Militäraktionen zu koordinieren. Es droht im Osttschad ein Zweifrontenkrieg. Es handelt sich also um eine bewaffnete Rebellion, somit um einen Bürgerkrieg im Tschad. Für weitere Verunsicherungen in der Grenzregion sorgen Banditen, deren Zahl mit mehreren Tausend angegeben wird.

Sudan beschwerte sich beim UN-Sicherheitsrat darüber, dass der Tschad Ende Dezember seinen Luftraum und sein Territorium verletzt habe, indem es tschadische Rebellen in Westdarfur bombardierte. (Sudantribune.com, 29.12.2007) Diesem Angriff waren bereits Luftangriffe im November 2005 und Dezember 2006 vorausgegangen. Der tschadische Vorwurf an Khartum ist, die tschadischen Rebellen seien mit sudanesischen Waffen ausgerüstet worden. Damit ist die Übereinkunft von Cannes beim Afrikagipfel vom Februar 2007 endgültig Makulatur. Zwischen den Präsidenten al-Bashir, Déby und Bozizé war vereinbart worden, künftig gegenseitig auf die Unterstützung der im jeweiligen Nachbarland operierenden bewaffneten Gruppen zu verzichten. Die von al-Bashir und Déby am 22. Februar 2007 im libyschen Tripolis darüber hinaus getroffene Vereinbarung, gemeinsame gemischte Grenzüberwachungseinheiten zu bilden, um den Waffenschmuggel über die tschadisch-sudanesische Grenze hinweg zu unterbinden, hatte ohnehin nie gegriffen.

Der EU-Plan sieht vor, „permanente Stützpunkte in den Orten Abéché, Iriba, Farchana und Goz Beida sowie in Birao in Zentralafrika (zu) errichten." (NZZ 4.12.2007) Daraus ergibt sich allein im Tschad ein Einsatzgebiet mit den Ausmaßen von etwa 350 km mal 150 km. Das sind etwa 50.000 km², was etwa der Größe Niedersachsens entspricht. Im Grenzgebiet befinden sich nach Aussagen des Leiters des Führungsstabs des österreichischen Verteidigungsministeriums Segur-Canbanac bereits 15.000 Soldaten der ANT (volksblatt.at, 28.11.2007).

Allerdings verzögert sich die Aufstellung von Eufor erheblich. Es fehlen 15 Transport- und sechs Kampfhubschrauber, die wüstentauglich sein müssten, sowie Transportflugzeuge und ein Feldhospital. Mit einer vollständigen Stationierung von Eufor Tchad/RCA wird erst für März 2008 gerechnet. Stimmen sind bereits zu vernehmen, die angesichts der Größe des Einsatzgebiets und der Virulenz der Kämpfe eine Aufstockung der EU-Truppe fordern.

Links zu den im Text erwähnten Dokumenten:

ECOS-Karte der Ölblöcke im Sudan, 27.8.2007:
http://www.ecosonline.org/back/pdf_reports/2007/Oil/oilfieldmap%20Sudan%20ECOS%20aug2007.pdf

The European Coalition on Oil in Sudan (ECOS) The Economy of Sudan's Oil Industry, Oktober 2007, Factsheet II, 20 Seiten.
http://www.ecosonline.org/back/pdf_reports/2007/Oil/ECOS%20factsheetII%20October%202007.pdf

Report of the National Energy Policy Development (Cheney-Report,) 16.5.2001, 170 Seiten, http://www.whitehouse.gov/energy/National-Energy-Policy.pdf

The International Crisis Group, Sudan. Breaking the Abyei Deadlock, 16 Seiten, 12.10.2007, http://www.ecosonline.org/back/pdf_reports/2007/Oil/sudan_abyei.pdf

Sudan Unified Mission Plan, 73 Seiten, Karte S. 73.
http://www.unsudanig.org/unsudan/data/Sudan%20Unified%20Mission%20Plan.pdf

UNHCR, Darfur, UNHCR-Presence, Refugee/IDP-locations, April 2007 http://www.unhcr.org/publ/PUBL/467650372.pdf

Darfur Humanitarian Profile Totals, 1. Oktober 2007:
http://www.unsudanig.org/docs/HNP%2029_totals_1%20October%202007.pdf

Zentrum für internationale Friedenseinsätze (ZIF), Konfliktübersicht Darfur (Sudan), 18 Seiten:
http://www.zif-berlin.org/Downloads/Docs_August_2007/Darfur_August_2007.pdf

OCHA Office for the Coordination of Humanitarian Affairs (Amt für die Koordinierung humanitärer Angelegenheiten) Sudan Humanitarian Overview, Vol 3, Issue 7, Sep-Okt. 2007, 8 Seiten, Karte Seite 7, Major Displacements in Darfur 1. Januar bis 18. September 2007:
http://www.unsudanig.org/docs/Sudan%20Humanitarian%20Overview%20Vol3%20Iss7.pdf

UNHCR, IDP-Presents in East-Chad, May 2007:
http://www.unhcr.org/publ/PUBL/46764ffe2.pdf

Norman Paech

Afghanistan – ein deutsches Vietnam

Wenn uns Verteidigungsminister Jung im Parlament über Afghanistan und seine Mission dort erzählt, dann kommt er sehr schnell ins Schwärmen. Und zwar erzählt er von den jungen, lachenden Mädchen, die er dort getroffen hat, von den über 6.000 Schulen, die Wiederaufbauteams dort errichtet haben, von den frisch asphaltierten Straßen – und man muss sagen: Der Mann hat Recht. Das gibt es.

Wenn man nämlich im gepanzerten Wagen der Botschaft durch Kabul fährt und vielleicht auch noch in die umliegenden Dörfer, dann sieht man genau das. Man sieht lachende Mädchen, man sieht Leute, die ein Picknick machen, man sieht friedliche Landschaften. Und man trifft Leute, die flehentlich bitten, doch nicht die deutschen Truppen aus Afghanistan abzuziehen. Zum Beispiel den Afghanen Gulabzoy. Ein Afghane, der aus den USA wieder zurückgekehrt ist und der seine Zukunft in dem Aufbau einer privaten Fluglinie sieht, der Oxus Line. Diese will er mit amerikanischen Geldern finanzieren. Er ist darauf angewiesen, dass die Truppen dableiben, unter welchen Bedingungen auch immer.

Das ist die Realität dort. Wovon jedoch Jung und andere schweigen, und was kaum in den Zeitungen veröffentlicht wird, ist Folgendes: Die Selbstmordrate von Frauen in Afghanistan ist noch nie so hoch gewesen wie jetzt. 65 Prozent der 50.000 Witwen in Kabul sehen im Selbstmord die Erlösung ihres miesen Lebens. 95 Prozent der Frauen in Afghanistan leiden an Depressionen. Die Lebenserwartung von Frauen beträgt nur 44 Jahre. 80 Prozent der Heiraten werden nach wie vor erzwungen, sind also Zwangsheiraten. Und 54 Prozent der neugeborenen Kinder sind unterentwickelt. Dabei gibt es nur ein einziges öffentliches Kinderkrankenhaus in Afghanistan. Nur eines von fünf Mädchen, also 20 Prozent, besucht die Grundschule, und eines von 20 Mädchen besucht eine aufbauende, eine secondary school. 200.000 junge Mädchen und Jungen sind vollkommen von jeglichem Schulbesuch ausgeschlossen. Laut Unicef haben ungefähr 50 Prozent der Kinder und Jugendlichen keinen Schulzugang.

Welche Zeitung veröffentlicht das eigentlich? Bekannt wird dies nicht durch Afghanen, die immer wieder vom Auswärtigen Amt eingeladen werden, wie zum Beispiel der Abgeordnete Gulabzoy, den ich eben zitiert habe. Wir haben diese Zahlen von einer jungen Abgeordneten, Malalai Joya, die nicht vom Auswärtigen Amt eingeladen worden ist, sondern von unserer Fraktion und von unserer Kollegin Heike Hänsel. Sie bringt uns solche Zahlen über das Elend, das Desaster nach einer Zeit der Besatzung von insgesamt sechs Jahren. So haben auch weiterhin nur zwei Prozent der Bevölkerung Zugang zu Elektrizität, trotz der Wiederaufbauleistungen, von denen geschwärmt wird. 60 Prozent der Afghanen leben nach Angaben der Menschenrechtskommission in Kabul unter der Armutsgrenze. 50 Prozent sind von Arbeitslosigkeit betroffen. Im bevorstehenden Winter werden über 400.000 an

Armut und Hunger leiden. Und das nach sechs Jahren von Wiederaufbau, ISAF, OEF und NATO-Präsenz. Das ist im Augenblick die Realität in Afghanistan.

Es wird gerne gesagt: Aber es gibt doch viele andere positive Sachen, und es wird aufgezählt: Man hat ein gewähltes Parlament, man hat eine gewählte Regierung und man hat auch ein Oberstes Gericht. Über die Qualität dieser Institution will ich allerdings schweigen.

Vor allen Dingen hat die Bundesagentur für Außenwirtschaft in ihrem Jahresbericht 2004 und 2005 Afghanistan, „als eine der offensten Wirtschaften überhaupt, die offenste Wirtschaft der Region" charakterisiert. Dort gibt es keine Handelsbeschränkungen, keine Subventionen – dieses Land ist für Investitionen aufgeschlossen. Also ein El Dorado für zukünftige Handels- und Industriebeziehungen. Man muss dabei wissen: 90 Prozent der Waren, die in Afghanistan gehandelt werden, sind Importe. Wenn man zum Beispiel bei einem Gouverneur an der Ostgrenze zum Frühstück eingeladen wird, wie das bei meinem Aufenthalt im Juni war, so bekommt man den Honig aus Iran, man bekommt die Marmelade aus Pakistan, die Butter und den Käse aus Holland. Nichts ist dort aus Afghanistan, außer das Brot. Das einzige, was in diesem Land noch hergestellt wird, sind Trockenfrüchte und Brot. Das Land ist industriell vollkommen zusammengebrochen, seine Industrie ist Geschichte.

Die investiven Staatsausgaben werden sämtlich durch internationale Gebergemeinschaften investiert. Die Zoll- und Steuereinnahmen sind auf 200 Mio. US$ gesunken, das sind gerade 4,5 Prozent des Bruttoinlandsprodukts von Afghanistan. Man ist dabei, hier ein richtig neoliberales El Dorado aufzubauen – in einem im Augenblick armen, aber vielleicht doch sehr zukunftsträchtigen Land.

Das einzige, was im Augenblick sehr erfolgreich ist, ist die Schlafmohnproduktion. Sie ist vom Jahr 2005 bis 2006 um 59 Prozent gestiegen, trotz des Krieges und trotz des Anti-Terror-Kampfes: Von 165.000 ha im Jahr 2006 auf 193.000 ha im Jahr 2007, also um fast 30.000 ha. Die Produktion hat sich von 6.200 Tonnen auf 8.100 Tonnen erhöht. Es werden dort 93 Prozent der Weltproduktion an Schlafmohn und an Opium geerntet. Diese Zahlen zeigen, dass sich während des Krieges, in dem nichts läuft außer Krieg, eine Produktion ausgedehnt hat. Diese Produktion hat sich während des Kriegs territorial ausgedehnt und ist im Augenblick die einzige Grundlage einer funktionierenden Wirtschaft.

Die Frage ist: Was ist das für ein Land? Ist Afghanistan ein neues Vietnam? Uns von der Friedensbewegung wird ja immer ein gewisser Katastrophismus und eine gewisse Liebe zur Apokalyptik vorgeworfen. Das kenne ich noch aus Zeiten, wo wir gegen die Cruise Missiles und die Pershing-Raketen protestierten. Das brauchen wird gar nicht, seien wir gar nicht hysterisch in dieser Situation und sagen wir einfach, es ist alles unvergleichlich. Natürlich, Vietnam ist in keiner Weise mit Afghanistan zu vergleichen. Das, was dort geschieht, ist total verschieden. Wenn wir Vietnam allerdings als eine Metapher für gewisse Dinge nehmen, dann weist uns das doch auf Ähnlichkeiten hin. Und zwar als Metapher für Aggressivität, für permanente Völkerrechtsverletzung, für eine immer tiefere Verstrickung in den Krieg, für Ausweglosigkeit und letzten Endes, auch für Niederlage.

Noch sind wir in Afghanistan auf gar keinen Fall am Ende. Sondern wir sind immer noch in der Phase der Aggressivität, des Aufbaus, der Verstrickung in massive Völkerrechtsverletzungen. Das, was die Ausweglosigkeit und die Niederlage produziert, wird wahrscheinlich noch kommen.

Es gibt einen internationalen Think Tank, den Senlis Council, bestehend aus renommierten Persönlichkeiten, die sich schon immer mit Afghanistan beschäftigt haben. Die haben jetzt festgestellt, dass bereits in über 50 Prozent des Landes, und nicht nur im Süden, die Taliban die Oberherrschaft haben. Senlis befürchtet, dass sich Afghanistan teilen wird und dass diese Situation auch nicht mehr umkehrbar sein wird. Sie sprechen von einer Irakisierung dieses Krieges. Das machen sie unter anderem an den Selbstmordattentaten fest, eine Kampfform, die in Afghanistan völlig unbekannt war. In den Jahren 2001 bis 2004 gab es beispielsweise nur fünf Selbstmordattentate. Im folgenden Jahr 2005 gab es dann schon siebzehn. Im Jahre 2006 dann 123 und im Jahre 2007 131. Eine andere Form der Irakisierung hat sich geradezu überall verbreitet, nämlich die Setzung von Landminen, eine Kampfform, die den Gegner unter größten Stress und in Panik versetzt.

Ein Kronzeuge dieser Situation ist Lord Paddy Ashdown, bekannt als Hoher Kommissar in Bosnien, ein „harter Hund“. Der soll nun Tom Koenigs von den Grünen ablösen, der bisher Repräsentant der UNO in Kabul gewesen ist. Nachdem er schon als Repräsentant ernannt wurde, sagt Ashdown in seinen jüngsten Interviews: Afghanistan sei verloren, die Nato habe in Afghanistan verloren und er glaube, verlieren in Afghanistan sei schlimmer als verlieren im Irak. Das hieße auch, dass Pakistan fallen wird. Und das werde ernsthafte Auswirkungen auf die Sicherheit in unseren eigenen Ländern haben. Das würde einen größeren schiitisch-sunnitischen Krieg auf einer erweiterten Stufenleiter nach sich ziehen.

Ich bin bei solchen Prognosen immer etwas skeptisch, da sie auch immer gemacht sind, um gewisse Konsequenzen daraus zu ziehen. Und seine Konsequenz ist die Forderung nach einer massiven Truppenaufstockung. Das wird seine Botschaft, wenn er in Kabul das Amt übernehmen sollte.

Wir müssen ebenfalls mit einer weiteren Legende aufräumen, die von unserem guten Verteidigungsminister Jung und auch von anderen politischen Kräften bis hin zu den Grünen vorgetragen wird: Die der Trennung von ISAF und OEF.

Ich kann Ihnen zahllose Zitate, nicht nur von Kommandeuren der USA, sondern auch von der Nato bringen, die nun auch in unseren Zeitungen veröffentlicht werden und die besagen: Das ist alles eine Illusion. Diese Trennung wird nur aufrechterhalten als eine Legende für die Europäer, weil sie solche Schwierigkeiten haben mit dieser Form des Anti-Terror-Kampfes und des Wiederaufbaus. Letztendlich sind beide austauschbar.

Bei meinem Besuch im Juni dieses Jahres habe ich in Paktika, einer östlichen Provinz, erlebt, dass mir der UNO-Beamte bestätigte, dass neulich 4.000 OEF-Special-Forces in ISAF-Krieger umgewandelt worden seien. Das ist möglich, indem man einfach nur den „Tac“ umwidmet, den man mit irgendeinem Klettverschluss dort hat. Dann ist man plötzlich ISAF. Man kann sich auch wieder in OEF zurückverwandeln. Das heißt, dass es in der Praxis definitiv keine Unterscheidung mehr gibt. Das ist das Gute an der Presse, irgendwann kommt es raus. Jetzt kann sich keiner mehr daran vorbeimogeln. OEF und ISAF sind nicht mehr zu unterscheiden. Sie sind beide im Kampfeinsatz.

Die Autoren des Senlis-Reports, dem Mainstream der Politik verbundene Forscher, fordern ein NATO-Plus-Konzept. Dieses NATO-Plus-Konzept besteht aus mehreren Komponenten: Erstens aus der Einbeziehung muslimischer Truppen. Zweitens einem Wechsel der Kampfdoktrin vom Counter-Terrorism zur Counter-Insurgency – was immer das auch technisch heißen mag. Drittens sollten alle nationalen Vorbehalte für die ISAF-Truppen aufgehoben werden. Diese nationalen Vorbehalte machen es bei uns in Deutschland im Augenblick so strittig, ob man mit ISAF schnelle Eingreiftruppe bilden kann. Die KSK wird hineinkommen, das letzte Mandat ist sprachlich so formuliert, dass damit auch die KSK wieder auf afghanischem Boden auftauchen werden. Keiner von uns wird es wissen, aber wir können sicher sein, dass sie dort sind. Das NATO-Plus-Konzept heißt schließlich auch viertens: Die Notwendigkeit, auch nach Pakistan hineinzugehen. Dieses erinnert wirklich sehr stark an den alten Vietnam-Krieg, nämlich an zwei Dinge: Die Vietnamisierung des Krieges, d.h. die Integration und die Überlassung strategischer und taktischer Aufgaben für die vietnamesischen Truppen. Das zweite ist, dass das Eindringen nach Pakistan wie der Übergriff nach Kambodscha ist. Denn von Kambodscha meinte man damals, da käme die Infiltration her und vor allen Dingen natürlich der Ho-Chi-Min-Pfad. Man hat also die alten Konzepte eines Krieges, der schon damals ein asymmetrischer Krieg war, hervorgeholt. Der asymmetrische Krieg ist nichts Neues. Nur bei manchen Politologen wird dies als neue Erkenntnis über Kriege gewertet, obwohl es etwas ist, was wir seit den Befreiungskriegen schon kennen. Das sind alles asymmetrische Kriege gegen die Armeen gewesen. Das heißt wir haben es in der Tat auch in dieser Entwicklung des Krieges mit einer Vietnamisierung des Krieges zu tun.

Ebenfalls folgendes erinnert an die vergangenen Kriege in Irak und Vietnam: Dieser Krieg wird schon lange nicht mehr nach den Regeln der Genfer Konvention geführt. Das humanitäre Völkerrecht ist schon lange nicht mehr das Koordinatensystem für die Eingriffe, sondern das Koordinatensystem ist vielmehr der Gegner. Es wird dabei argumentiert: Wenn der Gegner gegen das humanitäre Völkerrecht verstößt, was die Taliban in der Tat machen, dann können wir uns nicht die Restriktionen des humanitären Völkerrechts aufzwingen lassen, weil es dann keine Parität im Kampffeld gibt. Das ist die Logik dieses Kampfes, die selbstverständlich vollständig neben der Völkerrechtsordnung steht.

Dieser Krieg ist schon lange ein schmutziger Krieg geworden. D.h. allmählich werden die Meldungen nicht nur durch tote Zivilisten dominiert, sondern sie werden durchmischt mit Fällen der Misshandlung, der Folter und der willkürlichen Erschießung. Die US-amerikanische Zeitung „The Nation“ hat vor kurzem Interviews mit 50 ehemaligen Soldaten veröffentlicht, die jetzt auf deutsch auch in der Zeitschrift „Mittelweg 36“ erschienen sind. Zusätzlich hat die „American Civil Liberty Union“ im September dieses Jahres 10.000 Seiten der Dokumentation von Übergriffen amerikanischer und alliierter Truppen in Afghanistan und im Irak gegen Zivilisten veröffentlicht. Über 10.000 Seiten! Was darin wohl steht?

Wenn man sich nur die paar Seiten der Interviews mit den ehemaligen GI's durchliest, die jetzt gesprochen haben, dann kann man sich vorstellen, was auch in diesem Krieg für eine Brutalität der Fakten, was für eine grenzenlose Verrohung, was für eine Entfesselung wirklich äußerster Rücksichtslosigkeit stattfindet. Die Missachtung jeder Menschlichkeit, an der viele GI's zugrunde gegangen sind - auch dort ist die Selbstmordrate sehr hoch. Viele müssen, wenn sie zurückgekehrt sind, in psychiatrische Behandlung. Jetzt sprechen sie.

Jeder Krieg hat seine eigenen Gewaltformen. Das war in Vietnam so, das ist im Irak so und das ist im Kongo auch so. Aber die Barbarisierung der Soldaten, die ist überall gleich, die ist nur in der Form vielleicht unterschiedlich. Nehmen wir Beispiele seit dem 2. Weltkrieg: ob Oradour, ob Distomo oder Kefalonia oder jetzt im Kongo oder Abu Ghraib – diese Namen stehen für dieses System, für das Wesen und die Struktur des Krieges. Sie sind zwar Exzesse, aber diese Exzesse gehören zu dem Krieg wie jedes Gewehr zum Jäger gehört. Das ist nichts Außergewöhnliches, was man mit moralischen Gebeten verhindern könnte. Das kann man nicht mit Moral- und Ethikkursen und auch nicht mit Verhaltenkodizes, mit denen Soldaten trainiert werden, beseitigen. Das werden auch keine Feldpfarrer oder irgendwelche Militärbischöfe beseitigen können. Das gehört zum Krieg. Senden Sie Engel rein in den Krieg und sie kommen, wenn sie überhaupt zurückkommen, als Teufel wieder heraus. D.h. es ist das System, vor dem man sich nicht retten kann. Nach all den Erfahrungen und nach all den Gräueln und all dem Barbarentum ist es in keinem dieser Kriege gelungen, dies irgendwie in den Griff zu bekommen.

Eine andere Sache, die auch aus den Interviews herauskommt: Warum ist das eigentlich so? Ist der Mensch genetisch ein Teufel? Ist der Mensch eigentlich genetisch zum Killen und zum Abschlachten geboren? Nein. Diese Soldaten haben alle Angst. Sie leiden und sie stehen unter Stress wegen der ständigen Bedrohung, die ihnen drastisch klargemacht wird. So wie wenn man zur Operation gebeten wird, dann wird man auch sofort über alle Nebenwirkungen und Todesursachen aufgeklärt. Zwar aus Versicherungsgründen, aber man wird aufgeklärt. Genauso wird den Soldaten klargemacht, was sie dort im Feld erwartet.

Und das ist drastisch genug. Allein die Minen, die niemand sieht und auf die viele auflaufen: Es sollen über 30 Prozent der GI's, der Soldaten in Afghanistan, Opfer dieser Minen sein. Das hat eine ungeheure zermürbende Wirkung auf die GI's, sodass sie in der ersten Sekunde bereits Salven gegen Gegner abschießen, gegen Zivilisten, die sie gar nicht identifizieren. Denn ihnen wird gesagt, jeder Gegner oder jeder Afghane, der auf dich zugeht, ist ein Terrorist, den musst du umlegen. Dies ist das Problem. Das heißt, verängstigte und - nehmen wir einmal an - gut ausgebildete Soldaten sind unter dem Terror ihrer eigenen Angst nicht zu halten und werden bei der ersten Gelegenheit mit den Waffen, die sie zur Genüge mit sich herumtragen, auch losschießen, egal wen es trifft.

Hinzu kommt etwas, was auch bekannt ist. Im Irak stehen im Augenblick so gut wie 130.000 Soldaten. Das ist allerdings nur die Hälfte dessen, was dort an Militär steht. Es gibt 160.000 Söldner von Privatfirmen. Das ist etwas, das auch in Afghanistan inzwischen dazugehört. Das sind die Sicherheitsfirmen, 90 an der Zahl, nur 35 haben eine Lizenz, und die Anzahl der Söldner beläuft sich auf 18.500 bis

28.500. Die agieren dort zum Beispiel im Auftrag der Kanadier. Die kanadischen Soldaten werden alle durch solche Privatfirmen geschützt. Rechnen wir also 25.000 Personen zu den Soldaten hinzu. Das sind aktive Militärs. Und, wie wir aus den Diskussionen wissen, sie unterliegen faktisch keiner Kontrolle. Es wird sogar bestritten, dass sie den Genfer Konventionen, dem humanitären Völkerrecht unterliegen. Das ist falsch. Das sind Schutzbehauptungen, um dort eine Rambotruppe zu haben, die vor nichts Halt macht. Die nichts anderes vor Augen hat als vielleicht Geld nach Hause mitzubringen – wenn sie denn mal wieder nach Hause kommen.

Das heißt, der Stopp dieser Barbarei lässt sich nur erreichen, wenn OEF und ISAF, beide ununterscheidbar verschmolzen zu einer Kampftruppe, abgezogen werden. OEF und ISAF sind auswechselbar, ununterscheidbar. Sie müssen weg.

Aber, dann kommt immer die Frage, ob es denn irgendetwas gibt, was wir stattdessen anbieten können. Ihr seid immer nur dagegen, aber was kann eigentlich stattdessen erfolgen? Der Chef der ISAF, Generalmajor Nastof, hat gesagt, das Militär wird mindestens noch fünf Jahre dort sein. Und er hat gesagt, es trägt höchstens 25 Prozent dazu bei, dass Afghanistan eine Zukunft hat. Das liest man so und dann stutzt man. Wo sind die anderen 75 Prozent eigentlich? Wenn 90 Prozent der Gelder für militärische Mittel ausgegeben werden, dann bleiben doch nur 10 Prozent für den zivilen Aufbau. Das heißt diese 10 Prozent müssen die 75 Prozent leisten, um Afghanistan eine Zukunft zu geben. Das ist die Folgerung aus dem Munde eines Militärs. Das ist der große Skandal. Wir sagen in der Tat, dass das Militär die ganzen Gelder verschlingt. Was haben wir dann eigentlich noch? Zivile Aufbauprojekte, wird immer wieder gesagt. Medico International sagt hier ganz eindeutig, ziviler Aufbau ist eine komplette Fehlanzeige.

Was ist also das, was wir vorschlagen? Ich werde fünf Punkte nennen. Darüber kann man diskutieren und ich will sie kurz nennen.

1. Zunächst einmal müssen wir die Souveränität Afghanistans wiederherstellen. Denn Afghanistan ist nichts anderes als ein Protektorat. Afghanistan war nie eine Kolonie und ist es jetzt geworden. Mit Vasallen und Marionetten – wir haben sie früher Kompradoren genannt, als es um Lateinamerika ging. Und wenn man sie sich genau ansieht, ob sie nun in der Regierung oder auch im Parlament sind – und das wird von Regierungsmitgliedern selber so gesagt – sie sind vollständig unselbstständig. Sie verfügen weder über eine innere, noch über eine äußere Souveränität. Sie sind Vasallen. Dieser Zustand muss aufgehoben werden. Der erste Schritt ist, dass die Truppen zurückgezogen werden, die diesen Vasallenzustand Aufrecht erhalten.
2. Es müssen zweitens Friedensverhandlungen mit den internen Gegnern, den Taliban, stattfinden. Man muss zweierlei bedenken: Erstens sind die Taliban ein Produkt derjenigen, die jetzt das Land von diesen Taliban befreien wollen. Zunächst waren es die Mudjahedin, die die USA gegen die Sowjetunion in ihrem unglückseligen und auch völkerrechtswidrigen Feldzug einsetzte. Als die beseitigt waren, haben sie die Taliban finanziert, darunter auch solche Edelmänner wie Bin Laden. Und jetzt sind ihnen diese Zauberlehrlinge über den Kopf gewachsen und müssen wie-

der beseitigt werden. Man muss also sozusagen das Erbe der Amerikaner beseitigen.
Wer wird diese Verhandlungen im Moment machen? Die Regierung natürlich – das sind Warlords, das ist die Drogenmafia, das sind die Mudjahedin, sie sollen sich mit den Taliban unterhalten. Was ist eigentlich schlimmer und wer ist eigentlich schlimmer von allen? Diese Kräfte, die durch die Kriegszeit und durch das Petersberger Abkommen in die Position der Macht, in die Regierung gekommen sind, müssen sich mit denen unterhalten, die durch die Historie der Amerikaner an die Macht gekommen sind. Das ist das einzige, was im Moment gefordert werden muss. Denn man kann keine der Kräfte in diesem Land mit Krieg beseitigen, sondern man muss mit ihnen politisch umgehen.

3. Die dritte Forderung ist, dass die Rekrutierung aus Pakistan unterbunden werden muss. Da gibt es ein Paradoxon. Pakistan ist der beste Verbündete der USA im Anti-Terror-Kampf. Seit Jahrzehnten werden dort die Diktaturen, die Militärdiktaturen, durch die USA finanziert. Musharraf ist im Augenblick der letzte gewesen. Und gleichzeitig ist dieser Anti-Terror-Verbündete derjenige, der die schützende Hand darüber hält, dass in den Grenzgebieten der Terror blüht. Es ist nicht nur das Rückzugsgebiet für die afghanischen Taliban, sondern es ist gleichzeitig Sammelgebiet und Rekrutierungsgebiet für Terroristen aus aller Welt. Sie kommen aus Turkmenistan, aus Saudi-Arabien usw. Die Aufgabe, diesen Quell von Terror trockenzulegen, ist eine ganz wesentliche Aufgabe für die internationale Gemeinschaft.
4. Viertens bedarf es ziviler Aufbauprojekte. Es ist notwendig, dieses total zerstörte und heruntergekommene Land zivil aufzubauen. Es gibt natürlich eine Infrastruktur. Die USA und ihre Verbündeten haben in der Tat schon Straßen durch Afghanistan gezogen, aber immer nur entsprechend der militärischen Anforderungen. Das ist ihre Leitlinie für den Aufbau der Infrastruktur. Beim zivilen Aufbau ist es wichtig, dass wieder eigene Produktionsstätten, von der Zementfabrik über die Porzellanfabrik bis hin zur Nahrungsmittelfabrik selbst aufgebaut werden. Das bedeutet, dass ein Zoll-, Handels- und Investitionsschutz etabliert wird. Also das vollständige Gegenteil von dem Konzept einer Marktwirtschaft, die im Augenblick von den Amerikanern und ihren Verbündeten verfolgt wird. Es muss eine Existenzsicherung außerhalb der Drogenökonomie für die Bevölkerung aufgebaut werden. Das ist ein schwierig zu lösendes Problem. In der Konsequenz bedeutet das eine Umkehr der Mittel, die im Augenblick zu 75 Prozent ins Militär und nur zu 25 Prozent in die zivilen Projekte gehen. Es müssen 75 Prozent für zivile Projekte und 25 Prozent für militärische Mittel aufgewendet werden. Viele werden wahrscheinlich sagen, gar nichts für dieses Militär. Aber da gilt es zu berücksichtigen, dass auch der Abzug von OEF und ISAF etwas kostet. Also lassen wir doch noch etwas in dem Topf, damit sie auch sicher abgezogen werden können.

5. Ein letzter Punkt, der eigentlich nicht der letzte Punkt ist, aber doch der letzte der vielen wichtigen Punkte, den ich erwähnen möchte: Die Situation von Frauen, und damit hatte ich ja angefangen, muss dringend verbessert werden. Das wird zwar auch auf der höchsten Ebene immer wieder hervorgehoben, aber es ist praktisch nicht gelungen. Es ist notwendig, dass die Stellung und auch die Situation von Frauen grundsätzlich und drastisch verbessert werden, genauso wie die Situation der Kinder und anderer Diskriminierter.

Afghanistan ist noch nicht verloren. Aber ich befürchte, wenn es so weitergeht, dann wir das Land zugrunde gerichtet werden. Der archimedische Punkt der Strategiewende, den ja auch die Grünen im Augenblick überlegen, ist der Abzug des Militärs. Er ist das Krebsübel der ganzen Geschichte. Um mit einem Bekenntnis abzuschließen: Ich bin wahrlich kein Pazifist. Aber je mehr ich mir den Krieg in Afghanistan angucke, desto mehr werde ich dazu.

Hannes Hofbauer

Krisenherd Kosovo: Protektorat der EU und Militärbasis der USA

Kosovo bietet heute Raum für knapp 2 Millionen Menschen, die auf einer Fläche von 10.000 km² leben. Nach dem Ende der mittelalterlichen serbischen Monarchie an der Wende vom 14. zum Jahrhundert, als das Land Teil des Nemanjiden-Reiches gewesen war, blieb Kosovo für mehr als 500 Jahre bis 1912 unter osmanischer Herrschaft. Versuche eines Anschlusses an Albanien scheiterten sowohl während des Ersten als auch während des Zweiten Weltkrieges. Eine eigene Staatlichkeit hat es historisch niemals gegeben.

Schätzungsweise 90% der Bevölkerung verstehen sich als Albaner, 5% als Serben; daneben existieren ethnische Minderheiten der Türken, Roma, Gorani, Kroaten und Bosniaken. Seit dem Einmarsch der NATO-geführten KFOR-Truppe im Sommer 1999, der im Friedensvertrag von Kumanovo geregelt worden war und zu einer interimistischen Verwaltung des Kosovo durch die UNO sowie einer militärischen Kontrolle durch die KFOR führen sollte, wurden – nach Quellen unterschiedlich – 150.000 bis 200.000 Serben sowie 50.000 bis 70.000 Roma aus dem Land vertrieben, zuletzt pogromartig im März 2004.

Die wenigen serbischen Siedlungsgebiete des Kosovo liegen verstreut im Land und weisen mit Ausnahme des Nordens keine territorialen Verbindungen zueinander auf. Die Hauptstadt Prishtine, serbisch: Pristina, muss man sich als rein albanisch besiedelte Stadt vorstellen, die neun Jahre nach dem Rückzug der serbischen Armee und Polizeieinheiten nichts Slawisches mehr aufweist. Bloß als Übersetzer sind vereinzelt Serben in den zivilen oder militärischen Verwaltungen der so genannten „Internationalen" tätig. Pristina ist in den vergangenen Jahrzehnten bevölkerungsmäßig geradezu explodiert. Die letzte gesamtjugoslawische Volkszählung im Jahr 1981 wies für den Ort 65.000 EinwohnerInnen auf, 1990 waren es bereits 200.000, während die Zahl 2007 auf geschätzte 600.000 gestiegen ist. Kriegseinwirkungen und seither fehlende Bauordnungen haben ein jeder Städteplanung Hohn sprechendes Konglomerat an internationalen Verwaltungsgebäuden und privaten Häusern entstehen lassen, das sich an den Siedlungsrändern gefräßig in die Landschaft ausbreitet.

Nur im Norden der Provinz bei Kosovska Mitrovica sowie im kleinen Landstrich Strpce/Shterpce ganz im Süden existieren geschlossene serbische Siedlungsgebiete, in denen insgesamt etwa 100.000 Menschen leben. Die geteilte Stadt Kosovksa Mitrovica mit ihrer von der KFOR bewachten Brücke über den Fluss Ibar ist zum Sinnbild der ethnischen Trennung im Land geworden. Diese Teilung äußert sich Tag für Tag in praktischen Belangen: während die kosovo-albanische Mehrheitsbevölkerung den Euro als Zahlungsmittel benützt, wirtschaften die Serben mit dem Dinar; und während Albaner – mangels Staatlichkeit – Ende 2007 für ihre Mobiltelephone eine monegassische Vorwahl (00377/44) wählen müssen, deckt das serbische Netz (00381) den Norden des Landes ab.

Lokalaugenschein: Kolonialverwaltung

Zwischen 1999 und 2007 ist der Kosovo zum Tummelplatz Hunderttausender Bürokraten und Militärs aus vieler Herren Länder geworden. Die UN-Resolutionen 1244 (aus 1999) und 1345 (aus 2001) schrieben zwar die „Verpflichtung zur Souveränität und territorialen Unversehrtheit Jugoslawiens" fest, legten jedoch gleichzeitig Legislative und Exekutive in die Hände der Vereinten Nationen. Achteinhalb Jahre lang regierte der aufgeblähte Apparat der UNMIK („United Nations Interims Administration Mission in Kosovo") das Land. Insgesamt sechs „Hohe Repräsentanten" von Bernard Kouchner bis Joachim Rücker waren allesamt Diplomaten aus EU-Europa, während sich südlich der Hauptstadt Prishtine, in Urasevac/Ferizaj die USA mit ihrem „Camp Bondsteel" das größte Militärlager in Europa aufgebaut haben.

Das letzte Wort in allen politischen Fragen spricht der „Hohe Repräsentant". Vorbei an kosovarischem Parlament und Präsident steht er über der lokalen Verwaltung und nimmt damit einen wahrhaften Protektoratsposten ein, wie ihn Europa seit dem Ende der habsburgischen und osmanischen Fremdherrschaften auf dem Balkan nicht mehr gesehen hat. Diese neue Art Kolonialverwaltung wird im Stadtbild von Prishtine augenscheinlich. Mit ihren schwingenden Sattelitenantennen bewegen sich die allesamt Vierrad getriebenen Fahrzeuge der ausländischen Bürokraten wie ferngesteuert über asphaltierte Fahrbahnen und erdige Nebenstraßen. Ihre Autokennzeichen zeugen von den unterschiedlichen Auftraggebern: UNMIK, UN, UNHCR, UNDP, UNOPS, OSCE, EU, verschaffen best bezahlte Jobs für ganze Heerscharen aus Europa, Asien und Amerika. Zum Beispiel bei der Exekutive: Im Jahr 2007 taten Polizisten aus 44 Ländern Dienst in der kleinen balkanischen Provinz. 17.000 KFOR-Soldaten aus 34 Staaten haben ihr Leben im Kosovo eingerichtet, während die monatlichen Überweisungen großteils auf US-amerikanische oder EU-europäische Konten fließen. Geschätzte 4.000 Nichtregierungsorganisationen helfen – in aller Regel den eigenen Mitarbeitern bei der Karriereplanung. „MANGO" werden sie von der zunehmend gereizten einheimischen Bevölkerung genannt, was soviel wie „Mafia-NGO" bedeuten soll. UNMIK, KFOR und OSZE bieten ein weites Feld für groß angelegte Versuche an lebenden Subjekten und Gemeinschaften. Richter aus Österreich, Staatsanwälte aus den Niederlanden, Polizisten aus Pakistan, Soldaten aus Rumänien, Demokratielehrer aus Skandinavien, Wahlbeobachter aus Deutschland - Militär, Politik und Justiz befinden sich in kolonialer Hand.

Ein nicht zu unterschätzender Nebeneffekt der Protektoratsstruktur besteht in der Verwertung überschüssig produzierter technischer und sozialer Intelligenz aus Westeuropa und Nordamerika. Diese als „Helfer" in den Kolonien am Balkan – neben Kosovo bieten Bosnien-Herzegowina und Makedonien ähnliche Chancen – tätigen Ingenieure, Lehrer, Juristen etc. können nicht nur – zumindest für einen Projektzeitraum von mehreren Monaten – die drohende Arbeitslosigkeit daheim vermeiden, sondern werden zudem zu Mentoren genau jener Kolonialpolitik, die sie in Kost und fette Monatsgehälter setzt. Dass es nur die zweite und dritte Garnitur der in der Heimat überschüssig gewordenen Intelligenz ist, die sich in den Kosovo begibt, spielt dabei keine Rolle. Sie tritt damit in die Fußstapfen jeder Kolonialverwaltung, die sich die besten niemals leisten kann und will.

Im Kosovo sind diese „Internationalen", wie sie Peter Handke in seinem Stück „Die Fahrt im Einbaum" für Bosnien vorzüglich beschrieben hat, wenig beliebt. „Ihre Auslagen sind gering und ihre Verantwortung noch viel geringer"[1], bringt es Albin Kurti von der Bürgerinitiative „Selbstbestimmung" auf den Punkt. Kurti pendelt wegen seiner Opposition zur UNMIK seit einem Jahr zwischen Gefängnis und Hausarrest. Weniger radikal, aber in der Substanz ebenso treffend, fasst der bekannte Pristhiner Philosoph Shkelzen Maliqi, in jugoslawischen Zeiten Mitglied der legendären „Praxis-Gruppe", die Meinung vieler seiner Landsleute zusammen: „Alle diese Verwalter von außen sind wie ein eigenes Volk. Sie touren von Land zu Land, immer dorthin, wo es viel zu verdienen gibt. Zivile Menschenrechte sind ihnen ein Vorwand für ihr eigenes Fund-Raising. Ihre Expertise erschöpft sich im hohen Einkommen. Im Kosovo ist daraus eine ganze Industrie geworden."[2] Die vorgebliche Risikolosigkeit ihrer Entscheidungen dient in erster Linie zur Verlängerung ihres Aufenthalts, und perpetuiert damit indirekt die Kosten, die in anderer Form auf die lokale Bevölkerung abgewälzt werden. Damit sind die Kolonialverwalter zu einem wirtschaftlichen Faktor im Land geworden, der eine eigenständige Dynamik um die Aufrechterhaltung seiner Existenzberechtigung entwickelt.

Selbstinszenierung ist ein wichtiger Bestandteil ihrer Politik. Wie sehr diese an der Wirklichkeit im Kosovo vorbeigehen kann, mag ein kleines Beispiel demonstrieren: Weil die angestrebte Rückkehr der vertriebenen Serben und Roma nicht so richtig klappen will, postulieren die „Internationalen" ihre Art von Multikulturalismus anderweitig. So wurde von der UNMIK kurzer Hand die Simulation im Straßenbild beschlossen. Alle Straßennahmen in Prishtine müssen dreisprachig sein: albanisch, englisch, serbisch. Wenn dann eine der Hauptstraßen der Stadt nach der – je nach Sichtweise – Terror- bzw. Guerillagruppe „UCK" heißt, lauten die dazugehören Kürzel: rr. (albanisch), rd. (englisch) und ul. (serbisch). So einfach geht die Völkerverständigung, betrieben vom kolonialen Beamten.

Rücküberweisungen und Geschenke

Zwischen 30% und 50% der kosovarischen Bevölkerung leben ständig im Ausland, bevorzugt in der Schweiz, in Italien, Deutschland und anderen EU-Ländern. Wie hoch der illegale Anteil der Emigration ist, weiß niemand. Auch die genaue Zahl der Emigranten kann nicht eruiert werden. Doch die kosovarische Wirtschaft lebt zum guten Teil von ihnen.

„Remittances" und „donors". Mit englischen Vokabeln umschreibt der durchschnittliche Kosovo-Albaner die wirtschaftlichen Säulen des Landes: Rücküberweisungen und Spenden. Beide haben in den vergangenen Jahren jedoch abgenommen, was sich prompt in einem neuerlichen ökonomischen Abschwung äußer-

1 Gespräch mit Albin Kurti am 18.12.2006 in Prishtine

2 Gespräch mit Shkelzen Maliqi am 20.12.2006 in Prishtine

te. Vor und während des NATO-Krieges hatten die unter Ibrahim Rugova aufgebauten gesellschaftlichen Parallelstrukturen ein ganzes Netz an „Steuereintreibern" gewoben, die in der Schweiz, Deutschland und Österreich kosovo-albanische Exilanten zur Kasse gebeten haben. In den ersten Jahren der UNMIK-Verwaltung zahlten die EmigrantInnen noch fleißig ihren Obolus für den nationalen Traum. Acht Jahre nach dem Rausschmiss der Serben erlahmen die fern ihrer Heimat lebenden Spender langsam. Das Argument der „serbischen Gefahr" verliert an Glaubwürdigkeit, ein volkswirtschaftlicher Wiederaufbau hat bislang nicht stattgefunden und war mit den allermeisten Geldern auch gar nicht intendiert. Familienökonomisch betrachtet können die Rücküberweisungen als Erfolg verbucht werden. Über Hunderttausend nach den Zerstörungen des Krieges neu erbaute Häuser stehen als persönliche Zukunftsversprechen in der Landschaft. Im Rohbau, ein bis zwei Stockwerke hoch und ohne durchdachte infrastrukturelle Anbindungen an Straßen, Strom- und Wasserleitungen symbolisieren sie geradezu den kosovarischen Traum des familiären Aufbruchs. Anders als im Westen Europas hat die Individualisierung der Gesellschaft hier nicht Platz gegriffen. Die große Familie ist es, die den Oikos, die Wirtschaft, bestimmt. Der Obrigkeit wiederum traut der historisch von selbiger immer wieder betrogene Kosovare nicht über den Weg, getreu dem albanischen Sprichwort: „Hüte Dich vor drei Dingen: dem Feuer, dem Wasser und dem Staat."

Die finanziellen Rücküberweisungen emigrierter Kosovaren betrugen am Höhepunkt der nationalen Solidarität im Jahr 2000 73% der ausländischen Einkünfte des Landes,[3] mittlerweile sind sie um die Hälfte gesunken. Sie machen immer noch zwischen 15% und 20% des Bruttoinlandsproduktes aus.[4]

Im Land bietet die Kolonialverwaltung ein paar Arbeitsplätze: als Fahrer für die UNMIK, Übersetzer für die OSZE, Handwerker für die „Internationalen", Gärtner, Prostituierte. Und der Konsum der ausländischen Verwalter bringt ein wenig Geld in die lokale Ökonomie.

Die wirtschaftlichen Probleme sind indes existenziell. Seriöses Investment findet nicht statt. Schon seit Mitte der 1980er Jahre wurden, damals noch unter Belgrader Führung, im Kosovo infrastrukturelle Investitionen vernachlässigt. Die Strom- und Wasserversorgung hat zwar geklappt, eine Modernisierung fand jedoch nicht statt. Zum einen deshalb, weil das bei internationalen Banken hoch verschuldete Jugoslawien einfach kein Geld hatte, zum anderen auch, weil sich die reichen Republiken, insbesondere Slowenien, zu weigern begannen, in den so genannten regionalen Ausgleichsfonds, der vor allem dem Kosovo und Bosnien-Herzegowina zugute kommen sollte, einzuzahlen. Der slowenische und der kroatische Nationalismus blühten; und die Verantwortlichen in Belgrad waren nicht mehr willens, einer sich zunehmend national gebenden albanischen Mehrheitsbevölkerung im Kosovo finanziell unter die Arme zu greifen. Schlimmer: Die Transformation der regieren-

3 Weltbank (Hg.), Kosovo. Economic Memorandum (Report No. 28023-KOS). O.O. 2004, S. 7

4 Gespräch mit Muhamet Mustafa vom Wirtschaftsforschungsinstitut „Riinvest" am 19.12.2006 in Prishtine

den SPS (Sozialistische Partei Serbiens) in eine mehr und mehr national auftretende Partei verweigerte konstruktive Regionalpolitik im Kosovo. Das Armenhaus Jugoslawiens, als das die im Süden Serbiens gelegene Provinz seit je galt, wurde infrastrukturell vergessen. Stattdessen patrouillierten Sondereinheiten der serbischen Polizei und terrorisierten die anti-serbisch eingestellte lokale Bevölkerung. Belgrads Ausgaben für repressive Maßnahmen der Exekutive wären infrastrukturell langfristig wohl besser angelegt gewesen.

Nach dem Einmarsch der NATO-Allianz im Jahr 1999 änderte sich diesbezüglich nichts. Im Gegenteil: Ohne jeden staatlichen Rahmen war es auch theoretisch nun fast unmöglich, gesellschaftlich notwendige Ausgaben zu tätigen. Die fehlende territoriale Integrität schreckt potentielle Investoren ab, außer jene, die den Kosovo als Platz für dunkle Geschäfte, Weißwaschen von Schwarzgeld, Frauenhandel und dergleichen nutzen wollten. Ungeklärte Eigentumsverhältnisse konnten auch von der UNMIK-Verwaltung nicht gelöst werden. Die verschiedensten Ansprüche bestehen bis heute. Eigentümerschaft angemeldet wird vom serbischen Staat; den kosovo-albanischen oder serbischen Arbeiterkollektiven; den Regionalverwaltungen, die teilweise dazu übergegangen sind, gemeinschaftliches Eigentum zu privatisieren; privaten Eigentümern, die entweder durch direkten Raub im Zuge ethnischer Vertreibungen, Privatisierungsanstrengungen unter Milosevic oder der von der UNMIK geleiteten „Kosovo Trust Agency“ (KTA) zu Immobilien, Produktionsstätten oder Grund und Boden gekommen sind. Ein UN-Dekret aus 1999 hatte alle Privatisierungen, die bis dahin getätigt worden waren, für null und nichtig erklärt. Belgrad wiederum anerkennt den durch die KTA in so genannten „Wellen“ betriebenen Ausverkauf staatlichen und kollektiven Eigentums an private Investoren nicht.

Der Fall Trepca

Am Morgen des 15. August 2000 stürmten 3.000 KFOR-Soldaten in französischen, britischen, italienischen und pakistanischen Uniformen, unterstützt von Kampfhubschraubern, die Anlagen des größten kosovarischen Industriekomplexes. Gleichzeitig zerstörte eine Sondereinheit unter jordanischer Führung den serbischsprachigen Sender im Ort Zvecan. Der Vorstandsvorsitzende der Aktiengesellschaft, Novak Bjelic, wurde von NATO-Truppen verhaftet und per UNMIK-Dekret ins serbische Kernland abgeschoben. Die rund um Kosovska Mitrovica gelegene Bergbaumine „Trepca“ war damit militärisch geschlossen worden. Die serbischen Ingenieure und Arbeiter vermochten sich dem massiven Angriff der „Internationalen“ nicht entgegenzustellen. Seither herrscht Ruhe in den Bergen.

Begründet wurde die massive Gewaltanwendung der KFOR offiziell mit der Überschreitung von ökologischen Grenzwerten, die beim Abbau von Blei und anderen Rohstoffen in die Atmosphäre ausgetreten sind. Niemals zuvor in der europäischen Geschichte war indes ein Fall bekannt geworden, wo Luft- und Bodentruppen zur Einhaltung des ökologischen Gleichgewichts in den Kampf gezogen wären. Auch im Kosovo darf getrost davon ausgegangen werden, dass das ökologische Argument nur vorgeschoben wurde. In Wahrheit ging es um die einzige wertvolle Ressource des Landes, die noch unter Slobodan Milosevic von einem Kombinat in eine Aktiengesellschaft umgewandelt worden war. Auch ein ausländischer Investor, der griechische Konzern Mytilinos, war bald als Minderheitsaktionär gefunden. Das Herzstück der kosovarischen Wirtschaft verblieb jedoch in serbischer Hand, sowohl was die Mehrheitseigentümerschaft des Staates als auch die meisten Arbeiter in der serbischen Enklave Mitrovica betrifft. Dies war den internationalen Verwaltern der UNMIK unter Führung des früheren „Médecins sans frontières"-Mannes Bernard Kouchner ein Dorn im Auge. Und deshalb schickte der UNMIK-Chef die KFOR-Soldaten, um sich wirtschaftlich zu holen, was die NATO im Krieg gegen Jugoslawien gewonnen zu haben glaubte.

20.000 Beschäftigte zählte der jugoslawische Vorzeigebetrieb in Zeiten der Arbeiterselbstverwaltung. Sieben Jahre nach dem NATO-Sturm auf die Minen stehen die Gruben still und in den Verwaltungsgebäuden arbeitet eine Handvoll Büromenschen und Ingenieure für monatlich umgerechnet 60 Euro, um die notwendigste Infrastruktur aufrechtzuerhalten. In Kosovska Mitrovica, ja in ganz Kosovo wartet man auf bessere Zeiten.

„Trepca" hat eine lange und traditionsreiche Geschichte. Bereits im Römischen Reich wurde hier Gold und Silber abgebaut. Die mittelalterlichen serbischen Fürsten beschäftigten sächsische Bergarbeiter und Waffenschmiede, die den Bergen das härteste Eisen der ganzen Gegend abrangen. Im 15. Jahrhundert nahmen die nun das Land regierenden Osmanen den Rohstoffabbau wieder auf; sie gewannen Gold, Silber und Blei. Dem südslawischen Königreich unter Karadjordjevic blieb es vorbehalten, die Minen an ausländische Investoren zu verkaufen. 1930 begann der britische Konzern „Selection Trust" mit dem Abbau von Zink, Blei und anderen wichtigen Rohstoffen. Die bis heute bekannteste Mine „Stan trg" verdankt ihren Namen einem Schreibfehler im englischsprachigen Büro. Sie sollte eigentlich „Stari Trg" (Alter Platz) heißen. Während der deutschen Besatzung war es eine Firma im Privatbesitz von Hermann Göring, die dafür sorgte, dass die Batterien der deutschen U-Boote dank dem hier abgebauten Blei in Schwung blieben. Nach dem Zweiten Weltkrieg nationalisierte Tito das riesige Areal, das zu den größten Blei- und Zink-Vorkommen Europas gehört. Zusätzlich lagern im Kosovo noch geschätzte 17 Mrd. Tonnen Braunkohle unter der Erde und stellen eines der reichsten Vorkommen in Europa dar.

Von kosovo-albanischer Seite verbreitete Horrorgeschichten, dass während der 78-tägigen NATO-Angriffe auf Jugoslawien die Stollen von Trepca von serbischen Milizionären mit albanischen Leichen gefüllt würden, haben sich nicht bewahrheitet. Schicksalhaft für das historische Bergbaugebiet war indes der 18. September 1999. Nur wenige Wochen nach der Machtübernahme durch die UNMIK wurde das in Europa vielleicht wertvollste Mineralienmuseum ausgeraubt. Die Steine aus über 30 Ländern der Welt, die seit 1927 gesammelt worden waren, fielen Dieben zu, die die Gunst der Stunde nach dem Abzug der serbischen Armee nutzten, um zu privatisieren, was nicht einmal UNMIK und KFOR entstaatlichen wollten. Dagegen getan haben sie allerdings auch nichts.

„Das Problem von Trepca ist, dass es einerseits eine große Anzahl von Kreditgebern gibt und andererseits ökologische Probleme. Aber die Mine hat wirtschaftliches Potential"[5], fasst der oberste Ökonom des Kosovo, der Brite Paul Acda, die Lage von Trepca Ende Dezember 2006 zusammen. Produziert wird nichts. Die Kosovo Trust Agency ist mit der Privatisierung nicht befasst. Ein eigens installierter Gerichtshof soll die zukünftigen Eigentumsverhältnisse der Mine klären. Der Vorgang verläuft vollständig intransparent. Noch scheint nicht ausgemacht, ob das stärkste wirtschaftliche Argument zur politischen Kontrolle des Kosovo – die Trepca-Mine – in US-amerikanische oder EU-europäische Konzernhände gerät. Firmennamen wie Morrison & Knudsen/USA, Eramet/Frankreich, International Mineral Ressources/Kasachstan und Thyssen-Krupp/Deutschland kursieren an der Gerüchtebörse. Was mit der griechischen Minderheitsbeteiligung geschehen soll, auch dazu ist den Wächtern der freien Marktwirtschaft noch nichts eingefallen. „Wir müssen die Produktion entwickeln und so Trepca für die Privatisierung vorbereiten", schlaumeiert der Vorgänger von Paul Acda im Wirtschaftskommissariat, der Deutsche Joachim Rücker im Mai 2006.[6] Ob es dieser Weitblick war, der vier Monate später seine Beförderung zum Chef der ganzen UN-Mission im Kosovo bewirkt hat? Bislang beschränkte sich jedenfalls der Erfolg der UNMIK-Verwaltung in Sachen Trepca darauf, dass die Minen geschlossen sind.

Der Strom kommt nicht aus der Steckdose

Richtig weh tut die kosovarische Misswirtschaft bei der Stromerzeugung. Mehrmals täglich werden in jeder Straße im ganzen Land Hunderte Benzinaggregate angefahren, um die rhythmischen Black-outs des Energieversorgers „KEK" zu kompensieren. Abenteuerliche Geräte stehen auf den Gehwegen herum, rauchen und ruckeln, prusten und stinken und machen vor allem einen Höllenlärm. Eingeschaltet werden sie von ihren Besitzern zu jeder Tages- und Nachtzeit, immer kurz nachdem der Strom aus den Leitungen ausfällt. Kein Qebap-Stand, kein Wohnhaus und kein Friseurladen kommt ohne seinen ganz privaten Stromerzeuger aus. Routiniert erhöht sich das Stimmvolumen im Kaffeehaus, wenn draußen vor der Tür die Maschine zu zucken und zu röhren beginnt, und mitten in der Nacht zeigt der Blick auf den Wecker, dass es diesmal die nationale Energieversorgungsagentur bis knapp nach Mitternacht geschafft hat, Strom zu liefern.

„Das hat es nicht einmal im alten Jugoslawien gegeben", meint einer der Gäste im Café, der gerade erst dabei war, alles Schlechte im Kosovo der 40-jährigen serbischen Herrschaft zuzuschreiben. Beim Strom bzw. beim Strommangel erfasst auch die nationalsten Albaner eine gewisse Jugo-Nostalgie. Die regionalen Unterschiede sind beträchtlich. Während die Steckdosen in Prishtine die Mehrzahl der Stunden unter Strom stehen, müssen andere Städte mit einer 30%igen Zuteilung auskommen. Die UN-Verwaltung hat es einfach nicht geschafft, nach dem NATO-Krieg die Stromversorgung wieder herzustellen. Stattdessen verwaltet sie auf perfide Weise den Mangel. Das System dazu heißt „ABC" und stellt eine Mischung aus privaten Zahlungsaufforderungen und kollektiven Bestrafungen dar. Wenn z.B. eine Gemeinde und ihre BürgerInnen 90% des Stromverbrauchs im vergangenen

5 Gespräch mit Paul Acda am 18.12.2006 in der UNMIK-Zentrale in Prishtine
6 Vgl. Koha Ditore, 27.5.2006. Zit. in: www.linkezeitung.de

Monat bezahlt haben, dann erhält selbige das „Rating A“. Zwischen einer 60%igen und 90%igen Zahlungsmoral darf eine Ortschaft für das kommende Monat mit „Rating B“ rechnen, während arme, zahlungsschwache Dörfer mit „C“ kategorisiert werden; in diesen macht es für einzelne disziplinierte Kunden keinen Sinn mehr, ihre Rechnung zu bezahlen. Entsprechend der vorhandenen knappen Energiemenge wird dann der Strom verteilt. Im Dezember 2006 wird „B-Zonen“ nach jeweils 5 Stunden Stromversorgung für 2 Stunden die Elektrizität abgedreht, „C-Zonen“ kommen fast nur dann in den Genuss leisen Stroms, wenn gerade einmal Überschüsse existieren.

Geopolitische Interessen

Mit der raschen Anerkennung der slowenischen und kroatischen Unabhängigkeit und der bereits zuvor im Frühjahr 1991 signalisierten Zustimmung zur selbigen hat sich Deutschland 45 Jahren nach dem Zweiten Weltkrieg neuerlich als geopolitischer Faktor in Europa positioniert. Es nahm damit sowohl gegenüber den USA, die noch Mitte Juni 1991 eine Anerkennung von Sezessionen jugoslawischer Teilrepubliken kategorisch abgelehnt hatten, eine konträre Position ein. Gleichzeitig wurde Berlin damit innerhalb der Europäischen Gemeinschaft zur treibenden außenpolitischen Kraft und drängte Paris und London auf dem Balkan in die Defensive. Erst im Februar 1994 meldeten sich die USA mit der von ihnen konstruierten kroatisch-moslemischen Föderation in Bosnien-Herzegowina wieder auf dem südosteuropäischen Terrain zurück. Widersprüche, die sich zwischen den USA und der EU – nicht nur in der Balkanpolitik – aufgetan hatten, wurden zumindest auf personalpolitischer Ebene geglättet. In der Karriere von Javier Solana, der ohne Unterbrechung vom NATO-Generalsekretariat ins EU-„Außenministerium“ wechselte, wird dies deutlich.

Russlands Rolle auf dem Balkan blieb bis zur strikten Ablehnung der Anerkennung einer einseitig ausgerufenen Unabhängigkeit des Kosovo im Jahr 2007 marginal, wiewohl bereits im Juni 1999 große Differenzen zur westlichen Intervention sichtbar waren. Damals landeten unmittelbar nach dem Vertrag von Kumanovo, in dem der Rückzug der serbischen Armee aus dem Kosovo vereinbart worden war, 500 russische Fallschirmjäger in Pristina und demonstrierten damit die militärische Handlungsfähigkeit Moskaus. Der russische Präsident Boris Jelzin verstand diese Aktion, nicht ganz zu unrecht, als kleinen Putschversuch gegen seine im NATO-Kielwasser segelnde Außenpolitik und befahl den Rückzug der Einheiten, die im Rahmen der KFOR durchaus Existenzberechtigung in Serbien gehabt hätten. Kurz zuvor war Europa an einem neuerlichen Krieg knapp vorbei geschrammt. Der Oberbefehlshaber der NATO-Streitkräfte im Kosovo, General Wesley Clark, politisch den Demokraten in den USA zuzurechnen, hatte seinen britischen Kollegen Michael Jackson, der für den KFOR-Einsatz zuständig war, aufgefordert, militärisch gegen die 500 russischen Fallschirmjäger auf dem Flugfeld von Pristina vorzugehen, was dieser abgelehnt hatte. „Für Sie, General Clark“, argumentierte Jackson, „riskiere ich nicht den 3. Weltkrieg.“

„Verhandlungen“ um die Unabhängigkeit

Eigentlich hätte es über den Status des Kosovo nichts zu verhandeln gegeben. Nach dem Rückzug der serbischen Militäreinheiten im Juni 1999 hat die UNO in ihren Resolutionen 1244 (1999) und 1345 (2001) die „Verpflichtung zur Souveränität und territorialen Unversehrtheit Jugoslawiens“ festgeschrieben. Serbien stand als Rechtsnachfolger nie zur Disposition. Es war vor allem der Druck aus den USA, der die Statusfrage des Kosovo auf die internationale Tagesordnung setzte. Beteiligte an diesen Gesprächen meinen „off the records“, dass es reine Scheinverhandlungen gewesen waren. Nachdem das Ahtisaari-Papier für eine von der EU in Kolonialmanier „überwachte Souveränität“ des Kosovo im Juli 2007 von der UNO nicht approbiert worden war, wurde die so genannte Troika beauftragt, bis zum 10. Dezember 2007 eine Verhandlungslösung zu finden. Eine solche gab es nicht, am 28. November mussten EU-Verhandlungsleiter Wolfgang Ischinger und Co. in Baden bei Wien die Gespräche abbrechen.

Die serbische Suche nach einem Kompromiss, mithin das Angebot an die kosovo-albanische Führung, substantielle Autonomie inklusive Teilnahme an wirtschaftlichen internationalen Organisationen, scheiterte nicht zuletzt an der zeitlichen Befristung der Gespräche. Albaner-Vertreter sprachen offen darüber, keinem Kompromiss zustimmen, sondern nur die Unabhängigkeit akzeptieren zu wollen. Nachdem US-Präsident George Bush anlässlich seines Besuchs ausgerechnet in Tirana im Juni 2007 eine Unterstützung für die einseitige Ausrufung einer kosovarischen Staatlichkeit bekundet hatte, bestand für die Verhandler aus Prishtine kein Anlass mehr, zu verhandeln. Dass George Bush diese Äußerung in der albanischen Hauptstadt getätigt hatte, mag ein Hinweis für die Zustimmung der USA zu einem Großalbanien sein, das von den meisten gesellschaftlichen Kräften im Kosovo gewünscht wird.

Erstmals in der Geschichte der UNO hat eine Mehrheit von Sicherheitsratsmitgliedern zugestimmt, einem Mitgliedsstaat, Serbien, einen Teil seines Territoriums ohne eigene Zustimmung wegzunehmen. Nur Russland und China sprachen sich dagegen aus. Ein solch eklatanter Bruch des Völkerrechts bedeutet nichts weniger als den Anfang vom Ende der größten internationalen Organisation. Der Politik von Slobodan Milosevic wird damit nachträglich Recht gegeben, denn während seiner Amtszeit wurde die „territoriale Integrität“ international garantiert, während sie nun, unter geänderten, so genannten „demokratischen“ Verhältnissen in Serbien missachtet wird.

Möglich geworden ist diese unheilvolle internationale Konstellation durch den Druck der USA auf die Staaten der EU. Dieser Druck, glaubt man Diplomaten aus dem Umkreis der Verhandlungen, muss enorm gewesen sein. In informellen Gesprächen auf Galadiners und Festbanketten war die Stimmung eine völlig andere als vor den Mikrophonen. Die allermeisten EU-Diplomaten wollten den Verhandlungsprozess fortsetzen. Auf Pressebriefings gaben sie allerdings der Überzeugung Ausdruck, der Zug sei abgefahren. Eine Schlüsselrolle nahm die neue französische Regierung ein, die sich transatlantische Bündnistreue auf ihre Fahnen geschrieben hat und mit dem heutigen Außenminister Bernard Kouchner den ersten Kolonialverwalter im Kosovo stellte, in dessen Amtszeit die Vertreibungen der Serben und

Roma zum Massenphänomen wurden. Sarkozy betreibt offen die Ablösung Großbritanniens als europäische Flanke der USA und setzt Paris an die Stelle Londons, womit der Gaullismus endgültig der Vergangenheit angehört.

Das Kalkül der USA dürfte ein Doppeltes sein: im slawisch-orthodoxen Umfeld auf dem Balkan eine starke und treue albanische Bastion zu errichten und zugleich den Spaltkeil in die Europäische Union zu treiben. Denn mit der bevorstehenden administrativen Übernahme des Kosovo durch die EU werden die wirtschaftlich, sozial und ethnisch nicht gelösten Probleme Brüssel und den EU-Mitgliedstaaten aufgebürdet. Viele von ihnen – wie Zypern, Griechenland, Spanien, Rumänien, Bulgarien, die Slowakei – stehen einer formalen Unabhängigkeit des Kosovo skeptisch bis ablehnend gegenüber.

Die Verweigerung der Anerkennung staatlich-kosovarischer Autorität im nördlichen, serbisch besiedelten Teil der Provinz und Pläne für ein Referendum in der bosnischen Republika Srpska ihre Unabhängigkeit betreffend könnten unmittelbare Konsequenzen der Missachtung der UNO-Resolution 1244 und der Umgehung des UN-Sicherheitsrates sein und schwere Krisen zur Folge haben. Angedrohte diplomatische Schritte Belgrads gegen jene Staaten, die Kosovo anerkennen, wären in der Lage, bilateral Beziehungen und die Arbeitsfähigkeit internationaler Organisationen - vor allem der OSZE, für die Einstimmigkeit bei der Beschlussfassung gilt - beträchtlich zu erschweren.

Völkerrechtlicher Präzedenzfall

Eine von außen erzwungene Abspaltung des Kosovo von Serbien ohne UN-Sicherheitsratsbeschluss und ohne Zustimmung Serbiens bedeutet das Ende des Völkerrechts, wie es seit dem Zweiten Weltkrieg interpretiert worden war. Solange die UN-Resolutionen 1244 und 1345 die staatliche Souveränität Jugoslawiens (und damit seines unumstrittenen Nachfolgers Serbien) in Kraft bleiben, müssten alle Staaten, die sich darüber hinwegsetzen und eine Unabhängigkeit der Provinz anerkennen, von der UNO zumindest ermahnt werden. Geschieht dies nicht, hat die UNO eine ihrer wesentlichen Aufgaben, die territoriale Integrität ihrer Mitgliedsstaaten zu schützen, aufgegeben.

Schon der 78 Tage dauernde NATO-Einsatz gegen Jugoslawien im März 1999 war völkerrechtswidrig. „Bomben für Menschenrechte“ lautete damals die von Washington und Brüssel unisono verbreitete Devise, die medial weitgehend unhinterfragt blieb. Mehr noch: Bekannten deutsche und französische Philosophen unterlegten diesen vermeintlichen Fortschritt der Ablöse des Völkerrechts durch das Menschenrecht ideologisch. Bernard Henry-Levi und Jürgen Habermas gehörten zu den intellektuellen Speerspitzen der Kriegslegitimation. Habermas z.B. meinte in seinem Beitrag „Ein Krieg an der Grenze zwischen Recht und Moral“, dass der „Kosovo-Krieg (gemeint: der Krieg gegen Jugoslawien, HH) einen Sprung auf dem Wege des klassischen Völkerrechts der Staaten zum kosmopolitischen Recht der

Weltbürgergesellschaft“[7] bedeutete. Was „nationales Selbstbestimmungsrecht“, und darum ging es den Kosovo-Albanern, mit einem „kosmopolitischen Recht der Weltbürgergesellschaft“ zu tun hatte, konnte der herrschaftliche Denker freilich nicht erklären. Um Selbstbestimmung – ob national oder sozial – ging es überhaupt nicht.

Eine Selbstbestimmung des Kosovo wird es auch nach 78 Kriegstagen und acht Jahren Besatzung durch UNMIK und KFOR nicht geben. Deshalb spricht auch der Ahtisaari-Plan von „überwachter Unabhängigkeit“, mithin von kolonialer Verwaltung. Die Rolle des „kosmopolitischen Weltbürgers“ darin nimmt der „internationale Verwalter“ ein, der – vom Westen kommend – es vermeintlich besser weiß als die ortsansässige Bevölkerung. Sein höchster Repräsentant, ein Diplomat aus EU-Europa, steht über den Beschlüssen der lokalen Bevölkerung. Dementsprechend wichtiger und wertvoller sind seine und seinesgleichen Expertisen. Womit wir zu schlechter Letzt noch eine rassistische Fundierung des Konzepts eines „kosmopolitischen Weltbürgers“ ausmachen, auf dessen Basis zukünftig Regionen wie der Kosovo mit neuer Legitimität von außen dirigiert werden.

Kosovos politische Elite am Gängelband der EU

Die politische Elite des Kosovo ist schwach. Sie ist allein durch die Tatsache, dass sie mit Hilfe der NATO-Bomben an die Macht gekommen ist, mehr als andere nationale Führer von äußeren Kräften abhängig. Wie sehr, zeigte sich zuletzt bei der Installierung der neuen „Koalitionsregierung“ im Januar 2008. Die Koalition der nationalen Einheit, wie sie von UCK-Führer Hashim Thaci mit seiner „Demokratischen Partei“ und den Resten der einst überragend mächtigen Demokratischen Liga (LDK) des verstorbenen Ibrahim Rugova eingegangen worden ist, wäre ohne direktes Zutun des „Hohen Repräsentanten“, Joachim Rücker, nicht möglich gewesen. Um der LDK politische Präsenz zu erhalten und sie unter die einst gehassten Fittiche von Thaci zu zwingen, hat Rücker kurzer Hand die Legislaturperiode des Präsidentenamtes, das von LDK-Mann Fatmir Sejdiu eingenommen wird, von drei auf fünf Jahre verlängert. Somit konnte verhindert werden, dass in den nächsten Jahren Hashim Thacis Demokratische Partei auch auf das Präsidentenamt zugreift. Überall sonst in der Welt würde ein solcher Akt als diktatorische Intervention bzw. - hätte der Kosovo überhaupt eine Verfassung - Verfassungsputsch gebrandmarkt. Im Kosovo walten die „Internationalen“ seit Jahren nach diesem Muster und ihrem Belieben.

„Selbstbestimmung“

Es regt sich zunehmend Widerstand gegen die Protektoratsverwaltung. Vor allem die Gruppe „Vetevendosja“ („Selbstbestimmung“) des albanisch-nationalen, antiimperialistischen Albin Kurti kämpft seit 2005 gegen die koloniale Manier der

7 Jürgen Habermas, Bestialität und Humanität. Ein Krieg an der Grenze zwischen Recht und Moral. In: Reinhard Merkel (Hg.), Der Kosovo-Krieg und das Völkerrecht. Frankfurt/Main 2000, S. 53

UNMIK-Verwaltung. Seit November 2006 kann von einer Massenbewegung gesprochen werden. Am 28. November 2006, dem neuen kosovarischen Nationalfeiertag, demonstrierten über 10.000 Menschen im Zentrum von Prishtine gegen die Kolonialpolitik der UNMIK. „Keine Verhandlungen – Selbstbestimmung" lautete die Losung der von der gleichnamigen Bürgerinitiative organisierten Veranstaltung. Das zentrale UNMIK-Gebäude wurde mit Farbbeuteln beworfen und vereinzelt UNMIK-Personal attackiert. Betonbarrikaden der UNO-Verwaltung kamen unter Hämmer und Sägen, wurden zerschlagen und in den umzäunten Komplex geworfen. Offiziellen Angaben zufolge gab es keine Verletzten.

Zwischen die national-albanischen Sprechchöre der Demonstranten mischten sich soziale Begehren: „Für ein selbstbestimmtes Leben und für soziale Standards" hieß es aus der großteils aus Jugendlichen bestehenden Menge. Ihr Sprecher Albin Kurti erinnerte an die Proteste in Budapest anlässlich des 50-Jahr-Gedenkens zur Niederschlagung der ungarischen Revolte und an die Jugendunruhen in Paris desselben Jahres.

Überall in der kosovarischen Hauptstadt haben Aktivisten der Gruppe „Vetevendosja" („Selbstbestimmung") ihre Hauptforderung an die Wände der Hausmauern gesprayt: „Keine Verhandlungen – Selbstbestimmung". Sie trauen den Verhandlern von UNMIK genauso wenig über den Weg wie der albanischen Elite. Den „Internationalen" werfen sie koloniales Gebaren vor und den eigenen Parteien Verrat. „Die UNMIK ist eine pyramidal aufgebaute, autoritäre Struktur. Sie kamen hierher und haben die lokalen, parallel zur serbischen Besatzung aufgebauten Strukturen zerstört. Sie eignen sich alles an: politische Herrschaft und ökonomische Macht", bilanziert die unumstrittene Führungsfigur der Gruppe, Albin Kurti, die Lage. „Wir wollen ein klares Zeitlimit für die Internationalen in Kosova." Für die Nichtregierungsorganisationen im Land hat der begnadete Rhetoriker Kurti überhaupt kein Verständnis. Den Internationalen offizieller und inoffizieller Provenienz wirft er vor, die individuelle Freiheit vor die kollektive zu stellen. „Die kollektive Freiheit", meint Kurti, „ist eine Voraussetzung für individuelle Freiheit. Ohne Selbstbestimmung verkommt Freiheit zur Farce. Deshalb", so der 32-Jährige im Gespräch, „bringen wir die Sache auf den Punkt: zuerst der Staat, dann der Pluralismus."

Albin Kurti residiert mit seiner Gruppe „Selbstbestimmung", die vor 2005 „Kosovo Action Network" geheißen hat, in einem Haus im Zentrum von Prishtine. Schriftreif sprudelt es aus ihm in perfektem Englisch heraus. Der 1975 in Prishtine geborene Kurti studierte Komputerwissenschaft und Telekommunikation an der Universität Pristina, konnte aber sein Studium erst nach dem Krieg beenden. Im August 1998 schloss er sich dem legendären Adem Demaci an, der als Nelson Mandela des Kosovo gilt, weil er viele Jahre in serbischen Gefängnissen verbracht hatte. Der Bruch mit der UCK erfolgte bereits Ende Januar 1999, als der widerspenstige Demaci auf Druck der USA durch Hashim Thaci ersetzt worden war. Demaci war nicht bereit gewesen, bei den Gesprächen im französischen Rambouillet Kompromisse über Souveränitätsrechte im Kosovo einzugehen. Am 27. April 1999, während die NATO Jugoslawien bombardierte und serbische Einheiten den Kosovo durchkämmten, wurde Albin Kurti von der Polizei verhaftet, mit dem

Rückzug der Serben im Juni 1999 in ein Gefängnis in Nis transferiert. Nach zweieinhalb Jahren hinter Gittern kam er, der wegen Staatsgefährdung zu 15 Jahren verurteilt worden war, am 7. Dezember 2001 frei. Mittlerweile haben ihn seine Ideen auch schon kosovarische Gefängnismauern von innen sehen lassen. Er pendelt zwischen Hausarrest und Knast. Den eigenen Eliten gilt er als „Leninist" und „Aufrührer".

Aufsehen erregt hat die Gruppe „Selbstbestimmung" im Herbst 2006 auch mit einem fingierten Flugblatt, das an UNMIK-Personal und in den Straßen von Prishtine verteilt worden ist. Unter dem Titel „Zehn Merksätze für die Evakuierung", der sich an das internationale Personal wendet, steht da zu lesen: „Heute wurden wir gezwungen, Kosovo zu verlassen. (...) Die Einwohner von Kosovo haben entschieden, unser Gesetz und unsere Kolonisierung nicht mehr zu tolerieren. Wir müssen unsere Flucht selbst organisieren. Die Evakuierung sollte nicht wie unsere Mission ablaufen, sie muss erfolgreich sein." Das mit UNMIK-Briefkopf ausgestattete Flugblatt fordert die Internationalen mit zynischem Unterton auf, in Anspielung an die desaströsen wirtschaftlichen Verhältnisse und politischen Strukturen des Landes folgende Regeln beim Abzug zu beachten: „Verwendet keine Aufzüge oder sonstige Geräte, die mit Strom funktionieren. Vergesst nicht auch das Wandbild von Kofi Annan. Besteht nicht darauf, im eigenen Jeep zu fliehen, nehmt den nächsten, der vorbeifährt. Traut der Lokalbevölkerung nicht. Schaut nur auf euch selbst, genau so wie ihr es während eurer Mission hier gemacht habt. Kümmert euch nicht um lokales Recht, ihr seid ihm nicht unterstellt. Behandelt das Land, wohin ihr geht, nicht so wie ihr Kosovo behandelt habt, weil das ein Staat ist, in dem ihr nicht über dem Gesetz steht. Und zu guter Letzt: Vergesst Kosovo nicht, denn ihr werdet niemals mehr eine Aufgabe wie diese bekommen, wo ihr tun konntet, was immer ihr wolltet."

Die Parlamentswahlen vom November 2007 sind von Kurti und seinen Leuten boykottiert wurden. Vetevendosja warf den großen wahlwerbenden Gruppen ihre koloniale Anbindung an die externen Verwalter vor. Die niedrige Wahlbeteiligung von unter 45% hat ihnen Recht gegeben. Den EU-Verwaltern und US-Truppen im Kosovo kann das egal sein. Ihr Engagement gilt einer pflegeleichten politischen Elite, mit der der Status einer „überwachten Unabhängigkeit" auf lange Jahre perpetuiert werden kann. Westliche Investoren werden den wirtschaftlichen Nutzen, die NATO den militärischen und die Verwalter der seltsamen „Internationalen" den politischen Nutzen daraus ziehen.

Paul Schäfer

US-Streitkräfte in Deutschland

Auch fast zwei Jahrzehnte nach dem Ende des Kalten Krieges nimmt Deutschland eine Schlüsselposition in den macht- und militärpolitischen Planspielen der US-Regierung ein. Diese Schlüsselposition begründet sich nicht vorrangig in der wachsenden militärischen Unterstützung der US-Politik durch die Bundeswehr, sondern in der über Jahrzehnte aufgebauten militärischen Infrastruktur der US-Streitkräfte in Deutschland, der rechtlichen Sonderstellung und der geographischen Lage als Drehscheibe für die US-Interventionen und Besatzungen im Nahen Osten, Zentralasien und Afrika. Mit der Schließung der bisherigen transatlantischen Drehscheibe des Flughafens Shannon (Irland) wird die Bedeutung Deutschlands noch wachsen. Im November 2007 hat US-Verteidigungsminister Robert Gates bereits angekündigt, dass entgegen den ursprünglichen Planungen doch mehr US-Soldaten in Deutschland stationiert bleiben sollen. Die Truppenstärke beträgt etwa 63.000 (plus etwa 10.000 zivile Unterstützungskräfte). In den nächsten Jahren soll die militärische Präsenz lediglich auf etwa 43.000 Soldaten statt der ursprünglich geplanten 24.000 reduziert werden.

Diese dauerhafte Stationierung der US-Truppen in Deutschland ist aus friedenspolitischer Sicht kritisch zu bewerten – erst Recht solange die US-Regierung an ihrem „Krieg gegen den Terror“ festhält. Dieser schmutzige Krieg wird zwar vom Central Command in Tampa Bay, Florida, koordiniert, aber auch der European Command (EUCOM) der US-Streitkräfte in Stuttgart spielt hierbei eine wichtige Rolle. Die US-Streitkräfte und ihre Dienstleistungsunternehmen nutzen zivile deutsche Flughäfen für den Transport in und aus ihren Kriegsgebieten, der deutsche Luftraum wird für Überflüge (u.a. verschleppter Menschen) genutzt, in Deutschland stationierte Einheiten werden in den Irak und nach Afghanistan verlegt. Seitens der Bundesregierung wurden und werden den USA ungeachtet der fehlenden völkerrechtlichen Grundlage für den Krieg gegen den Terror und den Angriff auf den Irak keine Steine in den Weg gelegt. Die Bundesregierung verzichtet weitestgehend auf die minimalsten Konsultationspflichten und steckt lieber den Kopf in den Sand. Eine Zeitlang hat die Bundeswehr sogar die Bewachung von US-Kasernen übernommen, damit das US-Personal in den Kriegsgebieten eingesetzt werden kann.

Aber auch unabhängig vom „Krieg gegen den Terror“ sind die US-Militärstandorte in Deutschland – und gleiches gilt im übrigen auch für die Bundeswehr – friedenspolitisch bedenklich. Sie dienen in „Friedenszeiten“ dazu, das US-Militär zur Vorbereitung und Führung von Kriegen zu befähigen.

An wenigstens einem Standort in Deutschland, in Büchel, werden nach wie vor US-Atomwaffen gelagert. Mit der Aufstellung von AFRICOM bei Stuttgart schaffen die USA die militärischen Voraussetzungen für militärische Interventionen auf dem afrikanischen Kontinent. Darüber hinaus ist das Militär auch ohne Krieg ein gesellschaftlicher Kostenfaktor und bindet knappe finanzielle Mittel, z.B. in Bezug auf den Unterhalt und Erhalt der Infrastruktur, den Energieverbrauch, die Umweltbelastung durch Manöver und die Einschränkung der Lebensbedingungen der Bevölkerung.

Rechtliche Grundlagen der US-Militärpräsenz

Eine dringend notwendige kritische politische Auseinandersetzung mit der US-Militärpräsenz in Deutschland kommt allerdings nicht umhin, sich auch mit der juristischen Dimension bzw. den Rechtsgrundlagen für die Anwesenheit und den Aktionsradius der US-Streitkräfte in Deutschland zu beschäftigen.

Die wichtigsten Rechtsgrundlagen sind der Aufenthaltsvertrag von 1954, das NATO Truppenstatut (NTS) von 1951 und das Zusatzabkommen zum NATO-Truppenstatut (ZA-NTS) von 1959. Alle drei Verträge können zwar theoretisch seitens Deutschlands gekündigt werden. In der Praxis scheint jedoch nicht klar, unter welchen Umständen dies erfolgen könnte. Aufgrund der Notenwechsel vom 25.9.1990 und 16.11.1990 kann Deutschland durch Anzeige den Aufenthaltsvertrag unter Einhaltung einer Frist von zwei Jahren beenden. Die Kündigung des NTS ist sogar durch schriftliche Notifizierung innerhalb von nur einem Jahr möglich. Allerdings hat sich die Bundesregierung im ZA-NTS verpflichtet, das NTS nur aus dringenden Gründen zu kündigen. Das ZA-NTS wiederum kann nur mit einer Zwei-Jahres Frist beendet werden.

Diese Abkommen schränken in weiten Teilen de facto die Souveränität und Kontrolle der Bundesregierung über die Aktivitäten der US-Streitkräfte ein, auch wenn formal sämtliche Befugnisse von der Bundesregierung freiwillig gewährt und wieder zurückgenommen werden können.

Zu denen wichtigsten gewährten Vorrechten zählen:

- die ungehinderte Bewegungsfreiheit der Soldaten in und durch Deutschland, solange Herkunft und Ziel einem anderen NATO-Staat gelten (Art.1 Abs. 4 Aufenthaltsvertrag). Gleiches gilt auch für Kriegswaffen, solange das ordentliche Benachrichtigungsverfahren der deutschen Behörden eingehalten wird;
- die Bereitstellung von Infrastruktur (Straßen, Gebäude, Übungsgelände) für den militärischen Betrieb und der ungehinderte Betrieb der zugewiesenen Liegenschaften (Art. 46 Abs. 1 ZA-NTS) inklusive notwendiger Baumaßnahmen und bis hin zur Übernahme der Kosten für die Beseitigung von Manöver- und Umweltschäden. Truppen und Gefolge können die Liegenschaften nutzen wie sie wollen, sofern es der Erfüllung der Verteidigungspflichten dient (Art. 53 Abs. 1 ZA-NTS). Erst seit 1993 gibt es eine bilaterale Verwaltungsvereinbarung zur Regelung wenigstens der laufenden Vorsorge gegen Umweltbeeinträchtigungen;
- die Gewährung von Sonderrechten (Befreiung von Zöllen und andere Vergünstigungen) für zivile Firmen und private Sicherheitsdiensleistungsunternehmen, die im Auftrag der Alliierten Streitkräfte in Deutschland tätig sind (ZA-NTS Art. 72, Abs.4). 2006 gab es etwa 90 laufende Verträge mit insgesamt 1.700 Arbeitnehmern, für die die US-Regierung die Anwendung dieses Artikels beantragt hat;

- die weitgehende Gewährleistung der Zuständigkeit der US-Rechtsprechung für die Truppen und das zivile Gefolge inkl. Familien der US-Streitkräfte (Art. VII NTS). Aufnahmestaat (Deutschland) und Entsendestaat (USA) teilen sich zwar formal die materielle Strafgewalt, die USA haben aber das Vorrecht bei strafbaren Handlungen von Soldaten und zivilem Gefolge, die gegen Personen und Dinge des Entsendestaates gerichtet sind oder sich aus Unterlassung ergeben. Die Bundesregierung kann im Wesentlichen nur noch Strafverfolgungsmaßnahmen, die zur Verhängung der Todesstrafe führen können, nach deutschem Gesetz verfolgen.

Darüber hinaus beeinflussen auch einige andere internationale Vereinbarungen den Aufenthalt der US-Streitkräfte in Deutschland. Mit dem „Zwei-plus-Vier Vertrag“ von 1990 wurde zum Beispiel seitens der Bundesregierung und der Westalliierten zugesichert, dass die NATO-Staaten keine Soldaten in den neuen Bundesländern dauerhaft stationieren werden. Wichtig sind in dieser Hinsicht auch der Nordatlantikvertrag von 1949 und die darauf aufbauenden weiteren NATO-Vereinbarungen. Deutschland verpflichtet sich zur Bereitstellung von Infrastruktur auch für US-Truppen und gestattet den USA, im Rahmen der „nuklearen Teilhabe“ Atomwaffen zu stationieren und nach eigenen Sicherheitsvorschriften zu unterhalten.

Unter dem Strich ist die Mehrzahl der Vereinbarungen mit den USA darauf ausgerichtet, den US-Streitkräften in Deutschland Sonderrechte einzuräumen. Gepaart mit der fehlenden Bereitschaft der Bundesregierung, die wenigen verbleibenden Kontrollmöglichkeiten zu nutzten, bedeutet dies in der Praxis einen Freibrief für das US-Militär. Die Bundesregierung macht zum Beispiel keinen Gebrauch von ihrem Zugangsrecht zu den meisten US-Liegenschaften – mit Ausnahme von Gebäuden und Einrichtungen, zu dessen Betrieb sie nicht befugt sind (wie z.B. Atomwaffenlagern) – um sich u.a. über die Haftbedingungen in den US-Militärgefängnissen zu informieren. Außerdem findet de facto keine Erfassung und Kontrolle der US-Flugbewegungen über Deutschland statt. Die USA verfügen für ihre Militärluftfahrzeuge über eine Dauergenehmigung (Military Diplomatic Clearance/MDC), die zur Landung in den alten Bundesländern berechtigt. Eine Überprüfung, ob es sich bei einem Flug eigentlich um einen genehmigungspflichtigen Transport von Truppenteilen außerhalb des NATO-Rahmens handelt, die den deutschen Luftraum benutzen, um anschließend ohne „NATO-Auftrag“ in einen nicht-NATO-Staat zu fliegen, findet nicht statt. Für den Einflug in den Luftraum der neuen Bundesländer und nach Berlin ist dagegen immer eine Einzelgenehmigung zu beantragen. Die Unterstützungsflüge für die US-Streitkräfte unter Nutzung ziviler Flughäfen und ziviler Firmen werden dagegen gar nicht registriert. Die Bundesregierung vertritt hier die Auffassung, dass Truppentransporte und Transporte militärischen Geräts nicht automatisch als militärische Nutzung gelten und damit nicht anzeigepflichtig sind.

Übersicht über die US-Stützpunkte in Deutschland

Der Stellenwert Deutschlands als wichtige Stationierungsregion für die USA wird durch einen Vergleich der Angaben in der Base Structure Review 2007 des US-Verteidigungsministeriums deutlich:

Von den 823 größeren Liegenschaften außerhalb der USA befinden sich 287 in Deutschland – mit weitem Abstand folgen Japan (130) und Südkorea (106). Die Liegenschaften in Deutschland umfassen eine Fläche von etwa 74.700 Hektar.

Von den etwa 175.000 dauerhaft im Ausland stationierten US-Truppen befindet sich das größte Kontingent mit knapp 64.000 US-Soldaten in Deutschland. Hinzu kommt noch das zivile Gefolge mit einem Personalbestand von etwa 9.000.

Mit Ausnahme der zwei Standorte Bremerhaven und Geilenkirchen verteilen sich sämtliche US-Stützpunkte in Deutschland auf die Bundesländer Baden-Württemberg (mit etwa 8.200 Soldaten), Bayern (19.000 Soldaten), Hessen (11.200 Soldaten) und Rheinland-Pfalz (23.800). Den größten Truppenteil stellt mit etwa 49.100 die US Army, 14.800 gehören zur US Air Force.

Die wichtigsten Einrichtungen der US-Streitkräfte in Deutschland sind die Hauptquartiere der US Army Europe (Heidelberg) und der US Air Force Europe (Ramstein) sowie das European Command der US-Streitkräfte (EUCOM) in Stuttgart. Wenigstens vorübergehend wird in Stuttgart auch der Stab des African Command aufgebaut. Von strategischer Bedeutung sind auch die Luftwaffenstützpunkte in Büchel und Ramstein, da an beiden Standorten auch Atomwaffen gelagert werden können. Als gesichert gilt, dass derzeit noch in Büchel Atomwaffen gelagert sind. Maximal können dort 44 A-Waffen gelagert werden, derzeit sollen sich 20 dort befinden.

Im Wesentlichen gehören die in Deutschland stationierten Truppen der US Army zum V. Corps/7th Army. Dieser Militärverband setzt sich zusammen aus der 1st Armored Division (bei Wiesbaden), dem 2nd Stryker Cavalry Regiment (bei Vilseck/Grafenwöhr), 12th Combat Aviation Brigade (bei Ansbach), 18th Engineer Brigade (bei Heidelberg), 69th Air Defense Brigade (bei Würzburg). Das V. Corps untersteht dem EUCOM und ist bislang das einzige US-Hauptquartier auf Korpsebene der USA im Ausland.

Inzwischen rückt die US-Regierung immer deutlicher von den ursprünglichen Plänen ab, die Truppenstärke in Deutschland auf 24.000 zu reduzieren. Allerdings planen die USA weiterhin, die Gesamtzahl der in Europa stationierten US Soldaten von 95.000 auf 60.000 zu reduzieren. Gemäß den Vorgaben der US-Regierung geht es vor allem darum, in Europa schnell verlegbare leichter bewaffnete Einheiten zu stationieren. Im Zuge dieses Umstrukturierungsprozesses wird es auch in Deutschland zu Veränderungen kommen. Allerdings wird Deutschland weiter eine wichtige Rolle in den US-Planungen spielen, da es die äußerst wichtigen folgenden Bedingungen erfüllt: Gewährleistung der uneingeschränkten Bewegungsfreiheit der US-Truppen, gemeinsame Transformation/Interoperabilität der Streitkräfte, gute Infrastruktur, adäquate rechtliche Regelungen (z.B. keine Auslieferung von US-Soldaten an IStGH) und gute Lebensqualität.

Auch wenn die endgültige Entscheidung über die Standorte in Deutschland wohl erst nach der US-Präsidentschaftswahl 2008 getroffen werden wird, ist bereits heute abzusehen, dass ein Konzentrationsprozess stattfinden wird, der sich primär an folgenden Kriterien orientieren wird: günstige Verkehrsanbindung (Flugplätze), Liegenschaften mit größeren Materialdepots und freistehenden Wohnflächen, Infrastruktur für die Zusammenführung von Einsatzbrigaden. Die Liegenschaften der US Army Europe in Deutschland sollen auf 65 Liegenschaften an fünf Standorten (Ansbach, Grafenwöhr/Hohenfels, Kaiserslautern, Stuttgart, Wiesbaden) konzentriert werden.

Kernstück der neuen Machtprojektionsstrategie ist die Ablösung der schweren mechanisierten Verbände durch die Stationierung sogenannter Stryker Brigades (oder Brigade Combat Teams) und entsprechender Unterstützungskräfte. Diese Stryker-Brigaden sollen innerhalb von 24 Stunden im Krisengebiet im Einsatz sein können. Die 1st Armored Division und die 1st Infantry Division werden bis 2011 in die USA zurückverlegt und im Gegenzug werden 2 Brigade Combat Teams nach Deutschland verlegt. Der Anfang wurde 2006 mit der Verlegung der Stryker Brigades nach Vilseck gemacht. Das 2. Stryker Cavalry Regiment umfasst 3.600 Soldaten, 1.200 Fahrzeuge, davon 337 Stryker-Panzer.

Mit der Truppenneuordnung in Europa ist auch eine Restrukturierung der Kommandostrukturen verbunden. Das HQ der US Army Europe (USAREUR) und das HQ des V. US Corps sollen zum verlegbaren Task Force HQ in Wiesbaden zusammengelegt werden. Die logistischen Kommandos sollen in einem Theater Support Command und einem US Medical Command bei Kaiserslautern/Landstuhl zusammengefasst werden.

Derzeit wird in Stuttgart außerdem das eigenständige African Command aufgebaut. Der bereits eingerichtete vorläufige Stab in Stuttgart sollte näher nach Afrika verlegt werden, aber ungelöste Probleme, wie z.B. die Suche nach einer geeigneten Host Nation in Afrika und die Kosten für den Aufbau der Infrastruktur, lassen einen Verbleib in Stuttgart wahrscheinlicher werden.

Konsequenzen der US-Truppenstationierung für Deutschland

Allem voran bedeutet die Stationierung von US-Truppen in Deutschland natürlich eine Mitverantwortung der Bundesregierung für die Konsequenzen der militärischen Machtpolitik der USA. Am deutlichsten ist dies beim völkerrechtswidrigen Angriffskrieg gegen den Irak erkennbar geworden. Bis heute werden in Deutschland stationierte US-Einheiten in den Irak verlegt, bis heute werden US-Truppen und Kriegsgerät aus den USA via Deutschland in den Irak transportiert. Hierfür darf die USA auch zivile deutsche Flughäfen benutzen. Auf dem Flughafen Leipzig konnte zum Beispiel ein dramatischer Anstieg der Flüge nach Oman, Kuwait, Saudi Arabien, Usbekistan, Afghanistan und Irak (von 0 auf 39 im Juli und im Oktober sogar 78) beobachtet werden. Über Leipzig sollen im Frühjahr 2007 wenigstens 400 US-Soldaten in den Irak und Afghanistan transportiert worden sein. Darüber hinaus nutzen auch einschlägige Partnerfirmen der US-Streitkräfte wie World Airways Leipzig als Drehplatz. Ähnliches wird für den Flughafen Hahn bei Frankfurt berichtet. Hier sollen zivile Fluggesellschaften US-Soldaten im Auftrag des US-Verteidigungsministeriums in die Einsatzgebiete oder in die Heimat gebracht haben. Mit einer ähnlichen Entwicklung ist für den Flughafen Nürnberg zu rechnen, wenn die Stryker-Verbände des in der Nähe gelegenen Standortes Vilseck in die Einsatzgebiete verlegt werden.

Diese Mitverantwortung erstreckt sich auch auf die Menschenrechtsverletzungen, die die USA im Rahmen des „Kriegs gegen den Terror" begangen haben. Die Bundesregierung hatte frühzeitig Kenntnis von Verschleppungen mutmaßlicher Terroristen und sogenannter „Rendition-flights". Gleichwohl hat die Bundesregierung nichts unternommen, um solche Verschleppungen und Menschentransporte über Deutschland zu unterbinden. Das European Command in Stuttgart konnte ungehindert diese Flüge koordinieren – trotz deutschem Verbindungsoffizier dort. Über die Flughäfen Frankfurt und Ramstein konnten „Rendition-flights" stattfinden.

Die negativen Implikationen der militärischen Präsenz der USA in Deutschland erstrecken sich auch auf den Bereich der Rüstungskontrolle. Durch das bedingungslose Festhalten am Prinzip der nuklearen Teilhabe in der NATO und der daran gekoppelten Lagerung von US Atomwaffen auf US-Stützpunkten in Deutschland trägt die Bundesregierung erheblich dazu bei, den Nichtverbreitungsvertrag zu schwächen. Das System der nuklearen Teilhabe konterkariert die im Nichtverbreitungsvertrag festgelegten Verpflichtungen zur Reduzierung der Atomwaffenarsenale und zur Verhinderung des Zugriffs von Nicht-Atomwaffenstaaten auf Atomwaffen.

Die ökonomischen und gesellschaftlichen Kosten der militärischen Präsenz der USA in Deutschland sind nur schwer zu beziffern. Die Bundesregierung ist aufgrund der verschiedenen Abkommen verpflichtet, „bestimmte Verteidigungsfolgekosten" zu tragen, wie z.B. Ausgaben für Unterstützungsleistungen an zivile Arbeitskräfte der Entsendestreitkräfte, die Regulierung von Manöverschäden und den Unterhalt der genutzten Liegenschaften. Nach Angaben der Bundesregierung wurden zwischen 2001 und 2006 etwa 460 Mio. € hierfür ausgegeben. Das Ausmaß der Umweltbelastungen durch die militärischen Aktivitäten der US-Streitkräfte in Deutschland ist genauso wenig zu ermitteln wie die Umweltbelastungen durch die Bundeswehr. Klar ist nur, dass es zu erheblichen Lärmbelästigungen durch den Betrieb von Schießständen, die Nutzung von Luft-Boden-Schießplätzen und ausgewiesenen Luftkampfzonen kommt. Mit dem Ausbau der US-Infrastruktur um Ramstein und Spangdahlem und der intensiveren militärischen Nutzung des Luftraums hat sich dort die Belastung der Bevölkerung erheblich erhöht. Durch den militärischen Betrieb auf dem Luftwaffenstützpunkt Ramstein wurde das Grundwasser derart kontaminiert, dass nun die Wasserversorgung durch die Technischen Werke Kaiserslautern sichergestellt werden muss.

Abzug der US-Streitkräfte aus Deutschland

Die Durchsetzung einer friedensorientierten Außen- und Sicherheitspolitik in Deutschland erfordert natürlich in erster Linie eine Neugewichtung der eigenen Instrumente. Das Hauptaugenmerk muss deswegen auf Abrüstung und Verkleinerung der Bundeswehr gelegt werden. Gleichzeitig darf nicht außer Acht gelassen werden, dass die Tragfähigkeit und Glaubwürdigkeit einer solchen Friedenspolitik auch maßgeblich von einer konsequenten und klaren Haltung gegenüber den

Bündnispartnern abhängt. Hinsichtlich der Präsenz der US-Streitkräfte in Deutschland kann es deswegen nur eine Zielvorgabe geben: Den Abzug der US-Streitkräfte und sämtlicher Atomwaffen aus Deutschland.

Daraus lässt sich eine Reihe von konkreten Forderungen ableiten:

- Die Bundesregierung muss klar stellen, dass Maßnahmen zur Vorbereitung oder Führung von Angriffskriegen oder Durchführung völkerrechtswidriger militärischer Besatzungen aus dem deutschen Staatsgebiet heraus nicht geduldet werden.
- Deutschland muss die Beteiligung an der nuklearen Teilhabe beenden und künftig jegliche Stationierung von Atomwaffen auf deutschem Staatsgebiet untersagen.
- Die Bundesregierung muss konsequent die Kontrollrechte nutzen, die ihr derzeit zur Verfügung stehen. Sie muss regelmäßige Inspektionen und Überprüfungen der militärischen Liegenschaften, insbesondere der Gefängnisse und Übungsplätze, durchführen und auf eine bessere Erfassung des militärischen Luftverkehrs dringen.
- Die bislang gültigen Vereinbarungen über die Stationierung ausländischer Truppen in Deutschland müssen aufgekündigt werden. Eine mögliche Neufassung entsprechender Vereinbarungen innerhalb der NATO oder bilateral sollte sich an folgenden Forderungen orientieren:
- Keine pauschale Genehmigung für Überflüge, keine Nutzung ziviler Flugplätze oder Flugplätze der Bundeswehr, die Beschränkung von Rechten auf Einheiten, die nur für Aufgaben der NATO-Bündnisverteidigung in Europa stationiert sind, sowie keine Einschränkung der deutschen Zuständigkeit bei der Strafgerichtsbarkeit.

Ulrich Sander

Aggressiv nach außen – repressiv nach innen

Die neue Rolle der Bundeswehr in der Demokratie

Am Beginn soll eine kleine Presseschau stehen. Es handelt sich um nicht allgemein gemeldete Meldungen, sondern um solche, die nur in der Militärpresse zu finden sind.

Deutsche Raubkriege werden wieder vorbereitet: „Das Ende des Kalten Krieges nährte den Traum vom Frieden weltweit. Stattdessen erleben wir heute asymmetrische Kriege. Dazu zeichnet sich eine neue Auseinandersetzung ab: der Kampf um Rohstoffe, eine neue globale Konfliktlinie. Das wirtschaftliche Wachstum Chinas und Indiens erfordert immer mehr Energieträger und Metalle, die die Industrieländer früher allein für sich beanspruchten. Von daher sind auch militärisch auszutragende Konflikte um die Sicherung von Rohstoffen vorprogrammiert." („Y", 07/2007)

Auch Reservisten in ständiger Alarmbereitschaft: „Soll die Bundeswehr für derartige Fälle (para-kriegerische Fälle, Terrorismus – U.S.) auch nichtaktive Truppenteile verfügbar halten? Wenn sich das als sinnvoll und notwendig erweist, ist das für mich keine grundsätzliche, sondern ausschließlich eine pragmatische Frage. Wenn ein Bedarf da ist: Ja." (Parlamentarischer Staatssekretär Christian Schmidt, CSU, „loyal" 04/06)

Bundeswehr geht doch nach Südafghanistan: „Es ist nur eine Frage der Zeit, bis auch deutsche Bodentruppen in den Provinzen Helmand oder Uruzgun (in Afghanistan) patrollieren werden. Grund genug für die religiösen Fanatiker, sich Sorgen zu machen. Denn im Süden des Hindukusch liegt der Schlüssel zum Erfolg." („Y", 05/07)

Die EU als Krieg führende Macht: „Wirtschaftlich ist die EU bereits ein globaler Akteur. Was den militärischen Bereich angeht, da besitzt die EU noch Potential nach oben, insbesondere wenn schnelles und robustes Eingreifen in Konfliktregionen gefragt ist." (Informationen für die Truppe, IF, 2-3/07)

Nur der Soldatenberuf ist noch etwas Sicheres: „Es ist richtig, zu verdeutlichen, dass der Arbeitgeber Bundeswehr einen sicheren Arbeitsplatz, ein gutes Einkommen und soziale Absicherung bietet. Dies bleiben in einer Arbeitswelt, in der alte Gewissheiten zunehmend verschwunden sind, wichtige Argumente." („Y", 09/07)

Ungediente ältere Fachleute sollen zum Bund geholt werden: „Heute versuchen wir, zivil erworbene Fähigkeiten für die Streitkräfte zu nutzen. Seit ein paar Jahren werden verstärkt auch ungediente Zivilisten in die Reserve übernommen. Wir müssen einerseits nach Möglichkeiten suchen, zivile Spezialisten als Reservisten zu gewinnen. Zum anderen müssen wir Wege finden, diese flexibler einzusetzen und längerfristig an die Bundeswehr zu binden." (Generalleutnant Johann-Georg Dora, „Y", 09/07)

Die besten Spezialisten müssen sich auf den Dienst in der Bundeswehr gefasst machen: „Die Streitkräfte müssen sich darauf verlassen können, das Personal zu bekommen, das sie benötigen. Gerade für die Rekrutierung von Reservisten mit Spezialkenntnissen sei die Wehrpflicht eine notwendige Voraussetzung." (Minister und Reservist Franz Josef Jung, „Y" 05/07)

Der Reservist wird zum Dienst gezwungen, Schluss mit der Freiwilligkeit: „Der Reservist von heute ist, wie auch der aktive Soldat, Kämpfer, Diplomat, Vermittler und Spezialist. Ohne Reservisten sind die Streitkräfte dauerhaft nicht einsatzfähig. Ob beordert oder nicht beordert – wir beschreiten den Weg in die Zukunft gemeinsam mit allen Reservisten. Reservisten schlagen eine wichtige Brücke zwischen Bundeswehr und Gesellschaft." (Generalleutnant Johann-Georg Dora, „Y" 09/07)

Der Bundeswehrsoldat als Multitalent und Allzweckwaffe: „Es (das Berufsbild) ist für beiderlei Geschlecht sowohl Kämpfer und Krieger wie Gendarm, Polizist, Konstabler, Diplomat und bewaffneter Sozialarbeiter." (IF, 1/2007)

Verständnis für Faschisten, denn Opfer des Rassismus haben selbst Schuld: „Je religiöser, je fremdländischer das Aussehen, je schlechter die Beherrschung der deutschen Sprache, umso mehr kommt es zu diskriminierenden oder rassistischen Vorfällen." („Y", 10/2007)

Niederschlagung von Streiks wird geübt: „Soldaten des JgBtl 292 bei der Ausbildung gegen Demonstranten." (Zu einem Bild mit Panzerjägern, die streikenden Arbeitern gegenüberstehen, „Europäische Sicherheit", 2/2007

Es herrscht hierzulande eine große Unkenntnis über das, was die Militärs politisch vorhaben. Ich habe es mir deshalb zur Aufgabe gemacht, zumindest das zur Kenntnis zu nehmen, was dort sehr offen, aber nicht immer öffentlich, diskutiert wird. So verfolge ich seit 1990 den militaristischen Diskurs, indem ich die offizielle und offiziöse Militärpresse verfolge und möglichst viele Kongresse der Militärs besuche. In Form einer Transformation, so wurde dort seit 1990 gefordert, sollte die Bundeswehr von einer Verteidigungs- in eine Interventionsarmee umgewandelt werden. Die letzte Forderung aus dem Katalog der Wünsche der Militärs war immer diese: Einführung einer allgemeinen militärischen und sozialen Dienstpflicht für alle Frauen und Männer.

Dies ist der einzige Punkt, der bisher noch nicht auf dem Wege der Verwirklichung ist. Aber es wird daran gearbeitet. Die Bundeswehr wurde transformiert – von der Verteidigungsarmee zur Einsatzarmee. Entsprechend wurden und werden Waffen und Gerät beschafft. Nun geht es an die Transformation der Gesellschaft, die in Bundeswehrzeitschriften durchaus als Aufgabe des Militärs bezeichnet wird. Es wurde dafür ein Zentrum für Transformation geschaffen. Dazu passt diese Meldung: Die CSU setzt sich für die Weiterentwicklung der Wehrpflicht zu einer „sicherheitspolitisch begründeten Dienstpflicht" ein, die auch bei der Polizei oder im Katastrophenschutz abgeleistet werden soll. Damit solle die Wehrgerechtigkeit gerettet werden. Christan Schmidt (CSU), Gebirgsjägeroffizier und Staatssekretär im Verteidigungsministerium, sagte, es müsse die „unerlässliche Wehrpflicht an die neuen Risiken für die innere und äußere Sicherheit angepasst werden." Ein solcher Dienst sollte auch den Zivil- und Katastrophenschutz umfassen.

Die Pläne der Bundeswehr und der Wirtschaft von Fürstenfeldbruck im Jahre 1990 sind verwirklicht worden. Sie fanden erstmals ihren Niederschlag in den Verteidigungspolitischen Richtlinien (VPR) von 1992. Im ersten Entwurf dazu wurden Befugnisse zu hoheitlichen Aufgaben der Bundeswehr im Innern der Republik verlangt. Diese Forderung kam im Dokument noch nicht zum Zuge. Das blieb den VPR vorbehalten, die die Generäle, dann Minister Peter Struck zehn Jahre später zur Verabschiedung im Kabinett vorlegten.

Am 17. November 1881 hieß es im deutschen Reichstag in einer „Kaiserlichen Botschaft" zur Schaffung der Bismarckschen Sozialgesetze: „Wir Wilhelm, von Gottes Gnaden Deutscher Kaiser, König von Preußen u.s.w., thun kund und fügen hiermit zu wissen": „Die Heilung der sozialen Schäden" dürfe „nicht ausschließlich im Wege der Repression sozialdemokratischer Ausschreitungen" gesucht werden, „sondern gleichmäßig auf dem der positiven Förderung des Wohles der Arbeiter".

Nachdem nun die 125jährige Sozialgesetzgebung umkehrbar gemacht wurde, steht auch wieder an, „die Heilung der sozialen Schäden" vor allem „im Wege der Repression sozialdemokratischer Ausschreitungen" vorzunehmen. Und dies mit Polizei und allen militärischen Waffengattungen, wie wir in Heiligendamm erlebt haben.

Ohne Abstimmung im Bundestag wurde die angebliche „Parlamentsarmee" in ein weiteres Land zu einem Kampfeinsatz entsandt: Mecklenburg-Vorpommern. Mit Panzerwagen, Kriegsschiffen und Tornado-Flugzeugen. Der verfassungswidrige Einsatz im Innern anlässlich des G8-Gipfels kostete die Steuerzahler lt. Pressemeldungen zehn Millionen Euro – zusätzlich zu einem gewaltigen Rüstungsetat. Und er kostet Freiheitsrechte der Bürger.

Der Abbau der Freiheitsrechte wird allgemein mit dem Krieg gegen den Terror begründet, der von außen in unser Land getragen wird. Bundesinnenminister Schäuble malt sogar „nukleare Angriffe" mit schmutzigen Bomben auf unser Land an die Wand, um sein Ziel zu erreichen, durch Onlinedurchsuchungen flächendeckend Freiheitsrechte abzubauen. Verteidigungsminister Jung will eine Grundgesetzänderung erzwingen, um die Bundeswehr auch zum Kriegführen im Innern des Landes legal einsetzen zu können – und wenn dieser Verfassungsbruch nicht erlaubt wird, dann werde man eben den „übergesetzlichen Notstand" ausrufen, um gegen die Verfassung zu handeln, z.B. verdächtige Flugzeuge abzuschießen.

In Bundeswehrblättern wie „Information für die Truppe" wird seit Jahren auf den Inlandseinsatz gegen den Terror – und das heißt gegen „Chaosgruppen wie z.B. die Gruppe der Globalisierungsgegner" (IfdT 3/2002) eingestimmt. Per Reservistengesetz vom Februar 2005 wurden noch unter Rot-Grün über eine Million ehemalige Soldaten zusätzlich für die „Zivil-Militärische Zusammenarbeit ZMZ Inneres", d.h. für den Einsatz im Innern bereitgestellt. Man hatte einfach das Reservistenalter von 45 Jahren auf 60 aufgestockt. Nach welchen Maßstäben die Bundeswehr ihre Einsätze gegen die Bevölkerung des jeweils besetzten Landes – also auch des deutschen Landes – ausrichtet, in welcher Tradition sie steht, das wird in dem Buch „Geheime Krieger" des rechtsextremen Generals a.D. und ehemaligen Gebirgsjäger- und KSK-Kommandeurs Reinhard Günzel ausgeplaudert:

nach denen der Wehrmachts-„Antiterroreinheit“ Division Brandenburg. Diese „Brandenburger“ waren u.a. im Juni 1941 in Lwow/Lemberg dabei, als 7.000 Juden in wenigen Stunden von deutschen und ukrainischen Wehrmachtsangehörigen ermordet wurden.

Und eine solche Bundeswehr steht nun den zivilen Dienstellen „zur Seite“! In sämtlichen 426 Landkreisen und kreisfreien Städten wurden in den Rathäusern und Landratsämtern Kommandozentralen der ZMZ Inneres geschaffen. Ganz oben sieht die dazu gehörige Struktur so aus: Geschaffen wurde das „Gemeinsame Terrorismusabwehrzentrum“ in Berlin-Treptow mit Bundeskriminalamt, Bundesnachrichtendienst, Kriminal- und Verfassungsschutzämtern der Länder, Bundespolizei, Zollkriminalamt, Militärischem Abschirmdienst, Generalbundesanwalt und Bundesamt für Migration und Flüchtlinge. Noch 2003 lehnte der damalige Verfassungsschutzpräsident Werthebach eine solche Zentralisierung des Staatsapparats aus „historischen und rechtspolitischen Gründen“ ab; die „Assoziation mit dem Reichssicherheitshauptamt“ der Nazizeit sei zu naheliegend. Doch die Zentralisation schreitet voran: Die Einsatzführungsstäbe der Bundeswehr wie der Bundespolizei sind nunmehr in Potsdam angesiedelt, noch in unterschiedlichen Immobilien.

Die Militarisierung des Landes erreicht mit dem neuen Reservistenkonzept und der neuen „Zivilmilitärischen Zusammenarbeit Inneres“ und ihre Anwendung beim G8-Gipfel einen neuen Stand. Eine neue extrem rechte Organisation entsteht, zusätzlich zum Wirken alter und neuer Rechtsextremer in der Bundeswehr. Und das ist die Reservistenbewegung.

Zur Instrumentalisierung der Bundeswehr zum Einsatz im Inneren kommt die ideologische Beeinflussung der Bevölkerung: In rund fünf Millionen Familien gibt es Reservisten, zu denen die Bundeswehr möglichst laufend Kontakt hält. Die militaristischen Traditionsverbände und die Reservistenverbände erhalten immer mehr Macht – und Geld der Steuerzahler.

Die Kriege zur Rohstoffsicherung und Energieversorgung der westlichen Industriestaaten – und darum handelt es sich im Kern bei den heutigen „weltweiten Einsätzen“ – haben das öffentliche Leben in diesen Staaten, auch in unserem, entscheidend verändert. Neue Runden im Wettrüsten stehen bevor. Die Dämonisierung des Iran, die Stigmatisierung Russlands und Chinas als undemokratische, auf Weltherrschaft sinnende Regime sollen die Bevölkerung einschwören auf mehr Rüstung, mehr Militär und offensive Zielsetzungen der Militärdoktrinen. Dies betrifft einmal die Atomrüstung und das Setzen auf die Erringung der Erstschlagskapazität durch die USA (neue Raketensysteme in Mitteleuropa, d.h. in Tschechien und Polen). Auch wenn dies heute noch vor allem Drohkulissen sein mögen, so rückt die Welt damit doch näher an ein atomares Inferno heran. Wir stehen vor einer Welle internationaler Einsätze. Der Krieg soll unter dem Stichwort „militärischer Humanismus“ zum Alltag werden. Dementsprechend werden widersprechende Regeln des Völkerrechts außer Kraft gesetzt.

Und das geschieht in unserem Lande vor allem durch faktische Beseitigung der grundgesetzlichen Bestimmungen zum Verbot des Angriffskrieges und seiner Vorbereitung und durch faktische Streichung der Bestimmung, dass die Bundeswehr nur zur Verteidigung dient (Artikel 26 und 87a). An die Stelle des Grundgesetzes tritt die Militärdoktrin der EU, ob mit oder ohne EU-Verfassung, die den grundgesetzlichen Rahmen überwölben – sprich ihn aushebeln – soll.

Zur Militarisierung des Landes gehört der Abbau der Demokratie. Dies ist ein schneller werdender Prozess. Die Gefahr einer Rechtsentwicklung ist offensichtlich. Sie zerfällt in zwei Teile:

1. Anwachsen des Neofaschismus und Duldung und Förderung der Neonazis als mögliche gesellschaftliche Reserve durch den Staat einerseits und

2. Abbau der Demokratie durch den Staat andererseits, dies auch durch zunehmende Militarisierung und Ausbau des Überwachungsstaates.

Das Konzept von Schäuble vom 09.07.07 (DER SPIEGEL) beinhaltet:

- Beseitigung des verfassungsmäßig nicht veränderbaren Artikels 1 des Grundgesetzes (Schutz der Menschenwürde und des Lebens) – darum geht es auch bei Jungs Vorstoß für das Abschießen von zivilen „verdächtigen“ Flugzeugen
- Einsperren von „Verschwörern und Gefährdern“ in Lager
- gezielte Tötungen von Regimegegnern
- Kommunikationsverbote für politisch Missliebige und ganze Bevölkerungsgruppen
- Hausdurchsuchungen ohne Anwesenheit von Zeugen und Betroffenen, denn das sind die geheimen Onlinedurchsuchungen privater Computer
- Einsatz von Militär mit Waffen gegen Demonstranten
- umfassende Bespitzelung der Bürger durch Polizei und Geheimdienste (Rasterfahndung; Überwachung der Telekommunikation; Telefon- und Internetdaten werden ab 1.1.08 jeweils ein halbes Jahr gespeichert)

Das ist Schäubles extrem rechter Katalog, – er macht jedem autoritären Umsturzplan alle Ehre. Und Merkel ermutigt Schäuble: Keine Denkverbote im Kampf gegen den Terror. Merkel sagt: Die Trennung von innerer und äußerer Sicherheit ist „von gestern“. Um zum Vorgestern zurückzukehren. Nun also wieder Krieg nach außen und innen! Ihre Partei nennt es in ihren Dokumenten „Verteidigung am Hindukusch und in Hindelang“.

Zu den weiteren Schäuble-Maßnahmen gehören: Fingerabdrücke aller Bundesbürger werden bei der Passbehörde gespeichert, Mautdaten sollen für Fahndungszwecke verwendet werden. Sodann sollen erfolterte Geständnisse verwendet werden.

Weitere erfolgte Maßnahmen: Die Sicherheitsüberprüfung der Arbeiter und Angestellten in vielen Bereichen der Wirtschaft und der Verwaltungen. Schaffung der Anti-Terror-Datei, die „erstmals seit der Nazizeit wieder Erkenntnisse von Polizei und Geheimdiensten vereint.“ (Süddeutsche Zeitung 31.3.07) Mittels Hartz IV werden wichtige Grundrechte von Millionen Menschen beseitigt: Arbeitszwang für unverschuldet arbeitslose Personen. Sicherheitsüberprüfungen der Arbeiter und Angestellten, keine Unverletzlichkeit der Wohnungen von Hartz-IV-Empfängern mehr und keine Freizügigkeit für sie. Junge Menschen werden in die Armee gepresst, sonst droht ihnen Mittellosigkeit. Darauf laufen die Bundeswehraktionen in den Agenturen für Arbeit hinaus, die z.T. mit Feldjägern abgesichert werden. Zugleich: Millionen Reservisten werden in Dateien erfasst und können mir nichts dir nichts einberufen werden. Besonders Polizisten möchte Schäuble zu Auslandseinsätzen zwingen, – und die Bundeswehr soll polizeiähnlicher werden. Wie auch die Polizei militärähnlicher werden soll. Schon sorgt eine internationale Polizeitruppe marineähnlich für die Sicherung und Kontrolle der EU-Außengrenzen an den Küsten. Die EU bekämpft damit die Flüchtlinge, die auf das europäische Territorium gelangen wollen. Mit Hubschraubern, Marinebooten und Küstenwachtrupps werden Flüchtlingsboote aufgespürt und zum Umkehren gezwungen. Rund 6.000 Menschen – so wird geschätzt – haben seit Beginn dieser Aktionen ihr Leben verloren.

Wir sehen: Das Gewaltkonzept des „Krieges gegen den Terror" und der damit zusammenhängenden Militärdoktrinen richtet sich keineswegs nur gegen auswärtige „Feinde". In Deutschland wird jetzt das Konzept aus den USA angewendet. Nach dem Homeland Security Council der USA fallen unter die Kategorien des „inneren Verschwörers": „Ausländische islamische Terroristen", „einheimische radikale Gruppen", von „Schurkenstaaten und instabilen Ländern unterstützte Gegner", „unzufriedene Arbeitnehmer". Der autoritäre militärorientierte Staat ist die Kehrseite der neoliberalen globalen Unterdrückung.

Es gibt eine militaristische „community" im Lande, wie ich sie mal nennen möchte. Vorne weg: Der Reservistenverband. Er hat laut eigenen Angaben 137.000 Mitglieder, die in etwa 2.600 „Reservistenkameradschaften", 129 Kreisgruppen, 29 Bezirksgruppen und 16 Landesgruppen gegliedert sind. Dort „laufen die Fäden zusammen" und das sichert „eine flächendeckende Präsenz. ... Der Verband organisiert die Freiwillige Reservistenarbeit außerhalb der Bundeswehr." (Werbeprospekt 2007 des Verbandes der Reservisten.) Ein Apparat von 500 Hauptamtlichen des Reservistenverbandes wird von der Bundeswehr bezahlt. Nun gibt es einen Aufschwung: Die nicht nur freiwillige Reservistenarbeit.

Insgesamt werden im Bundesverteidigungsministerium 9,6 Millionen deutsche Bürger als ehemalige Soldaten (Wehrpflichtige und Berufssoldaten) geführt; 1,9 Millionen von ihnen haben bisher an Wehrübungen teilgenommen, können also jederzeit wieder einberufen werden.

Im Rahmen von ZMZ Inneres wurden bis zum Sommer dieses Jahres unter dem Kommando von schnell mobilisierbaren 5.500 Reserve-Offizieren Tausende Reservisten in Bereitschaft versetzt. Ausdrücklich heißt es in Bundeswehrpublikationen, diese Bundeswehreinsätze im Inneren dienten nicht nur der Bekämpfung von Naturkatastrophen und der Hilfe bei Unglücksfällen, sondern auch dem Kampf gegen den Terrorismus, worunter das Vorgehen gegen die außerparlamentarische Opposition, zu verstehen ist. Ein Foto in der „Europäischen Sicherheit" 2/2007 zeigt „Soldaten des JgBtl 292 bei der Ausbildung gegen Demonstranten"; die Demonstranten haben Arbeitskleidung an. Entgegen dem Wortlaut von Artikel 35 GG werden die Anlässe des Einsatzes der Truppe im Innern „Großschadensereignisse" genannt. Die Reservisten werden für ihren Einsatz im Innern bezeichnenderweise vor allem an Feldjägerschulen ausgebildet. Wie wir sahen, wird die Bundeswehr per „Amtshilfe" der Polizei beigeordnet. Sie wird entgegen der Verfassung eingesetzt, wie der G8-Gipfel in Heiligendamm zeigte. Mittlere Polizeibehörden forderten Bundeswehrunterstützung gegen die Demonstranten an und erhielten sie. Die „verfassungsrechtliche" Prüfung solcher Ersuchen erfolgten nicht durch das Verfassungsgericht, sondern durch die „Abteilung Recht beim Verteidigungsministerium“. Die Verfassungsbrecher genehmigen sich selbst den Verfassungsbruch.

Dieser Entwicklung liegt folgender Plan zugrunde: In den Struck'schen VPR von 2003 steht: „Zum Schutz der Bevölkerung und der lebenswichtigen Infrastruktur des Landes vor terroristischen und asymmetrischen Bedrohungen wird die Bundeswehr Kräfte und Mittel entsprechend dem Risiko bereithalten.“ Es geht dabei um den „Schutz der Bürgerinnen und Bürger sowie kritischer Infrastruktur ... durch die Bundeswehr.“ „Grundwehrdienstleistende und Reservisten kommen dabei in ihrer klassischen Rolle, dem Schutz ihres Landes und ihrer Mitbürgerinnen und Mitbürger, zum Einsatz.“ (Diese Formulierungen finden sich auch im Weißbuch 2006 wieder.)

CDU/CSU-Sprecher kommentierten erfreut: Das sei Heimatschutz, Verteidigung nicht nur am Hindukusch im fernen Gebirge, sondern auch bei Hindelang in den deutschen Alpen. In einem Papier der CDU/CSU, abgefasst vom heutigen Parlamentarischen Staatssekretär im Bundeswehrministerium und ultrarechten Gebirgsjäger Christian Schmidt nach den Anschlägen in Madrid im März 2004, wird die Schaffung eines neuen „Organisationsbereichs im Verteidigungsministerium mit dem Titel ‚Landesverteidigung und Heimatschutz'“ angekündigt, dessen Aufgabe der Aufbau von bis zu 50 vernetzten „Regionalbasen Heimatschutz“ mit einer Stärke von jeweils bis zu 500 Soldatinnen und Soldaten in allen größeren Städten Deutschlands sein soll. Bei einem Einsatz sollen die betreffenden Regionalbasen durch Reservisten auf eine Stärke von bis zu 5.000 Soldaten aufgestockt werden können. Die „Heimatschutztruppe“ soll zu 80 Prozent aus Wehrpflichtigen und zu 20 Prozent aus Berufs- und Zeitsoldaten als deren Führungspersonal bestehen.

Die größte rechtsextreme Bewegung entsteht somit – ohne große öffentliche Erörterung. In einer stark verbreiteten Soldatenzeitung, finanziert vom Verteidigungsministerium, wird geschickt die Verbindung von der heutigen militaristischen Community zur früheren hergestellt: „Vor 60 Jahren waren mehr als 18 Millionen Deutsche aus fast allen Familien Angehörige der Wehrmacht. Sie werden derzeit zunehmend verunglimpft und pauschal als Verbrecher beschuldigt. Der Einsatz unserer Bundeswehr heute ist nur zu verantworten, wenn deren Pflichterfüllung von der Gesellschaft unvoreingenommen mitgetragen wird. Das setzt Fairness gegenüber der vorigen Soldatengeneration voraus.“ (loyal 10/99, Reservistenverband)

Das heißt: Geschichtsdiskurse, auch revisionistische, halten die militaristische Community zusammen. Auch Streitfälle aus der Geschichte, zum Beispiel Kriegsschuldfragen zum Ersten wie Zweiten Weltkrieg, werden in den Traditionsverbänden noch immer lebhaft erörtert. Antifaschismus wird empfunden „als Vehikel kommunistischer Diktaturen“, das „insbesondere in der stalinistischen Zeit eine üble Rolle spielte.“ Und so wird auch die deutsche Kriegsschuld am Zweiten Weltkrieg vorsichtig geleugnet und zwar anhand des bezeichnenden Buchtitels „1939 - Der Krieg der viele Väter hatte“ vom rechtsextremen Ex-General Gerd Schultze-Rhonhof. Damit werde „die heute allgemein in Deutschland vertretene Sicht dieser Zeit und ihre Exponenten“ in Frage gestellt.“ So die „Gebirgstruppe“.

Was ist das für eine Bundeswehr, die sich als Weltgendarm betätigt, entsprechend der Empfehlung der heute obersten Befehlshaberin, damals nur CDU-Vorsitzenden, heute Bundeskanzlerin, Frau Dr. Angela Merkel. Von ihr stammt der furchtbare Satz: „Um die Politik anderer Nationen zu beeinflussen, um den Interessen und Werten der eigenen Nation zu dienen, müssen alle Mittel in Betracht gezogen werden, von freundlichen Worten bis zu Marschflugkörpern." (Münchner Sicherheitskonferenz 2004, dokumentiert auf der Website der AGF: www.uni-kassel.de/fb5/frieden/themen/Sicherheitskonferenz/2004-merkel.html)

Diese Armee wird von einem Kader geleitet, über den „Die Zeit" (20.11.03) schrieb: „Neue, noch nicht veröffentlichte Daten bestätigen einen zwar nicht überraschenden, aber dennoch ernsten Verdacht: dass Offiziersstudenten – die künftige Führungselite der Bundeswehr – deutlich weiter rechts stehen als ihre zivilen Kommilitonen. Und sie sind in jüngsten Jahren noch ein Stück weiter nach rechts gerückt." Fremdenfeindlichkeit und nationalistische Auffassungen von „deutscher Kultur" und der Wunsch nach „Abwehr von Fremden" und von „Überfremdung" stehen im Mittelpunkt der Vorstellungen des neuen Offizierskorps. „Die Einstellungen dieser künftigen Truppenführer tendieren zum rechten Rand." (Die Zeit Nr. 48 vom 20.11.2003, ähnlich in IfdT, Oktober 2003)

Die Gewerkschaften, einst führend im Kampf gegen die Notstandsgesetze und gegen die Bundeswehreinsätze im Innern – und Äußeren -, nehmen sich nur zögernd dieses Themas an. Peter Strutynski, der Sprecher des Friedensratschlages, hat zum 1. September den Aufruf des DGB zu diesem Antikriegstag und die Aktionen der gewerkschaftlichen Basis gewürdigt, zugleich aber ausgeführt: „Die Bundeswehr aus Afghanistan zurück zu holen, den Umbau der ursprünglich als reine Verteidigungsarmee konstruierten Bundeswehr in eine weltweit eingreiffähige Interventionsarmee zu stoppen, ‚Abrüstung statt Sozialabbau' zu fordern, die Pläne des Innenministers Schäuble zum Einsatz der Bundeswehr im Inneren zu bekämpfen – all das sind Forderungen, die dem DGB auch heute gut zu Gesicht stehen würden." Nun haben ver.di und IG Metall auf ihren Kongressen wichtige Beschlüsse gefasst, wenn auch nicht gegen Auslandseinsätze der Bundeswehr, aber wohl gegen die Bundeswehr im Innern. Und der DGB erklärte nach Heiligendamm: Der DGB lehne die Grundgesetzänderungen zum Versammlungsrecht und dem Pressewesen ab. „Es ist zu befürchten, dass die Länder beim Versammlungsrecht einen Wettlauf um die strengsten Regelungen beginnen und damit das für unsere Demokratie so wichtige Grundrecht der Versammlungsfreiheit einschränken." Nebenbei: Der Wettkampf ist schon im Gange. Das vom mecklenburgisch-vorpommerschen Landtag zu SPD-PDS-Zeiten eingeführte Polizeigesetz hat die Voraussetzungen geschaffen, dass mittlere Polizeiführer die Bundeswehr per „Amtshilfe" anfordern dürfen und damit die Verfassung brechen.

Zusammenfassung

1. Die Militarisierung des Landes hat mit dem neuen Reservistenkonzept einen neuen Stand erreicht. Viele Tausend Soldatinnen und Soldaten werden darin zusätzlich einbezogen. Es erfolgt eine Instrumentalisierung der Bundeswehr zum Kampf im Innern und zur reaktionären Beeinflussung der

Massen. So wächst eine gewaltig große Militärorganisation heran. Dagegen ist die Forderung nach Abschaffung der Wehrpflicht zu setzen, und jede neue Form von Zwangsdiensten („Zivildienst durch alle“ a la CSU) ist entschieden zurückzuweisen.

2. Neben der rechten Haupttendenz der Truppe existiert die neofaschistische Wühlarbeit in der Truppe weiter. Nazis wollen Einfluss in der Bundeswehr und in der Gesellschaft, und sie wollen Waffen und Waffenkunde.
3. Als Gewerkschafter sagen wir: Ein hohes Ziel muss die Verteidigung der Demokratie sowie der Freiheit jedes Einzelnen sein. Deshalb wehren wir uns gegen neue Gesetze – und gegen alte –, die den Geheimdiensten und der Bundeswehr immer mehr Macht geben, um unsere Grundrechte zu beseitigen. Jede Maßnahme gegen die Grundrechte, wie sie von Herrn Schäuble geplant und von Herrn Wolf (NRW-Innenminister, der auf Landesebene die Onlinedurchsuchung per Gesetz einführte) und Herrn Jung (Verteidigungsminister) vollzogen wird, hilft den rechten Extremisten mit ihren Führerstaatsvorstellungen und schwächt die Gewerkschaften, die Demokratie. Jede Maßnahme zur Reinwaschung des Faschismus auch.
4. Wir müssen die sozialen Kämpfe wieder mit der Friedensforderung verbinden und das heißt: Runter mit der Rüstung!
5. Seit 1999 wird von Kriegstreibern behauptet, man müsse Krieg führen, um ein Auschwitz nicht wieder zuzulassen. Es gilt jedoch: Auschwitz wurde durch Krieg möglich. Die Verpflichtung „Nie wieder Krieg – nie wieder Faschismus“ mit ihren beiden Seiten ist wiederherzustellen.

Erforderlich ist die enge Verbindung von Antimilitarismus/Antifaschismus mit der Friedensbewegung an. Wir brauchen eine Friedensbewegung, die auch eine Demokratiebewegung ist. Dazu müsste an den Konsens von 1945 wieder angeknüpft werden, der besagt: „Die Vernichtung des Nazismus mit seinen Wurzeln ist unsere Losung. Der Aufbau einer neuen Welt des Friedens und der Freiheit ist unser Ziel.“ (Schwur von Buchenwald) Das bedeutet vor allem: Die Einhaltung der UNO-Charta und des Völkerrechts. In Potsdam wurde den Deutschen jede nazistische und militaristische Betätigung und Propaganda verboten. Immer wenn geplant wird, Deutschland entsprechend Kapitel VII der UNO-Charta militärisch tätig werden zu lassen, dann sagen wir: Deutschland hat sich aufgrund seiner Geschichte ganz aus Kriegen fernzuhalten. Es gelten die UNO-Charta-Artikel 53 und 107 fort, die Deutschland das Kriegführen verbieten. Und es gilt das Grundgesetz, dessen Grundrechtekatalog und dessen antimilitaristische und demokratische Bestandteile wir verteidigen.

Peter Strutynski

Militärinterventionen auf dem Prüfstand
Empirische Befunde gegen den Mainstream der Politik

Der erste Teil des Titels meines Vortrags stammt nicht von mir. Es ist die Überschrift über den Schwerpunkt des Friedensgutachtens, das im Juni 2007 von den fünf großen Friedensforschungsinstituten der Bundesrepublik Deutschland herausgebracht wurde. Darin werden ein paar Interventionsfälle, an denen auch die Bundeswehr beteiligt ist, unter die Lupe genommen, insbesondere der Balkan, Afghanistan, Kongo und Libanon. Die Bilanz fällt ernüchternd durchwachsen aus. Insbesondere hinsichtlich des Einsatzes in Afghanistan – ich werde darauf noch detaillierter eingehen – werden mehr „Rückschläge" als „Fortschritte" verzeichnet. Dem ins Stocken geratenen Aufbau staatlicher Macht- und Verwaltungsstrukturen stehen die alarmierenden Meldungen über die Rückkehr der Taleban und die Zunahme von Kampfsituationen gegenüber. Auch in zwei weiteren Ländern, Irak und Somalia – hier ist Deutschland derzeit nicht beteiligt – herrscht heute Krieg oder Bürgerkrieg. Und die beiden aus dem Zerfall Jugoslawiens hervorgegangenen Territorien Bosnien-Herzegowina und die serbische Provinz Kosovo sind seit langem internationale Protektorate, die sich ohne ausländische Truppenpräsenz nicht behaupten könnten. „Keine Frage, Frieden sieht anders aus", stellt Reinhard Mutz vom Hamburger Institut für Friedensforschung und Sicherheitspolitik trocken fest. (FG 2007, S. 60.)

Das Friedensgutachten enthält eine schonungslose Abrechnung mit der Neigung der politischen Klasse, Militäreinsätze zum Allheilmittel beim Auftreten irgendwelcher bewaffneter Konflikte zu erklären. Es drohe die „Umkehr von Regel und Ausnahme". Die Armee müsse „das staatliche Instrument für den Notfall, nicht für den politischen Alltagsgebrauch bleiben." (FG 2007, S. 9)

1 Neue strategische Konzepte nach dem Ende des Kalten Krieges

In der Tat hat die Bundesregierung seit der Vereinigung der beiden deutschen Staaten alles daran gesetzt, dem anfänglich drohenden Funktionsverlust der Bundeswehr und der NATO – immerhin war ihnen der Gegner abhanden gekommen – mit neu auftauchenden bzw. neu konstruierten weltpolitischen Gefährdungen entgegen zu treten. Hierzu beschloss die NATO bereits auf ihrem Gipfel in Rom im November 1991 ein Strategiepapier, in dem Abschied genommen wurde von dem alten Bedrohungsszenario eines mit großen Panzerverbänden vorgetragenen Angriffs aus dem Osten. Nachdem sich die NATO über 40 Jahre als Verteidigungsbündnis gegen den Warschauer Vertrag verstanden hatte, hätte die Auflösung eben dieses östlichen Militärbündnisses durchaus ein Grund für weitgehende Abrüstungsmaßnahmen auch im Westen sein können. Wir wissen heute, dass die Geschichte anders verlief, dass die erhoffte „Friedensdividende" zum Wohle der Menschheit nicht ausgeschüttet wurde. Militärs, die wie jede andere Berufsgruppe ein ausgeprägtes Bedürfnis nach Sicherung ihrer Besitzstände haben, reagierten auf den weltpolitischen Epochenumbruch sehr kreativ mit der Konstruktion neuer Risiken. In der NATO-Erklärung von Rom wurden sie exakt beschrieben: Die illegale Weitergabe von Massenvernichtungswaffen gehörte genauso dazu wie die Gefahr durch terroristische Anschläge, die Ausbreitung von Kriminalität oder die Unterbrechung der Zufuhr lebenswichtiger Rohstoffe sowie die Störung des freien Welthandels.

Exakt ein Jahr später hat das deutsche Verteidigungsministerium diese Risikoanalyse zur Grundlage seiner im November 1992 erlassenen „Verteidigungspolitischen Richtlinien" gemacht. Dabei wurden sowohl die sachliche Begrenzung auf Verteidigung als auch die geografische Begrenzung auf das eigene Territorium und das NATO-Gebiet gesprengt. Es hieß jetzt: „Nicht mehr die alleinige Fähigkeit zur umfassenden Verteidigung gegen eine ständig drohende Aggression, sondern flexible Krisen- und Konfliktbewältigung im erweiterten geographischen Umfeld, Friedensmissionen und humanitäre Einsätze bestimmen neben der Schutzfunktion gegen verbleibende unmittelbare Risiken ihr künftiges Anforderungsprofil." (VPR 1992, Ziff. 37)

Nur der Vollständigkeit halber möchte ich darauf hinweisen, dass alle nachfolgenden sicherheitspolitischen Grundlagen-Dokumente der Bundesregierung diese Argumentation nicht mehr verlassen, sondern nur noch weiter ausgeschmückt haben. Zusätzlich hat sich eine Argumentationsfigur breit gemacht, die dem Militär auch dann noch einen wichtigen Platz zuweist, wenn es für alle sichtbar nicht mehr gebraucht würde. So heißt es beispielsweise im Weißbuch 1994: „Verteidigungsfähigkeit drückt den Selbstbehauptungswillen eines Volkes und staatliche Souveränität aus. Als staatliche Grundaufgabe muss die Schutzfunktion in ihrem Kern von Veränderungen der sicherheitspolitischen Lage unberührt bleiben. Es ist daher nur folgerichtig und unabdingbar, dass Deutschland auch militärisch gegen die Unwägbarkeiten der Zukunft gewappnet bleibt." (Weißbuch 1994, S. 41)

2 Interventionen: Eine Erfolgsgeschichte?

Der Untertitel meines Vortrags verheißt empirische Ergebnisse, die zudem den Mainstream der Politik widerlegen sollen. Eine der größten Untugenden der politischen Klasse besteht darin, ihre Politik selbst dann noch als Erfolgsgeschichte zu verkaufen, wenn die Realität eine andere Sprache spricht. Dies praktizierte die Bundesregierung zuletzt in ihrem „Afghanistan-Konzept" vom 5. September 2007. Danach schreite der „politisch-zivile Prozess des Landes" voran und die Staatsorgane gewännen „schrittweise an Funktionsfähigkeit", insbesondere sei das Parlament „zu einem lebhaften Forum für politische Debatten geworden". Im allgemeinen verzichtet die Regierung aber auf eine Bilanzierung ihrer Bundeswehreinsätze. Die Veröffentlichungen des Verteidigungsministeriums enthalten zu den Einsätzen lediglich die Auftragsbeschreibung. Der Einsatz der Bundeswehr im Rahmen von KFOR diene etwa der Herstellung eines „friedlichen und multi-ethnischen Kosovo", in Bosnien-Herzegowina gehe es um die „Absicherung des Friedensvertrags von Dayton" und darum, „die Volksgruppen von Feindseligkeiten abzuhalten", und vor den Küsten Libanons sei die deutsche Marine zur „Absicherung der libanesischen Grenze vor Waffenschmuggel". Die einzigen Fortschrittsberichte der Bundesregierung werden dem Bundestag vorgelegt, wenn sie dort die Verlängerung der diversen Auslandseinsätze beantragen muss. Hier wird zwar auch schöngeredet, denn die Bundeswehrmissionen müssen ja erfolgreich sein. Der Erfolg muss aber gleichzeitig von auftretenden Hindernissen und Defiziten getrübt sein, denn nur so lässt sich glaubwürdig eine Verlängerung des Militäreinsatzes begründen. So enthielt der Antrag der Bundesregierung zur Fortsetzung der Operation Enduring Freedom in Afghanistan, der im November 2007 im Bundestag diskutiert und verabschiedet wurde, einerseits einen Hinweis auf die „erfolgreichen Bemühungen der internationalen Gemeinschaft zur Stabilisierung und zum Wiederaufbau des Landes", andererseits aber auch das Eingeständnis, dass „terroristische Kräfte" weiterhin versuchten, „die Wiederaufbaubemühungen ... zu untergraben und das Land wieder zu einer Ausbildungs- und Operationsbasis für den internationalen Terrorismus zu machen". (BT-DS 16/693)

Um die wirklichen Erfolge bzw. Misserfolge militärischer und zivil-militärischer Interventionen zu überprüfen, bedürfte es kontinuierlicher Evaluierungen von unabhängiger Seite. So etwas gibt es weder für die deutschen Einsätze noch für die Einsätze, die von den Vereinten Nationen angeordnet werden. Die Vereinten Nationen verhalten sich in ihren Bilanzen nicht viel anders als die Bundesregierung. Über sämtliche UN-mandatierte Peacekeeping Operationen lässt zwar der Generalsekretär in der Regel halbjährliche Fortschrittsberichte schreiben. Sie sind aber mit äußerster Vorsicht zu genießen, denn auch hier überwiegt das Interesse, einerseits Erfolge vorzuweisen – schließlich müssen die Geldgeber überzeugt werden - und gleichzeitig Defizite zu benennen, die es gerechtfertigt erscheinen lassen, die Mission gegebenenfalls zu verlängern.

3 Umfang der UN-Missionen und der Bundeswehreinsätze

Um wie viele Einsätze handelt es sich?

Im September 2007 waren die Vereinten Nationen an 18 Einsätze in vier Kontinenten beteiligt, und zwar mit über 100.000 Personen; das sind rund 73.000 bewaffnete Soldaten und Militärbeobachter; 9.500 Polizisten, 5.700 zivile internationale Mitarbeiter und 12.400 lokale zivile Mitarbeiter. (http://www.unis.unvienna.org/pdf/DPKO_factsheet_g.pdf bzw. http://www.unric.org/html/german/dpi1634dt.pdf)

Hinzu kommen 11 rein politische Missionen mit 3.600 Mitarbeitern, überwiegend Zivilpersonal. (http://www.unric.org/html/german/dpi2166dt.pdf)

Allerdings: Das sind alles Missionen unter Leitung der Hauptabteilung Friedenssicherungseinsätze der Vereinten Nationen (DPKO: Department of Peacekeeping Operations). Die Bundesrepublik Deutschland ist an fünf dieser Einsätze beteiligt, allerdings mit relativ wenig Personal.

Es sind dies:

- die UN-Beobachtermissionen im südlichen Sudan (UNMIS) und eine UN-Mission zur Unterstützung der Afrikanischen Union in der ostsudanesischen

Region Darfur: UNAMID (diese Mission mit bis zu 250 Soldaten hat der Bundestag am 15. November 2007 beschlossen) sowie Missionen in Georgien (UNOMIG), Äthiopien und Eritrea (UNMEE);
- die Beratungs- und Unterstützungsmission in Afghanistan (UNAMA), und
- der zahlenmäßig größte Einsatz – die Friedens- und Stabilisierungsmission im Libanon (UNIFIL).

Andere Missionen, die mit einem Mandat des UN-Sicherheitsrats ausgestattet sind, aber nicht unter Leitung der UNO, sondern unter Leitung von Einzelstaaten oder Staatengruppen und Bündnissen durchgeführt werden, kommen hinzu. Aus deutscher Sicht sind es die eigentlichen Militäreinsätze, an denen mehrere Tausend Bundeswehrsoldaten beteiligt sind. Es handelt sich um die bekannten Missionen
- in Bosnien-Herzegowina (EUFOR),
- in der serbischen Provinz Kosovo (KFOR),
- in Afghanistan (ISAF) und
- in Afghanistan sowie am Horn von Afrika (OEF).

Ich möchte nun anhand einiger Beispiele untersuchen, welchen Effekt militärische Interventionen mit oder ohne UN-Mandat, mit oder ohne Beteiligung der Bundeswehr gehabt haben, wie die Ziel-Mittel-Relation jeweils zu bewerten ist und ob nicht zivile Alternativen angebrachter gewesen wären bzw. sich in Zukunft anbieten. Die Beispiele, die ich nenne, sind nicht nur eklatante Fälle von fehlgeschlagenen Interventionen (z.B. Irak), sondern auch Fälle, die von den Interventionsbefürwortern immer gern angeführt werden, um die segensreiche Wirkung von robusten Militäreinsätzen zu belegen (z.B. Makedonien).

Zuvor aber noch ein paar Hinweise auf die veränderte Praxis der Staatengemeinschaft seit der Epochenwende 1989/90.

4 Die Zunahme der Kriege und der Interventionsbereitschaft der UNO

Seit dem Ende der Bipolarität verlaufen die Konfliktlinien nicht mehr zwischen zwei territorial verorteten militärischen Blöcken, sondern sie liegen zwischen dem industrialisierten Norden und dem armen Süden, der trotz fünf Jahrzehnten Entwicklungshilfe immer weiter verarmt und daher instabiler wird.

Die Beendigung des sowjetischen Experiments, die Abwicklung der ehemaligen DDR und die Auflösung des Warschauer Pakts haben nur kurze Zeit von der „Friedensdividende“ träumen lassen. Man wurde sehr schnell auf den Boden der Tatsachen zurückgeholt. Die Balkan-Kriege – vom Westen, insbesondere von Deutschland mit geschürt – und die erschreckende Ausbreitung von regionalen Bürgerkriegen in Afrika und Asien, teilweise auch in Territorien der ehemaligen Sowjetunion, waren beredter Ausdruck der veränderten Weltlage, in der nun alle Dämme der militärischen Zurückhaltung zu brechen schienen. Nie zuvor in der Nachkriegsgeschichte hatte es so viele Kriege gegeben wie Mitte der 90er Jahre! Und Probleme wie das Verschwinden von Staatlichkeit, in der Politikwissenschaft unter dem Begriff der „failing states“ subsumiert (scheiternde oder gescheiterte Staaten), die Privatisierung von Gewalt oder die Barbarisierung bewaffneter Konflikte bis hin zu Völkermord-Exzessen (ich erinnere nur an Ruanda) bestimmten die politischen Diskussionen und bereiteten den entscheidenden Paradigmenwechsel in den internationalen Beziehungen vor: In der postbipolaren Welt, so lautete das neue Credo, müssten die aus der Nachkriegsordnung übrig gebliebenen Institutionen wie die NATO und die Vereinten Nationen eine neue Rolle einnehmen.

Wie NATO und Bundeswehr sich in der „neuen Weltordnung" positionierten, habe ich bereits beschrieben. Aber auch den Vereinten Nationen wurde eine neue Rolle zugewiesen. Die Hoffnungen des Westens richteten sich vor allem auf die Auflösung von Blockaden im UN-Sicherheitsrat, die traditionell der Sowjetunion in die Schuhe geschoben worden waren. Nun: Ein Blick in die Statistik der Vetos im Sicherheitsrat zeigt indessen ein anderes Bild: Zwischen 1946 und 1989 wurde insgesamt 232 Mal vom Vetorecht Gebrauch gemacht. 116 Vetos legten die Sowjetunion und die VR China ein, genauso viele Vetos kamen von den Westmächten: 116 Mal verhinderten die USA, Frankreich und Großbritannien sowie Taiwan, das bis 1971 für China im Sicherheitsrat saß, einen Beschluss des UN-Gremiums (Löwe 2000, S. 608). - Diplomaten haben offenbar ein sehr feines Gespür für ausgleichende Gerechtigkeit – jedenfalls auf der formalen Ebene.

Mit dem Ende der gegenseitigen Blockaden (die übrigens nicht durchgehend die UNO „lähmten", wie häufig behauptet wird) verband der Westen die Hoffnung auf eine stärkere Rolle der UNO in bewaffneten Konflikten. Schließlich ist der UN-Sicherheitsrat die einzige Institution in der Welt, die im Rahmen des Völkerrechts militärische Maßnahmen gegen Staaten oder bewaffnete Kräfte beschließen kann. Den 192 Mitgliedstaaten der Vereinten Nationen steht ein Recht auf Krieg ausschließlich im Fall der Verteidigung gegen eine Aggression zu. Im Artikel 51 der UN-Charta wird in so einem Fall vom „naturgegebenen Recht auf individuelle oder kollektive Selbstverteidigung" gesprochen. Das ist für die Staaten die einzige Ausnahme vom generellen Gewaltverbot des modernen Völkerrechts, das in Art. 2, Abs. 4 der UN-Charta unmissverständlich formuliert ist:

„Alle Mitglieder unterlassen in ihren internationalen Beziehungen jede gegen die territoriale Unversehrtheit oder die politische Unabhängigkeit gerichtete oder sonst mit den Zielen der Vereinten Nationen unvereinbare Androhung oder Anwendung von Gewalt."

Verboten ist also nicht nur die ausgeübte Gewalt selbst, sondern schon deren Androhung, mithin auch deren Vorbereitung.

Dieses zwingende Gewaltverbot bindet auch die Vereinten Nationen selbst. So hat die Charta hohe Hürden errichtet, bis der Sicherheitsrat militärische Maßnahmen anordnen kann: Er darf es nach Art. 39 erst, wenn „eine Bedrohung oder ein Bruch des Friedens oder eine Angriffshandlung vorliegt", und auch dann müssen zunächst alle nicht-militärischen Möglichkeiten zur Konfliktschlichtung ausgeschöpft sein.

Leider hat sich der UN-Sicherheitsrat in den 90er Jahren Stück für Stück über diese klaren Vorgaben hinweggesetzt. Einen Türöffner stellte dabei der Begriff der „humanitären Intervention" dar. Er ist nicht erst beim Nato-Krieg gegen Jugoslawien erfunden worden, sondern spielte schon bei Entscheidungen des Sicherheitsrats im Fall des Irak 1991 – und zwar nach dem Golfkrieg - eine Rolle. Damals wurden die grenzüberschreitenden Flüchtlingsströme als Bedrohung des internationalen Friedens eingestuft. In der Resolution 688 (1991) wird erstmals ein Interventionsrecht aus humanitären Gründen sanktioniert (vgl. hierzu Ruf 1994, S. 108ff). Der Irak sollte gezwungen werden, die Unterdrückung der Zivilbevölkerung in den kurdischen Gebieten einzustellen, die Menschenrechte zu achten und den internationalen humanitären Organisationen „Zugang zu allen hilfsbedürftigen Personen“ zu gewähren. Ein Jahr später werden die UN-Mitgliedstaaten ermächtigt, durch Übernahme des inneren Gewaltmonopols in einem anderen Mitgliedstaat, nämlich Somalia, „Recht und Ordnung wieder herzustellen“ (Res. 794 [1992]).

5 Was sagt die Empirie? Militärinterventionen und ihre Folgen

Somalia

Die unmittelbar darauf folgende „humanitär“ genannte Intervention in Somalia von 1992 konnte sich bereits auf den Präzedenzfall Irak berufen, auch wenn in Somalia Staatlichkeit so gut wie nicht mehr existierte. Die Operation endete mit einem Desaster, als nach der Schändung der Leichen US-amerikanischer Piloten die groß gefeierte internationale Truppe von 40.000 Soldaten sich aus dem Lande zurückzog und es in einem bis heute andauernden Chaos hinterließ. Die jüngste Intervention Äthiopiens (Dez. 2006) mit massiver Unterstützung der US-Luftwaffe hat die sich in diesem zerfallenen Staat allmählich herausbildenden autochthonen Strukturen zerstört. Zugleich zeigt sie, dass die neuen Interventionen der „humanitären“ Begründung nicht mehr bedürfen, wenn die USA sich „hilfswilliger“ Staaten wie in diesem Falle Äthiopiens bedienen und selbst mit Bombardierungen aus der Luft dem Aggressor Hilfe leisten.

Heute, fast elf Monate nach dem Einmarsch Äthiopiens, ist die Lage katastrophaler als je zuvor. Die somalische Hauptstadt Mogadischu versinkt immer tiefer in Chaos und Gewalt. Die Krise in Somalia übertrifft nach Einschätzung eines UN-Beauftragten inzwischen die Ausmaße des Darfur-Konflikts im Sudan. „Die humanitäre Situation in Somalia ist schlimmer als in jedem anderen Land“, sagte der UN-Vertreter für das ostafrikanische Land am 13. Nov. 2007. Angesichts täglicher Schießereien zwischen Soldaten und islamischen Rebellen in Mogadischu haben nach Angaben der Vereinten Nationen 173.000 Bewohner die Hauptstadt verlassen.

Kosovo

Zu den Militärinterventionen und deren Folgen gehört auch das Kosovo-Problem. War schon der mit „humanitärer“ Begründung geführte Krieg der NATO völkerrechtswidrig und durch keinerlei UN-Mandat gedeckt, so übernahmen die UN doch insofern sein Resultat, als das Kosovo unter UN-Mandat gestellt wurde. Inzwischen liegt dem Sicherheitsrat der Plan des Vermittlers Ahtissari vor, der auf die „überwachte“ Unabhängigkeit Kosovos von Serbien abzielt. Selbst wenn der Sicherheitsrat sich auf diese Empfehlung wegen eines russischen Vetos nicht einigen könnte, werden wohl die USA, wie Präsident Bush Ende Juni 2007 in Tirana ankündigte, die Unabhängigkeit Kosovos anerkennen. Sowohl eine Anerkennung der Unabhängigkeit Kosovos durch den UN-Sicherheitsrat, als auch ein möglicher

Alleingang der USA, dem andere Staaten folgen werden, stellen eine eklatante Verletzung des Art. 2 der UN-Charta dar. Dass solche völkerrechtswidrigen Oktrois Konflikt lösend und Frieden stiftend sein werden, ist mehr als fraglich. Mit diesem Präzedenzfall ist jeder Art von sezessionistischen Bestrebungen Tür und Tor geöffnet.

Im November 2007 hat der frühere UCK-Kämpfer Hashim Thaci nach seinem Wahlsieg im Kosovo die baldige Unabhängigkeit der Provinz versprochen. Und schon stehen nicht nur hier, sondern auch in Bosnien-Herzegowina die Zeichen auf Sturm. „Wenn die Kosovaren sich unabhängig von Serbien machen, droht Bosnien zu explodieren", prophezeite die italienische Tageszeitung „La Stampa". Schon ist dort der Vorsitzende des gesamtbosnischen Ministerrats, der Serbe Nikola Spiric, zurückgetreten. Mit diesem Schritt protestierte er gegen die andauernden Versuche des Hohen Repräsentanten der internationalen Gemeinschaft (OHR), die Kompetenzen der Serbischen Republik einzuschränken und damit den Vertrag von Dayton auszuhöhlen. Im Februar 2008 wurde die völkerrechtswidrige Sezession des Kosovo tatsächlich vollzogen – gegen den Willen Serbiens und mit nachhaltigen Folgen etwa in Georgien.

Makedonien

Die Konflikte im ehemaligen Jugoslawien können zwar durch die nun schon rund acht Jahre dauernde Militärpräsenz – hier vor allem der EU – unterdrückt werden. Ein Abzug des Militärs würde das Wiederaufflammen des Bürgerkriegs bedeuten. Eine Lösung also konnte und kann das Militär nicht bringen. Der häufige Verweis auf die frühere jugoslawische Republik Makedonien, wo es der NATO 2001 gelungen sei, einen drohenden Bürgerkrieg zu beenden, kann nicht recht überzeugen. Die NATO hatte mit ihrer Operation „Essential Harvest" damals eine typische UN-Aufgabe usurpiert, nämlich das Einsammeln von Waffen, welche die UCK „freiwillig" abgeben sollte (was sie bekanntlich nur teilweise tat). Vorausgegangen waren das innermakedonische Abkommen von Ohrid und eine unter erheblichem Druck der NATO gekommene Vereinbarung mit der Regierung in Skopje. Was folgte, war die NATO-Mission „Amber Fox" zur Sicherung der internationalen Beobachtermission von OSZE und EU. Hauptziel von NATO und EU war es, ihre Zuständigkeit in Fragen des Balkans zu demonstrieren. Als es sogar zu Überfällen und Schießereien zwischen albanischen und slawischen Makedoniern kam (die UCK hatte 2001 mitnichten alle ihre Waffen abgegeben!), unterstrich dies, dass sich an der politisch und ökonomisch prekären Lage des Landes – seit 2005 immerhin offizieller Beitrittskandidat der EU - nichts geändert hat.

Ein Zwischenfall wenige Tage vor den Wahlen im benachbarten Kosovo im November 2007 hat wiederum auf die angespannte Lage im Norden des Landes aufmerksam gemacht. In Brodec wurden zwei Albaner von makedonischen Sicherheitskräften erschossen. Die Polizisten seien auf der Suche nach einer Gruppe Krimineller gewesen, die aus einem Gefängnis in Kosovo geflohen waren und in dem Dorf Zuflucht gefunden hatten, hieß es offiziell. „Die Waffen, die wir in dem Dorf gefunden haben, sind eindeutig Waffen, um Attentate auf Städte und Institutionen zu verüben", sagte Makedoniens Innenministerin Gordana Jankulovska. Sie glaubt an eine Provokation der Albaner aus Kosovo. Die Getöteten bezeichnet sie als „Terroristen". Damit spielte sie an auf den bewaffneten Arm der Albanischen Nationalen Vereinigungsfront (ANVF). Deren „Brüder" hätten sich sehr wohl in Brodec versteckt, heißt es in der Internet-Mitteilung der Organisation. Bewaffnet seien sie auch gewesen, freilich nur zum Selbstschutz und nicht, um Anschläge in und gegen Makedonien zu verüben. Derzeit gebe es nur ein Ziel: Kosovos Unabhängigkeit. Makedonien sei freilich ein „künstlicher Staat". Und die ANVF-Führer haben sich geschworen „bis zum letzten Atemzug für eine albanische Wiedervereinigung in einem einzigen nationalen Staat auf dem Balkan mit dem Namen Albanien" zu arbeiten und zu kämpfen.

Haiti

Zwei Mal innerhalb eines Jahrzehnts haben ausländische Streitkräfte im Auftrag der Vereinten Nationen in Haiti interveniert: 1994 zugunsten des zuvor von rechtsgerichteten Militärs gestürzten demokratisch gewählten Präsidenten Aristide, 2004 zugunsten der mit eben jenen ehemaligen Militärs verbündeten Opposition, die den amtierenden Präsidenten Aristide aus seinem Amt und aus dem Land vertrieben hatte. Bis heute kann weder von einer innenpolitischen Stabilisierung noch von nennenswerten sozialen Verbesserungen die Rede sein. Hatte die erste UN-mandatierte Mission noch das Ziel, den gewählten Präsidenten Aristide wieder ins Amt zu bringen, so unterstützte das zweite UN-Mandat die Absetzung Aristides und seine Vertreibung aus dem Land. Treibende Kraft und Nutznießer waren die USA, beschädigt wurde die Legitimität des Sicherheitsrats, der sich den Politikzielen der USA unterwarf. In den Jahresberichten des UN-Generalsekretärs wird regelmäßig auf die „stabile, aber fragile" Sicherheitslage hingewiesen. Bewaffnete Gangs machten nach wie vor die Slumvorstädte der Hauptstadt Port-au-Prince unsicher. Keine nennenswerten Fortschritte machten die Menschenrechte und die humanitäre Lage. Dennoch sei hinsichtlich der Entwaffnung, Demobilisierung und Integration von Mitgliedern bewaffneter Gangs ein „beträchtlicher Fortschritt" erzielt worden. Konkrete Zahlen oder Vorgänge werden hierzu bezeichnenderweise aber nicht genannt. Immerhin gibt es eine Nationale Entwaffnungs-Kommission, deren Arbeit von MINUSTAH – so heißt die UN-Mission - unterstützt werde.

Ein anderes Problem, das bei UN-Einsätzen in den letzten Jahren immer wieder auftaucht, wurde vor kurzem auch wieder aus Haiti gemeldet: Wegen eines Skandals um sexuellen Missbrauch hat die UNO mehr als 110 srilankische Blauhelmsoldaten von ihrem Einsatz in Haiti abberufen. Die Soldaten der UN-Mission hatten Frauen, darunter Minderjährige, für Sex bezahlt, wie UN-Sprecherin Michèle Montas am 2. November 2007 erklärte.

In der Vergangenheit waren Soldaten der UN-Friedenstruppen in ähnliche Fälle verwickelt gewesen, vor allem in der Elfenbeinküste, in der Demokratischen Republik Kongo und in Liberia. Im Juli d. J. hatte die UNO nach Vorwürfen des Kindesmissbrauchs ein marokkanisches Blauhelm-Kontingent in der Elfenbeinküste außer Dienst gestellt.

Kongo

Nachdem die Wahlzettel im Kongo ausgezählt waren und fest stand, dass der amtierende Präsident und Kriegsverbrecher Kabila sich gegen seinen Widersacher und Kriegsverbrecher Bemba erwartungs- und wunschgemäß durchgesetzt hatte, sind dort weder Demokratie noch Frieden eingekehrt – da hätte weder eine vorübergehend in Erwägung gezogene Verlängerung des EU-Einsatzes (unter Führung von Frankreich und Deutschland) noch der im Dezember 2006 erfolgte Abzug der Truppen geholfen. Im ersten Fall wäre das riesige Land zu einer Art Protektorat (ohne jegliche Aussicht auf innere Stabilisierung) geworden. So aber bleibt alles wie es war.

Oder: Es kommt noch schlimmer. Ein knappes Jahr nach den zum demokratischen Ereignis hochstilisierten Wahlen geht der Bürgerkrieg im Osten des Landes unvermindert weiter. Zwischen Dezember 2006 und September 2007 sind in den rohstoffreichen Provinzen Nord- und Süd-Kivu mehr als 180.000 Menschen vertrieben worden. Bis zu 35.000 Kongolesen hätten sich in das benachbarte Uganda durchgeschlagen. Insgesamt gibt das UN-Flüchtlingswerk UNHCR die Zahl der Vertriebenen in Nord-Kivu mit mehr als 640.000 Menschen an.

Im Westen des Landes verschärfen sich die sozialen Widersprüche. Der gewählte Präsident Kabila und sein im September eingesetzter Ministerpräsident Gisenga können auf die Streiks nur noch mit verschärfter Repression reagieren. Und bei alledem darf man nicht vergessen, dass im Land immer noch 17.000 UN-Soldaten der MONUC-Mission stationiert sind.

Der Einsatz der 780 Bundeswehrsoldaten aber wurde vor einem Jahr als großer Erfolg verbucht. Verteidigungsminister Franz Josef Jung sagte nach Beendigung des Einsatzes, die Mission in Kinshasa sei „hervorragend gelaufen".

Afghanistan

Der Krieg in Afghanistan scheint im siebten Jahr nach Beginn der von der NATO geführten Intervention erst wieder richtig zu beginnen. Das Schreckgespenst des Westens, die Taleban, tritt gestärkt wieder zum Kampf gegen die ausländischen Truppen an, und die Verhältnisse im Innern sind so, dass über 70% der Bevölkerung, vor allem aber die Frauen, die Rückkehr der zu Taleban-Zeiten gehassten Religionspolizei fordern. Im Lichte der jüngsten Entwicklung warnen humanitäre Organisationen vor einer Ausweitung des Krieges und plädieren nachdrücklich für eine verstärkte zivile Hilfe an Stelle des Militärs. Die Nervosität der Besatzungstruppen führt in jüngster Zeit zu einer Häufung tödlicher Angriffe auf Zivilisten. Daran sind nicht nur die Truppen der US-geführten Operation Enduring Freedom, sondern auch die Verbände der UN-mandatierten ISAF (International Security Assistance Forces) beteiligt. Die massiven Verletzungen des Kriegsvölkerrechts delegitimieren nicht nur die Marionettenregierung in Kabul, sie stärken den „terroristischen" Widerstand und führen dazu, dass auch die Bundeswehr sich durch ihre Aufklärungsflüge mittelbar der Kriegsverbrechen schuldig macht. Logische Folge solch asymmetrischer Kriegführung wird sein, dass die provozierte Gegengewalt, die sich nicht der Mittel der High-tech-Kriegführung bedienen kann, sich gegen zivile Ziele in den Herkunftsländern der Truppen entsendenden Staaten richten wird. Das haben – vor allem im Falle des Irak, aber auch zunehmend im Falle Afghanistans – die Anschläge in Großbritannien und Spanien gezeigt.

Sieht man sich die eingesetzten Mittel an, so wird klar, warum der versprochene zivile Wiederaufbau des Landes nicht gelingen kann. Seit 2002 wurden in Afghanistan 85 Mrd. Dollar für Militärmaßnahmen, dagegen nur 7,5 Mrd. Dollar für den zivilen Wiederaufbau eingesetzt. Und auch diese Mittel konzentrierten sich fast ausschließlich auf die Hauptstadt Kabul und vernachlässigten vor allem die Paschtunengebiete. Der Gesamtbetrag für die militärische „Verteidigung“ Deutschlands am Hindukusch hat längst die Zwei-Milliarden-Grenze überschritten. Damit gibt Deutschland für einen zweifelhaften Militäreinsatz ein Vielfaches von dem aus, was in dringend notwendige zivile Hilfsprojekte geflossen ist oder noch fließen wird. Die „Kinderhilfe Afghanistan“ rechnete in einer Presseerklärung vom 8. Februar 2007 vor: „Mit weniger als der Hälfte der derzeitigen jährlichen Kosten für den ISAF-und OEF-Einsatz wäre der Bau ausreichender und qualifizierter regulärer Schulen und deren Unterhalt für 10 Jahre möglich. Allein die Kosten des Tornado-Einsatzes für 2007 würden den Bau von ca. 1000 Schulen ermöglichen.“

Die Opiumproduktion steigt mit jedem Jahr Krieg weiter an: Seit 2001 hat sie sich verzehnfacht. Wie das UN-Büro für Drogen- und Verbrechensbekämpfung (UNODC) am 27. August 2007 in seinem Jahresbericht mitteilte, hat sich die Anbaufläche für Schlafmohn in der ersten Hälfte des Jahres 2007 von 165.000 Hektar (2006) auf 193.000 Hektar erhöht, die Opiumernte stieg von 6.100 Tonnen auf 8.100 Tonnen. Afghanistan ist heute der weltgrößte Rauschgiftlieferant und produziert etwa genauso viel wie die drei Coca-Länder Kolumbien, Peru und Bolivien zusammengenommen.

Selbst Mittel, die in den Aufbau der afghanischen Sicherheitskräfte fließen, sind nicht immer „gut“ angelegt. Was z.B. die Polizistenausbildung betrifft, so ist im Juli 2007 eine Studie der unabhängigen britischen NGO Afghanistan Research and Evaluation Unit–AREU erschienen, wonach der EU und der - hauptverantwortlichen - Bundesregierung ein denkbar schlechtes Zeugnis ausgestellt wird. Der Titel der Studie „Cops or Robbers?“ deutet schon auf das zumindest widersprüchliche Ergebnis des bisherigen Aufbaus ziviler Sicherheitskräfte hin. Kritisiert werden insbesondere die fehlenden Konzepte der Besatzungsmächte und der EU (einschließlich der Bundesregierung, die sich der Ausbildung der afghanischen Polizei besonders verschrieben hat) sowie die Durchsetzung der einheimischen Polizei mit Parteigängern diverser Warlords der ehemaligen „Nordallianz“ sowie mit (Drogen-)Kriminellen und Opportunisten. So steht zu befürchten, dass die gigantischen Beträge, die von internationalen Geldgebern zur Reform der Polizei in Afghanistan aufgewendet wurden und werden, im Korruptionsdschungel Kabuls versickern. Der deutsche General Klaus Reinhardt erzählte im Frühsommer 2007 einer Hamburger Tageszeitung, dass rund 60 Prozent der von Deutschland bzw. der EU ausgebildeten afghanischen Soldaten „desertieren“. Genauer gesagt: Sie laufen zur anderen Seite über. Reinhardt: „Wenn ein Polizist vom Staat monatlich 50 Euro bekommt, aber von den Taliban 500, dann haut der ab.“ (Hamburger Abendblatt, 22.05.2007.)

Libanon

Israel, die mit Abstand stärkste Militärmacht der ganzen Region, die 1967 noch binnen sechs Tagen drei hochgerüstete arabische Armeen besiegte, hat es im Juli/August 2006 nicht vermocht, in 31 Tagen rücksichtslosester Kriegführung den schwachen Libanon und die dort agierenden Guerillas der Hizbullah zu besiegen. Die einzigen erkennbaren Ergebnisse bis heute: Ein weithin zerstörtes Land, eine Regierungskrise in Permanenz und eine im Libanon aufgewertete und gestärkte Hizbullah. In Israel selbst haben – nicht zuletzt durch den Regierungseintritt von Avigdor Liebermann - die politischen Kräfte noch an Einfluss gewonnen, die eine noch radikalere militärische „Lösung“ bevorzugen. Der Einsatz der deutschen Marine vor den Küsten Libanons wird sich bestenfalls als ebenso wirkungslos wie harmlos erweisen. Bleibt die Verschwendung öffentlicher Gelder in Höhe von 193 Mio. EUR im ersten Jahr! Im schlimmsten Fall aber kann die Präsenz der Marine im Fall eines von Israel oder den USA angezettelten Krieges gegen Iran dazu führen, dass Deutschland nolens volens in einen solchen Krieg hinein gezogen würde.

Doch im September 2007 verlängerte die Bundesregierung den UNIFIL-Einsatz um ein weiteres Jahr. Begründung: Die Situation im Libanon habe sich „dahingehend verbessert, dass das Risiko eines Wiederaufflammens des bewaffneten Konflikts mit Israel reduziert werden konnte.“ (Drucksache 16/6278) Wer die Verhältnisse im Nahen Osten auch nur flüchtig kennt, wird wissen, dass die Frage, ob es zu einem bewaffneten Konflikt zwischen Libanon und Israel kommt, einzig und allein in Israel entschieden wird und nicht von den 1.400 Marinesoldaten, die im östlichen Mittelmeer Präsenz zeigen, aber nichts zu tun haben. Nichtsdestotrotz ist die Verlängerung des – lediglich im Umfang der Truppenstärke leicht abgespeckten - Mandats im September 2008 ebenfalls nur noch eine Formsache.

Blauhelme

Es wären gewiss noch andere Beispiele anzuführen, welche die Nutzlosigkeit robuster Militärinterventionen unter Beweis stellen. Natürlich gibt es auch anders gelagerte Fälle, in denen UN-Truppen gute Dienste leisten. Seit 1948 operieren in verschiedenen Krisengebieten so genannte „Blauhelme“, die sich aus Soldaten, unbewaffneten zivilen Beobachtern, Polizeikräften und Militärbeobachtern zusammensetzen können. Solche Missionen finden nur mit Zustimmung der Regierung(en) der Konfliktparteien statt. Dadurch soll ausgeschlossen werden, dass die UN-Truppen Teil des Konfliktes werden. Blauhelme haben in der Regel keinen Kampfauftrag; sie sind aber (meist leicht) bewaffnet und je nach Mandat in gewissem Umfang berechtigt, von ihrer Waffe Gebrauch zu machen.

Beispiele für solche Blauhelmeinsätze sind:

- UNMOGIP – Militärbeobachtergruppe der Vereinten Nationen in Indien und Pakistan,
- UNFICYP – Friedenstruppe der Vereinten Nationen in Zypern,
- UNMIT - Integrierte Mission der Vereinten Nationen in Timor-Leste (Osttimor),

- UNOCI – Operation der Vereinten Nationen in Côte d'Ivoire (Elfenbeinküste) und
- MINURSO – Mission der Vereinten Nationen für das Referendum in der Westsahara.

Um nicht missverstanden zu werden: Auch diese Einsätze haben den betroffenen Ländern keine Lösung ihrer Konflikte beschert. Das werden nur die Gesellschaften selbst tun können. Aber sie haben immerhin Gewalteskalationen verhindern und den status quo bewahren können.

Blauhelm-Truppen sollen vor allem von „neutralen" Staaten gestellt werden. Der Gedanke dabei ist, dass die eingesetzten Soldaten sich ausschließlich dem Auftrag des UN-Sicherheitsrats verpflichtet fühlen und nicht die Interessen ihrer jeweiligen Staaten vertreten. Dies wäre unweigerlich der Fall, wenn die „global players" selbst diese Missionen dominieren würden, was seit den 90er Jahren auch immer häufiger vorkommt (UNPROFOR in der jugoslawischen Teilrepublik Bosnien-Herzegowina oder UNOSOM in Somalia sind zwei eklatante Beispiele dafür). Der Sicherheitsrat bittet neuerdings ausdrücklich auch die großen Mächte um eine Teilnahme an internationalen Missionen – verfügen doch sie am ehesten über ausreichende militärische Fähigkeiten und logistische Kapazitäten. Angesichts des Kräfteverhältnisses im Sicherheitsrat wird dieser mehr und mehr zu einem faktischen Auftraggeber der westlichen Mächte umfunktioniert, die mit ihm das jeweils gewünschte Mandat aushandeln.

6 Alternativen zu Militärinterventionen

Im Friedensgutachten 2007 werden nicht nur Bedenken gegen die schon zur Routine gewordenen Militärinterventionsroutine vorgebracht, sondern die Autoren entwickeln auch sechs „Mindestkriterien", die eingehalten werden müssen, bevor zum Mittel des Militäreinsatzes gegriffen wird:

1. Rechtmäßigkeit: Sie müssen mit der UN-Charta und dem Grundgesetz übereinstimmen;
2. Unterscheidung von friedenspolitischen und funktionalen Gründen: macht-, einfluss- und bündnispolitische Ziele dürfen nicht den Ausschlag geben;
3. Vorrang ziviler Alternativen: Sind alle nichtmilitärischen Alternativen ausgeschöpft oder erkennbar aussichtslos?
4. Politisches Gesamtkonzept, einschließlich einer Klärung der Erfolgsbedingungen im Zielland;
5. Evaluierung: Kein Auslandseinsatz ohne begleitende Evaluierung und nachträgliche Bilanzierung seiner Kosten und Nutzen.
6. Exit-Strategie: Wann und wie ist ein Einsatz zu beenden?

Ich halte diese Kriterien für löblich, aber letztlich wenig praktikabel. Denn bei fast allen genannten Punkten wird im Zweifelsfall ein wissenschaftlicher Streit über die Erfüllung bzw. Nichterfüllung der Kriterien entstehen. Ob Militär zur Durchsetzung politischer Ziele eingesetzt wird oder nicht, ist indessen immer eine politische Frage. Meine eigene Antwort muss demnach über die sechs Kriterien hinausgehen. Daher zum Schluss meine sieben Folgerungen aus dem Gesagten:

(1) Sowohl aus der Völkerrechtsperspektive als auch aus den Ergebnissen der empirisch gestützten Fallbeispiele dürfte hervorgehen, dass Militärinterventionen kein Mittel der internationalen Politik sein können. Die Fälle, in denen militärische Erzwingungsmaßnahmen zulässig sind, sind außerordentlich selten und in aller Regel ohnehin durch das Recht auf individuelle oder kollektive Selbstverteidigung gedeckt. Und selbst diese Maßnahmen finden ihre Grenzen sowohl im Kriegsvölkerrecht (auf das ich hier nicht eingegangen bin) als auch in der Zuständigkeit des UN-Sicherheitsrats für Fragen des Weltfriedens.

(2) Für die politische Praxis ergibt sich daraus zunächst allergrößte Skepsis gegenüber allen Zumutungen der veröffentlichten Meinung und der herrschenden Politik, humanitäre Hilfe, Menschenrechte, insbesondere Rechte von Frauen und Kindern, Demokratie und Rechtsstaatlichkeit mit Waffengewalt in alle Welt zu exportieren. Ein solcher Export ist erstens völkerrechtlich nicht zulässig und zweitens in der Praxis offensichtlich nicht von Erfolg gekrönt.

(3) Kampfeinsätze zur Friedenserzwingung sind grundsätzlich abzulehnen, auch dann, wenn sie auf einem Mandat des UN-Sicherheitsrats nach Art. 42 der UN-Charta beruhen. Solche Einsätze sind immer mit dem unkalkulierbaren Risiko behaftet, den Gewaltkonflikt weiter zu eskalieren. Außerdem besteht die Gefahr, dass die bei den Einsätzen auftretenden „Kollateralschäden" die ursprünglich dem Konflikt geschuldeten Schäden und Opfer noch übersteigen.

(4) Dies trifft vor allem auch beim sog. „Krieg gegen den Terror" zu, den die USA nach den Anschlägen des 11. September 2001 proklamiert haben. Terroristen sind als Kriminelle zu behandeln, d.h. sie sind Angelegenheit der nationalen und internationalen Ermittlungs-, Polizei- und Justizbehörden, denen ausreichende rechtsstaatliche Mittel zur Verfügung gestellt werden müssen und die zur Wahrung des Grundsatzes der Verhältnismäßigkeit verpflichtet sind.

(5) Blauhelmeinsätze können unter bestimmten Umständen pazifierend sowohl bei zwischenstaatlichen als auch bei innerstaatlichen Konflikten wirken. Voraussetzung hierfür ist das Einverständnis der Konfliktparteien und die Neutralität der UNO-Truppen. Letzteres schließt die Teilnahme von Truppen der Großmächte aus. Der Praxis, sich beim UN-Sicherheitsrat ein den eigenen Möglichkeiten und politischen Zielen angepasstes „robustes Mandat" zu bestellen muss ein Riegel vorgeschoben werden.

(6) Für die Bundesrepublik heißt das, die Transformation der Bundeswehr zu einer weltweit einsetzbaren Interventionsarmee rückgängig zu machen und auch die Militarisierung der Europäischen Union nicht weiter zu verfolgen.

(7) Die Bundesregierung hat sich bei der faktischen Transformation der Bundeswehr von einer Verteidigungs- in eine Interventionsarmee über das Grundgesetz hinweg gesetzt. „Deutschland am Hindukusch zu verteidigen", wird der Bundesregierung nicht kraft Grundgesetz, sondern lediglich kraft eines skandalösen Urteils des Bundesverfassungsgerichts von 1994 erlaubt. Den Verfassungsbruch, den die Bundesregierung mit ihren diversen Auslandseinsätzen begeht, zu beenden, ist BürgerInnenpflicht. Dazu bedarf es einer breiten öffentlichen Diskussion über das friedenspolitische Selbstverständnis dieser Republik und seiner Verfassung.

Kasseler Schriften zur Friedenspolitik

Bärbel Schindler-Saefkow, Peter Strutynski (Hrsg.): Kriege beenden, Gewalt verhüten, Frieden gestalten. Zur Neupositionierung der Friedensbewegung), Kassel 1996, Kasseler Schriften zur Friedenspolitik, Bd. 1 (ISBN 3-928172-76-X)

Peter Strutynski (Hrsg.): Entwicklung braucht Frieden. Analysen und Positionen aus Wissenschaft und Friedensbewegung, Kassel 1997, Kasseler Schriften zur Friedenspolitik, Bd. 2 (ISBN 3-928172-94-8)

Peter Strutynski (Hrsg.): Friedenspolitik im Zeitalter der Globalisierung. Europa zivil gestalten, Kassel 1998, Kasseler Schriften zur Friedenspolitik, Bd. 3 (ISBN 3-928172-86-7)

Ralph-M. Luedtke, Peter Strutynski (Hrsg.): Pazifismus, Politik und Widerstand. Analysen und Strategien der Friedensbewegung, Kassel 1999, Kasseler Schriften zur Friedenspolitik, Bd. 4 (ISBN 3-928172-04-2)

Ralph-M. Luedtke, Peter Strutynski (Hrsg.): Nach dem Jahrhundert der Kriege. Alternativen der Friedensbewegung, Kassel 2000, Kasseler Schriften zur Friedenspolitik, Bd. 5 (ISBN: 3-934377-61-0)

Ralph-M. Luedtke, Peter Strutynski (Hrsg.): Dem Krieg widerstehen. Beiträge zur Zivilisierung der Politik, Kassel 2001, Kasseler Schriften zur Friedenspolitik, Bd. 6 (ISBN: 3-934377-80-7)

Ralph-M. Luedtke, Peter Strutynski (Hrsg.): Frieden im Schatten von Terror und Krieg, Kassel 2002, Kasseler Schriften zur Friedenspolitik, Bd. 7 (ISBN: 3-934377-82-3)

M. Berndt und I. El Masry (Hg.), Konflikt, Entwicklung, Frieden. Emanzipatorische Perspektiven in einer zerrissenen Welt. Festschrift für Werner Ruf, Kassel 2003, Kasseler Schriften zur Friedenspolitik, Bd. 8 (ISBN: 3-934377-83-1)

Ralph-M. Luedtke, Peter Strutynski (Hrsg.): Wege aus Krieg und Gewalt, Kassel 2003, Kasseler Schriften zur Friedenspolitik, Bd. 9 (ISBN: 3-934377-85-8)

Lothar Liebsch: Frieden ist der Ernstfall. Die Soldaten des "DARMSTÄDTER SIGNALS" im Widerspruch zwischen Bundeswehr und Friedensbewegung, Kassel 2003, Kasseler Schriften zur Friedenspolitik, Bd. 10 (ISBN 3-934377-84-X)

Ralph-M. Luedtke, Peter Strutynski (Hrsg.): Mitten im Krieg. Perspektiven einer friedlicheren Welt, Kassel 2004, Kasseler Schriften zur Friedenspolitik, Bd. 11 (ISBN: 3-934377-74-2)

Ralph-M. Luedtke, Peter Strutynski (Hrsg.): Permanenter Krieg oder nachhaltiger Frieden? Interessen, Trends und Mächte in der Weltpolitik des 21. Jahrhunderts, Kassel 2005, Kasseler Schriften zur Friedenspolitik, Bd. 12 (ISBN: 3-934377-74-2)

Ralph-M. Luedtke, Peter Strutynski (Hrsg.): Neue Kriege in Sicht. Menschenrechte – Konfliktherde – Interessen, Kassel 2006, Kasseler Schriften zur Friedenspolitik, Bd. 13 (ISBN: 3-934377-95-5)

Ralph-M. Luedtke, Peter Strutynski (Hrsg.): Von der Verteidigung zur Intervention. Beiträge zur Remilitarisierung der internationalen Beziehungen, Kassel 2007, Kasseler Schriften zur Friedenspolitik, Bd. 14 (ISBN: 978-3-934377-21-9)

Ralph-M. Luedtke, Peter Strutynski (Hrsg.): Die Neuvermessung der Welt. Herrschafts- und Machtverhältnisse im globalisierten Kapitalismus, Kassel 2008, Kasseler Schriften zur Friedenspolitik, Bd. 15 (ISBN: 978-3-934377-09-7)

Bestellungen sind zu richten an.:
Winfried-Jenior-Verlag, Lassallestr.15, 34119 Kassel, e-mail: Jenior@aol.com